P9-CMD-285

Cinema for
German Conversation

Cinema for German Conversation

Jeanne Schueller
University of Wisconsin-Milwaukee

Focus Publishing
❧ Foreign Language Cinema Series ❧

Animation for Russian Conversation
Ciak… si parla italiano (Cinema for Italian Conversation)
Cinéphile: French Language and Culture through Film
Cinema for French Conversation, 3/e
Cinema for German Conversation
Cinema for Portuguese Conversation
Cinema for Russian Conversation, Volume One
Cinema for Russian Conversation, Volume Two
Cinema for Spanish Conversation, 2/e

Arbeitsbuch zu German Culture through Film (*in German*)
German Culture through Film (*in English*)

Apprentissage du cinema Français: French Cinema (*in French*)
French Cinema: The Student's Book (*in English*)

Copyright © 2009 Jeanne Schueller

ISBN 10: 1-58510-280-6
ISBN 13: 978-1-58510-280-8

Cover: The Edukators (2004 Germany) aka Die Fetten Jahre Sind Vorbei. Directed by Hans Weingartner. Shown: Stipe Erceg (as Peter), Daniel Brühl (as Jan), Julia Jentsch (as Julie). © IFC Films/ Photofest

This book is published by Focus Publishing / R. Pullins Company, PO Box 369, Newburyport MA 01950. All rights are reserved. No part of this publication may be produced, stored in a retrieval system, produced on stage or otherwise performed, transmitted by any means, electronic, mechanical, by photocopying, recording, or by any other media or means without the prior written permission of the publisher.

Printed in the United States of America

10 9 8 7 6 5 4 3 2 1

0209BB

Table of Contents

Acknowledgments

This book would not have been possible without the support of many people throughout the entire process. I wish to express special thanks to students, teaching assistants, and colleagues at the University of Wisconsin-Milwaukee, in particular Anita Alkhas, Mareike Bredehorst, Daniela Knepper, and Jennifer Watson. Without the support of Ron Pullins of Focus Publishing this project would have never gotten off the ground. I appreciate his patience and enthusiasm for the book. I am grateful to Anne-Christine Rice, author of *Cinema for French Conversation*, for her encouragement, especially during the pre-writing stages. I extend my thanks and appreciation to the many authors, editors, and publishers who generously allowed me to use their texts. Sabine Hake, Olaf Schmidt, and one anonymous reader offered suggestions on the manuscript, which proved helpful in preparing the final version. Special thanks to editors Amanda Pepper and Kathleen Brophy, who provided valuable advice and assistance. I am particularly indebted to production manager Linda Diering for her expert guidance and friendly e-mails. I am also grateful to Eva Frayne for assiduously proofreading the completed manuscript. My most heartfelt thanks go to Dorthe Hutz-Nierhoff, who took the time and trouble to give me detailed feedback on every chapter. Her unwavering support and friendship helped me in so many ways to finish the manuscript. Many thanks to my family and friends for their interest and enthusiasm, especially to my daughter, Clara, who cheered every time I finished a chapter. Finally, my deepest gratitude goes to my husband, Mark Louden, for his input on many sections of the book, but most importantly, for believing in me every step of the way.

Preface

German cinema is booming. More German films are reaching international audiences than ever. Just in the past few years several German-language films have won or been nominated for an Academy Award for Best Foreign Language Film. German film is also gaining popularity in the language classroom as instructors discover its potential for providing learners with valuable cultural and linguistic input. However, we know that merely showing students a film in class with no preparation or follow up is not pedagogically sound. Previewing activities that provide students with relevant cultural background knowledge are essential in increasing students' comprehension. Likewise, most students cannot make the leap between simply watching a film (a receptive skill) and discussing it in class or writing about it (productive skills) without guidance. Yet textbooks targeting intermediate- to advanced-level German courses are often limited in scope. *Cinema for German Conversation* is designed to fill this gap with its emphasis on preparatory activities and cultural information and incorporation of sequenced post-viewing exercises aimed at helping students gain skills in describing, discussing and analyzing films so that they may ultimately become more autonomous in their comprehension and interpretation of films. The book is informed by research in foreign language pedagogy and second language acquisition and aims to promote effective learning in line with the Proficiency Guidelines and National Standards for Foreign Language Education established by the American Council on the Teaching of Foreign Languages.

This book is intended primarily for intermediate to advanced learners of German at the university level, though many of the films are appropriate for high school students as well. It could be used in language, conversation and composition, or culture courses taught in German. The films dealing with historical events would also complement German history courses. With ample materials for each of the twelve films treated in the book, *Cinema for German Conversation* could be used in a single semester or spread out across multiple courses. Instructors might consider incorporating one or two films in third- and fourth-semester language courses and then cover more of the films in subsequent third-year conversation and composition classes. This is a language textbook grounded in applied linguistic research and is not intended to introduce students to film theory, though it may be of use in undergraduate courses on contemporary German cinema. Some attention has been paid to cinematic elements such as performance, text, dramatic structure, lighting, visual effects, sound and editing, but this treatment is neither systematic nor is the book cast in a particular film theoretical framework.

Cinema for German Conversation offers students and instructors a wide variety of pre- and post-viewing activities for use in class or at home. Each chapter includes images and text from the film and authentic readings. The diverse topics covered in the films, which were all released since 2000, range from battles on the front lines during World War I to present-day rebels. Most importantly, this book should appeal to students, help them improve their language proficiency, and increase their knowledge of German history and their interest in German culture.

Introduction

Cinema for German Conversation consists of twelve chapters, each dealing with a contemporary German-language film. The book has two primary goals. The first is to assist students at the intermediate or advanced level to improve their spoken and written skills by serving as a springboard for expressing and exchanging ideas. The second is to broaden students' knowledge of German history and culture and to emphasize how diverse contemporary Germany is.

Each chapter in this book has four general sections that cover preparation, content, discussion, and interpretation/analysis of each film. Sequenced activities serve as a bridge between reception and production, helping students describe, discuss, and reflect on the film both in speaking and in writing, independently and in the classroom. Previewing activities are designed to fill in cultural, historical and lexical gaps and help students make predictions about the film. Sections focusing on language use highlight particular linguistic aspects of German exemplified in the film. Exercises dealing with the content help students confirm their comprehension or miscomprehension of main ideas and relevant details. Interviewing a partner and exchanging ideas give students a starting point for discussing their views with others. Reflecting on themes, plot, characters, and cinematic elements, among other things, encourages students to move beyond description and discussion to analysis and interpretation. Still images from the film are integrated into each section. Examples from the film provide supplementary written input and enhance comprehension of spoken language. Finally, authentic readings from a variety of sources expand on what students have learned through the film and accompanying activities, reinforce vocabulary and pique their interest in topics associated with the film.

The Internet activities (exercise 4 in the *Zur Vorbereitung* section) are available to students and instructors on the permanent website through Focus Publishing (http://www.pullins.com).

Chapter Format

The format of each chapter is as follows:

Zum Film (Information about the Film)
Auszeichnungen (awards)
Zusammenfassung des Films (film synopsis)
Figuren (characters)
Kultureller und historischer Hintergrund (cultural and historical background information)

Zur Vorbereitung (Preparation)
I.   Wortschatz (vocabulary)
II.   Wortschatzübungen (vocabulary exercises)
III. Ideen sammeln/ Brainstorming (brainstorming)

IV.   Internet-Übungen (Internet exercises)
      [available online through the Focus website]
V.   Milling-Aktivität (milling activity)
Erklär's mir (highlighting a linguistic aspect of German
exemplified in the film)
VI.   Die Handlung voraussagen (predicting the plot)

Zum Inhalt (Content)

I.   Richtig oder falsch (true or false)
II.   Fragen zum Inhalt (content questions)
III. Aussagen zuordnen (who said what)
IV.   Standfotos beschreiben (describing still shots)

Zur Diskussion (Discussion)

I.   Interview mit einem Partner (partner interview)
II.   Meinungsaustausch (exchanging opinions)
III. Standfotos diskutieren (discussing still shots)

Zur Analyse, Interpretation und Reflexion (Analysis, Interpretation and Reflection)

I.   Motive (themes)
II.   Standfotos interpretieren (interpreting still shots)
III. Schreibanlässe (writing prompts)
IV.   Zur Reflexion, zur Diskussion, zum Schreiben
      (for reflecting, discussing, writing)

Lektüren (readings)

The *Sie* form is used in sections of the book addressing the student. The *du* form is used in activities in which students communicate with one another, such as the *Milling-Aktivität*, *Interview mit einem Partner* or the *Meinungsaustausch*. Students should be encouraged to ask more detailed follow-up questions in their discussions with partners in order to personalize the interviews and relate the content to their own experiences. Similarly, instructors should tailor activities to their classes, for example, by expanding on the communicative activities by having students write a review of the film based on a classmate's response, compile answers to a survey, complete a Venn diagram to share with the class, play vocabulary games or act out favorite scenes, to name a few. Finally, it should be pointed out that the cultural and historical background information is based on a variety of sources. Extensive quotations have been included when possible and appropriate. All *Lektüren* are drawn from primary sources.

Films

It was no easy task to select a mere twelve films from among so many excellent films released since 2000. The films presented here were chosen because they cover a range of historical and contemporary topics relevant to German culture, are accessible linguistically, and are highly regarded among both film critics and German audiences. For the most part, these films should be accessible to intermediate-level students without subtitles after completion of the previewing activities. With some exceptions, the content of the films should be appropriate for both college and high school students. What follows is a brief description of each film.

Merry Christmas (Christian Carion, 2005; FSK: ab 12 Jahren)

> During World War I, on the frigid front lines along the Western front in France, British/Scottish, French, and German soldiers laid down their weapons, fraternized with the enemy and celebrated a few days of peace midst savagely brutal battles. This film gives a fictional account of the real "Christmas Truce" of 1914.

Rosenstraße (Margarethe von Trotta, 2003; FSK: ab 12 Jahren)

> Based on true events, this film tells the story of a group of non-Jewish German women who resist the Nazis and fight to save their Jewish husbands being held in a building on Rosenstraße in Berlin from deportation to concentration camps during World War II.

Das Wunder von Bern (Sönke Wortmann, 2003; FSK: ab 6 Jahren)

> Matthias had never met his father, a soldier, until he returned home after over a decade of imprisonment in Russia. Matthias has made soccer his life and soccer forward Helmut Rahn aka "the Boss" his ersatz father. Matthias and the rest of Germany revel in the success of the German national team in the 1954 World Cup soccer championship—a victory that brought hope, inspiration, and gratification to post-war Germany.

Solino (Fatih Akin, 2002; FSK: ab 12 Jahren)

> The Amatos, an immigrant *Gastarbeiter* family from Italy, open the first pizzeria in the Ruhr. In this generational saga of assimilation, dreams, love and betrayal, we follow the family from their arrival in Germany in the mid 1960s to the 1980s when sons Gigi and Giancarlo struggle to find their own way.

Das Leben der Anderen (Florian Henckel von Donnersmarck, 2006; FSK: ab 12 Jahren)

> Stasi employee Gerd Wiesler hears every word uttered by the theater couple he is assigned to spy on. Once he knows their deepest dreams as well as their greatest fears, he cannot help himself from getting involved in their lives and discovering his own humanity.

Berlin is in Germany (Hannes Stöhr, 2001; FSK: ab 12 Jahren)

> After eleven years in prison, Martin Schulz, who was incarcerated shortly before the Berlin Wall came down, is released into a world that he knows only from television. He struggles to adapt to life in this new environment, bond with the son he has never met and heal his relationship with his wife.

Alles auf Zucker (Dani Levy, 2005; FSK: ab 6 Jahren)

Jaeckie Zucker is a pool player with debts he cannot pay, a suspicious wife who is ready to leave him, children who want nothing to do with him, and a brother he has not seen since the Berlin Wall went up. When his mother dies and demands in her will that the two brothers reconcile and give her a proper Jewish burial, Jaeckie has to change his ways… or at least give the impression that he has.

Am Ende kommen Touristen (Robert Thalheim, 2007; FSK: ohne Altersbeschränkung)

Sven was not expecting to serve his alternative civil service (*Zivildienst*) at Auschwitz/ Oświęcim in Poland, where some of the most egregious crimes against humankind took place. As part of his duties he looks after a former concentration camp prisoner and grows to understand and appreciate the significance of the former camp—now a museum and youth center—both for tourists and locals.

Im Juli (Fatih Akin, 2000; FSK: ab 12 Jahren)

Daniel is a student teacher in Hamburg who enjoys his predictable routine and uneventful life. Then he meets Juli who sells him a ring with a sun on it. Daniel buys not only the ring but also her myth that the ring will help him meet the woman of his dreams, the woman he is predestined to be with. A European road-trip adventure ensues as Daniel follows his love to Istanbul.

Kebab Connection (Anno Saul, 2005; FSK: ab 12 Jahren)

Ibo, the son of Turkish immigrants, is an ambitious director who plans to film the first German kung-fu movie. His German girlfriend Titzi is an aspiring actress who dreams of success on the stage. Neither is prepared to be a parent. Can they succeed in overcoming their cultural clashes and gender conflicts before the baby is born?

Die Blindgänger (Bernd Sahling, 2004; FSK: ohne Altersbeschränkung)

Marie and Inga are normal teenagers. They color their hair, cheat in school, surf online, and play in a band. The only difference between them and other kids is that they are blind. After Marie meets Herbert, an ethnic German who unwillingly immigrates to Germany from Kazakhstan with his father, the musicians devise a plan to earn money for Herbert's trip back home.

Die fetten Jahre sind vorbei (Hans Weingartner, 2004; FSK: ab 12 Jahren)

Jan and Peter have found a unique way to rebel against what they consider to be an unjust system. They break into mansions—but instead of stealing anything, they rearrange furniture and put expensive objects into unlikely places. Everything is going fine until Jan and Jule, Peter's girlfriend, fall in love, break into an estate and get caught by the owner. With Peter's help they spontaneously abduct him and take him into the mountains until they can figure out where to go now that nothing can ever be the same again.

Filmbegriffe

die Besetzung (*cast*)

    der Darsteller/ die Darstellerin: *actor, performer*   die Laiendarsteller: *novice actors*

    der Schauspieler/ die Schauspielerin: *actor*   die Statisten; die Komparsen: *extras*

das Filmteam (*crew*)

    das Drehbuch: *screenplay*   der Kostümbildner/die Kostümbildnerin:

    der Drehbuchautor/ die   *costume designer*

        Drehbuchautorin: *screenplay author*   die Neuverfilmung: *remake*

    der/die Filmmusik-Komponist/Komponistin: der Produzent/die Produzentin: *producer*

        original film score or soundtrack composer   der Regisseur/ die Regisseurin: *director*

    die Fortsetzung: *sequel*   die Verfilmung: *film adaptation*

    der Kameramann/die Kamerafrau: *(of a novel, short story, etc.)*

        cinematographer

die Handlung (*plot*)

    die Erzählung: *narration, story*   die Nebenhandlung: *subplot*

    die Figur: *character*   das Randmotiv: *secondary theme*

    der Handlungsstrang: *plot line*   das Symbol: *symbol*

    die Hauptfigur: *main character*   das Zentralmotiv: *central theme*

    das Motiv: *motif, theme*

das Filmgenre (*genre*)

    der Abenteuerfilm: *adventure movie*   der Kinderfilm: *children's movie*

    der Actionfilm: *action movie*   die Komödie: *comedy*

    der Dokumentarfilm: *documentary*   der Kriminalfilm/Krimi: *crime thriller;*

    das Drama: *drama*   *detective movie*

    der Fantasyfilm: *fantasy movie*   der Liebesfilm: *romantic movie*

    der Film noir: *film noir*   der Thriller: *thriller*

    der Heimatfilm: *sentimental film in a*   die Tragödie: *tragedy*

        regional setting   der Science Fiction-Film: *science fiction*

    der Historienfilm: *period movie*   der Western: *western*

    der Horrorfilm: *horror movie*   der Zeichentrickfilm: *animated movie*

die Dreharbeiten (*the shooting or filming of a movie*)

    die Beleuchtung/ die Belichtung: *lighting*   die Handkamera: *hand-held camera*

    der Dialog: *dialogue*   die Inszenierung: *production*

    der Drehort: *location*   das Licht: *light*

    die Einstellung: *shot*   die Naheinstellungen: *close up shots*

    die Filmaufnahmen: *shots*   das Standfoto: *still shot*

    einen Film drehen [drehte, hat gedreht]:   die Szene: *scene*

        to shoot a movie   das Szenenbild: *production design*

der Schnitt (*editing*)

die Abblende: *fade out*

der Abspann: *closing credits*

die Animation: *animation*

die Geräusche: *sounds; sound effects*

der Jump-Cut: *abrupt or discontinuous scene change*

der Off-Ton: *non-diegetic or off-sound (the source of the sound is off screen)*

der On-Ton: *diegetic or on-sound (the source of the sound is on screen)*

die Parallelszene/ die Parallelmontage: *parallel montage*

die Rückblende: *flashback*

der Spezialeffekt: *special effect*

der Split-Screen (das Mehrfachbild): *split screen*

das Standbild: *freeze frame*

die Sychronisierung: *dubbing*

der Szenenwechsel: *scene change*

der Ton: *sound*

die Überblendung: *dissolve or cross-fade*

der Voice-Over/ der Erzählkommentar: *voice-over by an off-screen speaker*

der Vorspann: *opening credits*

die Zeitlupe: *slow motion*

der Zeitraffer: *time-lapse*

Merry Christmas

Frankreich/BR Deutschland 2005[1]

Regie und Drehbuch: Christian Carion

Darsteller: Diane Krüger (Anna Sörensen), Benno Fürmann (Nikolaus Sprink), Guillaume Canet (Audebert), Gary Lewis (Palmer), Daniel Brühl (Horstmayer), Alex Ferns (Gordon), Dany Boon (Ponchel), Frank Witter (Jörg), Steven Robertson (Jonathan), Thomas Schmauser (Kronprinz), Bernard Le Coq (fr. General) und Ian Richardson (engl. Bischof)

FSK: ab 12 Jahren

Länge: 111 Minuten

Diese fiktive Geschichte beruht auf wahren Begebenheiten, die sich Weihnachten 1914 an der Front ereigneten. Der Film basiert vor allem auf Michael Jürgs' Buch „Der kleine Frieden im Großen Krieg" (2003).[2] Durch Briefe von Frontsoldaten, Aussagen von Augenzeugen auf Tonbändern, Interviews mit Kindern und Enkeln der Soldaten und sorgfältige Zeitungsforschung erfährt Jürgs von dem Weihnachtsfrieden 1914 und der Verbrüderung zwischen den deutschen, britischen, französischen und belgischen Soldaten, die er in seinem Buch ausführlich beschreibt. Der Regisseur Christian Carion hat umfangreiche Recherchen betrieben, um authentische Details und Anekdoten in seinen Film einzubeziehen.

---

1   To instructors: it is recommended that this film be shown in the *Originalfassung* (German, French and English with German subtitles) and not the synchronized version.

2   Jürgs, Michael. *Der kleine Frieden im großen Krieg. Westfront 1914: Als Deutsche, Franzosen und Briten gemeinsam Weihnachten feierten.* C. Bertelsmann Verlag, München in der Verlagsgruppe Random House GmbH, 2003

Auszeichnungen (Auswahl)

Leeds International Film Fest (2005): *Publikumspreis Bester Spielfilm*
Academy Awards (2006): *Nominierung Bester fremdsprachiger Film*
Golden Globes (2006): *Nominierung Bester ausländischer Film*

Zusammenfassung des Films

Im Sommer 1914 bricht der Erste Weltkrieg in Europa aus. Junge Männer aus Frankreich, Großbritannien und Deutschland werden einberufen oder melden sich freiwillig. Während viele sich auf das Abenteuer und die Gelegenheit freuen, den Feind zu besiegen, bezweifeln andere die Gerechtigkeit ihrer Befehle. Im Dezember 1914 passiert etwas Unglaubliches: Die Soldaten stellen das Feuer spontan ein und feiern zusammen Weihnachten. Im bitterkalten Winter befreunden und verbrüdern sich die Soldaten an der Front. Sie singen Weihnachtslieder, teilen Champagner, Whiskey, Bier, Zigaretten und Schokolade, spielen Fußball und Karten. Und sie vergessen für kurze Zeit den Krieg. Danach fällt es allen schwer, wieder gegeneinander zu kämpfen.

Figuren (Characters)

Nikolaus Sprink, berühmter Tenor an der Berliner Oper, ist gegen seinen Willen eingezogen worden. Doch zeigt er am Heiligabend, wie viel seine Kameraden ihm bedeuten.

Anna Sörensen, Geliebte von Nikolaus und Sopranistin, stammt aus Dänemark. Sie macht sich Sorgen um Nikolaus. Bei ihm zu sein ist alles, was ihr wichtig ist.

Der französische Leutnant **Audebert** wäre lieber bei seiner hochschwangeren Frau als an der Front. Das darf er aber seine Einheit nicht wissen lassen.

Palmer, ein Sanitäter, anglikanischer Priester und Dudelsackpfeifer, begleitet die jungen Männer aus seiner schottischen Gemeinde in den Krieg. Dort an der Front wird er am Heiligabend die wichtigste Messe seines Lebens zelebrieren.

Horstmayer, Oberleutnant der deutschen Einheit, glaubt an den Krieg, in dem er kämpft. Aber nachdem er sich mit dem „Feind" anfreundet, fällt ihm die Aufgabe schwer, den Gegner zu vernichten.

Das Motto des schottischen Leutnants **Gordon** lautet: „Traurig aber wahr" (*par for the course*). Gegenüber seinen erschöpften Männern ist er voller Mitgefühl. Nach der Verbrüderung ist er auch den verfeindeten Soldaten gegenüber mitfühlend.

Der zum Soldat gewordene Friseur **Ponchel**, der nur einige Kilometer von der Front entfernt wohnt, trinkt vor Kriegsbeginn jeden Tag mit seiner Mutter Kaffee. Um sich an das normale Leben vor dem Krieg zu erinnern, lässt er seinen Wecker täglich um 10 Uhr klingeln. Nicht nur seine französische Einheit sondern auch die schottischen und die deutschen Einheiten gewöhnen sich daran.

Als ehemaliger Bühnenarbeiter der Berliner Oper kannte **Jörg** Nikolaus und Anna schon vor dem Krieg. An der Front begleitet er Nikolaus am Heiligabend auf der Harmonika. Jörg ist ein sympathischer Mann und einer der Ersten, der aus dem Schützengraben kommt, um die Franzosen zu grüßen und mit ihnen seine Schokolade zu teilen.

Jonathan Dale, schottischer Soldat, lässt sich von seinem Bruder William für den Krieg einschreiben. „Endlich passiert etwas in unserem Leben!", sagt der begeisterte William. Nach dessen Tod fühlt sich Jonathan verbittert, verzweifelt und verlassen.

Kultureller und historischer Hintergrund

Der Erste Weltkrieg[3]

Aufgrund der weit verbreiteten Zerstörung und globaler politischer, gesellschaftlicher und kultureller Folgen gilt der Erste Weltkrieg (1914-1918) als der erste weltumfassende Krieg und die „Urkatastrophe des 20. Jahrhunderts". Circa 20 Millionen Menschen starben; weitere 20 Millionen wurden verletzt.

Zum ersten Mal in einem Krieg wurden Panzer, Flugzeuge, Luftschiffe und Giftgas gebraucht. An den über 600 Kilometer langen Fronten kämpften die Soldaten im Stellungskrieg mit Maschinengewehr, schwerer Artillerie und Bajonett. In den Schützengräben und Unterständen versuchten sie sich —meistens erfolglos — zu schützen. Im Niemandsland — das „umkämpfte, zwischen den Fronten liegende Gelände"[4] — lagen die Gefallenen und Verwundeten. Über 3,4 Millionen Todesopfer gab es allein an der Westfront. Der Erste Weltkrieg war der erste Krieg, in dem mehr Soldaten an Kriegsverletzungen als an Krankheiten starben. Dennoch wurden Krankheiten verbreitet. Als Folge des Krieges wurde eine Influenza-Pandemie (die Spanische Grippe) verbreitet. Daran erkrankten circa 500 Millionen Menschen weltweit. Insgesamt forderte die Virusgrippe 50 Millionen Menschenleben.

Nach vier Jahren Krieg besiegten die Entente-Mächte (Frankreich, Russland und Großbritannien —später auch Italien und die USA) die Mittelmächte (das Deutsche Reich, das Österreichisch-Ungarische Reich und das Osmanische Reich). Am 11. November 1918 (11. 11. um 11 Uhr) schwiegen die Waffen. Reiche brachen zusammen, unabhängige Staaten wurden gefordert, und neue Länder wurden gegründet. Mit dem Vertrag von Versailles (28. Juni 1919) kam das endgültige Ende des Ersten Weltkriegs. Deutschland musste sich zur Verantwortung für alle Verluste und Schäden bekennen, hohe Reparationen zahlen und Gebiete an Frankreich, Dänemark, die neu-gegründete Tschechoslowakei und Polen abtreten. Nach dem Krieg herrschte in Deutschland ein Gefühl von Demütigung, gigantische Inflation und bürgerliche Unruhe und Unzufriedenheit, was den Nationalsozialisten den Weg an die Macht ebnete und schließlich zum Zweiten Weltkrieg führte.

Der „kleine Weihnachtsfrieden" in diesem blutigen, grausamen Krieg grenzt an ein Wunder. Am 24. Dezember 1914 legten Soldaten an der Westfront ihre Waffen nieder. Sie hörten auf einander zu töten und verbrüderten sich. Trotz allem dauerte der Krieg noch vier Jahre und schlug gesellschaftliche und geistige Wunden, die Jahrzehnte lang nicht geheilt werden konnten.

---

3 Quellen: http://de.wikipedia.org/wiki/Erster_Weltkrieg, http://en.wikipedia.org/wiki/World_War_I und das „Pädagogische Begleitmaterial" zum Film: http://www.merrychristmas-derfilm.de/downloads/mc_begleitmaterial.pdf.

4 Quelle: http://de.wikipedia.org/wiki/Niemandsland

Zur Vorbereitung

I. Wortschatz

Substantive

das Ablenkungsmanöver: *distraction manuever*
der Angriff: *attack*
der Befehl: *order, command*
die Einheit: *unit*
die Fahnenflucht: *desertion*
die Feindesnähe: *in the vicinity of the enemy*
die Front: *front line*
das Gipfeltreffen: *summit meeting*
der Graben/Schützengraben: *trench*
die Grenze: *border*
das Hauptquartier: *headquarters*

der Hochverrat: *high treason*
die Kampfbereitschaft: *willingness or readiness to fight*
das Niemandsland: *no man's land*
die Pflicht: *duty, obligation, responsibility*
das Schlachtfeld: *battlefield*
die Todesstrafe: *death penalty*
die Verbrüderung: *fraternization*
die Verstärkung: *reinforcement*
der Waffenstillstand: *cease fire*

Verben

sich anfreunden [freundete sich an, hat sich angefreundet]: *to make friends*
begraben [begrub, hat begraben]: *to bury*
bombardieren [bombardierte, hat bombardiert]: *to bomb*
decken [deckte, hat gedeckt]: *to cover, back*
desertieren [desertierte, hat desertiert]: *to desert*
einberufen [berief ein, hat einberufen]: *to draft*
erschießen [erschoss, hat erschossen]: *to shoot dead*
erwischen [erwischte, hat erwischt]: *to catch*
das Feuer einstellen [stellte ein, hat eingestellt]: *to cease fire*

sich freiwillig melden [meldete sich, hat sich gemeldet]: *to enlist*
graben [grub, hat gegraben]: *to dig*
schießen [schoss, hat geschossen]: *to shoot*
überleben [überlebte, hat überlebt]: *to survive*
verbringen [verbrachte, hat verbracht]: *to spend (time)*
verzichten [verzichtete, hat verzichtet]: *to do without, abstain from*

Adjektive/Adverbien

besetzt: *occupied*
freiwillig: *voluntarily*
nützlich: *useful*

ruhig: *calm, quiet, still*
ungehorsam: *insubordinate*
unüberwindbar: *insurmountable*

Personen im Film

der Deutsche: *German*
der Deserteur: *deserter*
der Engländer: *Englishman*
der Feind: *enemy*
der Franzose/ Französin: *Frenchman, Frenchwoman*
der Friseur: *barber, hair stylist*
der Gefallene: *killed soldier*
der General: *general*

der Jude/die Jüdin: *Jew, Jewish man/woman*
der Künstler: *artist*
der Leutnant: *lieutenant*
der Oberleutnant: *lieutenant, first lieutenant*
der Sänger/ die Sängerin: *singer*
der Sanitäter: *medic*
der Schotte: *Scotsman*
der Soldat: *soldier*

II. Wortschatzübungen

Setzen Sie das passende Wort in die Lücken ein.

1. Front/ Meter/ schwarzen/ bombardieren/ Befehle

    Audebert: Wir greifen an. Es sind keine 100 _____Meter_____ bis zu den Deutschen. Seit einer Stunde _____ wir ihre Stellungen. Es sieht gut für uns aus. Wir durchbrechen ihre _____ und nehmen den Hof dahinter ein. Dann löst uns das 134. Bataillon ab. Und wir ziehen uns hinter die Front zurück. Die Schotten decken uns von der linken Flanke. Ihr erkennt sie an den _____ Baretts. Aber kümmert euch nicht um sie! Meine _____ zählen. Mir geht es wie euch. Ich will auch wieder nach Hause. Tut also, was zu tun ist. In einer Woche feiern wir zu Hause Weihnachten. Also. Komme, das was wolle. Gewehre bereit und spannen. Vorwärts!

2. Sanitäter/ Befehle/ Niemandsland/ Gräben

    Schottischer General: Ah, unser tapferer Sanitäter. Sie hätten fast einen Ihrer Männer im _____ getötet. Ein _____ rettet Leben und gefährdet es nicht. Ich habe sehr klare _____ gegeben, dass es verboten ist, im Angriffsfall die _____ zu verlassen. Sie interessiert das natürlich nicht!

3. schießen/ Waffenstillstand/ Schützengraben

    Gordon: Was treiben Sie hier? Der _____ ist vorbei. Die Deutschen könnten jederzeit _____. Zurück in den _____! Auf der Stelle!

4. begraben/ Soldaten/ fielen/ Gefallenen

    Horstmayer: Meine _____ werden Ihre einsammeln. Damit Sie sie begraben können.
    Audebert: Und wir bringen Ihnen die, die an unserer Front _____.
    Gordon: Das ergibt Sinn. Die Toten an Christi Geburt zu _____.

5. Soldat/ Fahnenflucht/ desertieren

    Nikolaus: Anna, das kann ich nicht machen. Das wäre _____.
    Anna: Du sollst nicht _____. Du sollst nur neben mir bleiben.
    Nikolaus: Ich bin _____, wie alle hier. Und ich habe Pflichten wie alle hier.

III. Ideen sammeln/ Brainstorming

1. Gab es, als Sie ein Kind waren, bei Ihnen zu Hause viele Regeln? Was passierte, wenn Sie sich nicht an die Regeln gehalten haben? Was waren die Konsequenzen? An der Front muss laut britischem General „militärische Disziplin herrschen". Warum ist das vor allem an der Front besonders wichtig? Was könnte passieren, wenn Soldaten die Befehle ihrer Vorgesetzten nicht befolgen? Gibt es Situationen, in denen man Befehle evtl. nicht befolgen sollte?

2. Kennen Sie jemanden, der beim Militär ist? Ist er/sie im Ausland stationiert? Was vermisst er/sie am meisten? Wie amüsieren sich die Soldaten in ihrer Freizeit? Welche Beschwerden hat er/sie? Wie sind die Lebensverhältnisse der Soldaten? Inwiefern war Krieg generell damals anders als heute? Inwiefern war es damals schlimmer für Soldaten, besonders für die an der Front?

IV. Internet-Übungen

(available online through the Focus website: http://www.pullins.com/)

V. Milling-Aktivität

Unterhalten Sie sich mit anderen Studenten im Klassenzimmer und notieren Sie ihre Antworten.

1. Bist du musikalisch oder künstlerisch? Kannst du ein Instrument spielen, singen, zeichnen oder malen?

2. Was ist dein Lieblingsweihnachtslied?

3. Gehst du gern in die Oper oder ins Theater?

4. Hast du einen Freund bzw. eine Freundin, mit dem/der du jeden Tag redest?

5. Was machst du täglich (oder beinah täglich) um 10 Uhr morgens?

6. Benutzt du regelmäßig einen Wecker oder ein Alarmsignal, um dich an etwas zu erinnern?

7. Wie oft duschst du dich? Jeden Tag? Alle zwei Tage? Ein paar Mal die Woche?

8. Wann hast du zum letzten Mal einen Brief (keine E-Mail!) geschrieben?

9. Kannst du Französisch, oder warst du jemals in Frankreich?

10. Kennst du jemanden, der im Krieg war, z. B. im Zweiten Weltkrieg, Vietnamkrieg, Koreakrieg, Golfkrieg oder im „Krieg gegen den Terror"?

Erklär's mir: verbal prefix *ver-*

A familiar verbal prefix in German is *ver-*. Its most common function is to intensify the meaning of the base verb to which it attaches. For example, the verb *treiben* alone means simply 'to drive, move forward'; *vertreiben*, on the other hand, means 'to drive out, expel'. With some verbs, the intensification connoted by *ver-* may have a negative aspect, e.g., *salzen* 'to add salt (to something)' and *versalzen* 'to add too much salt, oversalt'. Consider also a number of reflexive *ver-*prefixed verbs whose meanings are similarly negative: *sprechen* 'to speak' and *sich versprechen* 'to misspeak; *fahren* 'to go, drive' and *sich verfahren* 'to get lost while driving'. Finally, there are some verbs with *ver-* where the base verb either no longer exists in German or is not obviously related semantically. For example, *verteidigen* 'to defend' and *vergessen* 'to forget' are common in modern German, but there are no verbs *teidigen* or *gessen*.

In diesem Film hört man viele Verben mit *ver-*. Im Anschluss an die Liste finden Sie einige Beispiele aus dem Film, in denen solche Verben vorkommen.

verdenken [verdachte, hat verdacht]: *to blame, criticize, hold against*
vergehen [verging, ist vergangen]: *to elapse, pass by, go by; to die or decay*
verlesen [verlas, hat verlesen]: *to read out, call out*
versetzen [versetzte, hat versetzt]: *to shift, transfer, relocate, displace*
verstärken [verstärkte, hat verstärkt]: *to strengthen, reinforce*
vertrauen [vertraute, hat vertraut]: *to trust, rely, have confidence*
vertreiben [vertrieb, hat vertrieben]: *to banish, cast out, drive away, oust*
sich verbrüdern [verbrüderte sich, hat sich verbrüdert]: *to fraternize,[5] to show camraderie with an enemy*
sich verkleiden [verkleidete sich, hat sich verkleidet]: *to masquerade, disguise, dress up*
sich verstecken [versteckte sich, hat sich versteckt]: *to hide*
sich (die Zeit) vertreiben [vertrieb, hat vertrieben]: *to pass (the time)*

Fr. General: Du wirst in die Einheit des toten Leutnants **versetzt**. Artillerie, eine schöne Sache. Du wirst schnell Karriere machen.

Nikolaus: Im Schützengraben rauchen sie alle. Irgendwas muss man tun, um sich die Zeit zu **vertreiben**.

Anna: Seitdem du fort bist, ist nicht eine Sekunde **vergangen**, in der ich nicht gefragt hätte, ob du noch am Leben bist.

Soldat: Wenn sie mich entdecken, darf ich mich dann **verteidigen**?

Gordon: Keiner wird uns **verdenken**, wenn wir am Heiligabend die Waffen niederlegen.

Ponchol: Ziemlich dumm, ausgerechnet als Deutscher **verkleidet** zu sterben.

Im Abspann: Dieser Film beruht auf wahren Ereignissen und ist dem Andenken an die französischen, britischen und deutschen Soldaten gewidmet, die sich Weihnachten 1914 an zahlreichen Stellen der Front **verbrüdert** haben.

---

5   The Merriam-Webster online dictionary gives this definition of *fraternize*: "1: to associate or mingle as brothers or on fraternal terms; 2: to associate on close terms with members of a hostile group especially when contrary to military orders; b: to be friendly or amiable". Quelle: http://www.m-w.com/dictionary/fraternize

VI. Die Handlung voraussagen

Denken Sie noch einmal an die Übungen, die Sie zum Thema *Merry Christmas* gemacht haben. Wovon handelt der Film Ihrer Meinung nach? Welche Erwartungen haben Sie an den Film?

1. In welches Filmgenre würden Sie *Merry Christmas* einordnen? (z. B. Liebesfilm, Kinderfilm, Komödie, Thriller, Horrorfilm, Action, Drama, Historienfilm, Science Fiction oder Western)

2. Welche Zielgruppe wird dieser Film ansprechen, z. B. Kinder, Jugendliche/ Teenager, Frauen, Männer, Studenten, Sportler usw.?

3. Wie und wo wird die Geschichte anfangen?

4. An welchen dieser Drehorte werden keine Filmaufnahmen gemacht? An der Front, in Berlin, in Frankreich, in einer Kirche, in einem Schützengraben, in einem Hotel, in der Oper, in einer Scheune (*barn*), beim Friseur, im Krankenhaus oder im Museum?

5. Schauen Sie sich das Standfoto auf der ersten Seite dieses Kapitels an. Was passiert in dieser Szene? Wird sie gegen Anfang, Mitte oder Ende des Films geschehen?

6. Wird der Film ein Happy-End oder eher ein trauriges Ende haben? Begründen Sie Ihre Antwort.

 Zum Inhalt

I. Richtig oder falsch?

Geben Sie an, ob die Aussagen richtig oder falsch sind und verbessern Sie die Falschen.

1. Der französische Leutnant Audebert übergibt sich (*throws up*) vor dem Angriff.

2. William, der Bruder von Jonathan, wird auf dem Schlachtfeld erschossen.

3. Ponchol hat einen Wecker, der jeden Tag um 10 Uhr klingelt.

4. Nikolaus und Anna sind berühmte Sänger an der Pariser Oper.

5. Audeberts Frau ist schwanger.

6. Anna kann den Kronprinzen nicht überzeugen, einen Liederabend am Heiligabend zu veranstalten.

7. Etwa 100.000 Tannenbäume werden an die Front geschickt.

8. Die Soldaten schmücken die Tannenbäume nicht.

9. Zu Weihnachten schickt Jonathans Mutter ihren Söhnen Handschuhe und einen Kuchen.

10. Nikolaus will lieber zurück an die Front als im Hauptquartier bleiben.

11. Nikolaus singt nur im Schützengraben und nicht im Niemandsland.

12. Die Schotten jubeln, nachdem Nikolaus „Stille Nacht" singt.

13. Horstmayer ist gegen den Waffenstillstand am Heiligabend.

14. Gordon spricht Englisch, Französisch und Deutsch.

15. Die Soldaten spielen Kricket und Karten zusammen.
16. Anna erlebt die Bombardierungen der Schützengräben nicht.
17. Ponchol verkleidet sich als deutscher Soldat und wird erschossen.
18. Der Bischof ist sehr enttäuscht von Palmer, dem schottischen Priester.
19. Audebert wird Vater eines Mädchens namens Henriette.
20. Auf dem Weg an die Ostfront werden die deutschen Soldaten ihre Familien sehen können.

II. Fragen zum Inhalt

Kapitel 1: „Es ist so weit!"

1. Aus welchen Ländern kommen die drei Jungen, die im Klassenzimmer vaterslandsliebende Gedichte rezitieren?
2. Freut sich William, der junge Schotte, der die Kirchenglocken läutet, dass der Krieg erklärt worden ist?
3. Wo erfahren Anna Sörensen und Nikolaus Sprink, dass der Krieg erklärt worden ist?

Kapitel 2: Auf dem Schlachtfeld

4. Was merkt Audebert, der französische Leutnant, bevor er seiner Einheit den Befehl gibt, auf das Schlachtfeld zu gehen?
5. Mit wem sind die Schotten alliiert? Mit den Deutschen oder den Franzosen?
6. Was macht Palmer, der schottische Sanitäter, als er in der Nacht nach dem Angriff den Schützengraben verlässt?

Kapitel 3: Geheimes Treffen

7. Der General will, dass Audebert beim Militär Karriere macht. Will Audebert das?
8. Was hat Audebert bei dem Angriff verloren?
9. Wem schreibt Jonathan, der schottische Soldat, Briefe?

Kapitel 4: Wiedersehen

10. Mag Horstmayer, der deutsche Oberleutnant, Nikolaus Sprink?
11. Was machte Ponchol, der französische Adjutant des fr. Leutnants, vor Kriegsbeginn jeden Tag um 10 Uhr mit seiner Mutter?
12. Stört es Anna, wenn Nikolaus sagt, dass er Läuse (*lice*) hat?

Kapitel 5: Heiligabend

13. Hat Nikolaus sich als Soldat freiwillig gemeldet, oder ist er einberufen worden?
14. Singt Nikolaus lieber für den Kronprinzen oder für seine Kameraden an der Front?
15. Wie viele Jahre sind vergangen, seit sich Nikolaus und Anna kennen lernten?
16. Wer spielt in dem schottischen Schützengraben Dudelsack (*bagpipes*)?

Kapitel 6: An der Front

17. Welches Lied singt Nikolaus für seine Kameraden?

18. Gordon, der schottische Leutnant, fragt Audebert, ob er etwas dagegen hätte, am Heiligabend das Feuer einzustellen. Was teilt Audebert danach mit den anderen Offizieren und Nikolaus?

Kapitel 7: Gottesdienst

19. Jörg und Ponchol sind sich nicht einig, wie die Katze heißt. Ponchol sagt Nestor. Wie nennen die Deutschen sie?

20. Wer findet Audeberts Brieftasche in seinem Schützengraben?

21. Wem zeigt Audebert das Foto seiner schwangeren Frau und erklärt, dass es Komplikationen gibt?

22. Wer singt für die Soldaten während des Gottesdiensts? Wie reagieren sie darauf?

Kapitel 8: „Frohe Weihnachten"

23. Darf Anna in Horstmayers Unterstand schlafen?

24. Welcher Soldat versucht in der Nacht, einen Gefallenen zu begraben?

Kapitel 9: Gräber

25. Was gibt Jörg Anna von den anderen Soldaten, weil sie der Feldpost nicht trauen?

26. Wie amüsieren sich die Soldaten auf dem Schlachtfeld?

27. Nikolaus soll zwei Wochen im Strafarrest absitzen, weil er vom Hauptquartier des Kronprinzen „spurlos verschwunden" ist. Wie reagiert Nikolaus auf diese Nachricht?

Kapitel 10: Ein Vorschlag

28. Horstmayer warnt Audebert, dass die deutsche Artillerie sie gleich bombardieren wird. Wo finden alle Deckung?

29. Wären Audebert und Horstmayer vielleicht unter anderen Umständen (*circumstances*) Freunde?

30. Wem stellen sich Nikolaus und Anna als Kriegsgefangene?

Kapitel 11: „Tötet jeden Einzelnen"

31. Darf Palmer an der Front bleiben?

32. Wer schießt laut Befehl auf den „verdammten" Deutschen („the bloody kraut")?

33. Woher weißt Audebert, dass es Ponchol ist, der erschossen wurde?

34. Welche Nachrichten hat Ponchol für Audebert?

Kapitel 12: „Du bist Großvater"

37. Für wen wollen der General und Audebert den Krieg überleben?

38. Was machen die Soldaten der deutschen Einheit im Zug, als sie an die Ostfront müssen?

Kapitel 13: Abspann

39. Was sieht der Zuschauer im Abspann des Films?

III. Aussagen zuordnen

Lesen Sie die folgenden Aussagen und geben Sie an, von wem die Äußerung stammt: von dem deutschen Oberleutnant Horstmayer (5), von Nikolaus (3), von dem französischen Leutnant Audebert (3), von Anna (2), von dem schottischen Leutnant Gordon (2), von dem schottischen Priester Palmer (2), von dem französischen Adjutanten Ponchol (2) oder von dem schottischen Soldaten Jonathan (1). Die Aussagen stehen in der gleichen Reihenfolge, wie sie im Film vorkommen. Die Originalsprachen der Aussagen (Dt., Fr., oder Engl.) stehen in Klammern. Vergessen Sie aber nicht: Audebert spricht Französisch und Englisch; Horstmayer spricht Deutsch, Englisch und Französisch.

1. _____ Ja, ich hatte auch ganz schön Pech. Sehen Sie sich das an! Nur zwei Zentimeter höher und es hätte mich erwischt. Der kann ja sogar noch klingeln! (Fr.)

2. _____ Es wird mehr als ein Abend sein. Unsere Minuten sind länger als Ihre. (Dt.)

3. _____ Liebe Mutter, William und ich erhielten Dein Paket und Deinen Brief. Danke für die Handschuhe und Schals. Es ist bitterkalt. Wir können sie gebrauchen. (Engl.)

4. _____ Als sich ihr Regiment aufgelöst hat, musste ich Sie aufnehmen gegen meinen Willen. Ich habe lieber Maurer und Bäcker in meiner Einheit. Mit Künstlern wie Ihnen kann ich nichts anfangen. (Dt.)

5. _____ Wenn ich zu Fuß ginge, wäre ich in einer Stunde zu Hause. Ohne zu hetzen. Eine Stunde. (Fr.)

6. _____ Ich bin nicht mehr wie früher, Anna. (Dt.)

7. _____ Ich will nicht weg von dir. Ich möchte nur für sie singen. Ich muss für sie singen. Danach komme ich zurück. (Dt.)

8. _____ So, das war ja ganz schön, aber geh jetzt zurück. Das ist hier nicht die Berliner Oper. (Dt.)

9. _____ Wir dachten darüber nach, heute Abend das Feuer einzustellen. Was meinen Sie? Der Krieg wird nicht heute Nacht entschieden. (Engl.)

10. _____ Ich hatte auch eine Fotografie, aber ich habe sie verloren. Ich habe ihr Gesicht gezeichnet, aber das ist nicht ganz dasselbe. (Engl.)

11. _____ Sie waren wundervoll. Ich bin Jude. Weihnachten bedeutet mir nichts, aber ich glaube, an den heutigen Abend werde ich mich immer erinnern. (Dt.)

12. _____ Diese Männer wurden heute von dem Altar angezogen wie von einem Feuer im Winter. Selbst die, die nicht glauben, kamen, um sich zu wärmen. (Engl.)

13. _____ Mein Adjutant trank jeden Morgen um zehn Uhr Kaffee mit seiner Mutter. Er hat Angst, das durch den Krieg zu vergessen. Wir haben uns inzwischen daran gewöhnt. (Engl.)

14. _____ Lass uns fortgehen von hier, solange noch Zeit ist! Mit meinem Passierschein ist alles ganz einfach. Nach Holland ist es nicht weit. Dort haben wir wieder eine Zukunft! (Dt.)

15. _____ Ihre Briefe werden uns nicht daran hindern, den Krieg zu gewinnen. Und wenn wir Paris eingenommen haben und das hier vorbei ist, dann laden Sie uns auf einen Wein in der Rue Vanin ein. (Fr.)

16. _____ Wie sieht eigentlich Ihr morgiges Programm aus? Vielleicht ein kleines Fußballspielchen? Und danach ein Aperitif mit den Offizieren der Gegenseite? (Dt.)

17. _____ Es ist noch nicht vorbei. Es kann sein, dass unsere Artillerie nun das Feuer eröffnet. Traurig, aber wahr. (Engl.)

18. _____ Immerhin ist meine Frau Französin. (Fr.)

19. _____ Ich glaube daran, dass unser Herr Jesus Christus seine Hand über mich hielt, als ich die wichtigste Messe meines Lebens las. (Engl.)

20. _____ Du bist Großvater, Papa. Er heißt Henri. (Fr.)

IV. Standfotos beschreiben

Folgende Standfotos stammen aus einer Szene im Kapitel 11 („Tötet jeden Einzelnen"). Geben Sie eine ausführliche Beschreibung dieser Fotos und erklären Sie, was passiert.

A. Jonathan schießt

C. Ponchol stirbt

B. Audebert findet Ponchol

D. Audebert trauert um ihn

 ## Zur Diskussion

I. Partner-Interview

1. Wie war dein erster Eindruck von dem Film?
2. Wie fandest du den Film insgesamt?
3. Was hat dir an dem Film besonders gefallen?
4. Was hat dir nicht besonders gefallen?
5. Was hast du im Film nicht erwartet?
6. Welche Szene hat dir am besten gefallen?
7. Wie fandest du das Ende? Hast du erwartet, dass der Film so endet?
8. Welche Figur im Film hat dir am besten gefallen? Warum?
9. Welche Figur hat dir nicht so gut gefallen? Warum nicht?
10. Was hast du von diesem Film gelernt?

II. Meinungsaustausch

1. Beschreibe Audebert. Wie ist er als Leutnant, Sohn und Mensch? Wie stellst du dir ihn als Ehemann und Vater vor?
2. Als Palmer die Stimme des lebensgefährlich verletzten Soldaten hört, will er ihm sofort helfen. Warum sind seine Vorgesetzen (*superiors*) dagegen? Was passiert, als Palmer zu ihm ins Niemandsland geht?
3. Warum denkt Horstmayer, dass Sprink nicht sehr nützlich und fürs Militär nicht geeignet ist?
4. Warum schreibt Jonathan in den Briefen an seine Mutter „von Deinen zwei Söhnen", wenn sein Bruder doch tot ist?
5. Warum geht Nikolaus lieber an die Front zurück, als in der Villa zu bleiben?
6. Warum meint Nikolaus, dass es besser war, an der Front als an der Berliner Oper zu singen?
7. Wie reagieren die Deutschen auf das schottische Lied „I'm Dreaming of Home"? Wie reagieren die Schotten auf „Stille Nacht"? Wie betrachten die Franzosen beide Ereignisse?
8. Warum nimmt Ponchol die Tafel Schokolade erst, nachdem Jörg ein Stück davon isst?
9. Warum zeigt Audebert den Offizieren eine Zeichnung statt eines Fotos seiner Frau?
10. Horstmayer kennt ein kleines Hotel in der Rue Vavin, wo Audebert wohnt. Warum war er vor zwei Jahren mit seiner Frau dort?
11. Audebert spricht mit Anna über die Schwangerschaftskomplikationen seiner Frau. Warum traut er sich mit Anna, aber vielleicht nicht mit den Offizieren oder seinen Männern darüber zu reden?

12. Was passiert, nachdem die Generalität die Briefe der Soldaten liest, in denen sie über die Verbrüderung an der Front schreiben?

13. Warum ist der Bischof enttäuscht von Palmer? Warum hätte er mit den Soldaten die Heilige Messe nicht feiern sollen?

14. Was macht Palmer, nachdem er die Predigt des Bischofs hört?

15. Audebert sagt dem General: Die Männer schämen sich nicht! Sie werden nicht reden, weil es keiner glauben wird." Warum sollten sich die Männer laut General schämen?

16. Warst du überrascht zu erfahren, dass der General Audeberts Vater ist?

III.   Standfotos diskutieren

Folgende Standfotos zeigen die Verbrüderung der Soldaten. Diskutieren Sie, wie sich die Soldaten in jeder der hier dargestellten Szenen fühlen, wie sie sich amüsieren und wie sie zusammen arbeiten. Wählen Sie für jede Szene ein passendes Adjektiv, das ihre inneren Gefühle am besten beschreibt.

A. Die Gefallenen begraben
(Kapitel 9: Gräber)

B. Das Fußballspiel
(Kapitel 9: Gräber)

C. Karten spielen (Kapitel 9:
   Gräber)

D. Salutieren (Kapitel 10:
   Ein Vorschlag)

Zur Analyse, Interpretation und Reflexion

I. Motive

Inhaltsmotive

Viele Motive werden in diesem Film thematisiert. Erklären Sie, inwiefern folgende Motive in der Handlung eine Rolle spielen. Welche weiteren Motive gehören auch dazu? Welche Motive werden durch jede der Hauptfiguren besonders verkörpert? Welche sind Ihrer Meinung nach Zentralmotive und welche Randmotive?

- Nationalidentität
- Selbstidentität
- Treue
- Verbrüderung
- Liebe
- Musik als Weltsprache (*universal language*)

- Religion
- Dreieinigkeit (*trinity*)
- Weihnachtstraditionen
- Menschlichkeit (*humanity*)
- Überlebenskampf
- Entbehrung (*deprivation*)
- Zusammenarbeit

Verbrüderung

Michael Jürgs erzählt, wie die Briten schweigen, während die Deutschen Weihnachtslieder singen — zuerst „Stille Nacht", dann „Es ist ein Ros entsprungen". Nach dem „Konzert" applaudieren die Briten und rufen „Good, old Fritz" und „Encore, encore". Von den Deutschen hört man „Merry Christmas, Englishmen" und „We not shoot, you not shoot".[6] Und so ist es an diesem Weihnachtsabend in Flandern zu einem Waffenstillstand gekommen. Wie stellt der Regisseur in der Verfilmung dieser Geschichte die Verbrüderung dar? Wie schildert er die Kameradschaft unter den Soldaten? Welche Rolle spielt die Sprache? Wie kommunizieren die Soldaten miteinander? Wie ändern sich die Männer nach der ungewöhnlichen Begegnung mit dem Gegner? Welche Adjektive beschreiben den emotionalen Zustand der Männer während und nach dem Waffenstillstand?

Musik

Die Aufgabe der Filmmusik ist es, die Zuschauer im Innern zu bewegen. Ist diese Aufgabe Ihrer Meinung nach dem Komponisten Philippe Rombi gelungen? Die Filmmusik enthält „...zwei zentrale Themen, die die beiden wesentlichen Elemente des Films symbolisieren: Krieg und Verbrüderung."[7] Inwiefern sind diese zwei Themen anders? Welche Gefühle werden in den Zuschauern durch die Musik geweckt? Im Film dient die Filmmusik nicht nur als Begleitung im Hintergrund, sondern sie ist ein wesentlicher Bestandteil des Films. Man hört z. B. den Gesang der Opernsänger und der Soldaten, Weihnachtslieder und Kampflieder, die Harmonika und den Dudelsack. Inwiefern werden diese verschiedenen Arten von Musik mit der Nationalität, Identität und Persönlichkeit der Soldaten verbunden? Inwiefern ist Musik eine Weltsprache? Denken Sie dabei auch an Folgendes:

Nikolaus singt auf Deutsch und dann auf Lateinisch;

Nach der Messe am Heiligabend spielt der deutsche Soldat Jörg (im Hintergrund) das schottische Lied „I'm Dreaming of Home" auf der Harmonika;

Ein Schotte spielt den Dudelsack, während die Gefallenen begraben werden;

Franzosen versuchen Dudelsack zu spielen;

Schotten spielen Dudelsack, als die feindlichen Soldaten nach der Bombardierung der Schützengräben zurück an ihre Front gehen.

Die deutsche Einheit summt im Zug „I'm Dreaming of Home".

Religion

Im Ersten Weltkrieg glaubten viele Deutsche und Engländer, dass Gott auf ihrer Seite stand. Inwiefern ist das ein widersinniges (*paradoxical*) Konzept? Kaiser Wilhelm II z. B. fleht in seiner „Ersten Balkonrede" das deutsche Volk an: „[...] Kniet nieder vor Gott und bittet ihn um Hilfe für unser braves Heer!" In seiner Predigt versucht der anglikanische Bischof (im Film) die Soldaten zu überzeugen, dass sie mit Gottes Hilfe „die Deutschen umbringen" müssen. Empfinden Sie das als Missbrauch oder als falsche Anwendung von Religion? Inwiefern ist dieser Glaube problematisch?

---

6   Jürgs, Michael. *Der kleine Frieden im großen Krieg. Westfront 1914: Als Deutsche, Franzosen und Briten gemeinsam Weihnachten feierten*. C. Bertelsmann Verlag, München in der Verlagsgruppe Random House GmbH, 2003, S. 7.

7   Aus dem „Pädagogischen Begleitmaterial" zum Film, S. 2. Quelle: http://www.merrychristmas-derfilm.de/downloads/mc_begleitmaterial.pdf

Wilhelm II:

Man drückt uns das Schwert in die Hand. Ich hoffe, dass, wenn es nicht in letzter Stunde meinen Bemühungen gelingt, die Gegner zum Einsehen zu bringen und den Frieden zu erhalten, wir das Schwert mit Gottes Hilfe so führen werden, dass wir es mit Ehren wieder in die Scheide stecken können. Enorme Opfer an Gut und Blut würde ein Krieg von uns erfordern. Den Gegnern aber würden wir zeigen, was es heißt, Deutschland zu reizen. Und nun empfehle ich euch Gott, geht in die Kirche, kniet nieder vor Gott und bittet ihn um Hilfe für unser braves Heer![8]

Anglikanischer Bischof:

Christus sagt: „Glaubt nicht, ich komme, um Frieden auf die Erde zu bringen. Nicht Frieden bringe ich, sondern das Schwert." Aus dem Evangelium des Heiligen Matthäus. Nun, meine Brüder, das Schwert des Herren liegt in euren Händen. Ihr alle seid die Verteidiger unserer gesamten Zivilisation. Die Kräfte des Guten gegen die Kräfte des Bösen. Denn dieser Krieg… ist ohne Frage ein wahrer Kreuzzug (*crusade*). Ein heiliger Krieg, um die Freiheit der Welt vor dem Untergang zu retten. Ich sage euch, in Wahrheit handeln die Deutschen nicht wie wir. Sie denken auch nicht wie wir. Denn sie sind nicht Kinder Gottes wie wir. Sind diejenigen, die Städte zerstören, die nur von Zivilisten bewohnt sind, Kinder Gottes? Sind diejenigen, die bewaffnet vorrücken und sich hinter Frauen und Kindern verstecken, Kinder Gottes? Mit Gottes Hilfe müsst ihr die Deutschen umbringen! Die Guten und die Bösen, die Jungen und die Alten. Tötet jeden einzelnen von ihnen! Damit das ein für alle Mal erledigt ist. Der Herr sei mit euch!

Symbole und Gegenstände

Erklären Sie, was folgende Gegenstände symbolisieren könnten. Welche anderen bedeutungsvollen Symbole fallen Ihnen ein?

- das Schwert
- der Wecker
- das Tagebuch
- die Soldatenbriefe
- die Fotos
- die Weihnachtsbäume
- die Katze
- der Zug nach Tannenberg

---

8   Quelle: http://www.dhm.de/lemo/html/dokumente/wilhelm14/index.html Kriegs-Rundschau. Zeitgenössische Zusammenstellung der für den Weltkrieg wichtigen Ereignisse, Urkunden, Kundgebungen, Schlacht- und Zeitberichte. Hrsg. v. der Täglichen Rundschau. Bd. 1: Von den Ursachen des Krieges bis etwa zum Schluss des Jahres 1914, Berlin 1915, S. 37.

II. Standfotos interpretieren

Auf diesen Standfotos sehen Sie verschiedene Figuren. Welche Motive beziehen sich auf diese Fotos? Stellen Sie bei diesen Figuren im Verlauf der Handlung eine Entwicklung fest?

A. Krieg wird erklärt; Palmer trauert (Kapitel 1: Es ist so weit!)

B. Nikolaus singt im Niemandsland (Kapitel 6: An der Front)

C. Jonathan mit der Leiche seines Bruders (Kapitel 8: Frohe Weihnachten)

D. Audeberts traurige Verabschiedung (Kapitel 10: Ein Vorschlag)

III. Schreibanlässe

1. Den Film fortsetzen: Dieser Film hat ein offenes Ende. Wie könnte es weiter gehen? Würden die Soldaten überleben und ihre Familien wiedersehen? Würden sie die Einladung annehmen und einander nach dem Kriegsende wiedersehen?

2. Vorgeschichte ergänzen: Was geschah mit der Figur, die Ihnen am besten gefällt, am Tag, bevor die Geschichte beginnt?

3. Fehlende Teile ergänzen: Was geschieht mit Audeberts Frau, nachdem er an die Front muss?

4. Szene umschreiben: Wählen Sie eine Szene aus dem Film und schreiben Sie sie um.

5. Perspektive ändern: Wählen Sie eine Szene aus dem Film und schreiben Sie sie aus einer anderen Perspektive um.

6. Ein anderes Ende: Schreiben Sie ein neues Ende für den Film.

7. Stellen Sie sich vor, dass Sie, ein bekannter Regisseur / eine bekannte Regisseurin, eine Neuverfilmung von diesem Film machen. Was würden Sie anders machen?

IV. Zur Reflexion, zur Diskussion, zum Schreiben

1. Der Film beruht auf wahren Ereignissen. Welche Elemente der Handlung sind glaubwürdig und welche eher unglaublich? Warum?

2. Über die wahren Umstände an der Front schreibt Michael Jürgs: „Obwohl man in der zerschossenen Landschaft Flanderns die Unterstände nicht sehen konnte, aus denen die Soldaten zum befohlenen Töten kletterten, man atmete sie ein. Die Latrinen. Das schlechte Essen. Vor allem aber roch es nach Blut, nach Verwesung (*decay*), Menschen, Ratten, Pferden, ungelöschtem Kalk, verglühten Granaten. Flandern war eine riesige Totenhalle unter freiem Himmel. Flandern produzierte Leichen… Der Krieg stank. Muss das alles so schrecklich genau erzählt werden? Ja. Krieg stinkt. Krieg stinkt immer. Nur die Schilderung des alltäglichen Horrors macht die Dimension des wundersamen kleinen Frieden klar. Am ersten Weihnachtstag wird es windstill sein. Da stinkt der Krieg allen."[9] Inwiefern versucht der Regisseur, die wahre Lage der Soldaten darzustellen? Warum entscheidet er sich, diesen Aspekt des Krieges herunterzuspielen?

3. Inwiefern erleben die Frontsoldaten einen anderen Krieg als die Kommandierenden (die Befehlshaber, die Heeresleitung) der Armeen? Beziehen Sie insbesondere Folgendes in Ihre Überlegungen ein:

    a. Aus einem Brief von einem französischen Soldaten: „Ein Bayer lud mich ein. Wir und die Briten wollen die Einladung annehmen. Wir verbringen Silvester bei ihnen. Dann singen wir das Lied der Schotten, das sie uns beibrachten. Und wir stoßen auf diese Mistkerle an, die im Warmen sitzen und uns verheizen lassen."

    b. Audebert zum General: „Unser Land? Was weiß das Land von unseren Leiden? Davon, was wir hier tun? Ich sage Ihnen etwas. Die waren mir näher, als die,

---

9   Jürgs, Michael. *Der kleine Frieden im großen Krieg. Westfront 1914: Als Deutsche, Franzosen und Briten gemeinsam Weihnachten feierten.* C. Bertelsmann Verlag, München in der Verlagsgruppe Random House GmbH, 2003, S. 97.

die im Warmen sitzen und „Tod den Deutschen" rufen! ... Wir verstehen uns nicht. Sie erleben nicht denselben Krieg wie ich, den an der Front!"

4. „Wie die Zeit vergeht!" sagt man vielleicht über das zu kurze Wochenende, den Urlaub, das abgelaufene Jahr oder zehn Jahre Ehe. Über die unzähligen Stunden im Schützengraben sagt man das nicht. Nikolaus rechtfertigt, warum er raucht: „Irgendwas muss man tun, um sich die Zeit zu vertreiben." Ganz im Gegenteil wunderte er sich über die fünf Jahre, seitdem er und Anna sich kennen lernten: „Ist das wirklich schon fünf Jahre her? Da muss man erst mit Todesangst merken, wie schnell die Zeit vergeht. Ist das nicht schrecklich?" Identifizieren Sie sich mit dem Wunsch, sich die Zeit zu vertreiben? Wann spüren Sie, dass die Zeit vergeht?

5. Welchen Zweck erfüllt die erste Szene, als die drei Jungen patriotische Gedichte rezitieren? Warum schließt der Regisseur diese Szene in den Film ein? Inwiefern bezieht sie sich auf die Propaganda der damaligen Zeit? Welche anderen Beispiele von Propaganda im Film fallen Ihnen ein? Wer versucht solche Ideen zu verbreiten?

6. Der Weihnachtsfrieden an den Fronten findet 1914 statt. Der Krieg endet erst vier Jahre später. Warum konnte der Krieg nach diesem kurzen Frieden nicht einfach enden? Wollten die im Film dargestellten Soldaten weiter gegeneinander kämpfen? Können Sie sich im heutigen politischen Klima eine vergleichbare Situation von Verbrüderung vorstellen?

7. Nikolaus und Palmer hören von ihren Vorgesetzten: „Machen Sie sich nützlich!" Doch spielen die beiden vielleicht die größte Rolle in der Verbrüderung, indem ihre Musik die Männer dazu bewegt, aus den Schützengräben zu kommen. Was haben sie gemeinsam?

8. Für den Kronprinzen singen Anna und Nikolaus ein Lied „Bist du bei mir" von J. S. Bach (1685-1750) aus dem Notenbuch der Anna Magdalena Bach, das häufig bei Hochzeiten und Trauerfeiern gespielt wird.[10] Der Text lautet:

   Bist du bei mir, geh ich mit Freuden zum Sterben und zu meiner Ruh.
   Ach, wie vergnügt wär so mein Ende, es drückten deine lieben Hände
   mir die getreuen Augen zu! Bist du bei mir,
   geh ich mit Freuden zum Sterben und zu meiner Ruh.

   Was möchte der Regisseur dem Zuschauer dadurch vermitteln?

9. Trotz großer Gefahr begleitet Anna Nikolaus an die Front. Inwiefern wäre der Film anders, wäre sie nicht mitgekommen? Halten Sie die Anwesenheit einer Frau an der Front für möglich?

10. Inwiefern überwinden Musik, Religion und Sport nicht nur die tatsächlichen geographischen sondern auch die politischen, rationalen und emotionalen Grenzen an der Front?

11. Besprechen Sie die Bedeutung folgender Dreiergruppen: Länder (Deutschland, Frankreich und England), Sprachen (Deutsche, Französisch und Englisch), menschliche Offiziere (Horstmayer, Audebert und Gordon), unmenschliche Vorgesetzte (der Kronprinz, der französische General und der britische General), Verwirklichungen (realizations) der Verbrüderung (Musik, Religion und Fußball). Gibt es andere Dreiergruppen in dem Film?

---

10   Quelle: http://www.carolinaclassical.com/articles/bach1.html

12. Der Film hat traurige aber auch lustige Momente. Welche Beispiele für Humor fallen Ihnen ein? Welche Funktion erfüllt der Humor in Bezug auf die Handlung?

13. Horstmayer ist Jude, mit einer Französin verheiratet und der einzige Offizier, der alle drei Sprachen beherrscht. Inwiefern ist diese Figur besonders wichtig für die Handlung?

14. Es gibt neben der mehrsprachigen Originalfassung eine deutsche Sprachfassung des Films mit englischen und französischen Untertiteln, d.h., die Stimmen aller nicht deutschsprachigen Schauspieler werden in deutscher Sprache synchronisiert. Inwiefern ist die Mehrsprachigkeit wichtig für den Inhalt des Films?

15. Nikolaus sagt zu Horstmayer: „Morgen zu sterben, ist noch absurder als gestern." Was meint er damit? Inwieweit kann man diese Aussage als Leitmotiv des Films betrachten?

16. Welche positiven und negativen Folgen der Verbrüderung gibt es?

17. Kann „Merry Christmas" als Anti-Kriegsfilm bezeichnet werden? Warum? Welche Botschaft geht von dem Film aus?

 ## Lektüre 1

„Gestern war Weihnachten"

Karl-Josef Durwen [11]

Gestern war Weihnachten.
Heute ist Krieg.
Vorgestern war auch Krieg.
Nur gestern nicht:
Da war Weihnachten

Heute schießen sie wieder.
Wir auch.
Heute sterben sie wieder.
Wir auch.

Gestern schossen wir nicht.
Gestern sangen wir.
Viele weinten.
Ich auch.

Heute schießen wir wieder.
Die auch.
Heute sterben wir wieder.
Die auch.

Gestern weinten wir.
Da war Friede.
Heute sterben wir.
Da ist Krieg.
Nur gestern war Weihnachten.

---

11   Erstveröffentlichung: Durwen in »Die Horen« Nr. 96, 1974.

1. Welche Wörter kommen häufig im Gedicht vor?
2. Wie beschreiben Sie die Wortwahl und den Stil des Gedichts?
3. Inwiefern beeinflusst der Satzbau die Bedeutung des Gedichts?
4. Welche Pronomen werden verwendet?
5. Wer sind diese Personen?
6. Wer erzählt von diesem Weihnachten, d.h., wer ist das „lyrische Ich", das von dem Verfasser getrennt werden muss?
7. Welche Zeitform wird verwendet: Präsens, Präteritum, Futur?
8. Inwiefern wirkt der Gebrauch dieser Zeitformen auf die Bedeutung des Gedichts ein?
9. Was machen „sie" und „wir" heute?
10. Was machten „sie" und „wir" gestern?
11. Inwiefern bezieht sich der Titel auf das Gedicht?
12. Passt der Titel zum Gedicht, d.h., wird die Lesererwartung, die durch den Titel geweckt wird, im Gedicht bestätigt?
13. Welche anderen Titel würden zum Gedicht passen?
14. Wie wirkt das Gedicht auf Sie?
15. Welche Figur im Film hätte dieses Gedicht geschrieben? Warum?

 Lektüre 2

„Ein Film über Menschen" Regisseur Christian Carion im aspekte-Interview (18.11.2005)[12]

Aus ZDF (Zweites Deutsches Fernsehen) „aspekte" (www.aspekte.de)

Nach zehn Jahren Recherche dreht Christian Carion einen Film über Menschlichkeit in unmenschlichen Zeiten. Nach wahren Begebenheiten erzählt er die Geschichte vom Weihnachtsabend an der Westfront im Jahr 1914.

aspekte: Weshalb sahen Sie die Notwendigkeit, die Geschichte um die fiktiven Figuren des Sängers/Soldaten Sprink und der Sopranistin Anna Sörensen zu erweitern?

Christian Carion: Ich möchte sagen, dass der deutsche Tenor wirklich existiert hat, und er hat gesungen. Ich habe mir einen Nikolaus Sprink vorgestellt. Aber am Anfang, in meiner ersten Szenerie, gab es keine Frauen. Und ich hab mir gesagt: Ich habe monatelang nur Deutsche in Uniform gefilmt. Ich habe mir eine Frau vorgestellt — und das hab ich deswegen gemacht,

---

12   Quelle: http://www.zdf.de/ZDFde/inhalt/22/0,1872,2397398,00.html

weil ich herausgefunden habe, dass es 1914 Frauen gab, die den Mut gehabt haben, bis an die Front zu kommen, um ihre Männer zu sehen.

Das gab mir Vertrauen, und ich habe mir eine Frau vorgestellt. Ich hab zu Diane gesagt: „Du wirst unsere Sonne sein." Sie ist mehr als eine Frau. Ihr ist der Krieg egal, sie ist verliebt. Sie durchquert ganz Europa, um ihren Mann wieder zu sehen. Und dann werden sie in diese Geschichte der Verbrüderung verwickelt.

aspekte: Hätten die Zuschauer Ihnen andernfalls die Geschichte nicht abgenommen?

Carion: Ich habe nicht so gedacht. Im Grunde bin ich Egoist. Ich mache zuerst den Film für mich. Und ich mache einen Kinofilm, keine Dokumentation. Ich versuche mir einen Film vorzustellen, den ich gerne sehen würde. Und gut, ich habe Lust, Diane Krüger zu sehen. Ich habe mir etwas ausgedacht, damit sie mit den Soldaten zusammen sein kann. Am Anfang geht sie nicht an die Front, aber sie wird da hineingezogen.

Ich denke, dass das Publikum Gefallen daran findet, sie zu sehen und sie singen zu hören. Wenn Sie sagen: „Sie machen das und das für die Öffentlichkeit", da laufen Sie gegen eine Mauer. Sie können nicht voraus sehen, was die Öffentlichkeit mögen wird. Was uns bleibt, ist, sich zuerst bewusst zu werden, was man selber Lust hat zu sehen. Ich versuche mir selbst gerecht zu werden, und wenn es anderen gefällt, ist es super.

aspekte: Haben Sie an irgendeiner Stelle die Angst gespürt, mit der Dramatisierung durch die fiktiven Charaktere in den Kitsch abzugleiten?

Carion: Nein. Ich weiß nicht: Was soll Kitsch bedeuten? Ist "verliebt sein" Kitsch? Dann bin ich Super-Kitsch. Für mich ist es ein Film über Menschen, über menschliche Wesen. Über den, der Angst hat, über den der verliebt ist, über diejenigen, die feige sind, und die, die mutig sind. Das ist alles, wenn Sie so wollen.

Ich versuche allen Rollen - den französischen, schottischen, deutschen - eine zutiefst menschliche Tiefe zu verleihen. Der Soldat, der seinen Bruder verliert. Er hat Kummer. Er kann den Deutschen nicht verzeihen. Er kann nicht. Ich verstehe das. Und sie ist verliebt, ist egoistisch. Sie konzentriert sich auf das, was sie liebt. Aber ich verstehe das.

Ist sich für andere Menschen zu interessieren Kitsch? Nun gut.

aspekte: Welche Botschaft wollen Sie mit diesem Film aussenden?

Carion: Es gibt keine Botschaft. Es ist eine Geschichte, die uns lange Zeit verheimlicht wurde. Und ich mache diesen Film, um die Soldaten zu würdigen.[13] Weil ich finde, dass sie uns eine Seite der Menschlichkeit gezeigt haben. Die Leute sagen mir: „Aber heute in der Welt, in der wir leben—da bedeutet ein solcher Film das und das." Ich sage den Leuten nur: Seht, was Ihr sehen wollt. Aber ich erkläre den Leuten nicht, was sie an „Merry Christmas" verstehen müssen. Es ist zunächst einmal ein Film der Emotionen.

aspekte: Es war also von Leuten damals 1914 viel mutiger, Brüderlichkeit zu schaffen, den ersten Stein zu legen, als für die Politiker heute?

---

13   to dignify

Carion: Heute ist es schick, von Europa zu reden. Ich kann in den Diskursen über Europa nicht die Emotionen finden, die ich bei dieser Weihnacht 1914 empfunden habe. Die Voraussetzungen sind nicht die gleichen. Man redet mehr von Geld, von Banken, von Außenhandel, von Euros als von der Idee „Was vereint uns? Was bringt uns dazu, Dinge gemeinsam zu machen?"

1. Hat Carion die Figur eines Sängers an der Front erfunden?
2. Warum entscheidet sich Carion, eine Frau in die Geschichte einzuarbeiten?
3. Inwiefern ist Carion seiner Meinung nach ein egoistischer Filmemacher?
4. Finden Sie Teile des Films kitschig? Welche? Warum?
5. Laut Carion handelt der Film von Menschen, die Angst haben, verliebt, feige und mutig sind. Welche Figuren verkörpern Ihrer Meinung nach am deutlichsten diese Eigenschaften?
6. Halten Sie es für möglich, dass ein Film keine Botschaft ausrichtet?
7. Warum findet Carion es wichtig, die Geschichte vom Weihnachtsabend im Ersten Weltkrieg zu erzählen?
8. Warum weigert sich Carion, der Öffentlichkeit zu sagen, was der Film bedeuten soll?
9. Welche Fragen würden Sie Carion stellen, wenn Sie ihn interviewen dürften?
10. Mit welcher Figur im Film würden Sie sich am liebsten unterhalten? Warum?
11. Mit welchem Schauspieler bzw. welcher Schauspielerin würden Sie sich am liebsten unterhalten? Warum?
12. Der Film heißt auf Französisch „Joyeux Noël" aber auf Deutsch und Englisch „Merry Christmas". Das Interview behandelt dieses Thema nicht, aber warum hat Carion den englischen Titel auch für die deutsche Fassung gewählt?

Rosenstraße

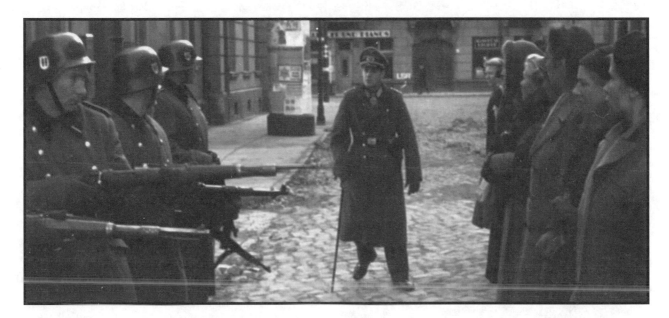

BR Deutschland 2003

Regie: Margarethe von Trotta

Drehbuch: Margarethe von Trotta, Pamela Katz (Mitarbeit)

Darsteller: Katja Riemann (Lena Fischer, 33 Jahre), Maria Schrader (Hannah
Weinstein), Doris Schade (Lena Fischer, 90 Jahre), Svea Lohde (Ruth, 8
Jahre), Jutta Lampe (Ruth, 60 Jahre), Jürgen Vogel (Arthur von Eschenbach),
Martin Feifel (Fabian Fischer), Jan Decleir (Nathan Goldberg), Jutta
Wachoviak (Frau Goldberg), Thekla Reuten (Klara Singer), Fedja van Huêt
(Luis Marquez) und Lena Stolze (Ruths Mutter)

Länge: 135 Minuten

FSK: ab 12 Jahren

Länge: 136 Min.

Margarethe von Trotta ist die Regisseurin von bekannten Filmen wie *Die
bleierne Zeit* (1981), *Rosa Luxemburg* (1986), *Zeit des Zorns* (1994) und *Das Versprechen*
(1994). Über ihre Einstellung zu ihren Filmen sagt sie: „Ich gehe in meinen Filmen
meistens von einzelnen Personen und ihrem persönlichen Schicksal aus. Im Privaten
ereignet sich dann die Geschichte im Sinne von Historie. Es ist für mich immer
spannend, wie Menschen mit ihrer Zeit, die sie sich ja nicht wählen können, und
der Geschichte, die ihnen oft aufgezwungen wird, fertig werden. Werden sie Opfer

oder Mitläufer — oder Rebellen?"[1] In *Rosenstraße* erzählt sie die Geschichte von der Zivilcourage, der Solidarität und dem Widerstand von Frauen, deren Protest in der Rosenstraße vermutlich mehreren hundert jüdischen Männern das Leben gerettet hat.

Auszeichnungen (Auswahl)

Bayrischer Filmpreis (2004): *Kamerapreis*
Filmfestspiele von Venedig (2003):
    SIGNIS-Preis Ehrenvolle Erwähnung (Margarethe von Trotta)
    UNICEF-Preis (Margarethe von Trotta)
    Goldener Löwe (Katja Riemann)
Europäische Filmpreise (2003): *Nominierung Beste Darstellerin* (Katja Riemann)
David di Donatello Filmpreis (2004): *Bester europäischer Film*

Zusammenfassung des Films

Als Ruths Mann stirbt, will sie um ihn „jüdisch" trauern. Ihre Kinder Hannah und Ben sind daran nicht gewöhnt und es fällt ihnen schwer, ihre Mutter zu verstehen. Dann lernt Hannah die Cousine ihrer Mutter kennen. Rachel erzählt Hannah von einer deutschen Frau, die Ruth im Zweiten Weltkrieg gerettet hat. Nach der siebentägigen Schiwa fliegt Hannah nach Berlin, um diese Frau, Lena Fischer, zu finden. Obwohl Lena schon 90 ist, kann sie sich an jedes Detail erinnern—wie ihr jüdischer Mann Fabian zusammen mit vielen anderen jüdischen Männern von ihren Arbeitsplätzen abgeholt und beinahe deportiert wurde. Wären ihre mutigen und entschlossenen „arischen" Frauen nicht gewesen, die täglich stundenlang vor dem jüdischen Sammellager in der Berliner Rosenstraße standen und gegen die Inhaftierung ihrer Verwandten protestierten, wären die festgenommenen jüdischen Männer, Frauen und Kinder von den Nazis abtransportiert und vernichtet worden.

Figuren

Ruth Weinstein ist 60 Jahre alt und trauert um ihren kürzlich verstorbenen Mann. Sie redet ungern über ihre Vergangenheit, deshalb wissen ihre Kinder nicht, wie sie den Zweiten Weltkrieg überlebt hat und was mit ihrer Mutter Miriam passiert ist. Als achtjähriges Kind verliert Ruth ihre Mutti und lebt drei Jahre bei Fabian und Lena Fischer, die zur Pflegemutter wird, bevor Ruth von ihrer Tante mütterlicherseits nach Amerika geholt wird.

Hannah Weinstein ist die erwachsene Tochter von Ruth und die Freundin von Luis, einem Nikaraguaner und Protegé ihres verstorbenen Vaters. Ruth will Hannahs Heirat zu Luis verhindern, weil Luis Nichtjude ist. Hannah trifft sich in Berlin mit Lena Fischer, um mehr über die Vergangenheit ihrer Mutter zu erfahren.

Die 90jährige **Lena Fischer** wohnt allein in Berlin. Sie erzählt Hannah Weinstein von den Ereignissen im Februar 1943, als ihr Mann von der Fabrik abgeholt und inhaftiert wurde. Lena weiß noch nicht, dass Hannah die Tochter des jungen Mädchens ist, dessen Mutter deportiert wurde und das drei Jahre lang bei Lena und Fabian wohnte.

---

1   „Ein Liebesbeweis jeder einzelnen Frau: Margarethe von Trotta über den Impetus zu ihrem Film *Rosenstraße*, über die Entstehungsgeschichte und die Hintergründe" (S. 11) in Rosenstraße: Die Geschichte, die Hintergründe, die Regisseurin von Thilo Wydra. München: Nicolai, 2003.

Lena, eine talentierte Pianistin, stammt aus einer Adelsfamilie. Ihr Vater, der Baron von Eschenbach, will nichts mehr mit ihr zu tun haben, nachdem sie Fabian Fischer geheiratet hat.

Fabian Fischer ist ein begabter Geiger und Jude. Die sogenannte Mischehe mit seiner nicht-jüdischen Frau kann ihn nicht länger schützen, und im Februar 1943 wird er von den Nazis abgeholt. Im jüdischen Sammellager fürchtet er um sein Leben. Dort lernt er **Nathan Goldberg** kennen, dessen Frau zusammen mit den anderen Frauen tagelang in der Rosenstraße die Entlassung ihrer Männer fordern.

Arthur von Eschenbach, Lenas Bruder, war ein geselliger Mann mit einem dekadenten Lebensstil, bis er an der Ostfront verletzt wird. Danach unterstützt er seine Schwester und versucht durch seine militärischen Kontakte Fabians Leben zu retten.

Frau Goldberg und **Klara Singer** sind zwei der nicht jüdischen Ehefrauen, die sich mit Lena in der Rosenstraße anfreunden und sich gegenseitig unterstützen.

Kultureller und historischer Hintergrund

Der Frauenprotest in der Rosenstraße

Einleitung[2]

Am 27. Februar 1943 leiteten die Nationalsozialisten mit einer großen Verhaftungsaktion die Deportation aller noch im Reichsgebiet befindlichen nichtprivilegierten deutschen Juden und die Erfassung der als „Mischlinge" und in „Mischehe" lebenden Juden ein.[3]

In Berlin wurden im Zuge der sogenannten Fabrikaktion ungefähr 10.000 „ungeschützte" Juden, die nicht unter eine der Ausnahmekategorien der Nationalsozialisten fielen, verhaftet und in vier Sammellagern (zwei Kasernen, das Konzerthaus Clou, die Synagoge in der Levetzowstraße) interniert. Bis zum 6. März wurden nahezu 7.000 von ihnen in das Vernichtungslager Auschwitz deportiert.

Ein Teil der über 1.000 bei der Fabrikaktion verhafteten „Mischlinge" oder in „Mischehe" lebenden Juden, die aufgrund ihres „geschützten" Status nicht von diesen Deportationen betroffen waren, wurde getrennt in einem Verwaltungsgebäude der Jüdischen Kultusvereinigung in der Rosenstraße 2-4 und in einem Gebäude in der Großen Hamburger Straße festgehalten. In einer für die NS-Zeit beispiellosen öffentlichen Aktion protestierten Hunderte von nichtjüdischen Angehörigen, zumeist Ehefrauen der verhafteten jüdischen Zwangsarbeiter, tagelang vor der Rosenstraße 2-4

---

2   Diese Einleitung erscheint Wort für Wort auf folgender Webseite http://www.topographie.de/de/rosen.htm. Hier gibt es auch mehr zum Thema, u. a. Beschreibungen des Protests von Zeitzeugen und andere Dokumente.

3   "Am 15. September wurden das ‚Reichsbürgergesetz' und das „Gesetz zum Schutze des deutschen Blutes und der deutschen Ehre" verabschiedet. Beide ‚Nürnberger Gesetze' stempelten die jüdischen Mitbürger zu Menschen minderen Rechts. Im Gegensatz zu den mit vollen Rechten versehenen ‚Reichsbürgern', die ‚deutschen oder artverwandten Blutes' sein mussten, konnten Juden fortan nur noch ‚Staatsangehörige' des Deutschen Reichs ohne politische Rechte sein. ‚Volljude' war, wer von mindestens drei jüdischen Großeltern abstammte. Als Bürger minderen Rechts galten auch ‚Mischlinge' mit einem oder zwei jüdischen Großeltern, die der jüdischen Religionsgemeinschaft angehörten oder mit einem ‚Volljuden' verheiratet waren. Alle anderen ‚jüdischen Mischlinge' erhielten das ‚vorläufige Reichsbürgerrecht'. Das ‚Blutschutzgesetz' verbot Eheschließungen zwischen Nichtjuden und Juden und stellte auch deren als ‚Rassenschande' bewerteten Geschlechtsverkehr unter Strafe." (Quelle: http://www.dhm.de/lemo/html/nazi/antisemitismus/nuernberg/index.html)

und forderten die Freilassung ihrer Familienangehörigen. Am 6. März 1943 wurden die festgehaltenen Juden aus der Haft entlassen.

Die nicht deportierten „geschützten" Juden lebten bis Kriegsende in zunehmender Isolation und unter der ständigen Bedrohung einer weiteren Radikalisierung der NS-Vernichtungspolitik. Die Anfang 1945 vom Reichssicherheitshauptamt geplante Deportation aller „Mischlinge" und in „Mischehe" Lebenden nach Theresienstadt scheiterte[4] am Vormarsch der Alliierten.

Insgesamt wurden über 50.500 Juden aus Berlin in die Vernichtungslager der von Deutschland besetzten osteuropäischen Länder deportiert.

Zur Vorbereitung

I. Wortschatz

New York

durchdrehen [drehte durch, ist durchgedreht]: *to panic, go crazy, lose control*
eifersüchtig: *jealous*
das Geheimnis: *secret, mystery*
retten [rettete, hat gerettet]: *to save, rescue*

die Schiwa/Schiwe: *shiva (seven-day period of mourning with detailed instructions about conduct)*
die Vergangenheit: *past, background*
verzeihen [verzieh, hat verziehen]: *to forgive*

Berlin 1943

der Abschied: *farewell, goodbye*
die Adelsfamilie: *nobility, noble family*
die Ausreise: *departure, exit*
auswandern [wanderte aus, ist ausgewandert]: *to emigrate, leave a country*
benachrichtigen [benachrichtigte, hat benachrichtigt]: *to inform, notify*
demütigend: *humiliating, mortifying*
der Flügel: *grand piano*
der/die Geiger-in/die Geige: *violinist/violin*
die jüdische Gemeinde: *Jewish congregation*
das jüdische Wohlfahrtsamt: *Jewish welfare center, center for the social welfare and benefit of Jews*
mager: *gaunt, thin*
das Mitgefühl: *compassion, sympathy*

die Schande: *scandal, disgrace*
sich scheiden lassen [lässt, ließ sich scheiden, hat sich scheiden lassen]: *to divorce*
im Stich lassen [lässt, ließ, hat gelassen]: *to let someone down or fail someone; to abandon*
schützen [schützte, hat geschützt]: *to protect, shelter*
die Synagoge: *synagogue*
die Treue: *loyalty, faithfulness*
die Tugend: *virtue, goodness*
überzeugen [überzeugte, hat überzeugt]: *to convince, persuade*
vernünftig: *reasonable, rational, sensible, level-headed*
sich versammeln [versammelten sich, hat sich versammelt]: *to convene, gather, congregate*
der Zwangsarbeiter: *forced laborer*

---

4   to fall through, fail

Die Nationalsozialisten (Nazis)

abtransportieren [transportierte ab, hat abtransportiert]: *to remove, cart away, evacuate*

die Arierin, der Arier: *Aryan; people of non-Jewish Caucasian descent according to Nazi ideology*

einsperren [sperrte ein, hat eingesperrt]: *to imprison, lock up, confine*

die Geheime Staatspolizei (die Gestapo): *official secret police of Nazi Germany*

der Hauptsturmführer: *Nazi rank of the Schutzstaffel (SS) or „protective squadron"*

die Mischehe: *mixed marriage, intermarriage between Jews and non-Jews*

das Reichssicherheitshauptamt: *Reich security main office, subordinate organization of the SS*

das Sammellager: *detention camp, temporary holding for Jews before deportation*

das Vernichtungslager: *extermination camp where Jews and other victims were killed*

II. Wortschatzübungen

Setzen Sie das passende Wort in die Lücken ein.

1. versammelten/ Schiwa/ Sammellager/ gerettet/ durchdreht

   Nach dem Tod ihres Mannes will Ruth Weinstein sieben Tage _____ sitzen. Ihre Kinder denken, dass sie _____, weil sie früher auf jüdische Traditionen nicht geachtet hat. Hannah erfährt von einer Cousine, dass ihre Mutter im Zweiten Weltkrieg von einer deutschen Frau _____ wurde. Um mehr über diese Geschichte herauszufinden, besucht Hannah diese Frau, dessen Mann abgeholt und in einem _____ in der Rosenstraße eingesperrt wurde. Mit gespannter Aufmerksamkeit hört Hannah die fast unglaubliche Geschichte von den Frauen, die sich vor dem Sammellager _____ und die Deportation ihrer Männer verhinderten.

Ergänzen Sie die Sätze mit dem passenden Wort.

2. scheiden lässt/ überreden/ geschützt/ benachrichtigen/ verzeihen

   a. Lena hat Ruth _____, indem sie niemandem sagte, dass sie jüdisch ist.

   b. Lenas Eltern wollten, dass Fabian sich von seiner Frau _____.

   c. Ruth kann ihrer Cousine nicht _____, weil Rachel als Kind so gemein zu ihr war.

   d. Lena versucht den Hauptsturmführer zu _____, ihr mitzuteilen, wo Fabian ist.

   e. Die Männer wurden abgeholt, ohne ihre Frauen zu _____, was mit ihnen passiert.

III. Ideen sammeln/ Brainstorming

1. Haben Sie einen Freund oder eine Freundin (gehabt), der/die aus einem anderen Land kommt, eine andere Muttersprache spricht oder einen anderen religiösen Glauben hat? Würden Sie jemanden heiraten, der eine andere Religion als Sie oder große kulturelle Unterschiede zu Ihnen hat? Wären Ihre Eltern gegen solch eine Beziehung? Welche besonderen Schwierigkeiten haben Paare mit unterschiedlichem kulturellem, religiösem oder sozialem Hintergrund?

2. Wie haben Sie von den Kriegsverbrechen und den Gräueltaten des Zweiten Weltkriegs erfahren? Hat Ihnen jemand davon erzählt, also kennen Sie jemanden, der von dem Holocaust persönlich betroffen ist oder im Krieg war? Waren Sie schon in einem jüdischen Museum, z. B. dem Jüdischen Museum (Berlin), dem United States Holocaust Memorial Museum (Washington, D.C.), dem Anne Frank Haus (Amsterdam), dem Montreal Holocaust Memorial Centre (Montreal, Kanada) oder dem Holocaust Museum Houston (Houston, Texas)? Hatten Sie einen Kurs an der Universität über den Zweiten Weltkrieg? Woran erinnern Sie sich insbesondere? Haben Sie schon von dem Protest in der Rosenstraße gehört?

IV. Internet-Übungen

(available online through the Focus website: http://www.pullins.com/)

V. Milling-Aktivität

Unterhalten Sie sich mit anderen Studenten im Klassenzimmer und notieren Sie ihre Antworten.

1. Bist du jüdisch oder kennst du jemanden, der jüdisch ist?
2. Hast du Großeltern oder Urgroßeltern, die sich an den Zweiten Weltkrieg erinnern?
3. Hast du das *Tagebuch der Anne Frank* gelesen?
4. Was war dein Lieblingsspielzeug als Kind?
5. Kannst du Klavier oder Geige spielen?
6. Magst du klassische Musik?
7. Gibt es einen Komponisten/eine Komponistin, dessen/deren Werk dir sehr gut gefällt?
8. Tanzt du gerne?
9. Wie würdest du dich im Winter ohne Fernseher, Radio, Bücher oder Musikinstrumente amüsieren?
10. Worauf könntest du nicht verzichten*? (verzichten auf etwas= *to give something up*)

Erklär's mir: prepositional and directional adverbs

In German, relationships of space and time are marked by three types of words or word-parts: adverbs, prepositions and verbal prefixes. Many modern prepositions and verbal prefixes developed historically out of adverbs, hence their resemblance to one another. For example, there are three different forms of *mit* in modern German:

Ruth: Kann ich nicht <u>mit</u> zu Ihnen kommen? (adverb)
Lena: Was machst du denn hier <u>mit</u> deinem Stern? (preposition)
Ruths Mutter: Versuch, dass eine der Frauen draußen dich <u>mit</u>nimmt! (verbal prefix)

The film's main focus revolves around Jews being detained in a building, thus there are a number of words referring to being *in* the building or entering *into* it, as well as the opposite (*out, out of*). These include the preposition *in*, which may be used with either the accusative (meaning *into*) or the dative case (meaning *in/within*):

Lena: Sie haben ihn **in** ein Sammellager gebracht in der Rosenstraße.
Jüdischer Vater: Ich suche meine Tochter. Sie soll sich **in** diesem Haus befinden.

If the object of a German preposition can be expressed by *it* in English, the German prepositional phrase is replaced by a prepositional adverb, also known as a *da*-compound. In the case of *in*, the prepositional adverb is *darin* 'in it', which in colloquial speech is reduced to *drin*. To emphasize the implied prepositional object, expressing the meaning 'in *there*', then *da-* is added, yielding *da drin*.

Frau Goldberg: Heute früh sind die Ersten abtransportiert worden… Da muss man ja schon froh sein, dass sie (unsere Männer) noch **drin** sind.
Nichtjüdische Frau: Und meine Familie ist mein Mann, und der ist **da drin**.
The verbal prefix expressing 'entry into' something is *ein-*.
Lena: Und wie kann man erfahren, wen sie da **ein**gesperrt haben?

One may add a directional adverb *hin* or *her* to *ein*, thereby indicating motion away from or toward the speaker, respectively.

Frau Goldberg: Er ist (**hinein**)gegangen und hat mir tatsächlich den Schlüssel gebracht.
Herr Müller: **Herein**! Heil Hitler!

In colloquial speech, both *hinein* and *herein* are reduced to *rein*, with the direction of the motion referred to being clear from context.

Lena: Wie bist du **rein**gekommen? (= Wie bist du hineingekommen?)
Lena: Bitte, kommen Sie **rein**. (= Bitte, kommen Sie herein.)

Listen for these and many more instances of *drin*, *da drin* and *rein* in the film.

VI. Die Handlung voraussagen

Denken Sie noch einmal an die Übungen, die Sie zum Thema *Rosenstraße* gemacht haben. Wovon handelt der Film Ihrer Meinung nach? Welche Erwartungen haben Sie an den Film?

1. In welches Filmgenre würden Sie *Rosenstraße* einordnen? (z. B. Liebesfilm, Kinderfilm, Komödie, Thriller, Horrorfilm, Action, Drama, Historienfilm, Science Fiction oder Western)

2. Welche Zielgruppe wird dieser Film ansprechen, z. B. Kinder, Jugendliche/ Teenager, Frauen, Männer, Studenten, Sportler usw.?

3. Wie und wo wird die Geschichte anfangen?

4. An welchen dieser Drehorte werden keine Filmaufnahmen gemacht? In einem Musikladen, in einem Cafe, in einem Krankenhaus, in einer Fabrik, in einem Konzentrationslager, auf einem Friedhof, auf der Straße, an der Front, in einem Jazzclub, in New York, in einem Schloss oder in einem Zug?

5. Schauen Sie sich das Standfoto auf der ersten Seite dieses Kapitels an. Was passiert in dieser Szene? Wird sie gegen Anfang, Mitte oder Ende des Films geschehen?

6. Wird der Film ein Happy-End oder eher ein trauriges Ende haben? Begründen Sie Ihre Antwort.

 Zum Inhalt

I. Richtig oder falsch?

Geben Sie an, ob die Aussagen richtig oder falsch sind und verbessern Sie die Falschen.

1. Dieser Film basiert nicht auf wahren Ereignissen.

2. Wenn man Schiwa sitzt, wird sieben Tage lang nicht telefoniert, rasiert oder gearbeitet.

3. Ruth freut sich auf die Hochzeit ihrer Tochter und Luis.

4. Als Ruth klein war, hat ihr Papa sie Süßerchen genannt.

5. Ruths Mutter gibt ihrer Tochter eine Halskette, bevor sie deportiert wird.

6. Der Hauptsturmführer gibt Lena gerne Auskunft über ihren Mann.

7. Die Juden müssen sich mit zweitem Vornamen Israel bzw. Sarah nennen.

8. Lena (90 Jahre) wünscht sich eine CD mit Fabians Lieblingssonate von César Franck.

9. Arthur wird im Krieg schwer verletzt, und sein Arm muss amputiert werden.

10. Ruth muss sich Helga Lehmann nennen, damit sie nicht erwischt wird.

11. Klaras Chef, Herr Müller, hat kein Mitgefühl für ihre Umstände und beurlaubt sie nicht.

12. Die Männer im Sammellager spielen Schach, um sich die Zeit zu vertreiben.

13. Klara stirbt in ihrer Wohnung.

14. Die SS-Soldaten schießen auf die Frauen.

15. Die Frauen rufen: „Mörder seid ihr. Mörder. Wir wollen unsere Männer wieder haben."

16. Lena singt für den Reichsminister Goebbels, und Litzy begleitet sie am Klavier.

17. Ruth wartet alleine auf ihre Mutter vor dem Sammellager in der Rosenstraße.

18. Lena erzählt Ruth nie, was mit ihrer Mutter geschehen ist.

19. Ruth sagt, dass Hannah den Ring von ihrer Mutter nicht behalten soll.

20. Hannah und Luis haben eine jüdische Hochzeitszeremonie.

II. Fragen zum Inhalt

Kapitel 1: Jüdisch trauern

1. Darf Hannah ans Telefon gehen?

Kapitel 2: Die Suche nach der Mutter

2. Während Ruth ihre Enkelin Julia anstarrt, gibt es eine Rückblende zurück zum Februar 1943. Wo befindet sich Ruth als junges Mädchen in dieser Szene?

3. Mit wem trifft sich Hannah im Cafe? Was zeigt diese Person Hannah? Wie reagiert Hannah darauf?

Kapitel 3: Die Suche nach dem Ehemann

4. Lena besucht am Reichssicherheitshauptamt Hauptsturmführer Weber. Welche Auskunft will sie? Was soll er ihr mitteilen?

Kapitel 4: Wo werden wir hingebracht?

5. Mit wem freundet sich Fabian an, nachdem die zwei Frauen sich umgebracht haben (*to commit suicide*)?

Kapitel 5: Recherche in Berlin

6. Lena bemerkt, dass die Frauen heutzutage immer Diät machen. Sie meint, dass Frauen „damals" auch mager waren, aber nicht, weil sie Diät machten. Warum waren sie damals mager?

Kapitel 6: Quälende Erinnerungen

7. Klara ist bei der Arbeit, als sie erfährt, dass ihr Mann abgeholt wird. Wie erfährt sie davon?

8. Wie findet Lena heraus, ob Fabian im Sammellager in der Rosenstraße ist?

Kapitel 7: Ein erfolgreiches Konzert

9. Fabian und Lena geben ein Konzert. Danach verbringen sie einen „schönen Abend" mit Arthur. Sind Fabian und Lena zu diesem Zeitpunkt schon verheiratet?

10. Welche Art von Musik wird im Club gespielt? Was machen Arthur und seine Freundin Litzy dort?

Kapitel 8: Vater, bitte hilf mir!

11. Lena bittet ihren Vater, Fabian zu helfen. Was macht Lena, worauf ihr Vater folgendermaßen reagiert: „Lass dieses Theater! Es passt nicht zu dir!"

12. Wovon erzählt Arthur seinem Vater und Lena?

13. Warum gehört Miriam Süßmann (Ruths Mutter) zu denen, die sofort deportiert wurden?

Kapitel 9: Ich will meinen Mann zurück!

14. Wer ruft Hannah im Hotel an?

15. Die Frauen sehen ein Gesicht im Fenster. Es ist Hans, Klaras Mann. Wie reagieren die Frauen darauf? Was fangen sie an zu schreien?

Kapitel 10: Der Abtransport beginnt

16. Warum erzählt Lena ihrem Bruder, dass Ruth schon seit zwei Jahren bei ihnen wohnt?

17. Lena und Fabian mussten den Flügel, die Geige, das Telefon, das Radio und alle Bücher abgeben. Welche zwei Haustiere musste Ruth abgeben?

18. Die Frauen müssen sich vor dem Luftangriff schützen. Warum will Ruth nicht in den Luftschutzkeller gehen?

Kapitel 11: Die Postkarte

19. Was gibt Herr Müller Klara, als sie ihm erklärt, dass ihr Mann abtransportiert wird?

20. Was findet Ruth in den Trümmern, womit sie spielen kann?

Kapitel 12: Wo ist Klara?

21. Wo finden Lena und Ruth Klara?

Kapitel 13: Ich fühle mich verkauft

22. Warum fühlt sich Lena in dieser Szene verkauft? Wo ist sie, mit wem und mit welcher Absicht?

Kapitel 14: Die Freilassung der Internierten

23. Fabian kommt endlich aus dem Sammellager. Lena umarmt und küsst ihn, dann stellt sie Ruth vor. Wie stellt sie ihm Ruth vor?

Kapitel 15: Die Kraft Wünsche zu erfüllen

24. Woher weiß Lena, dass Hannah Ruths Tochter ist?

25. Wo endet der Film — in Berlin oder in New York?

III. Aussagen zuordnen

Lesen Sie die folgenden Aussagen und geben Sie an, von wem die Äußerung stammt: von Lena — 33 Jahre (4), von Lena — 90 Jahre (3), von Hannah (3), von Ruth — 60 Jahre (2), von Ruth — 8 Jahre (2), von Arthur (2), von Nathan (2), von Frau Goldberg (1) oder von Fabian (1). Die Aussagen stehen in der gleichen Reihenfolge, wie sie im Film vorkommen.

1. _____ Ich verstehe nicht, warum dir auf einmal die Religion so wichtig ist.

2. _____ Er war mein Mann. Und ich werde um ihn trauern, wie die Schrift uns vorschreibt.

3. _____ Sag ihr, wenn sie ihn heiratet, sie ist nicht mehr meine Tochter. Ich möchte, dass er geht. Wenn du es ihm nicht sagst, sag ich's.

4. _____ Wenn Schiwa vorbei ist, gehe ich nach Berlin.

5. _____ Ich bin seit über 10 Jahren verheiratet. Ich werde mich nicht scheiden lassen. Und das habe ich hier in diesem Hause mehrmals zur Protokoll gegeben.

6. _____ Das muss ein Irrtum sein. Meine Frau ist Arierin. Ich lebe in einer Mischehe.

7. _____ Ich habe einfach behauptet, mein Mann hätte den Hausschlüssel. Er ist reingegangen und hat mir tatsächlich den Schlüssel gebracht. Seitdem weiß ich, dass er da drin ist.

8. _____ Mit dem Ring kann ich mir alles wünschen, was ich will.

9. _____ Sie haben ihn einfach abgeholt aus der Fabrik. Vater ist der einzige, der ihn da raus holen kann.

10. _____ Hinter uns kamen die SS und die SD. Sie haben erbarmungslos die Juden zusammen getrieben und erschossen. Oft müssen sie ihr eigenes Grab ausheben. Zu Tausenden. Zu Tausenden, hörst du?

11. _____ Ich dachte, es ist nicht an uns zu gehen. Ich bin Deutscher, und ich warte, bis die Deutschen zurückkommen. Sie sind irgendwo untergetaucht und werden noch wieder auftauchen.

12. _____ Vielleicht stecken sie uns auch noch in die Öfen, wie in Hänsel und Gretel.

13. _____ Den Flügel habe ich abgeben müssen. Und Fabian seine Geige, das Telefon, das Radio, alle Bücher, alle Platten, alles was irgendeinen Wert besaß.

14. _____ Daran (an die Angst) habe ich gar nicht gedacht. Ich glaub das ging allen Frauen so. Wir standen einfach da und gingen nicht wieder weg. Mit der Hoffnung, unsere Männer noch retten zu können. Oder sie noch einmal zu sehen.

15. _____ Für wichtige Bekanntschaften ist es nie zu spät.

16. _____ Meine Schwester hat großes Mitgefühl für die Frauen und bewundert ihre Treue.

17. _____ Von heute aus gesehen eine ganz unglaubwürdige Geschichte. Nichts weiter als eine lächerliche Geste der Verzweiflung. Mit Beweis dafür, dass wir anfingen, die Hoffnung zu verlieren.

18. _____ Wo ist meine Mutti? Wann kommt meine Mutti?

19. _____ Sie hat gleich ihre beiden Mütter verloren! Haben Sie das denn nicht verstanden?

20. _____ Gib ihr den Ring zurück und sag ihr, er hat wieder die Kraft, Wünsche zu erfüllen. Ich hatte so sehr gehofft, sie einmal wieder zu sehen.

IV.   Standfotos beschreiben

1. Zum Bild: Geben Sie eine ausführliche Beschreibung dieser Fotos.
2. Zum Inhalt: Was passiert in diesen Szenen?

A. Lena und Fabian bei der Aufführung (Kapitel 7: Ein erfolgreiches Konzert)

B. Frauen gegen Soldaten (Kapitel 10: Der Abtransport beginnt)

C. Lena, Ruth und die
Puppe (Kapitel 11: Die
Postkarte)

D. Die Hochzeit (Kapitel
15: Die Kraft Wünsche
zu erfüllen)

 **Zur Diskussion**

I. Partner-Interview

1. Wie war dein erster Eindruck von dem Film?
2. Wie fandest du den Film insgesamt?
3. Was hat dir an dem Film besonders gefallen?
4. Was hat dir nicht besonders gefallen?
5. Was hast du im Film nicht erwartet?
6. Welche Szene hat dir am besten gefallen?
7. Wie fandest du das Ende? Hast du erwartet, dass der Film so endet?
8. Welche Figur im Film hat dir am besten gefallen? Warum?
9. Welche Figur hat dir nicht so gut gefallen? Warum nicht?
10. Was hast du von diesem Film gelernt?

II. Meinungsaustausch

1. Ist dir aufgefallen, dass die Stimmen der nicht deutschsprechenden Schauspieler, z. B. Luis und Bens Frau u. a., synchronisiert werden. Hat es dich gestört? Warum macht das die Regisseurin, statt Untertitel zu benutzen?

2. Hannah fliegt nach Berlin, um Lena Fischer zu suchen. Luis sagt ihr: „Und da es bestimmt nur einen Fischer in Deutschland gibt, wirst du sie finden." Was will Luis damit sagen? Wie oder wo hätte Hannah ihre Recherche anders anfangen können?

3. Hannah erklärt Lena Fischer, dass sie eine amerikanische Historikerin sei, die das Thema „Mischehen im Dritten Reich" bearbeite. Warum sagt sie ihr am Anfang nicht die Wahrheit?

4. Was ist dein erster Eindruck von Herrn Müller, Klaras Chef? Ändert sich dein Eindruck im Laufe des Films?

5. Miriam rät Ruth, sie solle versuchen, dass eine der Frauen draußen sie mitnehme. Warum wählt Ruth Lena? Wie reagiert Lena zuerst auf Ruth?

6. Warum hat Baron von Eschenbach Lena verboten, sein Haus zu betreten? Wie fühlt sich Lenas Mutter? Freut sie sich, ihre Tochter zu sehen?

7. Inwiefern ändert sich Arthur im Laufe des Films, besonders nachdem er verletzt wird?

8. Wie reagieren Baron von Eschenbach und der SS-Offizier auf Arthurs Behauptung, dass die Juden erbarmungslos zusammen getrieben und erschossen werden, häufig nachdem sie ihr eigenes Grab ausheben mussten. Was macht der SS-Offizier mit den Fotos, die Arthur ihm zeigt?

9. Fabians Eltern tauchen nur ein paar Mal im Film auf — zuerst nach dem Konzert, bevor Lena und Fabian verheiratet sind, und dann im Sammellager. Fabians Vater ist der Mann, der hustet, dessen Frau sagt, dass sie stark genug sei, für sie beide zu arbeiten. Glaubst du, dass sie abtransportiert oder mit den anderen freigelassen werden? Warum?

10. Wir erfahren nicht, wann oder wie Fabian gestorben ist. Warum nicht? Haben Sie sich darüber Gedanken gemacht? Wir erfahren auch nichts von Ruths Mann — wie er heißt, was er gemacht hat oder wie er gestorben ist. Hat die Regisseurin das mit Absicht gemacht? Warum?

11. Ruth versucht, Hannahs Heirat mit Luis zu verhindern und sagt sogar, dass wenn sie ihn heiratet, sie „nicht mehr meine Tochter" ist. Warum würde Ruth, eine Frau, die ihre „beiden Mütter" im Krieg verloren hat, ihrer eigenen Tochter das antun? Warum tut sie sich das an, besonders direkt nach dem Verlust ihres Mannes?

12. Hannah fragt Lena nach Ruths Vater, der sich von seiner Frau Miriam scheiden ließ. Glauben Sie, dass Ruth diesen Mann suchen wird, um ihren leiblichen Großvater — falls er noch lebt — kennen zu lernen? Interessiert sie sich für seine Geschichte?

13. Am Ende des Films sagt Ruth, dass Hannah den Ring von ihrer Mutter behalten soll. Was würde Hannah sich wünschen? Wird ihr Wunsch erfüllt?

14. Wie findest du die schauspielerischen Leistungen der Darsteller? Welche/r Schauspieler/in gefällt dir am besten? Welche/r am wenigsten? Warum?

III. Standfotos diskutieren

Auf diesen Standfotos sehen Sie Lena mit anderen Figuren. Diskutieren Sie, wie Lena und die anderen Figuren sich in jeder der hier dargestellten Szenen fühlen. Wählen Sie für jede Szene ein passendes Adjektiv, das ihre inneren Gefühle am besten beschreibt.

A. Fabian und Lena im
   Jazzclub (Kapitel 7: Ein
   erfolgreiches Konzert)

B. Lena mit der
   schlafenden Ruth
   (Kapitel 11: Die
   Postkarte)

C. Lena und Arthur in
   Litzys Zimmer (Kapitel
   13: Ich fühle mich
   verkauft)

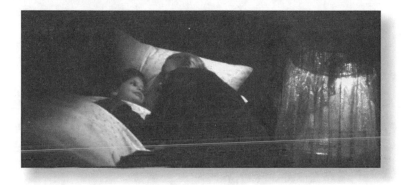

D. Lena und Hannah
   (Kapitel 15: Die Kraft
   Wünsche zu erfüllen)

Zur Analyse, Interpretation und Reflexion

I. Motive

Inhaltsmotive

Viele Motive werden in diesem Film thematisiert. Erklären Sie, inwiefern folgende Motive in der Handlung eine Rolle spielen. Welche weiteren Motive gehören auch dazu? Welche Motive werden durch jede der Hauptfiguren insbesondere verkörpert? Welche sind Ihrer Meinung nach Zentralmotive und welche Randmotive?

- Liebe R
- Mut/ Zivilcourage
- Widerstand
- Solidarität*, Entschlossenheit, Kraft & Hoffnung
- die Grässlichkeit des Zweiten Weltkriegs
- Demütigungen
- Machtlosigkeit und Hoffnungslosigkeit

- Vergangenheitsbewältigung (*coming to terms with the past*) H
- Verzeihung
- Versöhnung (*reconciliation*)
- Generationenkonflikt H
- Familienkonflikt
- Mutter-Tochter Beziehungen
- jüdische Traditionen
- Missverständnisse
- Wunder

Verbinden Sie jede Figur mit der passenden Beschreibung ihrer Charakterisierung im Film. Ergänzen Sie die Schilderungen, indem Sie erklären, wie sich die obigen Handlungsstränge auf jede Figur beziehen.

_____ Hannah	_____ Luis	_____ Ruth (8 Jahre)
_____ Ruth (60 Jahre)	_____ Herr Müller	_____ Fabian
_____ Arthur	_____ Lena (33 Jahre)	_____ Klara Singer

A. ein verständnisvoller Mann, der seiner Angestellten helfen will, so lange er nichts davon weiß

B. der einzige Mann, der versucht, alles zu tun, um den Eingesperrten zu helfen

C. wird alles tun, um ihren Mann zurück zu bekommen

D. ohne ihren Mann hat sie keine Kraft weiter zu leben

E. will als Nichtjude von der Familie seiner Verlobten akzeptiert werden

F. will als Jude von der Familie seiner Frau akzeptiert werden

G. versteht ihre Mutter nicht; sucht in der Vergangenheit nach Antworten

H. lernt, dass Wünsche nicht immer erfüllt werden

I. lernt, dass sie auch ohne ihren Mann wieder Freude am Leben haben kann

Die Vergangenheit: Vergessen, verbergen und verdrängen

Dieser Film erzählt eine Geschichte, die auf authentischen Ereignissen basiert. Dennoch ist er kein Dokumentarfilm, in dem versucht wird, nur die wahren Tatsachen darzustellen. Die Geschichte beginnt mit erfundenen Figuren und Geschehnissen, die mit authentischen verknüpft werden.

Der Tod ihres Mannes löst in Ruth alte und längst verdrängte Erinnerungen an den Krieg aus. Nachdem sie ihren Mann verloren hat, beginnt sie an die anderen Menschen zu denken, die ihr auch verloren gegangen sind, nämlich ihre zwei Mütter, Miriam und dann ihre Pflegemutter Lena. Das Foto, das Ruth als junges Mädchen zeigt, bewegt ihre Tochter Hannah dazu, nach Antworten zu suchen, um die Vergangenheit und die Herkunft ihrer Mutter erstmals zu verstehen. In Berlin lernt sie die alte Frau Lena Fischer kennen, eine Frau, die vor 60 Jahren in der Rosenstraße um das Leben ihres Mannes gekämpft hat. Sie ist eine Zeitzeugin, die die „wahren" Begebenheiten vermittelt. Durch Hannah wird „ein Sturm von Erinnerungen" in ihr ausgelöst. Was versucht Ruth zu vergessen, was sie aber nur verdrängen kann? Will Lena auch etwas in ihrer Vergangenheit vergessen?

Inwiefern versucht die Regisseurin, zwischen den Szenen in Berlin 1943 und 2001 zu unterscheiden? Wie ändern sich die Erzählstruktur, Atmosphäre und Töne in den Rückblenden?

Die Gegenwart: Verzeihen, versöhnen und verheilen

Der Film beginnt und endet in Ruths Wohnung in New York. Die ersten Szenen nach dem Tod ihres Mannes sind deprimierend, gedämpft und unangenehm. Man fühlt sich wie Luis als Außenseiter, der nicht dorthin gehört. Die Enkelin Julia ist im ungefähr gleichen Alter wie Ruth war, als ihre Mutter deportiert wurde. Ben und Hannah haben nicht nur ihren Vater, sondern auch in gewissem Sinne ihre Mutter verloren. Ben kann nicht „sieben Tage lang vom Office wegbleiben" und wirft Ruth vor, dass ihr Mann „doch einen Horror vor Juden [hat], die aus heiterem Himmel ihre Jewishness entdecken". Hannah fühlt sich unsicher und durcheinander und weiß nur, dass ihr Vater tot ist, ihre Mutter durchdreht und jeder sie für alles verantwortlich macht. Dann erscheint Rachel Rosenbauer, die versucht, mit ihrer Cousine Ruth ins Gespräch zu kommen: „Ist es nicht Zeit, das Schweigen zu beenden?" Aber Ruth will nur ihre Ruhe. Rachel ermahnt sie und sagt, dass Ruth ihre Ruhe erst finden wird, wenn sie bereit ist, „uns zu verzeihen". Ruth beschimpft sie in einer fast kindischen Art mit „Halt den Mund, Rachel!" Nach diesem enttäuschenden Gespräch verspricht Rachel diesmal endgültig aufzugeben. Sogar Hannah ärgert sich über Luis am Telefon, weil sie ihn für egoistisch hält. Sie sagt ihm: „Lass mich in Ruhe" und legt auf. Wer muss wem verzeihen? Wer muss sich mit wem versöhnen? Werden die Probleme in den angespannten Beziehungen am Ende des Films gelöst?

Symbole, Gegenstände & Metaphern

Erklären Sie, was folgende Gegenstände oder Begriffe symbolisieren könnten. Welche anderen bedeutungsvollen Symbole fallen Ihnen ein?

- die Grabsteine und der Friedhof
- der Spiegel
- sieben Tage (die Dauer der Schiwa und des Frauenprotests)
- die Kerze
- die Fotos
- der Ring
- die Jazzband
- das Lied *Just One of Those Things* von Cole Porter (1935)
- das Kokain
- die Prothese
- das Denkmal in Berlin
- die einbeinige Puppe
- die Postkarte
- die Silhouetten von Berlin und New York
- die Hochzeit

Authentizität

Inwiefern wird die Geschichte durch den Gebrauch von Wahrzeichen, Denkmälern und Fotos glaubwürdiger?

A. Denkmal — Berliner Juden, die nach Ausschwitz deportiert wurden

B. Fotos aus Russland

C. Rosenstraße Straßenschild mit Alexanderturm im Hintergrund

II. Standfotos interpretieren

Auf diesen Standfotos sehen Sie Ruth. Welche Motive beziehen sich auf diese Fotos? Stellen Sie bei Ruth im Verlauf der Handlung eine Entwicklung fest?

A. Schaut in den Spiegel, 60 Jahre alt (Kapitel 1: Jüdisch trauern)

B. Schaut aus dem Fenster, 8 Jahre alt (Kapitel 2: Die Suche nach der Mutter)

C. Wartet auf Mutti, 8 Jahre alt (Kapitel 14: Die Freilassung der Internierten)

D. Mit Hannah in New York, 60 Jahre alt (Kapitel 15: Die Kraft Wünsche zu erfüllen)

III. Schreibanlässe

1. Den Film fortsetzen: Wie könnte es weiter gehen? Wird Ruth ihrer Cousine und Lena verzeihen? Wird sie Lena nochmals sehen?

2. Vorgeschichte ergänzen: Was geschah mit Hannah am Tag, bevor die Geschichte beginnt?

3. Fehlende Teile ergänzen: Was macht Luis, während Hannah in Berlin ist?

4. Szene umschreiben: Wählen Sie eine Szene aus dem Film und schreiben Sie sie um.

5. Perspektive ändern: Wählen Sie eine Szene aus dem Film und schreiben Sie sie aus einer anderen Perspektive um.

6. Ein anderes Ende: Schreiben Sie ein neues Ende für den Film.

7. Stellen Sie sich vor, dass Sie, ein bekannter Regisseur/eine bekannte Regisseurin, eine Neuverfilmung von diesem Film machen. Was würden Sie anders machen?

IV. Zur Reflexion, zur Diskussion, zum Schreiben

1. Wie reagiert Hannah auf die Geschichte, die Lena ihr erzählt? Warum konnte Ruth ihrer Tochter diese Geschichte nicht erzählen? Inwiefern wird sich die Beziehung zwischen Hannah und ihrer Mutter ändern, jetzt wo Hannah ihre Vergangenheit versteht? Inwiefern ändert sich Ruths Meinung über Luis? Warum?

2. Inwiefern ist der eine Offizier, der das Sammellager bewacht, menschlicher als die anderen oder menschlicher, als man vielleicht erwartet?

3. Miriam verabschiedet sich von ihrer Tochter mit den Worten: „Ich bin bald wieder da. Das verspreche ich dir… Versuch, dass eine der Frauen draußen dich mitnimmt! Hast du mich verstanden? Ich hab dich lieb. Jetzt geh, Ruth." Glaubt Miriam, dass sie ihre Tochter tatsächlich bald wiedersehen wird? Glaubt Ruth ihrer Mutter? Inwiefern versucht Ruth ihr ganzes Leben lang, mit diesem gebrochenen Versprechen zurecht zu kommen?

4. Rachel, Ruths Cousine sagt zu Hannah: „Es ist ja alles meine Schuld. Auch wenn ich damals noch ein Kind war. Genau wie deine Mutter. Als sie damals zu uns kam, war ich schrecklich eifersüchtig auf sie. Sie hat sich nachts heimlich dieses Foto angesehen und geweint. Ich hab sie dann immer beschimpft, sie solle still sein. Ich könne bei ihrem Weinen nicht schlafen. In Wirklichkeit wollte ich nur nicht, dass meine Mutter herankommt und sie in den Arm nimmt. Verstehst du? Ich war egoistisch, wie alle Kinder. Deine Mutter hat mir das nie verziehen." Hat Rachel vielleicht auch vor all den Jahren „Halt den Mund!" zu Ruth gesagt? Warum konnte die erwachsene Ruth ihrer Cousine immer noch nicht verzeihen? Werden Ruth und Rachel sich versöhnen, jetzt wo Hannah die Wahrheit kennt und Ruth sie nicht länger verbergen muss?

5. Nathan und Fabian besprechen, dass wenn ihre Frauen sie nicht finden, sie „ohne Abschied" abtransportiert werden. Lena erklärt Hannah, wie die Frauen einfach da standen und nicht wieder weggingen, „mit der Hoffnung, unsere Männer noch retten zu können. Oder sie noch einmal zu sehen." Man kann sich nicht vorstellen, wie grausam und schrecklich es damals für Juden und andere Opfer war. Trotzdem wäre es ihnen lieber gewesen, wenn sie sich von ihren Familien hätten verabschieden

können, auch wenn sie sich dann nie wieder sehen würden. Inwiefern ist das die bevorzugte, wenn auch eine entsetzlichere Alternative?

6. Lena sagt, dass die Vergangenheit sehr stressig sein kann. Welche Erinnerungen sind für Lena besonders schwierig oder quälend?

7. Welche Stereotypen von Juden kommen im Film vor? Wie wird das jüdische Ritual „Schiwa-Sitzen" geschildert? Welche Stereotypen von nichtjüdischen Deutschen kommen im Film vor?

8. Lena erklärt Hannah: „Manche nichtjüdische Männer haben ihre Frauen ins Unglück gestürzt damals. Ruths Vater zum Beispiel. Er war Arier. Einer der vielen Männer, die Angst bekamen und ihre jüdischen Frauen im Stich ließen." Wir wissen, dass die nichtjüdischen Frauen hingegen ihre Männer nicht verlassen haben. Sie haben für die Freilassung ihrer Männer gekämpft. Was will Lena mit dem Kommentar sagen? Inwiefern sind laut Lena jüdische und nichtjüdische (deutsche?) Männer anders?

9. Denken Sie über die männlichen und weiblichen Rollen im Film nach. Wie werden viele Frauen und Männer charakterisiert? Belegen Sie ihre Antwort mit konkreten Beispielen.

10. Nathan sagt: „Ich bin Deutscher, und ich warte, bis die Deutschen zurückkommen. Sie sind irgendwo untergetaucht und werden noch wieder auftauchen." Was bedeutet das? Ist es überraschend, dass er sich noch als Deutsche bezeichnet? Wird Nathan — obwohl er tief verletzt wurde — den untergetauchten Deutschen verzeihen können? Warum kann Ruth nach all den Jahren ihrer Cousine und Lena nicht verzeihen? Fühlt sich Ruth noch als Deutsche? Ist die deutsche Sprache wirklich alles, was Ruth aus Deutschland mitgebracht hat, was von ihrer Mutter geblieben ist?

11. Fabian vergleicht die Situation der Juden in Deutschland mit einem Märchen der Brüder Grimm — alles grässlich und grausam. Danach sagt Nathan: „Vielleicht stecken sie uns auch noch in Öfen, wie in Hänsel und Gretel." Inwiefern gleicht die Geschichte von den Frauen in der Rosenstraße einem Märchen, obwohl sie auf wahren Begebenheiten basiert? Welche Aspekte der Geschichte sind Ihrer Meinung nach unglaubwürdig, welche kitschig? Warum?

12. Litzy singt für den Propagandaminister Joseph Goebbels u. a. bei einer Filmpremiere das Lied „Ich weiß nicht, zu wem ich gehöre." Das Lied wurde 1932 von dem jüdischen Komponisten Frederick Holländer geschrieben und durch Marlene Dietrich berühmt. 1933 verließ Holländer Deutschland. 1930 emigrierte Dietrich nach Amerika. 1936 bot Goebbels Dietrich 200.000 Reichsmark an, sowie freie Wahl von Regisseuren, Produzenten und Stoff für jeden Film, den sie in Deutschland drehen würde.[5] Dietrich lehnte ab, nahm 1939 die amerikanische Staatsbürgerschaft an und war eine der ersten Prominenten, die im Zweiten Weltkrieg vor den amerikanischen Truppen auftrat. Warum hat von Trotta dieses Lied ausgewählt? Welchem Zweck dient das Lied?

13. Dieser Film basiert auf wahren Begebenheiten, was aber nicht heißt, dass keine erfundenen Einzelheiten in den Film einbezogen werden. Die Begegnung zwischen Lena und Propagandaminister Goebbels ist ein solches Beispiel, das laut Kritikern

---

5 Quelle: http://www.dhm.de/lemo/html/biografien/DietrichMarlene/

die entscheidende Bedeutung des Frauenprotests in Frage stellt. Eine Kritikerin schreibt:

> „Von Trotta lässt Lena aus Liebe zu ihrem Mann und mit dem Mut der Verzweiflung mit Propagandaminister Goebbels ins Bett gehen. Das gibt natürlich schöne Bilder: die insgeheim ärmlich lebende Adlige, die sich in die geliehene Robe wirft, gesellschaftlich brilliert und sich dann von ihrem Bruder entkleiden lässt, unter Tränen, bevor der Minister die Räume betritt...Dass die Sache in der Rosenstraße ein gutes Ende nimmt *nach* dieser Aktion, lässt die zentrale These des Films—Widerstand war möglich, sofern nur genügend Menschen sich solidarisierten—ein wenig verpuffen.[6] Mit diesem erfundenen Detail opfert der Film seine Botschaft einer Dramaturgie, für die der Begriff *sexed up* tatsächlich passt."[7]

Stimmen Sie dieser Kritikerin zu? Warum wird diese Szene mit Goebbels hinzugefügt? Was versucht die Regisseurin damit zu erreichen? Ist es ihr gelungen oder eher missraten, wie diese Kritikerin behauptet?

14. In einem Interview beschreibt Katja Riemann (Lena, 33 Jahre) den Film: „Ja, es ist wohl auch ein Liebesfilm, der über Liebe in den unterschiedlichsten sozialen Verhältnissen erzählt. Wie der jüdische Vater seine Tochter liebt und sein Leben riskiert, um wenigstens in der Nähe seines Kindes zu sein. Wie der preußische Vater seiner Tochter keinen Funken Hilfe schenkt, um das Leben ihres Mannes zu retten. Ich hoffe sehr, dass wir dafür keine klar definierte Genreeinteilung benötigen. Es ist ja auch ein Film über Solidarität, über Mut, über den Unterschied von Frauen und Männern, und er schließt vielleicht historisch eine Lücke."[8] Finden Sie, dass der Film in erster Linie ein Liebesfilm oder ein Historienfilm ist? Welche romantischen Aspekte beinhaltet der Film? Welche anderen Beispiele von Liebe und Mut gibt es? Inwiefern ist er ein Film „über den Unterschied von Frauen und Männern"? Was meint sie damit?

---

6   to fall flat

7   „Ein Spielfilm über Widerstand im Dritten Reich" von Simone Mahrenholz, epd Film, Nr. 9, 02.09.2003 Quelle: http://www.filmportal.de (Suchbegriff: Rosenstraße)

8   ‚Am Ende geht es immer um Menschen...' Katja Reimann über *Rosenstraße* und ihre Rolle der Lena Fischer" (S. 147) in Rosenstraße: Die Geschichte, die Hintergründe, die Regisseurin von Thilo Wydra. München: Nicolai, 2003.

 **Lektüre**

Willkommen seid ihr, Klischees[9]

In Margarethe von Trottas Film >>Rosenstraße<< soll man die Juden schon an der Nasenspitze erkennen und Deutsche haben unbedingt blond zu sein.

Von Iris Weiss

An einem Freitagmittag im November 2002 erhielt das jüdische Onlinemagazin haGalil den Anruf einer Castingagentur. Für den Film „Rosenstraße" von Margarethe Trotta würden am kommenden Montagmorgen orthodoxe Juden gebraucht, damit die Szene mit dem Schiwe-Sitzen (jüdisches Trauerritual) „so richtig authentisch rüberkommt". Die Redakteurin erklärt, dass orthodoxe Juden jetzt nicht erreichbar seien, da in drei Stunden der Schabbat beginne und diese sich darauf vorbereiteten. Die Anruferin reagiert unwirsch: „Wenn die Juden so unkooperativ sind—selber Schuld!"

Diese Szene ist symptomatisch für das, was aus dem ambitionierten Projekt von Margarethe von Trotta geworden ist. Es stützt sich auf eine wahre Begebenheit. Im Februar 1943 wurden alle noch in Berlin lebenden jüdischen Zwangsarbeiter verhaftet. Diejenigen unter ihnen, die mit nicht-jüdischen Partnern verheiratet sind, werden in ein Verwaltungsgebäude der jüdischen Gemeinde in der Rosenstraße unweit des Alexanderplatzes gebracht, das zum Sammellager umfunktioniert worden ist. Da es sehr viel mehr gemischte Ehen zwischen jüdischen Männern und nicht-jüdischen Frauen gibt als umgekehrt, und außerdem die nicht-jüdischen Frauen sich häufiger nicht zur Scheidung nötigen ließen, waren es überwiegend Frauen, die in der Rosenstraße standen. Selbst als Maschinengewehre aufgebaut werden, lassen sie sich nicht einschüchtern. Nach einer Woche wurden die dort Inhaftierten freigelassen.

Der Film setzt in New York ein, wo Ruth (Jutta Lampe) um ihren verstorbenen Mann trauert. Die erwachsene Tochter Hannah (Maria Schrader) kommt mit den Reaktionen ihrer Mutter nicht zurecht, besonders gegenüber ihrem zukünftigen nicht-jüdischen Ehemann, der bis zu diesem Zeitpunkt von der Mutter sehr geschätzt wurde. Ruth verlangt, er solle verschwinden. Durch den Hinweis einer Verwandten begibt sich Hannah auf Spurensuche nach Berlin und findet Lena Fischer, der sie ein rein historisches Forschungsinteresse an „Mischehen im 3. Reich" vorspiegelt. Lena, die aus einem preußischen Adelsgeschlecht stammt, hatte 1943 für ihren Mann Fabian protestiert und war für die achtjährige Ruth, deren Mutter zeitweise in der Rosenstraße inhaftiert war, aber wegen der Scheidung von ihrem nicht-jüdischen Ehemann dann doch deportiert wurde, zur Ersatzmutter geworden und hatte ihr in den folgenden zwei Jahren eine neue Identität gegeben.

Mit vielen zeitlichen und örtlichen Sprüngen, zwischen damals und heute, New York und Berlin versucht der Film unterschiedliche Erzählstränge zu verweben und verhebt sich, weil sie oft überkonstruiert werden und in sich nicht stimmig sind:

An einem Abend in Berlins besserer Gesellschaft soll Lena, eine vormals gefeierte Pianistin, ihre Schauspieler-Freundin Litzy am Flügel begleiten um dann mit Goebbels ins Gespräch kommen zu können, und zwar über das durch die damals als „Vaterlandsverräterin" bezeichnete Marlene Dietrich populär gewordene Lied „ich weiß nicht, zu wem ich gehöre", getextet vom jüdischen Autor Friedrich Holländer, dessen Werke wie die anderer jüdischer Künstler ab 1933 verboten waren. Die Feststellung der alten Lena: „Das kann man sich heute gar nicht mehr vorstellen" macht die Sache auch nicht glaubwürdiger.

Bereits in der Eingangsszene beim Schiwe-Sitzen, aber auch im weiteren Verlauf werden die gängigen Stereotypen — Folklore inklusive — dessen, was nicht nur Margarethe von Trotta für „jüdisch" hält, abgearbeitet bis dahin, dass eine 30tägige Trauerzeit, in der orthodoxe Juden angeblich nicht arbeiten dürfen, erfunden wird. Die Gleichung in dieser ersten Szene läuft darauf hinaus: jüdisch religiös ist gleich orthodox ist gleich rigide und deshalb in der heutigen Zeit unlebbar. Kompetente Fachberater für jüdische Inhalte hatte man sich durchaus gesucht. Sie werden nach dem „Requisitenfahrer" im Abspann genannt.

Die Rollen der „arischen" Akteure wurden mit blonden und einigen wenigen brünetten Schauspielern besetzt. Die „jüdischen" Rollen werden — sofern es sich nicht um Menschen im Seniorenalter handelt — von dunklen, schwarzhaarigen Typen gespielt. Per Anzeige im Internet waren dafür von der Castingagentur „noch FRAUEN zwischen 20 und 45 Jahren (arisches Aussehen, Naturhaarfarbe/mind. schulterlang) und jüdisch aussehende MÄNNER und FRAUEN zwischen 20 und 45 Jahren" gesucht worden. Diejenigen, die sich gegen diese Zuschreibungen und diesen Sprachgebrauch verwahrten, wurden abgefertigt mit: „Das haben wir beim Polanski-Film genauso gemacht".

Die Brisanz, die darin besteht, dass in der Rosenstraße „arische" Frauen - also „Volksgenossinnen" den Uniformierten gegenüberstehen und der Spannungsbogen, der daraus entwickelt werden hätte können, wurde von der Regisseurin vernachlässigt. Vieles ist sehr geschönt[10]: Kein Dreck und kein Schweiß. Man stelle sich hunderte von Männern vor, die eine Woche ohne sanitäre Anlagen zusammengepfercht sind. Sie sind gerade mal erschöpft, unrasiert und übernächtigt und hatten sogar noch Matratzen. Der Film ist großenteils geprägt durch eine seltsame Abwesenheit von Emotionen. Über Gefühle wird sehr viel mehr gesprochen als dass sie eine filmische Umsetzung erfahren.

Die Täter[11] werden sehr holzschnittartig dargestellt und nur in Uniform gezeigt. Dieser Effekt unterstützt zusätzlich ihre Anonymisierung. Auch hier wird ein in Deutschland gängiger Mechanismus reproduziert: Man beschäftigt sich mit den Opfern im Detail und personalisiert sie so weitgehend wie möglich, und gleichzeitig werden die Täter so weitgehend wie möglich anonymisiert. Hannah kommt keinen Augenblick auf die Idee nach ihrem nicht-jüdischen Großvater zu suchen und ihn zu befragen. Er könnte mit der gleichen Wahrscheinlichkeit noch am Leben sein wie die 90jährige Lena Fischer, aber sie versucht es noch nicht einmal. Dabei ist diese Fragestellung für sie durchaus brisant, will sie doch bald einen nicht-jüdischen Partner heiraten.

---

10   sugarcoated
11   perpetrators

Als Hannah bereits einige Tage lang mit Lena gesprochen hat, will diese wissen, woher denn die junge Frau so gut deutsch könne. Die antwortet: „Meine Mutter ist Deutsche". Hier trägt das Drehbuch an eine amerikanische Jüdin Befindlichkeiten heran, wie sie immer wieder von heutigen nicht-jüdischen Deutschen amerikanischen Juden, deren Eltern aus Deutschland emigriert sind, gegenüber geäußert werden. Sicherlich werden in Familien unterschiedliche Inhalte unbewusst weitergegeben. Wie aber soll die in der Nazizeit geborene Ruth, deren nicht-jüdischer Vater sich von seiner jüdischen Frau getrennt hat, sich jemals als „Deutsche" gesehen haben, hat sie sich doch als Kind permanent anders erlebt als die „deutschen" Kinder ihrer Umgebung, musste sie doch ihre Haustiere abgeben, einen Stern tragen und eine neue Identität annehmen, wobei sie als „typisch deutsch" geltende Namen erst einmal ablehnt und Hannah heißen will. Die junge Hannah weiß nichts über ihre Familiengeschichte, weil in ihrer Familie über Jahrzehnte alles, was mit Deutschland zu tun hatte, als Tabu behandelt wurde. Alle möglichen anderen Ausreden wären in einer solchen Situation nahe liegender (Schüleraustausch oder Studienjahr in Deutschland etc.). Auch hier ist die Geschichte nicht in sich stimmig. Konstruiert wirken auch solche Satzungetüme wie „Ihr Anruf hat einen Sturm von Erinnerungen in mir ausgelöst" von Lena Fischer zu Hannah.

Zum Schluss machen alle mit der Vergangenheit Frieden: Hannah bringt einen Ring ihrer Mutter, den Lena in Berlin aufbewahrt hat, nach New York mit, und es wird Hochzeit gefeiert – mit der entsprechenden jüdischen Folklore bebildert.

Einige kleine Alltagsszenen sind sehr berührend: Der Besuch von Arthur bei seiner Schwester Lena, die in ärmlichen Verhältnissen leben muss, was einen scharfen Kontrast zum Abend in besserer Berliner Gesellschaft bildet und deutlich macht, unter welch anderen Umständen Lena leben könnte, wenn sie sich von ihrem jüdischen Mann getrennt hätte. Trotz der hervorragenden schauspielerischen Leistungen von Katja Riemann, Jutta Lampe und Jürgen Vogel (Lenas Bruder Arthur) ist dieser Film wenig überzeugend. Margarethe von Trotta ist weit unter ihren Möglichkeiten geblieben.

---

1. Die Autorin schildert Probleme mit der Einstellung der Regisseurin, Unstimmigkeiten in der Geschichte und der Darstellung von jüdischen Traditionen in diesem Film. Fassen Sie ihre Argumente kurz zusammen, indem Sie die Tabelle ergänzen.

Problem	Beispiel	mögliche Lösung?
ab 1933 waren jüdische Künstler in Deutschland verboten		
Details bzgl. des „jüdischen" Inhalts sind z. T. falsch und stellen stereotype jüdische Folklore dar		
„arisch" oder „jüdisch" aussehende Schauspieler wurden gesucht		
Tatsachen werden geschönt		

Problem	Beispiel	mögliche Lösung?
Täter werden anonymisiert	*Die Täter sind immer in Uniform gekleidet ohne* ~~Namen~~	*Namens~~tag~~*
Die Vorstellung, dass Ruth sich als Deutsche sieht, ist zweifelhaft		

(handschriftlich: Namen, Namensschilder)

2. Welchen der von der Autorin erwähnten Probleme stimmen Sie zu?

3. Welche sind Ihnen auch während des Anschauens aufgefallen?

4. Finden Sie, dass diese Probleme den Zuschauer von dem Hauptziel des Films ablenken?

5. Haben Regisseure/innen, die deutschen Filme drehen, eine besondere Verpflichtung, Stereotype und Fehler zum „jüdischen" Inhalt zu vermeiden? Warum?

6. Die Autorin nennt einige Alltagsszenen, die sie sehr rührend fand. Nennen Sie eine Szene, die Sie besonders rührend fanden.

7. Die Autorin behauptet, dass „trotz der hervorragenden schauspielerischen Leistungen … ist dieser Film wenig überzeugend." Stimmen Sie ihr zu oder sind Sie anderer Meinung? Inwiefern finden Sie den Film mehr oder weniger überzeugend?

Das Wunder von Bern

BR Deutschland 2003

Regie: Sönke Wortmann

Drehbuch: Sönke Wortmann, Rochus Hahn

Darsteller: Louis Klamroth (Matthias „Mattes" Lubanski), Peter Lohmeyer (Richard Lubanski),[1] Johanna Gastdorf (Christa Lubanski), Sascha Göpel („der Boss" Helmut Rahn), Lucas Gregorowicz (Paul Ackermann), Katharina Wackernagel (Annette Ackermann), Peter Franke (Sepp Herberger), Mirko Lang (Bruno Lubanski), Birthe Wolter (Ingrid Lubanski) und Knut Hartwig (Fritz Walter)

FSK: ab 6 Jahren

Länge: 118 Min.

Dass der 1959 geborene Sönke Wortmann ehemaliger Fußball-Profi ist, erkennt man an zwei seiner Filme: „Das Wunder von Bern" und „Deutschland. Ein Sommermärchen" (2006). Schon als Filmstudent wollte Wortmann das sogenannte Wunder von Bern, also die Geschichte, wie Deutschland 1954 Fußballweltmeister wurde,—verfilmen. Beim Casting hatte Wortmann das Ziel, „Fußballer als Schauspieler zu casten und nicht Schauspieler zu suchen, die Fußball spielen können." Mit dem Film hoffte er darauf, ein breites Publikum, d.h. Jungen und

---

1   Der Schauspieler Richard Lohmeyer ist der Vater von Louis Klamroth.

Mädchen, Männer und Frauen aller Altersgruppen zu erreichen. Viele Kritiker glaubten, dass nur eine ältere Generation sich für den Film interessieren würde. Das war offensichtlich nicht der Fall, was die über 3 Millionen Kinobesucher beweisen.[2]

Auszeichnungen (Auswahl)

Deutscher Filmpreis (2004):
  Bester Spielfilm in Silber
  Publikumspreis Deutscher Film des Jahres
  Schauspieler des Jahres (Peter Lohmeyer)
Goldene Kamera (2004): *Bester Nachwuchsschauspieler* (Louis Klamroth)
Bayrischer Filmpreis (2003):
  Regie (Sönke Wortmann)
  Beste Nebendarstellerin (Johanna Gastdorf)

Zusammenfassung des Films

Juli 1954. Matthias ist 11 Jahre alt, und seine Welt dreht sich um Fußball! Er spielt leidenschaftlich gern Fußball, leider aber nicht gut. Deshalb darf er nur mitspielen, wenn die Mannschaften nicht gleich groß sind. Sein bester Freund ist „der Boss", Helmut Rahn, Stürmer für Rot-Weiß Essen und später in der Nationalmannschaft. Ohne Mattes, sagt der Boss, kann er kein wichtiges Spiel gewinnen. Rahn ist für Matthias ein Ersatzvater, denn Matthias' eigener Vater ist seit 11 Jahren Kriegsgefangener in Russland. Endlich kommt sein Vater nach Hause, und seine Mutter erwartet, dass sie wieder eine „richtige Familie" werden. Doch ist das Leben alles anders als schön für Matthias. Der Boss spielt ohne ihn bei der Weltmeisterschaft in Bern, sein Vater schlägt ihn, und sein Bruder haut nach Ost-Berlin ab. Nur seine Kaninchen, Atze und Blacky, können ihn trösten.

Figuren

Matthias (Mattes) Lubanski ist ein 11-jähriger, der seinen Vater nicht kennt, weil dieser 11 Jahre in russischer Kriegsgefangenschaft verbracht hat. Auch nach der Rückkehr seines Vaters wünscht sich Matthias, dass der Boss sein echter Vater wäre. Selbst ein begeisterter Fußballspieler, versucht Matthias - ohne Erfolg - die Tricks von Helmut Rahn im Spiel einzusetzen. Er hat zwei Kaninchen, denen er alles erzählen kann.

Peter Lubanski ist Spätheimkehrer (siehe unten) und der Vater von Matthias. Er war an der Front, als Matthias auf die Welt kam, und wusste deshalb gar nichts von seiner Geburt. Nach der langen Zeit in russischer Gefangenschaft ist ihm alles fremd. An seine Frau, seine Kinder, seine Arbeit in der Zeche (*coal mine*) und sogar ans Essen, muss er sich wieder gewöhnen. Richard denkt, dass er seinen Kindern Disziplin beibringen muss, damit sie tüchtig werden. Die Familie wartet geduldig darauf, dass er sich bald in den einst tollen Papa und Ehemann zurückverwandelt.

Christa Lubanski hatte auch eine schwere Zeit erlebt. In den letzten elf Jahren, als ihr Mann weg war, hat sie die Familie durchgebracht und ihre Kinder groß gezogen. Sie hat eine Kneipe aufgebaut, auf die sie sehr stolz ist, und die ihren Lebensunterhalt gewährleistet. Sie arbeitet gerne hinter der Theke in der Wirtschaft. Als starke und entschlossene Frau versucht Christa, Matthias vor seinem Vater zu schützen.

---

2   Quelle: http://www.filmportal.de/ (Suchbegriffe: Das Wunder von Bern; Sönke Wortmann)

Bruno Lubanski, der ältere Sohn der Familie, hat elf Jahre lang seinen Vater ersetzen müssen. Nun ist er alt genug, seine eigenen Entscheidungen zu treffen. Er glaubt an die politische Gleichberechtigung, die Abschaffung der Arbeitslosigkeit und die neue Rock'n Roll Musik. Er hat keine Lust, in der Wirtschaft zu arbeiten und arbeitet für niemanden, der die Nazis unterstützt hat. Mit seinem Vater kommt er überhaupt nicht klar. Er will „endlich mal was Sinnvolles tun", also geht er in die Ostzone nach Ost-Berlin, der Hauptstadt der Deutschen Demokratischen Republik.

Ingrid Lubanski, die einzige Tochter der Familie, hilft ihrer Mutter in der Wirtschaft und bei der Hausarbeit. Ihre große Freude ist das Tanzen, doch das und „jeglichen Umgang mit Soldaten" will Peter Lubanski ihr jetzt verbieten. Während sie unter seinem Dach wohnt, muss sie sich an seine Regeln halten.

Er heißt eigentlich **Helmut Rahn,** aber alle nennen ihn Boss. Er spielt bei Rot-Weiß Essen und ist Nationalspieler. Matthias ist sein treuer Taschenträger, der ihn fürs Training aufweckt, damit er nicht als Strafe fürs Zuspätkommen 50 Pfennig in die Mannschaftskasse blechen (*fork over, shell out*) muss. Er sagt, dass Mattes sein Maskottchen ist und dass er nur, wenn Matthias da ist, die wichtigen Spiele gewinnen kann. Als begabter Stürmer auf dem Spielfeld ärgert er sich, wenn der Trainer, Sepp Herberger, ihn auf der Ersatzbank sitzen lässt. Er ist der lockere Spaßmacher der Mannschaft (sogar im Endspiel gegen Ungarn streckt er seinem Gegner die Zunge raus), der darauf achten muss, dass er den Trainer nicht wieder enttäuscht.

Josef „Sepp" Herberger, Trainer der Nationalmannschaft, kümmert sich hauptsächlich um das Wohlbefinden seiner Spieler und um seine Fußball-Taktik. Er sagt, dass er 22 Kinder hat und dass einer von ihnen ihm großen Ärger macht. Es fällt ihm aber schwer, den Boss zu bestrafen. Doch muss er immer an die ganze Mannschaft denken und an die Weltmeisterschaft. Er ist sehr beliebt und bekannt für seine pfiffigen Sprichwörter wie „Der Ball ist rund, und ein Spiel dauert 90 Minuten" und "Nach dem Spiel ist vor dem Spiel".

Paul Ackermann ist ein junger Sportjournalist für die Süddeutsche Zeitung, der noch etwas grün hinter den Ohren ist. Er untersteht* (*be subordinate to*) seiner verwöhnten Frau und seinem Chef. Als sein Chef ihm die einmalige berufliche Chance gibt, zur Fußballweltmeisterschaft in die Schweiz zu fahren, muss seine Hochzeitsreise nach Marokko und Ägypten ins Wasser fallen. Seine Frau Annette, lässt ihn unter einer Bedingung in die Schweiz fahren: sie kommt mit.

Die Frau von Paul Ackermann, **Annette Ackermann,** geborene von Hadding, erwartet von allen, dass jeder ihrer Wünsche erfüllt wird. Ihr Vater hat dem frisch verheirateten Ehepaar nicht nur eine moderne Villa, sondern auch eine Luxusreise zur Hochzeit geschenkt. Von Fußball versteht sie nichts, doch will sie ihren Mann zur Weltmeisterschaft begleiten, wo ihr Interesse an Fußball (und an den trainierten Muskeln der Spieler) immer größer wird. Sie glaubt fest daran, dass die deutsche Mannschaft Weltmeister wird und wettet sogar darauf.

Kultureller und historischer Hintergrund

Spätheimkehrer

Der Zweite Weltkrieg endete am 8. Mai 1945 in Europa. Etwa 55 bis 60 Millionen Menschen kamen im Zweiten Weltkrieg ums Leben, darunter 6 Millionen Juden. Die Nachkriegszeit war eine schwierige und anstrengende Periode. Ungefähr 3 Millionen deutsche Soldaten waren in sowjetischer Kriegsgefangenschaft (*imprisonment*). Erst im Juli 1946 wurden die ersten Kriegsgefangenen freigelassen. Ungefähr ein Drittel starb im Gefängnis. Ende 1948 gab es noch über eine Million Soldaten in russischer Gefangenschaft. Diejenigen, die nach dem 31. Dezember 1946 freigelassen wurden, nennt man Spätheimkehrer. Von der deutschen Regierung bekamen die Spätheimkehrer eine Entschädigung (*compensation*) von 30 DM je Gefangenschaftsmonat ab dem 1. Januar 1947. Die Rückkehr der letzten 10.000 Kriegsgefangenen geschah im Oktober 1955, zehn Jahre nach dem Ende des Krieges. Der Moment ihrer Ankunft war für viele der 10.000 Heimkehrer das Allerschönste. Werner Minkenberg erzählte: „Wir sind aus dem Zug gesprungen, sind uns ins die Arme gefallen und haben gerufen: Frei! Frei! Frei! Wir sind frei! Das war, was ich nie vergessen werde, das lebt in mir drinnen. Das war der höchste, glücklichste Moment in meinem Leben. Die Ketten waren von uns gefallen. Es gab keine Maschinenpistolen mehr. Wir hatten es geschafft." Helmut Tomisch erinnerte sich an den Augenblick, als er seine Familie wiedersah: „Sieben Jahre getrennt und dann dieses Wiedersehen mit meiner Frau und meiner Tochter, die schon sechs Jahre alt war und die ich zum ersten Mal gesehen habe — das war ein Glücksgefühl." Doch war die Wiedereingliederung (*reintegration*) in die Gesellschaft, das Familien- und Berufsleben nicht einfach. Das Land, ihre Frauen und ihre Kinder waren ihnen fremd. Viele konnten sich von ihren schrecklichen Erinnerungen nicht lösen. Sie konnten die Geschehnisse (*events*) der Vergangenheit nicht bewältigen (*come to terms with, cope with*). Auch die Familien litten. Etliche Frauen waren alleinerziehende Mütter. Etliche Kinder hatten ihren Vater verloren. Silvia Koerner beschreibt das Elend der Kinder: „Ritas Papa war aus dem Krieg zurückgekommen, ebenso Evas und Marias Papa. Das gleiche galt auch für Giselas. Aber da waren noch all wir anderen, wie Hanne, Tanja, Gerhard, Bruno, Manfred, Dieter, Helga, Silvia, Edith, Jutta, Günther, Karin, Horst und Helmut, die Jahr für Jahr auf die Rückkehr ihrer Väter warteten. Wir waren viele, wir warteten lange und wir warteten vergebens! Wir waren ‚Halbwaisen', womit gemeint war, dass wir wegen des Krieges ‚nur' einen Elternteil verloren hatten. Außer uns Halbwaisen gab es aber auch Kinder, die ‚Vollwaisen' waren. Sie hatten durch den Krieg beide Eltern verloren."[3]

---

3   Quellen: http://de.wikipedia.org/wiki/Spätheimkehrer; http://www.zdf.de/ZDFde/inhalt/27/0,1872,2065947,00.html; http://www.dhm.de/lemo/forum/kollektives_gedaechtnis/045/index.html

Das Wunder von Bern: Die Fußballweltmeisterschaft 1954

1954 passierte das Unmögliche. Die deutsche Nationalmannschaft gewann das Endspiel der Weltmeisterschaft gegen Ungarn und wurde Weltmeister. Es war ein Wunder, das die Deutschen nicht nur begrüßten, sondern als Land auch brauchten. Im Zweiten Weltkrieg verbot Joseph Goebbels, Reichsminister für Volksaufklärung und Propaganda, Länderspiele (*international games*) in Deutschland, weil sie das Volk vom Krieg ablenkten (*distracted*). Das letzte Länderspiel fand während des Krieges im November 1942 statt. Erst acht Jahre später gab es in Deutschland das nächste Länderspiel. Während der Nachkriegszeit waren die Deutschen mit dem Wiederaufbau (*reconstruction*) ihres Landes beschäftigt. Die Spiele der Weltmeisterschaft 1954 waren eine willkommene Ablenkung. Der Sieg erzeugte ein starkes Gefühl von Einigkeit (*unity*) unter den Deutschen. Der Fußballsieg diente als Symbol einerr neuen Zukunft und als Zeichen des Aufbruchs (*departure*) nach den langen, fast unerträglichen Nachkriegsjahren.

Verglichen mit heutigen Standards hatten damals nur wenige Haushalte einen Fernseher. Mit den übers Radio übertragenen Spielen mussten viele zufrieden sein. Wenn man Glück hatte, gab es in unmittelbarer Nähe eine Kneipe mit einem Fernsehapparat. Nur dann konnte man das Endspiel zwischen dem Außenseiter Deutschland und den favorisierten und seit vier Jahren ungeschlagenen Ungarn sehen. Die deutschen Fußballspieler wurden an dem Tag Helden - Fritz Walter, der Kapitän, Toni Turek, der Torwart, und Helmut Rahn mit dem entscheidenden Tor, das zum Sieg führte - zusammen mit ihrem Trainer Sepp Herberger. Reporter Herbert Zimmermann sicherte sich mit seiner begeisterten Reportage ebenfalls einen Platz in den Herzen der Deutschen. Schon Zimmermanns Eröffnungsworte zeigten seinen Enthusiasmus: „Deutschland im Endspiel der Fußballweltmeisterschaft - das ist eine Riesensensation - das ist ein echtes Fußballwunder!" Ja, er war ‚verrückt' und ‚übergeschnappt', aber seine Worte „Tooor! Tooor! Tooor!" und „Aus! Aus! Aus! Das Spiel ist aus! Deutschland ist Weltmeister!" sind ein Teil der Fußballgeschichte und leben weiter. Laut Stephan Fuchs war die Reportage von Zimmermann, „ein Juwel. In der Geschichte des deutschen Hörfunks hatte die Sportreportage während der Weimarer Republik, besonders aber unter den Nationalsozialisten mit den Übertragungen der Boxkämpfe von Max Schmeling und natürlich den Olympischen Spielen von 1936 in Berlin ihre größte Zeit. Doch die Reportage vom Berner Wankdorf übertraf alles: An jenem Sonntagnachmittag des 04. Juli 1954 waren die sonst so bevölkerten Straßen der blutjungen Bundesrepublik leergefegt wie nie zuvor. Deutschland erstarrte, drückte die Daumen und hing in den Kneipen förmlich an den Radioapparaten. Deutschland war für sechs Minuten atemlos und lauschte. Die Sportreportage wie die von Berner Wankdorf war eine noch nie da gewesene Übertragung. Noch nie war Radio dermaßen euphorisch, spannend und hinreißend wie in jenen letzten sechs Minuten des ‚Wunders von Bern'."[4]

---

4   Quellen: http://de.wikipedia.org/wiki/Fußball-Weltmeisterschaft_1954;   http://www.das-wunder-von-bern.de/kult_ radioreportage.htm; www.stephanfuchs.ch/pdf/pressedok.pdf

 **Zur Vorbereitung**

I. Wortschatz

Fußball-Wortschatz (D@YG)[5]

- das Abseits (nur Sg.): Wenn der Schiedsrichterassistent die Flagge hebt, dann ist es Abseits. Abseits ist die komplizierteste Regel im Fußball.
- der Anpfiff, -e: Signal vom Schiedsrichter, dass das Spiel startet
- der Abpfiff, -e: Signal vom Schiedsrichter, dass das Spiel zu Ende ist.
- der Elfmeter, -: bei einem Elfmeter schießt ein Spieler den Ball aus genau 11 Metern Entfernung auf das Tor. Synonym: der Strafstoß
- das Elfmeterschießen (nur Sg.): Wenn ein Spiel nach der Verlängerung immer noch unentschieden steht, dann gibt es ein Elfmeterschießen. Fünf Spieler aus jeder Mannschaft müssen versuchen, den Ball aus elf Metern ins Tor zu schießen.
- foulen: einen anderen Spieler absichtlich stören. Man foult, wenn man zum Beispiel einen anderen Spieler tritt.
- das Finale, -: Endspiel, bei dem die beiden besten Mannschaften gegeneinander spielen.
- der Freistoß, -e: Wenn ein Spieler einen anderen Spieler foult, gibt es einen Freistoß.
- für : a) Mit „für" sagt man, welche Mannschaft man gut findet. Zum Beispiel: Für wen bist du? - Ich bin für die Deutschen. b) Mit „für" sagt man, welche Mannschaft mehr Tore geschossen hat. Zum Beispiel: Es steht 2:1 für England.
- gegen: Mit „gegen" sagt man, welche Mannschaften gegeneinander spielen. Zum Beispiel: Heute spielt Deutschland gegen Italien.
- der Gleichstand, Gleichstände: wenn der Spielstand unentschieden ist. Das heißt, beide Mannschaften haben gleich viele Tore geschossen (z. B. steht es 1:1 oder 2:2)
- die Halbzeit, -en: Eine Halbzeit dauert beim Fußball 45 Minuten. Man sagt: „die erste Halbzeit" und „die zweite Halbzeit".
- halten: Wenn der Torwart einen Ball halten kann, dann ist der Ball nicht ins Tor gegangen.
- die Mannschaft, -en: 11 Fußballspieler bilden eine Mannschaft.
- der Schiedsrichter, - (kurz: Schiri): neutrale Person, die das ganze Fußballspiel kontrolliert. Der Schiedsrichter trägt sehr oft schwarze Kleidung.
- schießen: Die Spieler schießen den Fußball. Man kann den Ball zum Beispiel ins Tor schießen.
- der Sieger, -: Mannschaft, die das Spiel gewonnen hat
- der Spielstand, Spielstände: aktuelles Ergebnis während eines Fußballspiels
- der Stürmer, -: der Stürmer ist der Spieler, der vorne spielt und Tore schießen soll. Lukas Podolski ist einer von Deutschlands Stürmern.
- das Tor, -e: Beim Fußball muss der Ball in das Tor. Wenn ein Spieler einen Ball ins Tor geschossen hat, dann rufen alle: Tor!
- der Torschütze, -n: Spieler, der einen Ball ins Tor geschossen hat.
- der Torwart, -e: Spieler, der im Tor steht und die Bälle halten muss.

---

5   Quelle: www.young-germany.de/uploads/media/Fussball-Wortschatz_03.pdf

- die Verlängerung, -en: wenn das Spiel nach 90 Minuten unentschieden ist, dann gibt es eine Verlängerung. Die Verlängerung dauert 30 Minuten. Man sagt dann, dass das Spiel „in die Verlängerung geht".
- der Verlierer, -: Mannschaft, die das Spiel verloren hat
- die Weltmeisterschaft, -en (kurz: WM): internationaler Fußball-Wettbewerb. Die letzte WM war 2006 in Deutschland.
- zu: Mit „zu" sagt man, wie der Spielstand ist. Zum Beispiel: Es steht im Moment 1 zu 1 (= 1:1).

Weitere Fußballbegriffe aus dem Film

der Bundestrainer: *coach of a national team*

das Endspiel: *final game or match*

das Entscheidungsspiel: *decisive game or match*

das Eröffnungspiel: *opening game or match*

die Ersatzbank: *bench for reserve or second-string players*

der Liegestütz: *push up*

das Maskottchen: *mascot, diminuitive form of die Maskotte*

der Nationalspieler: *player on a national team*

die Schrauben/ geschraubt: *screws/ screwed on (here in the context of cleats on the bottom of the soccer shoes)*

der Sportjournalist: *sports reporter*

die Stollen: *cleats*

der Taschenträger: *a person who carries someone's bag*

Krieg

die Entschädigung: *compensation (paid to POWs by the German government for the time they spent imprisoned)*

die Front: *front (military or meteorlogical)*

die Gefangenschaft: *imprisonment, captivity*

krepieren [krepierte, ist krepiert]: *to die, to croak (slang)*

der Kriegsheimkehrer: *soldier returning home from war*

der Russe: *the Russian (also collective for "the Russians")*

der Spätheimkehrer: *soldier returning home from a POW camp*

überfallen [überfiel, hat überfallen]: *to attack, ambush*

verhungern [verhungerte, ist verhungert]: *to starve to death, die of starvation*

verurteilen [verurteilte, hat verurteilt]: *to sentence, convict*

Das Familienleben der Lubanskis

eine Kerze anzünden [zündete an, hat angezündet]: *to light a candle*

ernähren [ernährte, hat ernährt]: *to feed, support*

die Erziehung: *upbringing*

die Geduld: *patience*

gehorchen [gehorchte, hat gehorcht]: *to obey*

gemein: *mean, cruel*

das Kaninchen/ das Karnickel: *rabbit*

den Mund halten [hielt, hat gehalten]: *to shut up*

die Regel: *rule*

der Schacht: *mine shaft*

schlagen [schlägt, schlug, hat geschlagen]: *to hit*

das Selbstmitleid: *self pity*

der Stubenarrest: *to be confined to one's room (Hausarrest haben= to be grounded)*

die Theke: *counter at the bar*

verbieten [verbot, hat verboten]: *to forbid, ban, prohibit*

jemandem Vorwürfe machen [machte, hat gemacht]: *to accuse someone of something, reproach*

die Wirtschaft: *pub, bar (also means the economy)*

unter meinem Dach wohnen [wohnte, hat gewohnt]: *to live under my roof*

die Zeche: *coal mine*

II. Wortschatzübungen

Allgemeine Fußballbegriffe (D@YG): Geben Sie das passende deutsche Wort ein.

1. Torwart/ Halbzeit/ foulen/ für/ zu/ gegen/ Stürmer/ Anpfiff/ Mannschaft

   a. Gleich bevor das Spiel beginnt, hört man dieses Geräusch vom Schiedsrichter.

      _____

   b. Wie sagt man *to foul* auf Deutsch? _____

   c. Ich bin _____ Deutschland und _____ Ungarn
      in diesem Spiel. (Ich will, dass Deutschland gewinnt.)

   d. Der Spielstand ist jetzt 2 _____ 0 (2:0).

   e. Ein _____ schießt den Ball ins Tor und der
      _____ verteidigt das Tor.

   f. Eine _____ besteht aus 11 Spielern.

   g. Eine _____ dauert 45 Minuten.

2. Fußballbegriffe aus dem Film: Bilden Sie Komposita (compound nouns).

   a. _____trainer

   b. Ersatz_____

   c. _____spiel

   d. Entscheidungs_____

   e. _____spieler

   f. Sport_____

Kriegsbegriffe: Setzen Sie das passende Wort in die Lücken ein.

3. Gefangenschaft/ Entschädigung/ krepierten/ Spätheimkehrer

   Richard Lubanski ist _____, weil er endlich nach 11 Jahren in russischer
   _____ nach Hause kommt. Als Kriegsgefangener, hatte er zusehen
   müssen, wie viele der deutschen (und russischen) Soldaten _____, weil
   sie nichts zu essen hatten. Als Spätheimkehrer steht ihm eine _____ von
   der deutschen Regierung zu.

Das Familienleben der Lubanskis: Setzen Sie das passende Wort in die Lücken ein.

4. ernähren/ verboten/ geschlagen/ gehorchen/ anzünden

   a. Als ihr Mann in Gefangenschaft war, musste Christa Lubanski ihre
      Familie _____.

   b. Seiner Tochter, Ingrid, hat Richard Lubanski _____, mit
      Soldaten zu tanzen.

    c.   Richard sagte seinem Sohn, Bruno, er sollte den Mund halten und ihm _____.

    d.   Richard war böse und sagte, dass Matthias eine Kerze für Helmut Rahn nicht hätte _____ sollen.

    e.   Matthias wurde von seinem Vater _____, weil er versuchte, von zu Hause wegzulaufen.

5.   Selbstmitleid/ Theke/ Schacht/ Stubenarrest/ Wirtschaft

    a.   Die Lubanskis besitzen eine _____. Das ist ein anderes Wort für Kneipe oder Gaststätte.

    b.   Christa arbeitet gerne hinter der _____.

    c.   Christa sagte, dass Richard nur an sich selbst denkt, und dass er mit seinem _____ aufhören sollte.

    d.   Richard hatte eine Panikattacke, als er zum ersten Mal wieder in den _____ einfuhr.

    e.   Nachdem Matthias weggelaufen war, hatte er _____ und durfte nicht nach draußen gehen.

III. Ideen sammeln/ Brainstorming

1.   Stellen Sie sich vor, dass Sie Richard Lubanski sind und nach 11jähriger Kriegsgefangenschaft nach Hause kommen. Am Bahnsteig sehen Sie Ihre Frau und Kinder zum ersten Mal nach all den Jahren wieder. Sie erfahren auch erstmals von der Geburt Ihres jüngsten Sohns, der schon 11 ist. Wie fühlen Sie sich? Wie reagieren Sie auf Ihre Familie? Wie verhalten Sie sich Ihrer Frau und Ihren Kindern gegenüber? Nun stellen Sie sich vor, Sie sind eins der Kinder von Richard Lubanski. Wie reagieren Sie, als Sie Ihren Vater nach der langen Trennung wiedersehen?

2.   1954 die Fußballweltmeisterschaft in Bern zu gewinnen, war ein sehr bedeutender Erfolg und ein entscheidender Moment in der deutschen Geschichte, natürlich im Rahmen der Sportgeschichte, aber auch in Bezug auf die allgemeine Stimmung und die geistig-seelische Verfassung der Deutschen, was sich auch auf die Zukunft des Landes auswirkte. Gibt es ähnliche Fälle in der Geschichte Ihres Landes, Ihres Bundesstaates oder Ihrer Stadt bzw. Ihres Dorfes? Ist Ihnen Sport wichtig? Sind Sie sportlich? Betreiben Sie einen Sport oder haben Sie eine bestimmte Sportart betrieben? Sind Sie oder waren Sie mal Mitglied einer Sportmannschaft? Sind Sie ein begeisterter Zuschauer? Wenn ja, welche Sportarten sehen Sie besonders gerne? Welche Sportarten, Mannschaften oder Sportler sind in Ihrem Bundesstaat und in Ihrer Stadt bzw. Ihrem Dorf besonders beliebt?

IV. Internet-Übungen

(available online through the Focus website: http://www.pullins.com/)

V. Milling-Aktivität

Unterhalten Sie sich mit anderen Studenten im Klassenzimmer und notieren Sie ihre Antworten.

1. Hast du als Kind Taschengeld* bekommen? Wie viel? (*allowance*)
2. Wie alt warst du, als du deinen ersten Job hattest oder zum ersten Mal Geld verdient hast?
3. Hast du als Kind je Stuben- oder Hausarrest als Strafe von deinen Eltern bekommen?
4. Als du ein Kind warst, gab es jemanden in deinem Leben, den du bewundert* oder hoch geschätzt* hast? (*to admire*)
5. Wohin könntest du dir vorstellen, eine Hochzeitsreise zu machen?
6. Wie viele Liegestützen kannst du machen?
7. Welche dieser deutschen Schuhmarken trägst du am liebsten, oder welche würdest du am liebsten tragen? adidas, Birkenstock, Dr. Scholl's, Puma
8. Freunde von dir erwarten ihr erstes Kind. Wie sollen sie das Baby nennen? Schlage einen Jungen- und einen Mädchennamen vor.
9. Hast du eine Lieblingssportmannschaft?
10. Wie weit würdest du fahren, um als Zuschauer bei einem wichtigen Spiel deiner Lieblingsmannschaft dabei zu sein?

Erklär's mir: reflexive verbs

Reflexive verbs require a reflexive pronoun to be complete and make sense. Though English has some reflexive verbs (e.g., I'm going to buy **myself** a new car. The cat is washing **herself**.), they are not nearly as common as in German.

In diesem Film hört man viele Reflexivverben. Im Anschluss an die Liste finden Sie einige Beispiele aus dem Film, in denen Reflexivverben vorkommen. Beachten Sie die verschiedenen Formen.

sich auskennen [kannte sich aus, hat sich ausgekannt]: *to be well informed or know one's way around*

sich beeilen [beeilte sich, hat sich beeilt]: *to hurry, rush*

sich mit etwas beschäftigen [beschäftigte sich, hat sich beschäftigt]: *to be busy or occupied with something*

sich über etwas oder jemanden beschweren [beschwert sich, hat sich beschwert]: *to complain*

sich an etwas halten [hielt sich, hat sich gehalten]: *to stick with something*

sich schämen [schämte sich, hat sich geschämt]: *to be ashamed*

sich scheiden lassen [ließ sich scheiden, hat sich scheiden lassen]: *to divorce*

sich verhalten [verhielt sich, hat sich verhalten]: *to behave, act* sich auf etwas oder jemanden verlassen [verließ sich, hat sich verlassen]: *to rely on something or someone*

sich vertun [vertat sich, hat sich vertan]: *to be confused, make a mistake*

sich etwas vorstellen [stellte sich vor, hat sich vorgestellt]: *to imagine*

sich über etwas wundern [wunderte sich, hat sich gewundert]: *to be amazed about or marvel at something*

A.

Richard zu seiner Tochter, Ingrid: So lange du unter meinem Dach wohnst, gibt es für dich bestimmte Regeln. Und an die Regeln wirst du **dich halten**. Ist das klar?

B.

Richard: Wissen Sie, wie viele von uns dort drüben verhungert sind? Hunderttausende. Hunderte, bei denen ich allein zusehen durfte. Sabotage. Diebstahl. Das war alles nur ein Witz gewesen.

Beamte: Herr Lubanski, ich habe die Vorschriften nicht gemacht. Und Sie sind nicht der Erste, der **sich beschwert**. Darüber können Sie noch froh sein, dass Sie überhaupt...

C.

Richard: Willst du, dass ich wieder zurück ins Lager gehe? Willst du das?

Christa: Gott, hör mal auf mit deinem Selbstmitleid. Kannst du nicht einmal, ein einziges Mal für 10 Sekunden an andere denken? Seitdem du da bist, **beschäftigen sich** alle pausenlos mit deinen Launen, deiner Stimmung, Gefühlen. Hast du jemals ein Wort Anerkennung für uns gefunden?

D.

Christa: Mattes, denk mal an vorhin, wie es dir weh getan hat, als du gemerkt hast, dass Atze und Blacky weg sind. Nun **stell dir** mal **vor**, dass es jeden Tag so weh tut. 12 Jahre lang. Jeden Tag. Kannst du **dir** das **vorstellen**? Aber so muss es für Papa gewesen sein, als er nicht nach Hause durfte. 12 Jahre lang.

E.

Bruno zu Matthias: Hey, Kleiner. Du bist der beste Mann der Familie. Das weiß ich. Und ich **verlasse mich** auf dich. Das kann ich doch, oder?

F.

Pfarrer zu Richard: Ich habe mit vielen ehemaligen Kriegsgefangenen gesprochen. Die meisten Heimkehrer **schämen sich** für die Zeit und das Elend.

G.

Richard zu seiner Familie: Ich weiß, ich hab **mich** euch gegenüber nicht richtig **verhalten**. Aber ich **kenne mich** einfach nicht mehr **aus**. Das ist alles so fremd hier.

VI. Die Handlung voraussagen

Denken Sie noch einmal an die Übungen, die Sie zum Thema *Das Wunder von Bern* gemacht haben. Wovon handelt der Film Ihrer Meinung nach? Welche Erwartungen haben Sie an den Film?

1. In welches Filmgenre würden Sie *Das Wunder von Bern* einordnen? (z. B. Liebesfilm, Kinderfilm, Komödie, Thriller, Horrorfilm, Action, Drama, Historienfilm, Science Fiction oder Western)

2. Welche Zielgruppe wird dieser Film ansprechen, z. B. Kinder, Jugendliche/ Teenager, Frauen, Männer, Studenten, Sportler, usw.?

3. Wie und wo wird die Geschichte anfangen?

4. An welchen dieser Drehorte werden keine Filmaufnahmen gemacht? Im Fußballstadion, am Bahnhof, in einer Schule, in einer Kneipe, an der Kriegsfront, in einer Zeche (*coal mine*), in der Schweiz, in einem Kaninchenstall (*rabbit hutch*), in einer Schuhfabrik, in einem Hotelzimmer, im Umkleideraum (*locker room*), in der DDR oder in einem Auto?

5. Schauen Sie sich das Standfoto auf der ersten Seite dieses Kapitels an. Was passiert in dieser Szene? Wird sie gegen Anfang, Mitte oder Ende des Films geschehen?

6. Wird der Film ein Happy-End oder eher ein trauriges Ende haben? Begründen Sie Ihre Antwort.

 Zum Inhalt

I. Richtig oder falsch?

Geben Sie an, ob die Aussagen richtig oder falsch sind und verbessern Sie die Falschen.

1. In der ersten Szene freut sich Matthias, weil Rot-Weiß Essen gewonnen hat.

2. Matthias muss Helmut Rahn wecken, damit er nicht zu spät zum Training kommt.

3. Die Mutter wird in einer E-Mail benachrichtigt, dass ihr Mann nach Hause kommt.

4. Annette Ackermann will eine Hochzeitsreise in die Karibik machen.

5. Auf den ersten Blick verwechselt* Richard seine Tochter mit seiner Frau. (*mistake someone for someone else*)

6. Richard denkt, dass seine Kinder sehr diszipliniert sind.

7. Adi Dassler (Unternehmer, der Adidas gründete) stattet die ungarischen Fußballer mit Schuhen aus.

8. Keiner will Matthias in seiner Mannschaft haben.

9. Die deutsche Fußballmannschaft singt im Bus auf dem Weg zur Weltmeisterschaft in der Schweiz.

10. Die Ackermanns haben eine Luxus-Suite im Hotel.

11. Richard zündet in der Kirche eine Kerze an.

12. Annette und Paul Ackermann helfen Helmut Rahn zurück zum Hotel zu gehen.

13. Christa findet Matthias, der vorhatte wegzulaufen, am Bahnhof.

14. Bruno bringt Matthias einen Fernseher, damit er das Spiel zwischen Deutschland und Jugoslawien sehen kann.

15. Da Christa Geburtstag hat, bereitet Richard für seine Familie ein besonderes Essen zu.

16. Matthias denkt, dass sein Vater gemein ist.

17. Richard und Matthias fahren mit dem Zug in die Schweiz.

18. Paul Ackermann will seine Tochter Roswitha nennen. Der Name gefällt Annette Ackermann überhaupt nicht.

19. Sepp Herberger sagt, dass, wenn es sonnig ist, Ungarn Weltmeister wird. Aber wenn es regnet, dann haben die Deutschen eine Chance.

20. Richard und Matthias dürfen nicht in den „Weltmeister-Triumphzug" einsteigen.

II. Fragen zum Inhalt

Kapitel 1: Vorspann

1. Wie finden Matthias und seine Freunde heraus, dass Rot-Weiß Essen gegen Aachen verloren hatte?

Kapitel 2: Familie Lubanski in ihrer Kneipe

2. Wie verdient Matthias Geld in der Kneipe?

3. Matthias druckt Helmut Rahns Türklingel dreimal, aber er kommt nicht. Was macht er danach, um den Boss zu wecken?

4. Ein paar Männer schauen beim Fußballtraining zu. Sie beleidigen Helmut und sagen „Komm, den hätte meine Oma auch versenkt! Mensch, Helmut, du Flasche. Du triffst ja nicht mal aus drei Metern einen Möbelwagen!" Wie reagiert Helmut darauf?

Kapitel 3: Der Brief

5. Die Mutter will den Brief nicht aufmachen, bis alle da sind. Wie reagieren die Kinder auf die Nachricht, dass ihr Vater nach Hause kommt und dass sie „bald wieder eine richtige Familie" sein werden?

6. Paul Ackermann redet mit dem Handwerker über das Fußballspiel zwischen Hannover und Kaiserslautern. Worüber will Annette Ackermann lieber reden?

Kapitel 4: Am Bahnhof Essen-Katernberg

7. Christa, Bruno, Ingrid und Matthias warten ungeduldig am Gleis auf den Zug mit den Spätheimkehrern und hoffen, dass Richard dabei sein wird. Was macht die Familie, nachdem sie wieder zu Hause ist?

8. Christa zeigt Richard die Kneipe. Was fällt ihm auf? Was bemerkt er an der Wand?

Kapitel 5: Redaktion der „Süddeutschen Zeitung" in München

9. Der Chefredakteur, Herr Ahrens, sagt Paul Ackermann, dass er ein Problem hat, da er „einen guten Mann der für uns in die Schweiz fährt", sucht. Er will, dass Paul Ackermann den Auftrag übernimmt. Was ist nun Paul Ackermanns Problem, und mit wem bekommt er Schwierigkeiten?

10. Helmut Rahn bekommt eine Einladung in die Sportschule München-Grünwald und fährt mit dem Zug nach München. Darf Matthias auch mitfahren?

Kapitel 6: Richards Schwierigkeiten

11. Warum Kann Richard nicht in der Zeche arbeiten? Was passiert, als er in den Schacht einfährt?

12. Am Trainingsplatz der Sportschule Grünwald trifft sich der Trainer, Sepp Herberger, mit Adi Dassler. Welche moderne technische Finesse der Fußballschuhe zeigt Dassler Herberger?

13. Freut sich Ingrid, ihren Vater beim Tanz zu sehen?

Kapitel 7: Fahrt nach Spiez

14. Annette fragt ihren Mann, zu wem sie im Eröffnungsspiel halten sollen, Jugoslawien oder Frankreich. Paul erklärt, dass Reporter neutral sein müssen. Bleibt er auch beim Spiel Deutschland - Türkei neutral?

15. Nachdem sein Vater ihm ein paar Tipps gibt, wie er besser Fußball spielen könnte, spielt Matthias tatsächlich besser. Wer sagt Matthias auf dem Spielfeld, dass er gut gespielt hat?

16. Richard ist in der Sowjetrepublik wegen Diebstahl und Sabotage zu fünf zusätzlichen Jahren verurteilt worden. Deshalb hat er „für diese Zeit keine weiteren Ansprüche auf einen Ausgleich" (d.h. dass er für diese Zeit keine Entschädigung bekommt). Wie reagiert Richard auf diese Nachricht?

Kapitel 8: Deutschland verliert das Vorrundenspiel gegen Ungarn

17. Richard gibt Matthias eine Ohrfeige*, weil er meint, dass Matthias die Kirche missbraucht hat. (*slap in the face*) Was tat Matthias in der Kirche, dass sein Vater so schlimm fand?

18. Paul und Annette Ackermann gehen in ein Lokal, um zu tanzen. Wer kommt ins Lokal und setzt sich an die Theke?

Kapitel 9: Fluchtversuche

19. Warum wird Matthias von seinem Vater geschlagen?

20. Findet Christa das Verhalten ihres Mannes Matthias gegenüber korrekt?

Kapitel 10: Pressekonferenz

21. Vor dem Entscheidungsspiel Deutschland - Türkei liest Trainer Herberger der Mannschaft einige Briefe vor. Sind es Fanbriefe oder Hassbriefe?

Kapitel 11: Verunglücktes Festessen

22. Was schenkt Richard Matthias?

23. Was passiert mit Matthias' Kaninchen?

Kapitel 12: Richards Veränderung

24. Bruno haut ab, ohne seinen Eltern davon zu erzählen. Er gibt Matthias einen Brief, den dieser nach einer Woche den Eltern geben soll. Wohin fährt Bruno?

25. Interessiert sich der Pfarrer für Fußball?

Kapitel 13: Deutschland im Halbfinalspiel gegen Österreich

26. Richard erzählt zum ersten Mal von seinen Erlebnissen in russischer Gefangenschaft. Das Halbfinalspiel hört man im Hintergrund im Radio. Wie ermutigt Matthias seinen Vater weiterzureden?

Kapitel 14: Die Wette

27. Annette interessiert sich plötzlich für Fußball und glaubt fest daran, dass die Deutschen gegen Ungarn gewinnen werden. Worum wetten Annette und Paul Ackermann?

Kapitel 15: Richard fährt mit Matthias zum Finale nach Bern

28. Von wem leiht sich Richard das Auto, um mit Matthias nach Bern zu fahren?

Kapitel 16: Am Morgen des Endspiels

29. Hofft die deutsche Mannschaft auf sonniges oder regnerisches Wetter?

30. Im Auto auf dem Weg nach Bern sagt Richard, dass Matthias nur die Augen zu machen muss, und überall hin kann, sogar nach Bern. Was passiert, gleich nachdem Matthias die Augen zumacht und sich vorstellt, dass er in Bern wäre?

Kapitel 17: Tor!

31. Wie ist die Stimmung in der Halbzeitpause im Umkleideraum der deutschen Mannschaft?

Kapitel 18: Deutschland wird Weltmeister

32. Wen sieht Helmut Rahn, bevor er das entscheidende Tor schießt?

Kapitel 19: Empfang der Weltmeister

33. Paul Ackermanns Chef will, dass er in den Zug mit den Spielern einsteigt. Annette will nicht mitkommen, weil sie Dante das nicht antun will. Wer ist Dante?

34. Wessen Ausweis findet Matthias auf dem Boden?

35. Was gibt Matthias Helmut Rahn?

36. Was macht Richard, als er Brunos Brief liest?

Kapitel 20: Im Weltmeisterzug durch Deutschland

37. Spielte „Die Elf von Bern" je wieder zusammen?

III. Aussagen zuordnen

Lesen Sie die folgenden Aussagen und geben Sie an, von wem die Äußerung stammt: von Matthias (4), von Richard (4), von Sepp Herberger (3), von Christa (2), von Helmut Rahn (2), von Paul Ackermann (2), von Annette Ackermann (2) oder von Bruno (1). Die Aussagen stehen in der gleichen Reihenfolge, wie sie im Film vorkommen.

1. _____ Eins: null verloren. So ein Mist. Das gegen Aachen. ... Und Deutscher Meister werden wir nie im Leben.

2. _____ Du bist mein Maskottchen. Schließlich gewinne ich nur, wenn du dabei bist.

3. _____ Du hast mir einen Antrag gemacht, ich habe ihn angenommen, dann haben wir geheiratet.

4. _____ Ich hatte dir von ihm geschrieben. Es tut mir leid. Matthias kam, nachdem du wieder an die Front musstest.

5. _____ Das ist der Boss.... er spielt bei Rot-Weiß Essen, und der ist sogar Nationalspieler. Und er ist mein bester Freund.

6. _____ Das wird alles anders, wenn ich erstmal eine Entschädigung wieder hab. Ich fang so bald wie möglich wieder auf Schacht 4 an. Ich werde doch wohl meine Familie selbst ernähren können. Und die Kneipe können wir dann verkaufen.

7. _____ Annette, das ist eine einmalige berufliche Chance, die kann ich nicht auslassen.

8. _____ Ich würd' lieber dich als Vater haben.

9. _____ Übrigens, Metzner, Sie sind ein hervorragender Fußballspieler, aber Sie rauchen heimlich und damit betrügen Sie Ihre Kameraden. Sie würden nämlich sonst viel besser spielen. Deshalb möchte ich, dass Sie Ihre Sachen packen und heute noch nach Hause fahren.

10. _____ Froh sein? Ich kann froh sein? Wissen Sie, wer froh sein kann? Sie. Sie können froh sein, dass Sie nicht einen Tag in Russland gewesen waren. Und Sie können froh sein, dass ich Ihnen nicht die Fresse poliere.

11. _____ Schluss jetzt. Ab nach Hause. Und fang bloß nicht an zu heulen. Ein deutscher Junge weint nicht.

12. _____ Na, schau dir doch diese Oberschenkel an. Da ist jeder einzelne Muskel trainiert. P: Ja, ja, schon gut...Was für Oberschenkel!

13. _____ Bevor du kamst, waren wir eine halbwegs glückliche Familie. Seit du da bist, sind die Kinder verstört, traurig und verzweifelt.

14. _____ Ihr Spiel und das Spiel Ihrer Kollegen fängt erst an, wenn unseres vorbei ist. Aber da wir gewonnen haben, denke ich, ich habe alles richtig gemacht.

15. _____ Ja, es ist die Hauptstadt der Deutschen Demokratischen Republik! Und da sind alle Menschen gleich! Es gibt keine reichen Leute und armen Leute. Es gibt keine Arbeitslosen, und jeder darf seine Meinung sagen.

16. _____ Ich… hatte nicht mehr an Zuhause geglaubt. Ich hab nicht mehr an euch gedacht. Ich hab nur noch die Winter gezählt und ans Essen gedacht.

17. _____ Jungens, jetzt, ich weiß, ihr habt's ja nicht so mit dem Denken, deshalb sage ich das mal ganz langsam: Wir sind im Endspiel!

18. _____ Wir haben einen großen taktischen Vorteil, Männer. Wir kennen die Spielstärke der Ungarn. Aber sie kennen unsere nicht. Sie wissen gar nicht, wie stark wir wirklich sind. Sie wissen nicht, dass wir stark genug sind, sie zu schlagen.

19. _____ Annette, ich werde verrückt. Du bist… Woher weißt du, dass es ein Junge ist?

20. _____ Weißt du, ich finde, deutsche Jungs können ruhig auch mal weinen.

IV. Standfotos beschreiben

1. Zum Bild: Geben Sie eine ausführliche Beschreibung dieser Fotos.
2. Zum Inhalt: Was passiert in diesen Szenen?

A. Helmut am Fenster (Kapitel 2: Familie Lubanski in ihrer Kneipe)

B. Die Spätheimkehrer (Kapitel 4: Am Bahnhof Essen-Katernberg)

C. Das Geschenk (Kapitel 11: Verunglücktes Festessen)

D. Im Regen stehen (Kapitel 18: Deutschland wird Weltmeister)

Zur Diskussion

I. Interview mit einem Partner

1. Wie war dein erster Eindruck von dem Film?
2. Wie fandest du den Film insgesamt?
3. Was hat dir an dem Film besonders gefallen?
4. Was hat dir nicht besonders gefallen?
5. Was hast du im Film nicht erwartet?
6. Was war deine Lieblingsszene?
7. Wie fandest du das Ende? Hast du erwartet, dass der Film so endet?
8. Welche Figur im Film hat dir am besten gefallen und warum?
9. Welche Figur hat dir nicht so gut gefallen und warum nicht?
10. Was hast du von diesem Film gelernt?

II. Meinungsaustausch

1. Vergleiche Matthias, einen Elfjährigen im Nachkriegsdeutschland, mit einem Elfjährigen von heute. Inwiefern war das Leben eines Jugendlichen damals anders?
2. Wie kommt die Familie ohne den Vater klar? Glauben die Kinder gleich nach der Rückkehr ihres Vaters, dass sie ihn überhaupt noch brauchen oder sogar wollen?
3. Bruno sagt, dass Helmut Rahn eine Art Vaterfigur für Matthias ist. Sind Sie damit einverstanden? Ist Helmut Rahn eine Vaterfigur für Matthias? Wenn ja, inwiefern?
4. Was ist dein erster Eindruck von dem Ehepaar Paul und Annette Ackermann? Wie verhalten sie sich gegen einander, besonders am Anfang des Films? Wie ist ihr Leben verglichen mit dem der Familie Lubanski?
5. Wie fühlt sich Christa, als ihr Mann die Tochter mit der Mutter verwechselt? Wie fühlt sich Richard?
6. Wie reagiert Richard, als er erfährt, dass Matthias sein Sohn ist? Was wäre deiner Meinung nach schwieriger oder unangenehmer: den Vater zum ersten Mal nach elf Jahren kennen zu lernen oder als Spätheimkehrer zum ersten Mal mit einem elfjährigen Sohn konfrontiert zu werden?
7. Am ersten Abend wieder zu Hause, beschwert sich Richard, dass die Kinder völlig undiszipliniert sind und dass es Zeit ist, dass sie mal wieder richtig Disziplin lernen. Christa erklärt Richard, dass sie so wenig Zeit für sie hatte. Stimmt das? Sind die Kinder undiszipliniert? Hat Christa ihre Kinder nicht gut erzogen, als Richard weg war?
8. Annette Ackermann wirft ihrem Mann vor, dass ihm die Fußballweltmeisterschaft in der Schweiz wichtiger ist als die Hochzeitsreise mit seiner Frau. Stimmt das? Wer hat mehr Kontrolle über Paul Ackermann — seine Frau oder sein Chef?
9. Was für ein Trainer ist Sepp Herberger?

10. Richard sagt zu Ingrid „Ich verbiete dir hiermit jeglichen Umgang mit Soldaten… Außerdem verbiete ich dir dich so aufzutakeln." (sich fein machen; *get dressed up, dress to the nines*) Sind seine Vorwürfe begründet? Wie benimmt sich Ingrid?

11. Matthias versucht, Fußball „mit den besten Tricks vom Boss" zu spielen. Sein Vater erklärt ihm, er solle seinen eigenen Stil pflegen. Er sei zäh und laufstark. Er sei ein Verteidiger. Wenn er wolle, dass die anderen ihn respektieren, dann reiche es nicht, nur die schlechte Kopie von einem Star zu sein. Was passiert beim nächsten Mal, als Matthias Fußball spielt? Spielt er tatsächlich besser?

12. Warum will Bruno nach Ost-Berlin? Was will er dort machen?

13. Fritz Walter ist der Kapitän der deutschen Nationalmannschaft. Im Interview spricht Trainer Herberger von „Fritz-Walter-Wetter." Was meint er damit?

14. Warum fährt Richard Matthias nach Bern zum Endspiel?

15. Matthias schleicht sich unbemerkt ins Stadion. Beschreiben Sie den Augenblick, wo Helmut Rahn Matthias sieht. Wie fühlt er sich jetzt?

16. Richard weint im Zug, als er Brunos Brief liest. Wie reagiert Matthias darauf?

III. Standfotos diskutieren

Auf diesen Standfotos sehen Sie Matthias mit anderen Figuren. Diskutieren Sie, wie Matthias sich in jeder Szene fühlt, die hier dargestellt wird. Wählen Sie für jede Szene ein passendes Adjektiv, das Matthias' Gefühle am besten beschreibt.

A. Matthias spielt Fußball (Kapitel 6: Richards Schwierigkeiten)

B. Matthias und sein Vater (Kapitel 15: Richard fährt mit Matthias zum Finale nach Bern)

C. Matthias, sein Vater und Helmut Rahn (Kapitel 19: Empfang der Weltmeister)

Zur Analyse, Interpretation und Reflexion

I. Motive

Inhaltsmotive

Viele Motive werden in diesem Film thematisiert. Erklären Sie, inwiefern folgende Motive in der Handlung eine Rolle spielen. Welche weiteren Motive gehören auch dazu? Welche Motive werden durch jede der Hauptfiguren besonders verkörpert? Welche sind Ihrer Meinung nach Zentralmotive und welche Randmotive?

- Heimkehr
- die Erfüllung von Wünschen und Träumen
- Selbstzweifel, Selbstbewusstsein, Selbstständigkeit
- Vergangenheitsbewältigung
- Wiederaufbau
- eine deutsche Nationalidentität

- Geschlechterrollen
- Generationenkonflikt
- Familienkonflikt
- Versöhnung (*reconciliation*)
- Helden
- Triumphe und Siege
- Wunder (*miracles*)
- Zusammenarbeit/ Teamarbeit

Verbinden Sie jede Figur mit der passenden Beschreibung ihrer Charakterisierung im Film. Ergänzen Sie die Schilderungen, indem Sie erklären, wie sich die obigen Handlungsstränge auf jede Figur beziehen.[6]

_____ Matthias	_____ Richard
_____ Christa	_____ Bruno
_____ Ingrid	_____ Familie Lubanski
_____ die Ackermanns	_____ die Fußballspieler

A. Ärgert sich, weil er seine Familie nicht ernähren kann

B. Sind Helden, die für eine begeisterte Stimmung im Land gesorgt haben

C. Verwöhnt und reich, sie stehen nicht stellvertretend für die meisten Familien in der Nachkriegszeit

D. Will ihr Leben genießen und interessiert sich für amerikanische Kultur, z. B. für Musik

E. Träumt von Gleichberechtigung; hasst die Nazis und ist Kommunist

F. Leidet unter der Abwesenheit seines Vaters und sucht einen Ersatzvater

G. Eine Trümmerfrau; alleinerziehende Mutter, die ihre Familie erzogen hat

---

6   Siehe auch: http://de.wikipedia.org/wiki/Das_Wunder_von_Bern.

Die Nachkriegszeit

Diese Geschichte findet in der Nachkriegszeit in Deutschland statt. Kinder wachsen ohne Väter auf, Frauen haben keine Männer und müssen sich um alles kümmern, ihre Familie erziehen und ernähren. Wie wird Folgendes dargestellt:

> das Viertel in Essen, in dem Familie Lubanski wohnt;
> die Nachkriegskinder; Richard als Spätheimkehrer;
> Christa als Trümmerfrau und alleinerziehende Mutter?

Können Sie an konkrete Beispiele denken, also an einzelne Szenen oder Bilder, die die Schwierigkeiten der Nachkriegszeit besonders gut schildern?

Fußball

Fußball ist zweifellos ein zentrales Thema dieses Films. Trotzdem wird der Film nicht als „Fußball-Film" bezeichnet. Die verschiedenen Themen oder Motive sind so eng mit einander verknüpft (*combined, interrelated*), dass der Zuschauer sie kaum voneinander trennen kann. Fußball spielte eine besonders wichtige Rolle in der Nachkriegszeit. Der Sieg in Bern begeisterte die Deutschen und erweckte in ihnen das unterdrückte Selbstwertgefühl. Können Sie an spezifische Beispiele denken, wo das erneuerte Selbstwertgefühl deutlich zum Vorschein kommt?

Die Filmmusik

Über die Musik und die Zusammenarbeit mit dem Filmmusikkomponisten, Marcel Barsotti, sagt Sönke Wortmann, „Da gab es von Marcel diese kleine Violinensequenz, die ich sehr mochte und immer wieder im Kopf hatte. Darauf baute er das Hauptthema auf, welches wieder diese Leichtigkeit hatte und unverkennbar seine Handschrift war. Meine Lieblingssequenz im Film ist das Dramathema während der Szene am Bahnhof, als der Vater nach Jahren der Gefangenschaft nach Hause zurückkehrt. Diese schweren und tragenden Streicher finde ich wunderbar und sehr einfühlsam vom Orchester gespielt, man fühlt sich, als sei man selbst dabei…Ich kann mir zu meinem Film keinen besseren Score vorstellen."[7] In Filmrezensionen wird behauptet, dass es Barsotti gelungen ist, Stilelemente in der Art von Hollywood-Filmmusik zu verwenden. Wann hört man die Violinensequenz? Wann hört man andere Motive, z. B. Jazzmusik oder Rock'n Roll? Merkt man den Einfluss von Hollywood? In welchen szenen?

Wählen Sie ein Kapitel oder ein paar Szenen aus dem Film und beschreiben Sie die begleitende Filmmusik. Wie wirkt die Musik auf das ausgewählte Kapitel bzw. die Szenen? Passt sie zur Handlung?

---

7   Quelle: http://www.amazon.de (Suchbegriff: *Das Wunder von Bern* unter „Musik")

II. Standfotos interpretieren

Auf diesen Standfotos sehen Sie vier Szenen, in denen Richard einer der Hauptfiguren ist. Welche Motive beziehen sich auf diese Fotos? Stellen Sie bei Richard im Verlauf der Handlung eine Verwandlung fest?

A. Der Spätheimkehrer (Kapitel 4: Am Bahnhof Essen-Katernberg)

B. Richard und Christa (Kapitel 9: Fluchtversuche)

C. Richard spielt Fußball (Kapitel 12: Richards Veränderung)

D. Matthias und sein Vater (Kapitel 19: Empfang der Weltmeister)

III. Schreibanlässe

1. Den Film fortsetzen: Dieser Film hat ein Happy-End. Probleme werden gelöst, Beziehungen versöhnt. Wie könnte es weiter gehen? Wie wird Richard nun mit seinen Problemen klar kommen? Was wird mit Helmut Rahn passieren? Wird Bruno nach Westdeutschland zurück kommen, bevor die Mauer gebaut wird? Wie sieht die Zukunft für Matthias und seine Freunde aus?

2. Vorgeschichte ergänzen: Was passierte mit Richard einen Tag bevor die Geschichte beginnt?

3. Fehlenden Teil ergänzen: Beschreiben Sie den Tag, als Richard das Geburtstagsessen für seine Familie zubereitet.

4. Szene umschreiben: Wählen Sie eine Szene aus dem Film und schreiben Sie sie um.

5. Perspektive ändern: Wählen Sie eine Szene aus dem Film und schreiben Sie sie aus einer anderen Perspektive um.

6. Ein anderes Ende: Schreiben Sie ein neues Ende für den Film.

7. Stellen Sie sich vor, dass Sie, ein bekannter Regisseur / eine bekannte Regisseurin, eine Neuverfilmung von diesem Film machen. Was würden Sie anders machen?

IV. Zur Reflexion, zur Diskussion, zum Schreiben

1. Dieser Film findet in der Nachkriegszeit im Ruhrgebiet in Deutschland statt. Inwiefern repräsentiert der Film das alltägliche Leben nach dem 2. Weltkrieg?

2. Wie könnte der Film modernisiert werden? Welche Themen oder Motive wären zentral, wenn die Geschichte in der Gegenwart spielen würde.

3. Der Film heißt „Das Wunder von Bern". Bezieht sich der Titel nur auf die Weltmeisterschaft? Welche anderen Wunder ereignen sich im Film?

4. Dieser Film stellt das Wiedersehen der Familie Lubanski am Bahnhof nicht als einen besonders glücklichen Moment dar. Erinnern Sie sich an die Erlebnisse, über die wir im „Kulturellen und Historischen Hintergrund" gelesen haben. Für Werner Minkenberg ist der Moment, als er seine Familienmitglieder zum ersten Mal nach langer Gefangenschaft gesehen hat, „der höchste, glücklichste Moment in meinem Leben". Warum hat der Regisseur ein derartiges Glücksgefühl nicht gezeigt? Warum sehen wir keine glückliche Familie, die sich riesig auf diesen Moment des Wiedersehens gefreut hat?

5. Ein Kapitel nennt sich „Richards Veränderung". Beschreiben Sie, inwiefern Richard sich verändert hat. Gibt es einen Moment, also eine bestimmte Szene, wo wir sehen können, dass er seine inneren Schwierigkeiten verarbeitet?

6. Inwiefern haben sich andere Figuren, z. B. Christa, Bruno, Paul Ackermann oder Annette Ackermann, auch im Laufe der Handlung verändert?

7. Besprechen Sie die Parallele zwischen den Spätheimkehrern aus der Kriegsgefangenschaft und den elf Helden aus Bern. Beide kehren in einer Art „Triumphzug" nach Hause zurück. Schauen Sie sich die Szenen nochmals an. Was fällt Ihnen auf?

8. Bruno ist eine Nebenfigur, die aber doch eine wichtige Rolle im Film spielt. Wie wird Bruno charakterisiert? Mit welchen Themen versucht sich der Regisseur mit der Figur von Bruno auseinander zu setzen? Wie benutzt er die Figur von Bruno, um etwas über den Krieg zu sagen? Verweisen Sie auf folgende Gespräche:

   a. Christa: Ich rede seit Wochen an den Hartwig hin, dass er dich nimmt, und du hast es nicht mal nötig hinzugehen?

      Bruno: Ich hab's dir gesagt Mama: ich werde nicht für einen Mann arbeiten, der die Nazis unterstützt hat!

   b. Ingrid: Was wäre, wenn er wieder nicht dabei ist?

      Christa: Ingrid, mach mich nicht wahnsinnig. Ich bin schon nervös genug. Wenn es ihm nur gut geht. Wer weiß, was der Russe ihm alles getan hat.

      Bruno: Der Russe. Der Russe. Der Russe hat dem Deutschen in den Arsch getreten, weil der Deutsche ihn ohne Grund überfallen hat.

   c. Richard: Hör auf mit dem Kopf zu schütteln bei deinem Vater.

      Bruno: Ich schüttele den Kopf so oft ich will.

Richard: Du hältst den Mund und gehorchst.

Bruno: Den Mund halten und gehorchen. Mehr haben sie euch nicht beigebracht? Richard: Wer sind ja "euch"? Seit wann bin ich "euch" für dich?

Bruno: Ist doch egal.

Richard: Hältst du mich für einen Nazi, weil ich meine beste Zeit im *Dreck* verbracht hab? Als Einzelner konnte man nichts machen. Musste man mit.

Bruno: Schon gut. Du bist nichts, dein Volk ist alles.

Richard: Wie redest du eigentlich mit mir?

Bruno: Schlag mich nicht nochmal.

Richard: Habe ich elf Jahre lang eben durchgehalten, um mich von meinem eigenen Sohn veräppeln zu lassen?

d. Matthias: Aber warum willst du denn weg?

Bruno: Oh komm, das weißt du doch. Mit mir und Papa, das klappt einfach nicht.

Matthias: Es wird bestimmt bald wieder besser.

Bruno: Ich will sowieso raus hier, weißt du. Ich will endlich mal was Sinnvolles tun. Also gut, ich gehe nach Berlin, nach Ost-Berlin.

Matthias: In die Ost-Zone?

Bruno: Ja, es ist die Hauptstadt der Deutschen Demokratischen Republik! Und da sind alle Menschen gleich! Es gibt keine reichen Leute und armen Leute. Es gibt keine Arbeitslosen, und jeder darf seine Meinung sagen.

Matthias: So was gibt's doch gar nicht.

Bruno: Doch, was man so hört, kann die ein paar gute Musiker gebrauchen.

9. Beschreiben oder vergleichen Sie die Rolle der Frauen in diesem Film. Denken Sie an folgende Figuren: Christa, Ingrid, Annette, Carola (das fußballspielende Mädchen) und die Putzfrau (im Hotel in der Schweiz).

10. Diskutieren Sie die Geschlechterrollen im Film. Denken Sie insbesondere an folgende Dialoge u. a.:

a. Ahrens (Chefredakteur der „Süddeutschen Zeitung): Morgen, Ackermann.

Paul Ackermann: Oh, guten Morgen, Herr Ahrens.

Ahrens: Glückwunsch nochmal nachträglich.

Ackermann: Danke.

Ahrens: Ihre Frau schon in anderen Umständen? (*Ist sie schon schwanger?*)

Ackermann: Nein, noch nicht, aber wir üben schon fleißig.

Ahrens: Schön, aber vorsichtig. Frauen sind der natürliche Feind des Fußballs. Gewöhnen Sie sie da mal dran. Mit den Jahren wird das generell schon weniger.

Ackermann: Ja, wenn Sie das sagen.

b. Christa: Es klappt nicht mit dem Empfang. Ich bring das teure Ding lieber zurück, solange es noch geht.

Ingrid: Wenn du dem alten Kessler wirklich Konkurrenz machen willst, dann würde ich das Ding behalten. Du weißt doch, die Männer sind ganz verrückt nach Fußball.

11. Man hört dreimal im Film fast den gleichen Ausdruck „für oder gegen etwas bzw. jemanden sein". Denken Sie über diese Gespräche nach (alle kommen im Kapitel 9 „Fluchtversuche" vor). Was könnte der Regisseur dem Zuschauer damit sagen wollen?

a. Putzfrau: Haben Sie heut' verloren?

Herberger: Und wie!

Putzfrau: Dann sind Sie jetzt nicht mehr in der Konkurrenz.

Herberger: Doch, doch. Wir haben eine Schlacht verloren, nicht den Krieg.

Herberger: Sagen Sie, junge Frau, haben Sie Kinder?

Putzfrau: Ich? Neun Stück. Sie?

Herberger: 22. Und einer von ihnen macht mir großen Ärger.

Putzfrau: Sicher Ihr Lieblingskind. Die machen immer am meisten Ärger.

Herberger: Dann fällt es besonders schwer ihn zu bestrafen.

Putzfrau: Ah, Quatsch.

Herberger: Wie? Putzfrau: Quatsch. Schmarren. Blödsinn. Sie sind jetzt nicht in Deutschland. Es muss nicht immer bestraft werden.

Herberger: Aber, **wer nicht für mich ist, ist gegen mich.**

Putzfrau: Man muss auch mal fünfe gerade sein lassen.

b. Fritz Walter: Sag mal, bist du bescheuert?

Helmut Rahn: Kann sein, warum?

Fritz: Der Chef schickt dich nach Hause, wenn er davon Wind bekommt.

Helmut: Und wenn schon. Ein Ersatzspieler weniger in der Schweiz.

Fritz: Wir sind eine Mannschaft. Wir gewinnen zusammen, und wir verlieren zusammen. Und da brauchen wir dich genauso wie jeden anderen hier.

Helmut: Es ist sowieso zu spät. Herr Dassler hat mich vorm Hotel gefunden.

Fritz: Helmut, ich möchte eins von dir wissen. **Bist du für uns, oder bist du gegen uns**?

Helmut: Wie darf ich denn die Frage verstehen?

Fritz: Wenn du für uns bist, dann rede ich mit dem Adi. Aber wenn so was nochmal vorkommt, dann fahre ich dich persönlich zum Bahnhof und tret dir in den Arsch.

Helmut: Friedrich, so kenne ich dich ja gar nicht. Meinst du das im Ernst? **Natürlich bin ich für euch,** verdammte Scheiße!

Fritz: Gut.

    c. Christa: Richard, hör sofort auf damit! Du wirst ihn blutig prügeln.

        Richard: **Bist du auch gegen mich?**

        Christa: Was soll das denn heißen?

        Richard: **Ich will wissen, ob du dich auch gegen mich stellst.**

        Christa: Gegen mich. Für mich. Es geht doch nicht nur um dich. Ob es den Kindern gut geht, oder mir. Zählt das nicht mehr für dich?

12. Welche Wirkung hat dieser Film auf Sie gehabt? Was haben Sie durch diesen Film über die deutsche Kultur oder Geschichte gelernt? Haben Sie auch etwas über Ihre eigene Kultur oder über sich selbst gelernt? Haben Sie sich irgendwie anders gefühlt, nachdem Sie diesen Film gesehen haben? Erinnern Sie sich noch daran, was Sie gleich nach dem Ansehen empfunden haben?

 ## Lektüre 1

Nach dem Krieg haben viele junge Leute versucht, mit dem Leben weiter zu kommen oder wieder anzufangen. Wie stellen Sie sich das Studentenleben in den 50er Jahren vor? Inwiefern war es vielleicht anders als das heutige Studentenleben? Lesen Sie die Erinnerungen von Helmut Becker-Floris, der von seinen eigenen Erfahrungen erzählt.

Als Student in den Jahren um 1950[8]

Dieser Eintrag stammt von Helmut Becker-Floris (*1928) aus Hamburg, November 2005

LeMO: Lebendiges virtuelles Museum Online (http://www.dhm.de/lemo) und Multimediales Internetprojekt des Deutschen Historischen Museums Berlin und des Hauses der Geschichte, Bonn, zur deutschen Geschichte.

    Unsere Abiturfeier 1948 verlief ziemlich spartanisch, da wir keinen Wein besorgen konnten, mussten wir mit Pfefferminztee feiern. Ich wollte Jura[9] studieren und bewarb mich deshalb zum Wintersemester 1948/4; von zwölf Universitäten bekam ich eine Absage! Alle Studienplätze waren für die Spätheimkehrer aus der Kriegsgefangenschaft reserviert! Um die Zeit zu nutzen, begann ich ein Praktikum von sechs Monaten in einer Privatbank in Bremen, eine Chance, die nur durch Bekanntschaft mit einem Bankdirektor möglich war, selbstverständlich ohne Bezahlung. Ich war dort als Vollzeitkraft tätig und musste auch an den Überstunden teilnehmen, wenn Fehlbeträge - öfter nur wenige Mark - stundenlang gesucht wurden. Zum Abschluss erhielt ich als Anerkennung 100 DM!

    Zum Sommersemester 1949 bekam ich von zwölf Universitäten nur eine Zusage für die Uni in Erlangen. Frohen Mutes reiste ich mit zwei Koffern zu Semesterbeginn nach Erlangen mit der Absicht, mir ein möbliertes Zimmer zu mieten. Aber weder in der Stadt noch in der näheren Umgebung fand ich ein Zimmer. Alle Zimmer wurden

---

8   Quelle: http://www.dhm.de/lemo/forum/kollektives_gedaechtnis/391/index.html

9   law

lieber an die gut zahlenden amerikanischen Soldaten für ihre Freundinnen vermietet. So musste ich in einer kleinen Pension wohnen, die nur deshalb preiswert war, weil die Vermieter einige Zimmer stundenweise an die Amerikaner vermieteten. Wir Studenten waren das seriöse Alibi. Jede Nacht wurden wir mehrmals von der amerikanischen Militärpolizei geweckt, die ihre Soldaten suchte. Außerdem hatte ich jede Nacht einen anderen Bettnachbarn.

Für das Studium mussten wir jedes Semester eine Studiengebühr von 150 DM zahlen, was ein Jahr nach der Währungsreform[10] für uns viel Geld war. Zum Glück konnte mir mein Vater monatlich einen bescheidenen Wechsel geben, mit dem ich sparsam umgehen musste.

Die Hörsäle waren übersetzt, so dass wir oft nur vom Flur[11] Vorlesungen hören konnten. In dieser Situation bekam ich nicht viel von den Feinheiten der Jurisprudenz mit, so dass ich mich mehr auf das derzeit beliebte „Studium Generale" konzentrierte. Dieser Studiengang umfasste allgemein bildende Vorlesungen aus verschiedenen Fakultäten. Ich setzte diese Idee in der Form um, dass ich zwar einige kunstgeschichtliche und philosophische Vorlesungen besuchte, aber vor allem meinen befreundeten Medizinstudenten in dessen Vorlesungen begleitete, wo die hübscheren Studentinnen waren als in der juristischen Fakultät.

Abends mussten wir auf den Straßen aufpassen, dass wir nicht von umherziehenden amerikanischen Soldaten angepöbelt[12] wurden. Vier Jahre nach Kriegsende waren wir für die immer noch die „Verlierer". Wir jüngere Studenten versuchten dennoch ein lockeres Studentenleben zu führen. Manche erschienen in der Uni mit Pflaster[13] im Gesicht. Sie hatten an einer scharfen Mensur teilgenommen, die die sogenannten schlagenden Verbindungen wegen des Verbots nur in den Dörfern durchführen konnten.[14] Die ehemaligen Soldaten und auch wir ehemaligen Luftwaffenhelfer lehnten[15] dieses Verhalten strikt ab.

Um zum ernsteren Studium zu kommen, wollte ich an eine Großstadtuniversität, speziell nach Frankfurt/ Main. Dazu brauchte ich einen Studenten, der von Frankfurt nach Erlangen tauschen wollte, das gelang mir erst zum dritten Semester. Das Studium war nicht nur mühsam wegen der vollen Hörsäle und der Seminare, sondern auch, weil es kaum Fachliteratur zu kaufen gab, so dass wir auf unsere Aufzeichnungen angewiesen[16] waren. Natürlich fuhren wir auch nicht mit einem Auto - wie heute vielfach üblich - zur Uni, sondern mit alten Fahrrädern. Modische Kleidung spielte keine Rolle. In meiner Studentenbude stand als einziger Tisch eine alte Nähmaschine, die versenkt werden konnte. Auf dieser kleinen Holzplatte musste ich meine Arbeiten schreiben und auch essen. Außerdem war mein Zimmer mit einem Kanonenofen, einem einfachen Schrank, einer Couch und einer Kommode mit Waschschüssel ausgestattet.

---

10 Currency reform from the Reichsmark to the Deutsche Mark (DM) introduced in West Germany and in the American, English, and French occupied zones in June 1948.

11 hall, corridor

12 to be accosted

13 bandage

14 They had participated in a duel organized by the so-called "dueling fraternities". Such duels were illegal and therefore could only take place in small villages.

15 to reject or be opposed to

16 to be dependent on our notes

Wir Studenten besuchten gerne die Jazz-Konzerte, eine Musik, die wir in den Jahren bis 1945 nicht hören durften. Besonders beliebt waren die Jazz-Keller, die oft unter ausgebombten Häusern lagen. Deutsche und Amerikaner spielten gemeinsam. Hier wurde nicht getanzt, sondern bei Bier und Limonade nächtelang den Musikern zugehört. Unter den Zuhörern waren auch viele Schwarze. Ausländer studierten damals an deutschen Universitäten nur vereinzelt. Meine erste Begegnung mit französischen Studenten war ein deutsch-französischer Marsch von 6.000 Studenten von Paris nach Chartres. Dabei war unter den Teilnehmern keine Feindschaft[17] mehr zu spüren. Allerdings sprachen unsere französischen Gasteltern mit uns kein deutsches Wort, obwohl sie Deutsch beherrschten.

Ich wurde Mitglied einer katholischen Studentenvereinigung, die noch nicht mit alter Tradition belastet war. Wir setzten uns mit allen Themen auseinander,[18] die in dieser aufregenden Zeit auf uns zukamen. Aufgewachsen waren wir ja in einem Staat, in dem es nur eine Weltanschauung[19] gab. Jetzt mussten wir zu den vielfältigsten gesellschaftlichen Meinungen Stellung nehmen. Jeder musste seinen Weg finden. Freundschaften gingen deshalb auseinander, andere wurden neu geschlossen. Mein bester Freund, zu dem ich heute noch Kontakt habe, ging leider aus beruflichen Gründen mit 20 Jahren in die USA.

Ich beendete mein Studium in Frankfurt mit dem 1. juristischen Staatsexamen nach sieben Semestern 1953. Damit ging für mich ein spannender Lebensabschnitt zu Ende, in dem ich zwar ziemlich spartanisch gelebt habe, aber dafür ein breites Spektrum an interessanten Erkenntnissen gewinnen konnte. Nach der weltanschaulichen Einseitigkeit als Hitlerjunge und als Flakhelfer[20] habe ich die Freiheit des Denkens und meines selbst verantwortlichen Handelns intensiv wahrgenommen. Und damit Erfahrungen gesammelt, die mir später beruflich sehr genutzt haben.

1. Warum bekam Herr Becker-Floris 1948 eine Absage von den zwölf Universitäten, bei denen er sich um einen Studentenplatz beworben hatte?

2. Wie lange dauerte sein Praktikum bei der Privatbank in Bremen, und wie wurde er dafür bezahlt?

3. Von wie vielen der zwölf Universitäten bekam er 1949 eine Zusage?

4. Warum hat er Schwierigkeiten, ein Zimmer in Erlangen und Umgebung zu finden?

5. Wie viel Studiengebühren mussten Studenten jedes Semester bezahlen?

6. Warum konnte man die Vorlesungen nicht immer gut hören?

7. Vor wem mussten sie sich abends auf der Straße hüten?

8. Was musste passieren, bevor Herr Becker-Floris zu der Uni in Frankfurt/Main wechseln durfte?

---

17   hostility or antagonism

18   s. mit etwas auseinander setzen—to deal with, grapple with, or dispute something

19   view of life

20   In 1943, school-age boys born between 1926-1929 were drafted as Luftwaffe (air force) support personnel and members of the Hitler Youth. For more information, see http://de.wikipedia.org/wiki/Flakhelfer.

9. Was hatte er in seinem Zimmer?

10. Wie amüsierten sich die Studenten abends?

11. Warum mussten sie sich mit so vielen Themen auseinander setzen?

12. Glaubt Herr Becker-Floris, dass er über die Geschehnisse der Vergangenheit hinweggekommen ist?

13. Mit welchen Aspekten seines Studentenlebens können Sie sich identifizieren? Welche Erfahrungen und Schwierigkeiten erlebt der heutige Student / die heutige Studentin? Beschweren sich viele Studenten heutzutage über die gleichen Probleme wie damals?

14. Herr Becker-Floris beschreibt seine Lebensweise als „spartanisch". Was meint er damit? Leben Sie spartanisch? Worauf müssen Sie verzichten? D.h., welche Vergnügungen können Sie sich nicht leisten?

15. Inwiefern stehen die Erfahrungen von Herrn Becker-Floris stellvertretend* für Studierende damals (und eventuell auch heute)? (*to represent*)

 **Lektüre 2**

1949-55: Kulturelles Leben und Kinozeit[21]

LeMO: Lebendiges virtuelles Museum Online (http://www.dhm.de/lemo)

Die Kultur der 50er Jahre scheut die direkte Auseinandersetzung mit gegenwärtiger Existenznot und unbewältigter Vergangenheit. Der allgemeine Wunsch der Wiederaufbaugeneration, wieder ein „normales" Leben zu führen, beeinflusst auch den Kulturbetrieb. In den Medien vollzieht sich langsam ein Wechsel vom tristen Schwarzweiß zu einer bunten Farbwelt. Reich bebilderte Illustrierte und Comics feiern im Westen ihren Siegeszug.

Der Kinobesuch gehört in den 50er Jahren zu den beliebtesten Freizeitbeschäftigungen. Der Werbeslogan „Mach dir ein paar schöne Stunden - geh ins Kino" spiegelt die ausgeprägte Sehnsucht der Wiederaufbaujahre nach einer heilen Welt wider. Das Kino präsentiert vor allem anspruchslose Unterhaltungsfilme. Als Genre dominiert der „Heimatfilm", der das Bedürfnis des Publikums nach Flucht aus dem grauen Alltag in eine idyllische, unzerstörte Welt stillt. Der Heimatfilm präsentiert dem Zuschauer idyllische Wälder statt zerbombte Städte. Große Kassenschlager werden „Schwarzwaldmädel" (1950), die erste deutsche Farbproduktion, und „Grün ist die Heide" (1951) mit den Publikumslieblingen Rudolf Prack und Sonja Ziemann.

Daneben können sich aber auch gesellschaftskritische Filme oder Produktionen, die die nationalsozialistische Vergangenheit behandeln, beim Zuschauer behaupten.

---

21 Quellen: LeMO: Lebendiges virtuelles Museum Online (http://www.dhm.de/lemo) und Multimediales Internetprojekt des Deutschen Historischen Museums Berlin und des Hauses der Geschichte, Bonn, zur deutschen Geschichte. http://www.dhm.de/lemo/html/DasGeteilteDeutschland/JahreDesAufbausInOstUndWest/KulturellesLeben/index.html; http://www.dhm.de/lemo/html/DasGeteilteDeutschland/JahreDesAufbausInOstUndWest/KulturellesLeben/kinozeit.html

Ernsthafte Versuche einer Auseinandersetzung mit der NS-Vergangenheit wie „Der 20. Juli" (1955) und „Rosen für den Staatsanwalt" (1959) finden Zuschauer. Der zeitkritische Film „Das Mädchen Rosemarie" (1958) über das Leben der ermordeten Prostituierten Rosemarie Nitribitt (1933-1957) gerät zur bissigen Gesellschaftssatire auf das Wirtschaftswunder. Zielscheibe eines öffentlichen Streits um Prostitution und Sterbehilfe wird „Die Sünderin" (1951) mit Hildegard Knef.

Staatliche Stellen gewähren Steuervorteile und stiften Filmpreise, um das Niveau des Films in der Bundesrepublik zu heben: Seit 1951 vergibt der Bundesminister des Inneren alljährlich den Deutschen Filmpreis. Im selben Jahr finden die ersten „Internationalen Filmfestspiele Berlin" („Berlinale") statt.

Das Literaturangebot in Ost und West ist auch ein Spiegel der jeweiligen gesellschaftlichen Werte und der Einbindung in gegensätzliche politische Bündnissysteme. Im Westen überwiegt ein Rückzug in die Innerlichkeit, im Osten entsteht eine staatlich geförderte sozialistische Aufbauliteratur.

Ein breites Spektrum der jungen deutschen Gegenwartsliteratur von der Lyrik der Innerlichkeit bis zur zeitkritischen, engagierten Literatur umfasst im Westen die „Gruppe 47". Im Osten ist es vor allem Bertolt Brecht, dessen Werke zeitkritische Akzente setzen. Mit Beginn der 50er Jahre proklamiert die Sozialistische Einheitspartei Deutschlands (SED) das Ziel, eine deutsche sozialistische Kultur zu schaffen, die sich ihrer politischen und gesellschaftlichen Aufgabe bewusst ist. Zu diesem Zweck versucht sie, für Kunst und Literatur verbindliche Normen festzuschreiben. Niedrige Buchpreise und weit verzweigte Bibliothekseinrichtungen dienen der Verbreitung des sozialistischen Lesestoffes. Im Westen sind es dagegen die neuartigen Taschenbücher, die der Literatur ein breites Lesepublikum verschaffen.

Bei den Olympischen Winterspielen 1952 in Oslo erringt Deutschland die erste Goldmedaille nach dem Krieg. Wichtiger jedoch, nicht nur in sportlicher Hinsicht, ist der Gewinn der Fußballweltmeisterschaft 1954 in Bern, der zur Stärkung des deutschen Selbstbewusstseins beiträgt.

---

1. Was wünschte sich die Generation, die für den Wiederaufbau verantwortlich war?
2. Welche große Veränderung in den Medien wurde zu dieser Zeit durchgesetzt?
3. Was war eine der populärsten Freizeitaktivitäten in den 50er Jahren?
4. Erklären Sie das Ziel eines Heimatfilms.
5. Im Vergleich zu den anspruchslosen Unterhaltungsfilmen gab es auch Filme, die schwierigere Themen behandelten. Welche Themen wurden z. B. behandelt?
6. Wann war die erste „Berlinale" (Filmfestspiel)?
7. Inwiefern unterscheiden sich die Literaturangebote im Osten und im Westen?
8. Wo wurden Schriftsteller auf sozialistische Themen im Rahmen des Staatsaufbaus beschränkt?
9. Wofür interessierte sich die „Gruppe 47"?
10. Wann und wo gewann Deutschland die erste Goldmedaille nach dem Krieg?

Solino

BR Deutschland 2002

Regie: Fatih Akin

Drehbuch: Ruth Toma

Darsteller: Barnaby Metschurat (Gigi Amato), Moritz Bleibtreu (Giancarlo Amato), Antonella Attili (Rosa Amato), Gigi Savoia (Romano Amato), Patrycia Ziołkowska (Jo), Hermann Lause (Fotograf Klasen) und Vincent Schiavelli (Regisseur Baldi)

FSK: ab 12 Jahren

Länge: 119 Min.

Mit über 16 Auszeichnungen und fast ebenso vielen Nominierungen zählt Fatih Akin zu den besten zeitgenössischen Regisseuren Deutschlands. Seine Eltern sind in den 60er Jahren aus der Türkei nach Deutschland gekommen. 1973 kam Fatih Akin in Hamburg auf die Welt. Schon mit 16 wusste er, dass er eine Karriere in der Filmbranche wollte. Sein erster Spielfilm „Kurz und schmerzlos" lief 1998 in den Kinos. In der Fernsehdokumentation „Wir haben vergessen zurückzukehren" (2000) befasste sich Akin mit dem Thema Einwanderung, indem er die persönliche Geschichte seiner Eltern erzählt — wie sie aus einem kleinen Fischerdorf am Schwarzen Meer ausgewandert sind, um in Hamburg ein neues Leben aufzubauen. Sein dritter Kinofilm „Solino" setzt sich mit dem gleichen Thema auseinander und begleitet die Familie Amato über einen Zeitraum von 30 Jahren in ihrem italienischen Heimatdorf Solino und in Duisburg.[1]

Auszeichnungen (Auswahl)

Gilde deutscher Filmtheater (2003): *Filmpreis in Silber*
Bayrischer Filmpreis (2003):
  Drehbuchpreis (Fatih Akin)
  Bester Nachwuchsdarsteller (Barnaby Matschurat)
Deutscher Filmpreis (2003): *Nominierung Bester Spielfilm*

Zusammenfassung des Films

In den 60er Jahren wandert die Familie Amato von Italien nach Deutschland ein. Die jungen Brüder, Gigi und Giancarlo, integrieren sich schnell in die neue Lebensweise und die deutsche Sprache. Ihren Eltern, Rosa und Romano, fällt es schwer, sich im neuen Land zu Hause zu fühlen. In Duisburg eröffnet die Familie die erste Pizzeria des Ruhrgebiets. Dort sind nicht nur ihre italienischen Landsleute, sondern auch die Deutschen begeistert von Pizza und hausgemachten Nudelgerichten. Obwohl Gigi und Giancarlo zusammen aufwachsen, sind sie ganz verschiedene Menschen. Gigi entscheidet sich als Kind dafür, Filme zu machen. Giancarlo scheint sich nur für die nächste Party zu interessieren. Einiges haben sie aber gemeinsam: sie arbeiten ihr ganzes Leben lang fast umsonst im Restaurant, sie ärgern sich über ihren Vater, und sie sind beide in Jo verliebt. Von 1964 bis 1984 begleiten wir Gigi und Giancarlo auf ihrer Suche nach ihrem eigenen Zuhause und nach sich selbst.

Figuren

Seit seiner Kindheit weiß **Luigi (Gigi) Amato**, dass er Filme machen will. Der berühmte Regisseur Baldi erklärt ihm, was im Leben wichtig ist. Fotograf Klasen schenkt ihm seine erste Filmkamera. Sein Debütfilm gewinnt den ersten Preis der 20. Ruhrfilmtage. Seine Filmkarriere fängt erfolgreich an, aber muss er alles aufgeben, um sich um seine kranke Mutter zu kümmern?

Wenn **Giancarlo Amato** etwas will, greift er einfach zu. Egal ob es eine Haarspange zum Verschenken, eine Flasche Wein, ein teures Auto, oder sogar die Freundin seines Bruders ist. Die Eifersucht (*jealousy*) auf seinen Bruder ist seine große Schwäche.

1964 bringt **Romano Amato** seine Frau und zwei Söhne von Solino nach Duisburg, wo er in einer der Zechen (*coal mines*) im Ruhrgebiet arbeiten soll. Doch will er sich die Hände im Bergbau nicht schmutzig machen. Romano ist ein jähzorniger (*hot-tempered*) Mann, der öfters die Selbstbeherrschung (*control*) und die Geduld verliert. Das ist aber nicht alles, was er verliert.

Rosa Amato kümmert sich um alle — um ihre Söhne, ihren Mann und das Restaurant, wo sie jeden Tag kulinarische Leckereien aus ihrer Heimat kocht. Ihre Arbeit scheint kein Ende zu haben. Doch kann sie im Laufe der Jahre das Tempo nicht mehr durchhalten. Sie wird müde und fühlt sich von ihrem Mann missbraucht und verraten. Nach der Leukämie-Diagnose will Rosa endlich nach Hause, nach Italien, zurückkehren.

---

1   Quelle: http://www.filmportal.de (Suchbegriffe: Fatih Akin; „Solino"; „Wir haben vergessen zurückzukehren")

Johanna (Jo) ein junges Mädchen mit Zöpfen, ist das Engelchen ihres Vaters, der in der „Hölle" (in der Zeche unter Tage) arbeitet. Die junge Frau Jo wird von Gigi und Giancarlo umworben. Zwischen den beiden zu wählen, fällt ihr schwer.

Fotograf Klasen ist einer der ersten in Duisburg, dem der junge Gigi begegnet. Sein Fotogeschäft befindet sich gegenüber von der Wohnung der Amato Familie. Er ist ein freundlicher und großzügiger Mann, der an Gigis großen Traum glaubt, auch wenn Gigis Vater Romano nicht daran glauben will.

Den berühmten **Regisseur Baldi** kennen zu lernen, ist ein lebensbestimmendes Ereignis für Gigi. Danach kann Gigi nur noch davon träumen, Regisseur zu werden und mit „Feuer und Leidenschaft" zu leben.

Kultureller und historischer Hintergrund

Gastarbeiter

„Gast|ar|bei|ter, der: Arbeiter, der für [un]bestimmte Zeit in einem für ihn fremden Land arbeitet; ausländischer Arbeitnehmer."[2] Mit dem Wirtschaftswunder der 50er Jahre gab es mehr Arbeitsstellen als Arbeitnehmer. Wegen dieses Mangels an Arbeitskräften wurden Arbeiter aus Italien, Griechenland, Spanien, der Türkei, Marokko, Portugal, dem ehemaligen Jugoslawien und Tunesien angeworben (*recruited*), und so kamen die ersten Gastarbeiter in den 50er Jahren nach Deutschland. 1964 bekam der millionste Gastarbeiter, ein Portugiese, ein Moped geschenkt. Aber als „Gast" fühlten sich die meisten Gastarbeiter nicht. Das Leben und die Arbeit waren hart, und sie hatten großes Heimweh und Sehnsucht nach ihrer Heimat. Sie hatten Schwierigkeiten mit der Sprache und der ungewohnten Lebensweise der Deutschen. Außerdem waren sie einsam und vermissten ihre Familie und Verwandten. Viele kamen ohne ihre Familie und wohnten in Baracken oder Wohnheimen mit anderen Gastarbeitern eng zusammen. So sparten sie Geld, um es nach Hause zu ihren Familienangehörigen schicken zu können. Die meisten Arbeiter wollten nur ein paar Jahre in Deutschland bleiben und dann nach Hause zurückkehren. Aber für viele wurde ihr Aufenthalt in Deutschland dauerhaft — sie blieben und ihre Familien kamen nach. Mit dem Beginn der Rezession in den 60er Jahren dachten Politiker über das „Gastarbeiterproblem" nach, d.h., wie die Anzahl der Einwanderer reduziert werden konnte. 1973 war der Anwerbestopp. Zwischen 1955 und 1973 kamen 14 Millionen Gastarbeiter nach Deutschland, von denen 11 Millionen zurückgekehrt sind. Heute sind ca. 9% der Bevölkerung ausländischer Herkunft, unter ihnen ungefähr 1,9 Millionen Türken und 600,000 Italiener.[3]

---

[2]   Duden >>Das große Wörterbuch der deutschen Sprache<< : in 8 Bänden. 2. Auflage. Hrsg. Günther Drosdowski. (1993)

[3]   Quelle: http://www.planet-wissen.de (Suchbegriff: „Geschichte der Gastarbeiter")

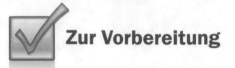 **Zur Vorbereitung**

I. Wortschatz

Substantive

das Angebot: *offer, proposal*
der Bergbau: *mining*
das Dach: *roof*
die Dunkelkammer: *dark room*
die Einzelbildschaltung: *frame to frame*
    (technische Vorrichtung an Videokameras,
    um mehrere Standbilder hintereinander
    aufnehm en zu können[4])
die Eisdiele: *ice cream parlor*
das Feuer: *fire*
die Haarspange: *barrette*
die Hölle: *hell, netherworld*
der Keks: *cookie*
das Klo: *toilet (short for W.C., water closet)*

die Leidenschaft: *passion*
der Lohn: *wage, pay*
das Objektiv: *lens (as in a camera)*
der Redakteur: *editor*
der Schacht: *mine shaft*
die Schienen: *tracks*
der Schweißer: *welder*
der Spatz: *sparrow*
der Stahlwerk: *steel works, steel mill*
der Teufel: *devil*
das Treppenhaus: *stairway, staircase*
die Zeche: *coal mine*
die Ziegel: *clay tiles*

Verben

betrügen [betrog, hat betrogen]: *to betray,*
    cheat, defraud
um etwas bitten [bat, hat gebeten]: *to ask or beg*
    for something
einen Film drehen [drehte, hat gedreht]: *to shoot*
    a movie
einsperren [sperrte ein, hat eingesperrt]:
    to imprison, lock up, confine
klauen [klaute, hat geklaut]: *to steal, swipe,*
    rip off (coll.)
sich um etwas oder jemanden kümmern
    [kümmerte, hat sich gekümmert]: *to take care*
    of or tend

pennen [pennte, hat gepennt]: *to sleep,*
    to crash (coll.)
schmelzen [schmilzt, schmolz, hat/ist
    geschmolzen]: *to melt*
sitzen lassen [lässt sitzen, ließ sitzen, hat sitzen
    gelassen]: *to abandon*
versprechen [verspricht, versprach, hat
    versprochen]: *to promise*
verschwinden [verschwand, ist verschwunden]:
    to disappear
zurückkehren [kehrte zurück, ist zurückgekehrt]:
    to return, to migrate back

Adjektive/Adverbien

eckig: *angular, cornered*
kariert: *checkered*

quadratisch: *square*
verkehrt: *backward, inverted*

---

4   Quelle: teachSam-Glossar Film (http://www.teachsam.de/deutsch/film/glossar/film_glossar.htm)

II. Wortschatzübung

Setzen Sie das passende Wort in die Lücken ein.

1. klauen/ verkehrt/ Lohn/ quadratisch/ Klo/ Treppenhaus/ Spatz/ Dunkelkammer/ Bergbau/ Haarspange/ schmilzt/ Schienen/ versprechen/ eingesperrt/ gedreht

   a. Friseurzubehör/ Haarschmuck _Haarspange_

   b. Ein Synonym für Toilette _Klo_

   c. Hier werden Schwarz-Weiß-Fotos entwickelt _Dunkelkammer_

   d. Tische können rund oder _quadratisch_ sein

   e. Umgedreht ist ein Synonym für _verkehrt_

   f. Im Gefängnis wird man _eingesperrt_

   g. Bei 33° Fahrenheit _schmilzt_ Eis

   h. Ein Synonym für stehlen _klauen_

   i. Das braucht man, wenn der Fahrstuhl kaputt ist _Treppenhaus_

   j. Dein Ehrenwort geben _versprechen_

   k. Ein Vogel, der oft in Scheunen lebt _Spatz_

   l. In Hollywood werden viele Filme _gedreht_

   m. Die Gewinnung von Kohle oder Erzen (*ores*) _Bergbau_

   n. Teil einer Eisenbahngleisanlage _Schienen_

   o. Angestellte bekommen einen _Lohn_ für ihre Arbeit

III. Ideen sammeln/ Brainstorming

1. Stellen Sie sich vor, dass Sie ein acht- oder neunjähriges Kind sind, dessen Eltern sich entscheiden auszuwandern und in einem fremden Land zu leben. Wie kämen Sie mit der Situation klar? Welche Probleme können Sie sich vorstellen? Was wäre für Sie am schwierigsten? Erstellen Sie eine Liste von Schwierigkeiten, denen Sie und Ihre Eltern begegnen würden. Mit welchen Problemen kämen Sie (als Kind) und mit welchen kämen Ihre Eltern (als Erwachsene) besser zurecht?

2. Wie stellen Sie sich Ihre Zukunft vor? Wissen Sie schon, was sie werden wollen? Wo wollen Sie Ihren Wohnsitz haben? Möchten Sie im gleichen Ort wie Ihre Eltern wohnen? Oder würden Sie lieber woanders leben? Können Sie sich vorstellen, in einem anderen Land zu leben oder mit einem Partner bzw. einer Partnerin aus einer anderen Kultur zusammen zu sein?

3. Denken Sie an einen Gegenstand, den Sie sehr gut kennen. Versuchen Sie, diesen Gegenstand, ohne ihn anzuschauen, schriftlich oder mündlich genau zu beschreiben. Wenn Sie fertig sind, schauen sich Sie den Gegenstand an. Haben Sie an viele Einzelheiten gedacht?

IV. Internet-Übungen

(available online through the Focus website: http://www.pullins.com/)

V. Milling-Aktivität

Unterhalten Sie sich mit anderen Studenten im Klassenzimmer und notieren Sie ihre Antworten.

1. Was wolltest du als Kind werden?
2. Wie sieht dein Traumberuf aus?
3. Wie viele Geschwister hast du?
4. Verstehst du dich gut mit deinen Geschwistern?
5. Verstehst du dich gut mit deinen Eltern?
6. Bist du als Kind jemals umgezogen?
7. Was ist dein Lieblingsessen?
8. Kannst du gut kochen?
9. Gehst du gerne ins Kino, und was war der letzte Kinofilm, den du gesehen hast?
10. Bist du abergläubisch? (*superstitious*)

Erklär's mir: phrasal verbs

In German some verbs require certain prepositions. For example, to explain what a film is about, one could use the verb and preposition combinations: sich handeln **um**, handeln **von**, or gehen **um**. For the most part, the appropriate prepositions must be memorized.

Unten sind einige Beispiele von Aussagen aus dem Film, die Verben mit gebundenen Präpositionen verwenden. Merken Sie sich die Präpositionen, die mit den Verben verbunden sind.

A.

Rosa: Wohin hast du mich gebracht? Der Krieg ist vorbei, und die sind immer noch so!

Romano: Der Krieg! Wo**von** **redest** du? Das sind Gäste! Es ist alles in Ordnung. Sie drehen einen Film.

B.

Giancarlo: Gigi! Baldi sucht dich! Er wollte **sich von** dir **verabschieden**!

C.

Gigi: Wir müssen **über** meinen Lohn **sprechen**, Papa.

Romano: Ich muss **über** gar nichts **sprechen**.

D.

Romano: Wer braucht Filme? Die Schule braucht man! Aber du wolltest ja nicht. …

Gigi: Man kann es auch mit Filmen machen. Papa, ich hab dich noch nie **um** Geld **gebeten**.

Romano: Dann **fang** jetzt nicht da**mit an**.

Gigi: Scheiße! Ich **arbeite** da**für**! Ich will diese Kamera! Ich will Filme machen!

E.

Gigi: Das war meine Kamera.

Giancarlo: Deine Kamera. Meine Kamera. Haben wir zusammen geklaut…

Gigi: Aber mich haben sie da**für eingesperrt**, weil du mich sitzen gelassen hast.

F.

Gigi: Giancarlo, ich **kümmere mich um** Mama und du lässt die Finger von Jo.

G.

Gigi: Du musst nach Solino.

Giancarlo: Kannst vergessen.

Gigi: Einer muss **sich um** sie **kümmern**. Jetzt bist du dran.

H.

Giancarlo: Sie haben mich gefragt, ob ich den Film haben will.

Jo: Er hat aber Gigi gemeint.

Giancarlo: Ja, Gigi. Der hat aber mich gefragt. Siehst du? Sie haben mich gefragt, ob ich einen Film machen will. Die haben mich gefragt. Einmal. Einmal **geht** es **um** mich! Verstehst du?! Es **geht um** mich, es **geht um** mich, mich, mich!

VI. Die Handlung voraussagen

Denken Sie noch einmal an die Übungen, die Sie zum Thema *Solino* gemacht haben. Wovon handelt der Film Ihrer Meinung nach? Welche Erwartungen haben Sie an den Film?

1. In welches Filmgenre würden Sie *Solino* einordnen? (z. B. Liebesfilm, Kinderfilm, Komödie, Thriller, Horrorfilm, Action, Drama, Historienfilm, Science Fiction oder Western)

2. Welche Zielgruppe wird dieser Film ansprechen, z. B. Kinder, Jugendliche/ Teenager, Frauen, Männer, Uni-Studenten, Sportler, usw.?

3. Wie und wo wird die Geschichte anfangen?

4. An welchen dieser Drehorte werden keine Filmaufnahmen gemacht? An einem Bahnhof, in einer Schule, in einer Kneipe, in Italien, in einer Zeche (*coal mine*), in einer Eisdiele, in einer Scheune (*barn*), in einem Kino, in einer Kirche, in einem Fotogeschäft oder in Berlin?

5. Schauen Sie sich das Standfoto auf der ersten Seite dieses Kapitels an. Was passiert in dieser Szene? Wird sie gegen Anfang, Mitte oder Ende des Films geschehen?

6. Wird der Film ein Happy-End oder eher ein trauriges Ende haben? Begründen Sie Ihre Antwort.

Zum Inhalt

I. Richtig oder falsch?

Geben Sie an, ob die Aussagen richtig oder falsch sind und verbessern Sie die Falschen.

1. Gigi verspricht dem Mädchen (Ada), Schnee aus Deutschland mitzubringen.
2. Rosa freut sich, nach Deutschland zu gehen.
3. Das Klo in der Duisburger Wohnung befindet sich im Keller.
4. Giancarlo klaut ein paar Äpfel vom Lebensmittelgeschäft.
5. Romano will nicht in der Zeche arbeiten, weil es ihm zu laut ist.
6. Rosa und Romano wollen eine Eisdiele eröffnen.
7. Sie nennen das Restaurant „Bei Rosa und Romano".
8. Rosa kauft einen Fernseher fürs Restaurant.
9. Gigi stiehlt eine Haarspange von einer Schauspielerin.
10. Gigi will nicht auf die Hotelfachschule gehen.
11. Die Brüder nehmen Wein vom Restaurant für ihre Party.
12. Gigi und Giancarlo stehlen die Super-8 Kamera vom Fotogeschäft.
13. Giancarlo wird von der Polizei erwischt.
14. Gigis erster Film handelt von Jo und ihrem Vater.
15. Rosa erwischt ihren Mann Romano mit einer anderen Frau.
16. Giancarlo begleitet seine Mutter nach Italien.
17. Gigis Film gewinnt den ersten Preis der 20. Ruhrfilmtage.
18. Gigi bleibt in Italien und verliebt sich in Ada.
19. Giancarlo kann nicht zur Hochzeit seines Bruders kommen.
20. Giancarlo macht Dokumentarfilme.

II. Fragen zum Inhalt

Kapitel 1: Auf den Dächern

1. Was ist ins Haus gekommen, das Unglück bringt?

Kapitel 2: Nach Deutschland

2. Wo findet Gigi seine Mutter, während der Zug nach Deutschland auf sie wartet?
3. Was gibt Ada Gigi auf seine Reise nach Deutschland mit?

Kapitel 3: Ein neues Leben

4. Warum sagt Gigi, dass die Wohnung kein Klo hat?

Kapitel 4: Nicht mehr zurück

5. Franco sagt, dass die Nudeln genau wie zu Hause schmecken. Stimmt Rosa dem zu?

Kapitel 5. Solino

6. Was ist mit den Tischen in dem Lokal, das Rosa und Romano mieten wollen?

Kapitel 6: Zwei Fernseher

7. Romano macht Rosa Vorwürfe, dass die Teller zu voll sind. Warum will er nicht, dass sie solche großen Teller serviert?

Kapitel 7: Genug Schienen

8. Warum nennt sich dieses Kapitel „Genug Schienen"?

Kapitel 8: Traum vom Filmen

9. Was schenkt Signor Baldi Gigi? Warum?

10. Warum ist es so schlimm, dass die Haarspange verschwunden ist?

Kapitel 9: 10 Jahre später

11. Romano will, dass Gigi auf die Hotelfachschule geht und dass er und Giancarlo auch ein Lokal im Ruhrgebiet eröffnen. Was will Gigi stattdessen machen?

Kapitel 10: Fete mit Folgen

12. Wie benehmen sich Gigi und Giancarlo, nachdem Romano und Rosa die Partygäste rausgeschickt haben?

Kapitel 11: Neues Zuhause

13. Gigi und Giancarlo ziehen aus. Wer ist ihre Mitbewohnerin?

Kapitel 12: Nächtliche Tour

14. Was machen Gigi und Giancarlo — bekifft (*stoned*) und betrunken — in der Nacht?

Kapitel 13: Der Einbruch

15. Warum möchte Gigi, dass sein Vater ihm mehr für seine Arbeit im Restaurant bezahlt? Was will er damit kaufen?

Kapitel 14: Freundschaft

16. Was macht Giancarlo mit der Kamera, die sie geklaut haben?

Kapitel 15: „Dat is jetz wech"

17. Gigi gibt Herrn Klasen seinen Anteil des Geldes für die gestohlene Filmkamera. Wie reagiert Herr Klasen? Was gibt er Gigi?

18. Wie findet Rosa heraus, dass Gigis Film für die Ruhrfilmtage genommen wird? ·

Kapitel 16: Böses Erwachen

18. Warum geht Rosa zu ihren Söhnen? Was ist das „Böse", das sie entdeckt hat?

19. Wo übernachtet Giancarlo, während seine Mutter in seinem Zimmer schläft?

Kapitel 17: Nach Hause

20. Rosa hat laut Arzt vermutlich eine unheilbare Form welcher Krankheit?

21. Warum will oder kann Gigi nicht lange mit seiner Mutter in Solino bleiben?

Kapitel 18: Der erste Preis

22. Was verspricht Giancarlo Gigi? Hält er sein Versprechen, oder bricht er es?

23. Was macht Giancarlo mit der Postkarte von Gigi an Jo?

24. Von wem erfährt Gigi, dass sein Film den ersten Preis bekommen hat?

Kapitel 19: Unter Brüdern

25. Wo findet Gigi Jo und seinen Bruder?

Kapitel 20: Ada, Kino, Amore

26. Gigi sagt, dass er eine Überraschung für Ada hat. Was zeigt er ihr?

Kapitel 21: Das Leben leben

28. Wer sagt zu Gigi: „Geh und lebe dein Leben!"

27. Was streichen (*to paint*) Ada und Gigi an?

Kapitel 22: Die Hochzeit

28. Warum sagt Romano, dass er nicht zur Hochzeit kommen kann? Sagt er die Wahrheit, oder lügt er?

29. Wie viele Kinder hat Gigi?

30. Hat Giancarlo eine Frau oder Kinder?

Kapitel 23: Das neue Werk

31. Nach der Hochzeit zeigt Gigi den Gästen seinen ersten Film. Wie reagiert Giancarlo darauf?

32. Warum heißt der neueste Schwarzweißfilm von Gigi „Ist es fest?"?

III. Aussagen zuordnen

Lesen Sie die folgenden Aussagen und geben Sie an, von wem die Äußerung stammt: von Gigi (5), von Rosa (4), von Giancarlo (3), von Romano (2), von Jo (2), von Ada (2), von Signor Baldi (1) oder von Herrn Klasen (1). Die Aussagen stehen in der gleichen Reihenfolge, wie sie im Film vorkommen.

1. _____Rosa_____ Ein Spatz im Haus! Das bringt Unglück!

2. _____Rosa_____ Es gibt keine Auberginen, keine Artischocken, keinen Oregano… Die Zwiebeln sind mickrig und das Klo ist im Treppenhaus. Und ein Bidet haben sie auch nicht!

3. _Signor Baldi_ Wenn du zum Beispiel diese Straße entlanggehst, musst du alles beobachten, als wenn es etwas ganz Besonderes wäre. Als wär's das erste Mal!

4. _____Jo_____ Warst du schon in der Hölle? Ich schon. Mein Papa hat mich mitgenommen. Es ist so heiß, das kann man gar nicht aushalten. Mein Papa macht das, den ganzen Tag da drin.

5. _____Romano_____ Das ist unser Lokal. Wir sind eine Familie. Und deshalb tust du, was ich dir sage! Oder willst du dein Leben lang diese Scheißfotos machen? „Alles verkehrt rum"

6. _____Gigi_____ Es gibt mehr als Pizza auf der Welt.

7. _____Giancarlo_____ Komm, wat. Deine Kamera. Meine Kamera. Haben wir zusammen geklaut. Wäre genauso gut meine Kamera.

8. _Herrn Klasen_ Und du hast immer noch keine Kamera. Und ich hab auch keine Kamera mehr. Wenigstens keine Super 8. Das ist eine Bolex. Nicht mehr die Jüngste, aber sie tut es. Du musst sie aufziehen, dann läuft sie 30 Sekunden. Nicht länger. Du musst dir gut überlegen, was du aufnimmst.

9. _____Rosa_____ Und wann kommt jemand, der mir in der Küche hilft? Ich bin müde, ich kann nicht mehr!

10. _____Rosa_____ Was sagt er? Was sagt er? Gigi, wie viel Zeit bleibt mir?

11. _____Gigi_____ Aber ich muss weg! Wie soll ich das machen? Sie kommt schon klar, einkaufen, kochen und so… Aber jemand müsste sie ins Krankenhaus bringen zweimal die Woche. Ich weiß, ich verlange viel.

12. _____Gigi_____ Du musst hierher kommen. Du kümmerst dich um Mama, und ich fahre nach Duisburg. Wann läuft der Film?

13. _____Gigi_____ Lass die Schranke oben. Ich bin sofort wieder da! Hast du verstanden? Ich muss auch mit! Ich muss es meiner Mutter sagen. Scheiße, Scheiße, Scheiße!

14. _____Jo_____ Ich versteh das nicht. Giancarlo, wieso ist er nicht gekommen? Er wollte doch kommen. Er muss kommen. Dieser Redakteur hat ihn angerufen. Er will ihm ein Angebot machen. Hast du ihm das gesagt? Hast du ihm das gesagt?

15. _____Giancarlo_____ Verstehst du das? Verstehst du das? Hey, warte mal. Warte mal, Jo! Hey, es tut mir Leid. Es tut mir Leid. Es tut mir Leid! Man, es tut…

16. _____Gigi_____ Was sollen sie denn nicht hören? Dass du deine Frau betrogen hast, dass deine Frau krank in Italien liegt, und dass du hier mit deiner Freundin zusammen rum sitzt?

17. _____Ada_____ Kann man in Deutschland im Kino die Sterne sehen?

18. _____Ada_____ Gelb. Sie ist aber nicht gelb gestrichen, sondern die Steine sind gelb vor Alter.

19. _____Romano_____ Ich würde so gern kommen, aber das Restaurant… Ständig diese Arbeit im Restaurant! Der Laden ist immer voll! Was soll ich tun? Ich arbeite so viel, zu viel! Ich würde so gern kommen, aber ich kann nicht. Ich kann nicht kommen.

20. _____Giancarlo_____ Ich hab mich gewundert, dass du mich eingeladen hast.

IV. Standfotos beschreiben

1. Zum Bild: Geben Sie eine ausführliche Beschreibung dieser Fotos.
2. Zum Inhalt: Was passiert in diesen Szenen?

A. Rosa und Romano (Kapitel 4: Nicht mehr zurück)

B. Gigi und Jo (Kapitel 14: Freundschaft)

C. Giancarlo und Jo (Kapitel 19: Unter Brüdern)

D. Gigi und Ada (Kapitel 21: Das Leben leben)

Zur Diskussion

I. Interview mit einem Partner

1. Wie war dein erster Eindruck von dem Film?
2. Wie fandest du den Film insgesamt?
3. Was hat dir an dem Film besonders gefallen?
4. Was hat dir nicht besonders gefallen?
5. Was hast du im Film nicht erwartet?
6. Welche Szene hat dir am besten gefallen?
7. Wie fandest du das Ende? Hast du erwartet, dass der Film so endet?
8. Welche Figur im Film hat dir am besten gefallen? Warum?
9. Welche Figur hat dir nicht so gut gefallen? Warum nicht?
10. Was hast du von diesem Film gelernt?

II. Meinungsaustausch

1. Rosa will den Spatzen nicht in dem Haus haben, denn sie sagt, dass ein Spatz im Haus Unglück bringt. Gleich danach stirbt ihr Vater. Hat sie vielleicht Recht?
2. Rosa beschwert sich über die deutschen Lebensmittel und ihre Duisburger Wohnung. Sie versteht nicht, warum sie gekommen sind und was sie dort machen. Romano sagt: „Rosa, ich kann nicht zurück". Warum meint er, dass er nicht zurückgehen kann?
3. Gigi hat ein kleines Lichtbild-Spielzeug, das die Sehenswürdigkeiten von Solino zeigt. Was macht Giancarlo mit dem Spielzeug? Warum macht er das? Wie hilft Herr Klasen, der Besitzer des Fotogeschäfts, Gigi mit dem Spielzeug?
4. Romano meint, dass Rosa Geld verschwendet, indem sie den Gästen zu viel zu essen gibt. Rosa versteht nicht, warum Romano den Fernseher kauft. Welchen Zweck versuchen sowohl Rosa und Romano, jeder auf seine eigene Art, zu erfüllen?
5. Wie reagiert Rosa auf die Schauspieler, die einen Film über den Zweiten Weltkrieg drehen?
6. Der Beginn des Films spielt im Jahre 1964, und Gigi und Giancarlo sind Kinder. Beschreibe die Persönlichkeiten und die Eigenschaften der beiden Jungen. Mit welchen Adjektiven kann man sie am besten beschreiben? Benutze die gleichen oder verschiedenen Adjektive für beide Brüder?
7. 1974 sind Gigi und Giancarlo nun Teenager. Haben sich die Jungen geändert?
8. Warum will Romano, dass Gigi auf die Hotelfachschule geht? Welche Zukunftspläne hat er für seine Söhne? Erwartet er auch viel von Giancarlo? Welche Träume hat Rosa für ihre Söhne?
9. Giancarlo, Gigi und Jo werden Mitbewohner. Wie funktioniert das? Inwiefern verstärkt sich die Rivalität zwischen den Brüdern durch das Zusammenleben?
10. Hat es dich überrascht, dass Gigi zusammen mit Giancarlo die Super 8 Kamera klaute? Warum bzw. warum nicht?

11. Gigi bekommt ein Objektiv von Signor Baldi, seinen ersten Fotoapparat und seine erste Filmkamera von Herrn Klasen. Vergleiche den Einfluss dieser Geschenke auf sein Leben. Wie wirken sie sich auf seine Zukunft aus? (sich auf etwas auswirken= *to have an effect or an impact on something*)

12. Rosa sagt, sie sei müde und brauche Hilfe in der Küche. Wie reagiert Romano darauf?

13. Wie reagiert Rosa auf die Diagnose vom Arzt, dass sie eine unheilbare Form von Leukämie hat? Wie reagiert Gigi?

14. Ada freut sich, Gigi wiederzusehen. Wie versucht Ada, Gigi anzulocken (*to attract, entice*)?

15. Giancarlo verrät seinen Bruder, indem er so tut als ob er Gigi sei und den preisgekrönten Film selbst gedreht habe. Was sind die Konsequenzen für diese Tat?

16. Es gibt viele Gründe, warum Gigi und Jo auseinander gehen. Hätten sie das vermeiden können? Oder hatte die Beziehung sowieso keine Chance?

17. Wer ist am Ende glücklicher — diejenigen, die nach Hause zurückkehren, oder diejenigen, die im neuen Zuhause bleiben?

III. Standfotos diskutieren

Auf diesen Standfotos sehen Sie Gigi und Giancarlo mit ihren Eltern. Diskutieren Sie, wie Gigi und Giancarlo sich in jeder der hier dargestellten Szenen fühlen. Welche Art von Beziehung zwischen Vater und Sohn oder Mutter und Sohn wird geschildert? Wählen Sie für jede Szene ein passendes Adjektiv, das ihre Gefühle am besten beschreibt.

A. Romano und Giancarlo „Geh deine Koffer packen!" (Kapitel 2: Nach Deutschland)

B. Romano und Gigi „Was heißt ‚zu vermieten'?" (Kapitel 5: Solino)

C. Rosa küsst Giancarlo „Gibt es wirklich Schnee in Deutschland?" (Kapitel 22: Die Hochzeit)

Zur Analyse, Interpretation und Reflexion

I. Motive

Inhaltsmotive

Viele Motive werden in diesem Film thematisiert. Erklären Sie, inwiefern folgende Motive in der Handlung eine Rolle spielen. Welche weiteren Motive gehören auch dazu? Welche Motive werden durch jede der Hauptfiguren besonders verkörpert? Welche sind Ihrer Meinung nach Zentralmotive und welche Randmotive?

- Gastarbeiterprobleme/ Integration
- Generationenkonflikt
- Familienkonflikt
- Geschwisterstreit
- Erwachsenwerden
- Geschlechterrollen
- Heimkehr
- Identität

- Versöhnung (*reconciliation*)
- Liebe
- die Liebe zum Kino
- die Erfüllung von Wünschen und Träumen
- Diebstahl
- Verrat
- Gewalt

Gastarbeiterprobleme/ Integration

Sie haben schon von einigen Schwierigkeiten gelesen, die Gastarbeiter (insbesondere Italiener, aber auch viele Gastarbeiter anderer Herkunft) oft erlebten. Wie werden Gastarbeiter in diesem Film geschildert? Welche Schwierigkeiten werden erkannt (*recognized, acknowledged*) oder dargestellt und welche nicht? Stehen die Probleme der Familie Amato stellvertretend für andere Gastarbeiter in der damaligen Zeit? Werden Stereotypen oder Klischees von Deutschen oder Italienern durch den Film gefördert? Hat jeder in der Familie sich im gleichen Maße integrieren können? Wem ist die Integration besser gelungen? Warum?

Familienkonflikt

Wie wird der alltägliche Umgang in der Familie dargestellt? Wie wird z. B. Romano charakterisiert? Ist er gewalttätig, hitzig, leidenschaftlich oder missbrauchend? Wie kommunizieren Rosa und Romano miteinander? Wie benehmen sich Gigi und Giancarlo, wenn sie wütend sind? Haben die Brüder das Temperament ihrer Eltern? Denken Sie darüber nach, wie die Hauptfiguren miteinander umgehen und wie sie sich im Laufe der Jahre ändern. Was passiert, nachdem sie getrennte Wege gehen?

Generationskonflikt

Dieser Film spielt in den 60er, 70er und 80er Jahren. Die Eltern und ihre Söhne kommen manchmal nicht miteinander aus. Welche Generationskonflikte gibt es in dieser Familie? Finden Sie, dass sie sich im Vergleich zu anderen Eltern oder Kindern in ihrem Alter typisch benehmen? Welche Wünsche oder Träume haben Rosa und Romano für ihre Söhne? Worum streiten sie sich?

Wie werden die unterschiedlichen Jahre (1964, 1974, 1984) deutlich gemacht? Wie werden sie miteinander verknüpft (*linked*)?

Versöhnung

Beschreiben Sie die Probleme bzw. Konflikte, die in jeder dieser Beziehungen auftreten. Welche von ihnen werden bis zum Ende des Films gelöst oder geklärt? Welchen Paaren gelingt eine Versöhnung? Welchen nicht? Ergänzen Sie die Tabelle.

	Probleme	Lösung / Versöhnung?
Rosa & Romano		
Romano & Gigi		
Gigi & Giancarlo		
Gigi & Jo		

Konflikte treten nicht nur in Beziehungen auf. Insbesondere scheint Giancarlo unter inneren Identitätskonflikten zu leiden. Für seinen Vater ist er ein Taugenichts (*a good-for-nothing*). Für seinen Bruder ist er ein Konkurrent, der zwischen ihm und seiner geliebten Jo steht. Sogar seine Mutter ist vermutlich enttäuscht, weil Giancarlo sich jahrelang nicht um sie kümmert. Kommt er mit seinen Problemen und Identitätsfragen bis zum Ende des Films klar?

Symbol & Gegenstände

Erklären Sie, was folgende Gegenstände symbolisieren könnten. Welche anderen bedeutungsvollen Symbole fallen Ihnen ein?

- der Spatz
- der Schnee
- die Kekse
- das Lichtbild-Spielzeug
- die Schienen
- das Objektiv
- die Haarspange
- die Zeche
- die Musik der 70er Jahre
- das Foto des Großvaters mütterlicherseits
- der Sportwagen

- der Boxwettkampf im Fernsehen
- die Videokamera
- die Bahnschranken
- das Lagerfeuer am Strand beim Sonnenaufgang
- das Freiluftkino
- der weiße Lack (*paint*) für die Leinwand des Freiluftkinos
- Gigis lange bzw. kurze Haare
- die Kirche
- das Hochzeitsfestmahl
- der Schwarzweiß-Stummfilm

II. Standfotos interpretieren

Auf diesen Standfotos sind vier der Hauptfiguren allein. Welche Motive beziehen sich auf diese Fotos?

A. Ada am Bahnhof (Kapitel 2: Nach Deutschland)

B. Giancarlo am Küchentisch (Kapitel 14: Freundschaft)

C. Rosa vor der Wohnung ihrer Söhne (Kapitel 16: Böses Erwachen)

D. Gigi vor der Leinwand (Kapitel 18: Der erste Preis)

III. Schreibanlässe

1. Den Film fortsetzen: Wie könnte es weiter gehen?

2. Vorgeschichte ergänzen: Erzählen Sie von Rosa, bevor sie Romano heiratet. Was für eine junge Frau ist sie? Wie ist ihr Leben in Solino? Welche Zukunftsträume hat sie? Wie stellt sie sich ihr Leben in 10, 20 oder 30 Jahren vor?

3. Fehlenden Teil ergänzen: Beschreiben Sie, wie Giancarlo zwischen 1974 bis 1984 lebt.

4. Szene umschreiben: Wählen Sie eine Szene aus dem Film und schreiben Sie sie um.

5. Perspektive ändern: Wählen Sie eine Szene aus dem Film und schreiben Sie sie aus einer anderen Perspektive um.

6. Ein anderes Ende: Schreiben Sie ein neues Ende für den Film.

7. Stellen Sie sich vor, dass Sie, ein bekannter Regisseur / eine bekannte Regisseurin, eine Neuverfilmung von diesem Film machen. Was würden Sie anders machen?

IV. Zur Reflexion, zur Diskussion, zum Schreiben

1. Mit welcher Figur konnten Sie sich am besten identifizieren und warum?

2. Als Gigi in Solino ist, schreibt er Jo eine Postkarte. Diese Postkarte hat sie aber nicht bekommen. Schreiben Sie einen Liebesbrief von Jo an Gigi, indem Sie versuchen, ihn zu überreden, nach Duisburg zurück zu kommen.

3. Nach seiner Begegnung mit dem berühmten Regisseur Baldi bemüht sich Gigi, mit „Feuer und Leidenschaft" zu leben. Was bedeutet das für ihn? Gelingt es ihm, sein Leben so zu führen? Woher wusste er, dass Ada die Richtige für ihn war?

4. Romano wollte sich im Bergbau die Hände nicht schmutzig machen, doch sind durch seinen Betrug nicht nur seine Hände „schmutzig" geworden, sondern auch sein Ruf. Inwiefern wäre sein Leben anders gewesen, wenn er in Solino geblieben wäre? Wäre seine Familie intakt geblieben? Wäre er auch da fremdgegangen?

5. Das Restaurant steht im Mittelpunkt des Lebens der Amatos und des Films. Beschreiben Sie das Restaurant im Detail und erklären Sie, wie es das Alltagsleben der Familie Amato steuert. Wie ändert sich die Pizzeria im Laufe der Jahre?

6. Welche Rolle spielen Essen und Kochen im Film?

7. Rosa erkrankt an Krebs (Leukämie, einer Blutkrankheit). Hat die schlechte Luft im Ruhrgebiet, verursacht durch die vielen Zechen und Stahlwerke, zu der Erkrankung beigetrargen? Und welche Rolle spielt das Zigarettenrauchen, mit dem sie erst in Duisburg angefangen hat? Besteht eine Verbindung zwichen physischer Umgebung (Duisburg) und Rosas seelischem Befinden (Heimweh, Stress, Ärger)? Gegen Ende des Filmes fragt Giancarlo seinen Bruder, wie es ihrer Mutter geht. Gigi sagt, dass Rosa ihren Arzt überleben wird. Besteht auch hier ein thematischer Zusammenhang: Duisburg = Krankheit; Solino = Gesundheit?

8. Wie werden die Städte Duisburg und Solino dargestellt?

9. Wie wird Giancarlo charakterisiert? Welche Beispiele zu Neid und Eifersucht fallen Ihnen ein? Welche Sachen hat Giancarlo geklaut? Warum macht er das?

10. Die Eltern verstehen Gigis Liebe zum Kino nicht. Jedes Mal, wenn sie von seinen Fotos sprechen, sagen sie: „alles ist verkehrt" oder „alles verkehrt rum". Das wird fast zum Mantra der Eltern. Wörtlich genommen bezieht sich das auf die Negative. Dient es auch symbolisch als Metapher in ihrem Leben? Was repräsentiert „alles ist verkehrt" für Rosa und Romano?

11. Romano scheint sehr darauf zu achten, was andere Leute von ihm denken. Er kann trotz der Wünsche seiner Frau nicht nach Solino zurückkehren, weil er sich schämen würde. Er will sich nicht mit seiner Frau oder seinen Söhnen vor den Kunden streiten („Nicht vor den Leuten!"). Er kauft ein teures Silberbesteck für seinen Neffen, damit alle denken, dass er erfolgreich ist. Er lehnt die Einladung zur Hochzeit seines Sohnes ab, um sich nicht vor der Familie zu blamieren. Er sagt mehrmals, dass alles, was er macht, für die Familie ist. Stimmt das überhaupt? Unterstützt er seine Familie oder schadet er ihr durch seine Lebensanschauung und seinen Lebenswandel?

12. In Zusammenhang mit der Filmpreisverleihung der Ruhrfilmtage gibt es zwei Parallelszenen. Während der Preisverleihung sitzt Giancarlo im Publikum neben Jo; Gigi sitzt dagegen allein auf dem leeren Grundstück vor der Leinwand des Freiluftkinos. Nach der Preisverleihung feiern Giancarlo, Jo und andere

Filmbegeisterte bei einem Empfang in Duisburg. Die Parallelszene zeigt Gigi und Ada mit ihren Freunden beim Lagerfeuer am Strand. An beiden Orten spielt im Hintergrund das Lied „The House of the Rising Sun".[5] Beim Empfang hören wir nur die Instrumentalmusik. Beim Lagerfeuer wird das Lied auf Italienisch gesungen. Welche Rolle spielen die Musik und die Parallelmontage? Inwiefern sind diese Szenen kennzeichnend für einen Wendepunkt für Gigi und Giancarlo?

13. Der Film schildert Gigis Liebe zum Kino, eine Liebe, die der Regisseur, Fatih Akin, auch als Junge empfunden hat. Diese Schilderung — die mit Guiseppe Tornatores „Cinema Paradiso" verglichen wird, (Oscar für den besten fremdsprachigen Film 1990) — wird von manchen Kritikern eher positiv, von anderen etwas negativer betrachtet. Lesen Sie die zwei Zitate aus Rezensionen und erklären Sie, welchem Zitat Sie zustimmen.

   a. „Hier wirkt es manchmal ein wenig so, als wenn Akin und die Autorin Ruth Toma einmal zuviel ‚Cinema Paradiso' von Guiseppe Tornatore (dessen Stammschauspielerin Antonella Attili sie gleich übernommen haben) gesehen hätten."[6]

   b. „Mit mediterraner Erzählfreude schildert er die Heimatstadt Solino und ihre Menschen, sodass man sich fast wie in Tornatores ‚Cinema Paradiso' fühlt."[7]

14. Kennen Sie Migranten in Ihrer Stadt bzw. Ihrem Dorf, oder haben Sie Freunde, die aus anderen Ländern sind? Wie kommen sie mit ihrem Leben im neuen Land zurecht? Ist es in den meisten Fällen für die Eltern oder für die Kinder einfacher sich einzuleben? Wer kann sich leichter an die neue Lebensweise anpassen? Warum?

Lektüre 1

Interview mit Fatih Akin vom 16.10.2002[8]
von Jakob Buhre (www.planet-interview.de)

„Ich könnte gar keine Filme machen, die keinen persönlichen Bezug zu mir haben"
Regisseur Fatih Akin über seinen Film „Solino", Diskussionen um Kommerzialität, kulinarische Vorlieben und seine Bewunderung für den Musiker Prince

Fatih, dein neuer Film „Solino" ist vor allem eine Brudergeschichte. Zwei italienische Brüder, die mit ihren Eltern nach Deutschland einwandern, später im Restaurant der Familie arbeiten und die sich meist um die gleiche Frau streiten. Du hast auch einen Bruder — habt ihr euch schon mal um die gleiche Frau gestritten?

---

5 „The House of the Rising Sun" im Film wurde von „Schade's Pigband" aufgenommen. Coverversionen gibt es von vielen bekannten Musikern, z. B. Bob Dylan, The Animals, Jimi Hendrix, Led Zeppelin, The Rolling Stones, Pink Floyd, Tracy Chapman, The White Stripes, u. a.

6 Quelle: Heiner Lünstedt (http://www.highlightzone.de/film/solino.html)

7 Quelle: Wilfried Geldner (http://www.cineastentreff.de/content/view/1-1-159105-1/1959/152/)

8 Quelle: www.planet-interview.de/interviews/print.php?interview=akin-fatih. Das Urheberrecht an diesem Interview liegt bei Jakob Buhre.

Akin: Nein, um Gottes Willen, so was war bei uns immer tabu. Ich habe auch ein ganz anderes Verhältnis zu meinem Bruder als es die Brüder im Film haben. Mein Bruder ist für mich eigentlich so ein Beschützerbruder, auch weil er ein bisschen älter ist als ich. Früher, da wollte ich eine Zeit lang immer abends mit ihm losziehen - das wollte er natürlich nicht. Ich habe auch viel von meinem Bruder abgeguckt, habe ihm immer die Klamotten geklaut, Cowboystiefel, Mäntel und so was. Aber was Frauen angeht sind wir uns nie in die Quere[9] gekommen.

Barnaby Metschurat als Bruder Gigi träumt schon als Kind vom Filme machen - war das auch dein Kindstraum?

Akin: Ja, ich wusste bereits mit acht Jahren, dass ich unbedingt zum Film wollte, das war mir schon immer klar. Anders als im Film hatte ich aber erst sehr spät einen Regisseur als Bezugsperson. Das war Lars Becker, bei dem habe ich mit 18 am Set mitgearbeitet, Brötchen geschmiert und und und.

Es gibt noch ein paar andere biografische Eckpfeiler in „Solino", eben, dass ich einen Bruder habe oder dass ich auch mal eine Tante hatte, die vor Sehnsucht nach ihrer Heimat Krebs bekommen hat. Man hat ihr damals nur noch sechs Monate zu leben gegeben, sie ist dann zurück in die Türkei und lebt dort heute noch. Nur diese Grunderfahrung im Film, in die Fremde zu gehen und seine Heimat verlassen, das kenne ich ja nicht, weil ich in Deutschland geboren bin. Ich bin ein Kind der zweiten Generation, was ja auch Thema meines Dokumentarfilms „Wir haben vergessen zurückzukehren" war. Wenn man den Film mit „Solino" vergleicht, bemerkt man eine gewisse Verwandtschaft, man könnte fast meinen, dass das eine Art dokumentarische Vorarbeit zu „Solino" gewesen ist, wobei ich damals von „Solino" noch gar nichts wusste.

Du hast am Drehbuch von „Solino" mitgeschrieben, oder?

Akin: Ja, aber nur äußerst wenig. Denn das Buch war so ein Optimalfall, es war schon sehr weit entwickelt, als ich es bekommen habe. Das ist für mich auch ein bisschen Luxus, wenn ich da nicht mehr groß Hand anlegen muss.

Du konntest ein wenig faulenzen.

Akin: Nein, dafür musste ich mich auf andere Dinge konzentrieren. Ich musste mich mit einer Zeit und einer Region auseinandersetzen, die ich nicht unbedingt kenne. Duisburg, Ruhrgebiet, die 60er und 70er Jahre - das kannte ich vorher nicht besonders.

Aber man liest, es hat dir dort während der Dreharbeiten sehr gefallen.

Akin: Ja, mehr als ich dachte. Duisburg ist eine sehr drehfreundliche Stadt. Wenn ich in Hamburg drehen will, das geht fast gar nicht mehr. Hier fühlen sich immer irgendwelche Leute genervt, man hat immerzu Stress. In Duisburg dagegen wurden wir mit offenen Armen empfangen, die Stadt hat uns sehr viel unterstützt und geholfen, die haben sich Arme und Beine ausgerissen[10] für uns.

Du portraitierst im Film eine italienische Familie. Moritz Bleibtreu und Barnaby Metschurat sind nun aber keine Italiener - hast du versucht, den beiden italienisches Temperament einzuhauchen?

---

9   in die Quere kommen- to get in the way (coll.)

10   sich einen Arm/ein Bein ausreißen- to bend over backwards for someone (fig.)

Akin: Also, Moritz' Großvater kommt aus Sizilien, und ein bisschen italienisch sieht Moritz schon aus, wie ich finde. Ich habe schon Fotos von ihm mit Drei-Tage-Bart gesehen, da sieht er aus wie Eros Ramazotti[11]. Dann spricht Moritz fließend Italienisch, ohne Akzent, weil er länger in Italien gelebt hat - er ist eh so ein Sprachgenie, Französisch spricht er auch ganz wunderbar. Beim Lesen des Buches habe ich im Bruder Giancarlo auch gleich Moritz gesehen. Die Rolle des Gigi war da schon viel schwieriger zu besetzen, zuerst wollte ich einen Italiener nehmen, habe aber keinen gefunden. Da habe ich mich für den besten Schauspieler entschieden, den ich finden konnte, der auch in das Familien-Ensemble gut reinpasste. Das war dann Barnaby und der musste richtig viel Italienisch pauken.

Irgendwann dachte ich aber auch, dass es eine gewisse intellektuelle Ebene hat, wenn ich die italienischen Einwanderer mit Deutschen besetze. Denn die Filmbrüder wachsen in Deutschland auf, sie werden im Deutschland der 70er sozialisiert, mit Ton Steine Scherben, Can, Pink Floyd, Jimi Hendrix. Sie sind also schon viel mehr deutsch als ihre Eltern. Mir fehlt[12] bei den beiden trotzdem ein wenig das italienische Temperament.

Akin: Das ist aber etwas, was ich immer wieder bei Türken der zweiten Generation und auch an mir selbst beobachte. Ich habe lange nicht das Temperament meiner Eltern, ich bin lange nicht so temperamentvoll wie Türken, die in der Türkei leben. Das Temperament der Motherlands geht bei der zweiten Generation verloren, es verschmilzt mit dem deutschen Spirit - und davon erzählt „Solino".

Du hast erstmals mit Kindern gearbeitet - die im Film wirklich grandios sind. Was für Erfahrungen hast du mit ihnen gemacht?

Akin: Das war unglaublich schön, es war wahrscheinlich die schönste Schauspielerfahrung, die ich je in meinem Leben gemacht habe. Ich musste zunächst das Vertrauen dieser Kinder gewinnen, das sind ja keine Schauspieler, das sind Kinder, kleine Menschen. Wenn du mit denen arbeiten willst, brauchst du deren Vertrauen. Ich musste sie beschützen und ihnen auch ein Gefühl von Schutz geben. Ich musste das ganze auch ein wenig wie einen Kindergarten gestalten, wo sie sich wohl fühlen und wo sie spielen dürfen. Durch diese Kinder habe ich so viel über Schauspielerei gelernt, was ich jetzt immer wieder auf Erwachsene anwenden kann. Vor allem habe ich eins gelernt: alle Schauspieler sind Kinder. Wenn ich früher mal genervt war durch Schauspieler, weil ich mit deren Zicken und Haltungen nicht klar gekommen bin, dann verstehe ich das heute viel besser, weil alle Schauspieler letztendlich Kinder sind, die genauso ihre Bestätigungen haben wollen und auch Schutz haben wollen.

Die Familie in „Solino" trifft sich nicht selten am Mittagstisch, es wird viel gegessen, geschmatzt...

Akin: Ich mag Ess- oder Koch-Sequenzen sehr gerne, muss ich zugeben. Essen im Film, das ist für mich wie Sex im Film. Und wenn ich mal kritisch meine bisherigen Filme angucke, dann finde ich ... der Sex in meinem Film - an dem muss ich noch arbeiten. Da ich sehr gerne esse und koche und gerne gut esse, ist das vielleicht erst mal meine Form von Sex im Film.

Ein paar Kollegen aus deiner Branche haben ja schon ihre eigenen Restaurants eröffnet. Wie steht's mit dir?

---

11 Italienischer Pop-/Rocksänger und -musiker

12 to be lacking, absent

Akin: Ich hätte schon sehr gerne ein Restaurant. Aber ich könnte mich gar nicht drum kümmern, dafür wäre zu wenig Zeit. Ich muss aber auch sagen, dass ich mit der türkischen Küche in Deutschland sehr unzufrieden bin. Die türkische Küche ist an sich ja enorm vielfältig - so etwas bekommst du hier aber gar nicht, vielleicht nur mal in Berlin in einem wirklich guten Restaurant. Sonst gibt es hier doch meistens nur diese Döner Kebap Geschichten. So richtig Istanbuler Küche, dass du dich auch mal hinsetzt und drei Stunden isst, mit mehreren Gängen, eine Flasche Raki dazu - das gibt es in Deutschland nicht und das vermisse ich hier noch.

Welche kulinarische Ausrichtung hätte dein Restaurant?

Akin: Ich würde das mischen, ein bisschen Arabisch, ein bisschen Griechisch, Spanisch, Italienisch natürlich auch. Ich denke, aus diesen verschiedenen Küchen kann man eine gute Melange kreieren.

Und was kochst du selbst am liebsten?

Akin: Ich glaube, spätestens seit diesem Film koche ich am liebsten italienisch. Ich habe bei unserem Dreh in Italien sehr viel über die italienische Küche gelernt. Wir hatten dort zwar ein deutsches Catering mit hingenommen, weil das billiger war. Aber ich dachte mir, das kann ich nicht essen, wir sind hier in Italien! Also haben mich unsere italienischen Fahrer mittags immer mit zu sich nach Hause genommen und dort wurde dann gekocht. Super, einmalig, besser als in jedem Restaurant! Ich mag jetzt vor allem Pasta, das geht schnell, du kannst viel variieren, und mir schmeckt das nie langweilig.

Ihr habt „Solino" im italienischen Dorf Leverano gedreht, wird man den Film dort auch einmal zeigen?

Akin: Das hoffe ich sehr. Es gibt ja dieses Freiluftkino in Leverano, das im Film vorkommt, und das wir praktisch durch den Film renoviert haben. Jetzt ist die Leinwand gestrichen, das Unkraut gezupft, Stühle sind da und der Bürgermeister wollte es auch wieder als Kino eröffnen. Ähnlich wie in Duisburg haben die Bewohner von Leverano wirklich alles für diesen Film gegeben, haben mitgespielt und haben sich selbst mit dem Film ein kleines Denkmal gesetzt. Ich freue mich auf den Tag, an dem wir nach Italien fahren, das Wetter ist gut, wir legen den Film ein und die Leute gucken und erinnern sich.

Barnaby Metschurat hat für „Solino" Italienisch gelernt, weil ein Großteil der Szenen auf Italienisch gedreht wurde. Die meisten Kinozuschauer bekommen den Film jetzt allerdings in einer vollsynchronisierten Fassung zu sehen, Metschurat und Bleibtreu haben sich selbst synchronisieren müssen. War das denn auch dein Wille gewesen?

Akin: Das war sicher nicht mein Wille, aber man hat mich später überredet, überzeugt, das zu machen. Ich habe dann die Synchronregie selbst übernommen, weil ich mir gedacht habe, wenn mir jemand den Film zerstört[13], dann mache ich das selber. Letzten Endes aber glaube ich, man kann den Film so gucken, auch weil man in Deutschland synchronisierte Fassungen einfach gewohnt ist.

Trotzdem geht durch die Synchronisation immer eine Menge verloren.

Akin: Ja natürlich, alle Sprache, die synchronisiert wird, geht verloren. Aber ich habe mich auch einer Industrie zu beugen. Das wäre eine sehr romantische Vorstellung,

---

13   to destroy

wenn man mit denen Diskussionen darüber führen könnte, ob man den Film im Original zeigt oder nicht. Ein Film von dieser Größenordnung muss leider synchronisiert werden, weil die meisten Zuschauer es eben so haben möchten. Wie die Filmkritiker dem begegnen, ist die eine Sache, wie die Zuschauer dem begegnen, ist eine andere. Aber zum Trost: Es gibt auch Kinos, wo der Film im Original läuft. Und solange ich eine einzige Fassung habe, die im Original läuft, bin ich schon zufrieden.

Du hast in Interviews deine Arbeit schon mal als „kommerziell" bezeichnet, weil du natürlich so viele Zuschauer wie möglich erreichen willst. Gute Filme gelangen[14] aber erfahrungsgemäß äußerst selten an ein Massenpublikum – was ist dein Rezept?

Akin: Ich habe kein Rezept. Wenn ich eins hätte, dann hätten wir mit „Im Juli" vielleicht auch eine ganze Million statt nur einer halben gehabt. Ich habe kein Rezept und diese Diskussion um Kommerzialität, die berührt mich sehr. Manchmal berührt mich diese Diskussion so sehr, dass ich befürchte, gar nicht mehr frei genug für meine Arbeit zu sein. Natürlich will ich so viele Zuschauer wie möglich bekommen und ich glaube auch, dass meine Geschichten universelle Geschichten sind. Ich finde alle meine drei Filme auf ihre Weise unterhaltsam, sie geben dem Zuschauer etwas mit, probieren sich cinematographisch aus – so viele Fehler sie auch haben mögen. Jetzt ist es aber so, wenn ich einen Film fertig gedreht habe, dann geht der Verkauf los. Mein generelles Problem ist dann aber meistens, dass ich mich mit dem Verkauf meiner Sachen nicht identifizieren kann. Ich will damit jetzt auf keinen Verleih[15] schimpfen. Aber mein Film, den ich als Regisseur gedreht habe, der wird dann nur noch wie ein Produkt behandelt – das macht mich fertig! Ich habe das Gefühl, da wird etwas verkauft, was ich gar nicht selbst gemacht habe. Daher weiß ich auch nicht mehr, was nun kommerziell ist und was nicht. Es gibt Leute, die werfen mir vor, kommerziell zu sein, weil ich mit Moritz Bleibtreu arbeite, der eben sehr populär ist. Aber ich schwöre: als ich Solino angenommen habe, einen Film übers Filmemachen, über Gastarbeitergenerationen und die Hälfte des Films auf Italienisch – ich war der felsenfesten Überzeugung,[16] dass dies ein Arthouse-Film wird. Jetzt lande ich aber in dieser kommerziellen Ecke und es lastet ein ungeheurer Druck auf mir. Damit habe ich im Moment keinen Seelenfrieden[17] geschlossen.

Wenn der Film jetzt aber viele Zuschauer bekommt, hast du dann den Seelenfrieden?

Akin: Wenn der Film vielleicht eine Million Zuschauer bekommt, dann wäre das verdammt viel. „Solino" hat immerhin zehn Millionen Mark gekostet und die Arbeit am Film hat fast zwei Jahre gedauert. Wenn die Strategie des Verleihs jetzt also aufgeht, dann hätte ich sicher nicht mehr diese pessimistische ich-muss-mich-dagegen-wehren-Haltung. Wenn die Strategie allerdings nicht aufgeht, fühle ich mich in meiner Haltung nur bestätigt.

Wie würdest du grundsätzlich deinen filmischen Ansatz[18] beschreiben?

---

14 to attain

15 Filmverleih- film distribution

16 von etwas felsenfest überzeugt sein- to be absolutely convinced of something

17 peace of mind

18 approach, point of departure

Akin: Meine Filme sind biografische oder zumindest sehr persönliche Arbeiten. Bei „Kurz und schmerzlos" war das Motiv sehr autobiografisch, weil der Film viel mit meiner Jugend zu tun hatte. „Im Juli" hatte auch sehr viel mit meiner Jugend zu tun, Türkeireisen, Interrail, Trampen und die Liebe zum Kino. „Solino" beschäftigt sich mit der Generation meiner Eltern und wie sie sich in Deutschland zurechtgefunden haben. Ich glaube, ich könnte auch gar keine anderen Filme machen, die keinen persönlichen Bezug zu mir haben. Ich bin jetzt zwar nicht wie Woody Allen, wo für mich der Film eine Form der Selbsttherapie oder Selbstreinigung ist. Soweit will ich gar nicht gehen, aber ein bisschen schwingt das mit. Wenn ich zwei Jahre an einem Film arbeite, dann muss das irgend etwas mit mir zu tun haben, da muss ich die Chance haben, mich auszudrücken, um Fragen, die ich mir im Leben stelle, beantworten zu können.

Jetzt habe ich neulich gelesen, du wärst großer Prince Fan.

Akin: Ja, ich bewundere Prince als Musiker wirklich sehr, auch heute noch. Allerdings habe ich seit zehn Jahren keine Prince Platte mehr gehört, obwohl ich ihm damals auf seiner letzten Deutschlandtournee noch hinterher gereist bin. Er hat sich dann ja umbenannt und ich dachte, jetzt ist es vorbei. Doch dann bin ich vor kurzem auf seine letzte Platte gestoßen „Rainbow Children" und war begeistert. Er verzichtet[19] ja heute auf den ganzen Vermarktungsmist, Videos muss er auch gar nicht mehr machen. Prince hat so viele Platten verkauft, so viele Grammys gemacht - was will er noch erreichen? Er versucht wohl nur noch, ein noch besserer Musiker zu sein. Man hört heute raus, wie frei diese Musik ist, wie befreit sie ist. Ich hoffe, dass ich irgendwann mal ein Filmemacher sein kann, wie Prince Musiker ist - davon träume ich.

Prince hat auch schon Filme gemacht. Wie beurteilst du die als Filmregisseur?

Akin: Sein bester Film ist ganz klar der Konzertfilm „Sign ‚o' the times". „Under the Cherry Moon" fand ich nicht so toll, auch „Graffiti Bridge" nicht. „Purple Rain", der ging so, den fand ich als Teenager sehr gut. Musiker müssen aber nicht unbedingt Filme machen, man sieht das ja gerade im Fall von Madonna. Ich denke auch, dass dieses zweidimensionale Format gar nicht ausreicht für jemanden wie Prince.

Schlussfrage: Das Leben ist ein Comic, welche Figur bist du?

Akin: Käpt'n Haddock von „Tim und Struppi"[20] würde ganz gut passen, weil ich immer ziemlich viel rummeckere. Phantomias wäre aber auch nicht schlecht, denn ich bin zu Hause so ein bisschen Donald Duck, schlurf schlurf, schlamp schlamp, faul faul, schlaf schlaf. Aber wenn es ums Arbeiten geht, dann vertrete ich so eine Form von Gerechtigkeit und verkleide mich - und werde Regisseur.

---

1. Findet Akin, dass sein Verhältnis zu seinem Bruder dem Verhältnis der Amato Brüder ähnelt?

2. Wie alt war Akin, als er wusste, dass er Filme machen wollte?

3. Ist „Solino" ein autobiografisches Werk?

---

19   to forgo, renounce, or do without

20   German names of characters in the famous French comic book series "Tintin" by the Belgian author Hergé.

4. Hat er an dem Drehbuch viel verändern müssen oder wollen?

5. Wo ist es einfacher, einen Film zu drehen: in Duisburg oder in Hamburg?

6. Wer musste für diesen Film Italienisch lernen? Der Schauspieler, der Giancarlo oder Gigi spielt?

7. Stimmen Sie dem Interviewer zu, wenn er behauptet, dass den beiden Brüdern „ein wenig das italienische Temperament" fehlt?

8. Wie vergleicht sich Akin mit seinen Eltern?

9. Wie findet Akin die Erfahrung, mit Kindern zu arbeiten?

10. Hat Akin Pläne, ein Restaurant zu eröffnen?

11. Warum hatten sie kein italienisches Catering für die Dreharbeiten organisiert?

12. Inwiefern wurde das italienische Dorf Leverano durch diesen Film begünstigt?

13. Es gab zwei Fassungen des Films: eine mit den Szenen in der Originalsprache Italienisch und eine vollsynchronisierte Fassung. Welche gefällt Akin besser und warum?

14. Warum wurde er überhaupt davon überzeugt, die andere Fassung zu machen?

15. Wie fühlt sich Akin angesichts der kommerziellen Dinge, die in Verbindung mit seinen Filmen verkauft werden?

16. Welcher seiner drei Filme hat die meisten Ähnlichkeiten mit seiner Jugend?

17. Warum bewundert Akin den Musiker Prince, und warum sagt er, er träume davon, ein Filmemacher zu sein wie Prince Musiker sei?

18. Was würden Sie Akin über seine Filme oder sein Leben fragen?

 **Lektüre 2**

„Wenn ich hier bin, vermisse ich dort"[21]

Erst langsam entdeckt die Altenhilfe[22] die Migranten der ersten Generation von Doris Neu (http://www.heute.de/ZDFheute)

Als Sehm us Kargi vor knapp 40 Jahren in die Textilfabrik bei Oldenburg kam, hatte er nicht vor, in Deutschland alt zu werden. Jetzt ist der 72-Jährige schon mehr als zehn Jahre Rentner[23] und lebt immer noch hier. Die meiste Zeit jedenfalls. Den Sommer verbringt er in der Türkei. „Wenn ich dort bin, vermisse ich hier. Wenn ich hier bin, vermisse ich dort", sagt der kleine grauhaarige Mann in gebrochenem Deutsch. Die Arbeitsmigranten der ersten Generation sind in die Jahre gekommen. Doch für diese Gruppe steckt die Altenhilfe noch in den Kinderschuhen.[24]

---

21   Quelle: http://www.heute.de/ZDFheute/inhalt/0/0,3672,3228384,00.html

22   assistance for senior citizens

23   retiree

24   in den Kinderschuhen stecken- to be in its infancy; in the early stages of development

Sehmus Kargi ist mit 61 Jahren Frührentner geworden - Schwindel und hoher Blutdruck machten ihm zu schaffen. „Ich kann aber nicht zu Hause rumsitzen", beschwerte sich Herr Kargi bei seinem Arzt. Dieser schickte ihn zum AWO-Begegnungszentrum in Kreuzberg. Im Seniorencafé heißt Herr Kargi nun zwei Mal pro Woche seine Landsleute mit einem freundlichen „Hoş geldin!" willkommen. Auch an diesem Sonntag füllt er Tee in kleine schlanke Gläser, während seine Frau Safia geflochtene Brötchen mit Kümmel und Gelee-Klötzchen aus Honig und Nüssen verteilt. Mehrere Dutzend ältere Männer und Frauen sitzen zu viert an Tischen beisammen, jeder mit einem Holzbänkchen vor sich, auf dem weiße Spielsteine mit schwarzen und roten Zahlen aufgereiht sind. Türkische Lieder untermalen das Gemurmel und Aneinanderklicken der „Okey"-Steine[25] mit einem wehmütigen Klagen. Manchmal stimmt einer der Männer ein paar Takte lang voller Inbrunst in den Gesang aus dem Rekorder ein.

Band der Migration

Jeder hat hier seine ganz persönliche Geschichte, doch die Gemeinsamkeiten der Migration sind das Band, das die Menschen in diesem gelb getünchten Raum zusammenhält. Alle kamen zum Arbeiten in einer Zeit, als Deutschland noch Wirtschaftswunder-Helfer brauchte, oder sie kamen, weil ihre Männer oder Frauen schon hier arbeiteten. Kaum einer wollte für immer bleiben und doch sind sie alle hier in die Jahre gekommen - wegen der Kinder, wegen der Gesundheitsversorgung[26] oder weil die Türkei zwar noch die Heimat ist, aber nicht mehr die einzige.

Geschichte der Arbeitsmigration: Die dagebliebenen Gäste

"Die erste Generation ist nicht auf das Rentenalter in Deutschland vorbereitet", sagt Filiz Müller-Lennhartz vom AWO-Begegnungszentrum. „Für das Altwerden in dieser Gesellschaft haben sie keine Vorbilder. Viele sind isoliert; oft wissen sie nicht, was sie mit sich anfangen sollen." Die gebürtige Türkin betreut seit mehr als zehn Jahren ältere Migranten, organisiert Ausflüge, Feste, Internetkurse, Töpfern oder auch Infonachmittage zu Gesundheit und Alter. „Die Migranten kennen nicht die Angebote, die es für ältere Menschen in Deutschland gibt. Bis vor kurzem waren sie eine Gruppe außerhalb dieser Angebote", sagt Müller-Lennhartz. Erst in den letzten Jahren würden sie in der Altenhilfe als Klientel wahrgenommen.

Schnell wachsende Gruppe

Derzeit leben 750.000 Ausländer in Deutschland, die älter als 60 Jahre sind, 1,5 Millionen sind schon über 50. In Wirklichkeit sind es viel mehr, doch die Statistik unterscheidet nur zwischen Menschen mit deutschem Pass oder ohne: Eingebürgerte und Spätaussiedleraus der ehemaligen Sowjetunion[27] tauchen in den Zählungen als Zuwanderer[28] gar nicht auf. Schätzungen gehen davon aus, dass in etwa 30 Jahren jeder vierte ältere Mensch in Deutschland ein Migrant sein wird. […]

---

25   Okey ist ein türkisches Brettspiel

26   health care

27   naturalized citizens and immigrants returning from former German settlements, usually in Eastern Europe

28   immigrants

„Altenhilfe für Migranten öffnen"

Noch gibt es wenige Altenheime und Pflegedienste, die sich auf die Bedürfnisse von Menschen aus anderen Kulturkreisen eingerichtet haben und etwa darauf achten, dass Migranten im Team vertreten sind. Zwar gehört die „kultursensible Altenhilfe" inzwischen zum Lehrplan in den Pflegeschulen, aber in der Praxis gibt es nach wie vor zahlreiche Berührungsängste[29] auf beiden Seiten.

Auch an der Tür zum AWO-Senioren-Café klebt ein Plakat, das für die „Kampagne kultursensible Altenhilfe" wirbt. Es gehe aber nicht darum, für Migranten eine Extra-Suppe zu kochen, erklärt Müller-Lennhartz. „Ziel ist es, die Migranten in die Regelversorgung einzubinden." Altenhilfe und Pflege sollten grundsätzlich die Bedürfnisse[30] des einzelnen Menschen berücksichtigen. Schließlich könne man einen Schwaben und einen Hamburger auch nicht über einen Kamm scheren.[31] Bei Muslimen sei es zum Beispiel wichtig, auf besondere Gewohnheiten beim Essen zu achten, oder das Bett eines Kranken so aufzustellen, dass es in Richtung Mekka zeigt. „Oft genügt schon ein bisschen mehr Einfühlsamkeit."

Nicht nur eine Heimat

Die Lebenslage der Migranten der ersten Generation ist stark von ihrer Zerrissenheit zwischen alter und neuer Heimat geprägt. Viele verbringen, wenn sie es sich leisten können, einige Monate im Jahr in ihren Herkunftsregionen. Maria Dietzel-Papakyriakou von der Universität Essen geht davon aus, dass etwa ein Drittel der älteren griechischen Zuwanderer pendelt.[32] Auch bei den Türken sei der Anteil sehr hoch. „Viele haben in der Heimat investiert, und sie haben dort nach wie vor Bindungen." Die Wissenschaftlerin, die Mitglied der Expertenkommission zum fünften Altenbericht der Bundesregierung ist, plädiert dafür, das Pendeln nicht nur wahrzunehmen, sondern es sogar möglichst großzügig zu gestalten. „Warum sollen Sozialhilfe oder andere Unterstützungen nicht weiter gezahlt werden, wenn sich ein Mensch dort besser fühlt?" Schließlich müsse er dann auch nicht das teure deutsche Gesundheitssystem in Anspruch nehmen.

Auch Müller-Lennhartz von der AWO fordert, diese Art von Mobilität der älteren Zuwanderer in die Altenhilfe miteinzubeziehen.[33] „Das Pendeln tut ihnen gut. Es ist ein Teil ihrer Identität. Sie haben nicht nur eine Heimat, sie haben zwei, und das muss man so akzeptieren."

---

1. Dachte Sehmus Kargi, als er vor 40 Jahren nach Deutschland kam, dass er lange bleiben würde?
2. Wie beschäftigen sich er und seine Frau, seitdem Sehmus Rentner wurde?
3. Was haben die Menschen, die sich im Seniorencafé begegnen, gemeinsam?

---

29   reservations, fear of contact
30   the needs
31   über einen Kamm scheren- to lump together
32   to go back and forth between, to commute
33   to incorporate

4. Warum braucht diese erste Generation der Arbeitsmigranten eine besondere Betreuung?

5. Was bedeutet „kultursensible Altenhilfe", und was hat sie mit der Betreuung und Pflege von Migranten zu tun?

6. Halten Experten es für wichtig, dass Migranten im Rentenalter ihre „alte" Heimat regelmäßig besuchen können?

7. Warum fühlen sich viele Migranten hin- und hergerissen?

8. Ergänzen Sie den Satz. In erster Linie handelt dieser Artikel von…

Das Leben der Anderen

BR Deutschland 2006

Regie und Drehbuch: Florian Henckel von Donnersmarck

Darsteller: Martina Gedeck (Christa-Maria Sieland), Ulrich Mühe[1] (Hauptmann
 Gerd Wiesler), Sebastian Koch (Georg Dreyman), Ulrich Tukur
 (Oberstleutnant Anton Grubitz), Thomas Thieme (Minister Bruno Hempf),
 Hans-Uwe Bauer (Paul Hauser), Volkmar Kleinert (Albert Jerska), Matthias
 Brenner (Karl Wallner), Herbert Knaup (Gregor Hessenstein) und Charly
 Hübner (Udo)

FSK: ab 12 Jahren

Länge: 137 Minuten

Für sein Studium an der Hochschule für Fernsehen und Film in München
drehte der 1973 in Köln geborene Regisseur und Drehbuchautor Florian Henckel von
Donnersmarck, mehrere Kurzfilme, darunter *Dobermann* (1999), der mit dem Max-
Ophüls-Preis für den besten Kurzfilm prämiert wurde. Sein erster Spielfilm *Das Leben
der Anderen* hat neben zahlreichen Nominierungen 47 Auszeichnungen gewonnen,
darunter den Oscar für den besten fremdsprachigen Film und die begehrte Lola in
Gold für den besten Spielfilm. Vorbild ist für Henckel von Donnersmarck u. a. der
Regisseur Tom Tykwer, dessen Film *Lola rennt* (1998) ihn „ungeheuer beeindruckt"
hat. Er erinnert sich, wie er als Filmstudent dreimal nacheinander *Lola rennt* im
Kino gesehen hat. Damals hatte er das Gefühl „Okay, unser Messias ist geboren, er

---

1 Ulrich Mühe ist 22.7.2007 gestorben.

heißt Tom Tykwer".[2] Für viele Filmstudenten und Filmzuschauer ist Henckel von Donnersmarck mit seinem preisgekrönten Stasi-Drama ebenso lobenswert.

Auszeichnungen (Auswahl)

Academy Awards (2007): *Bester fremdsprachiger Film*
Deutscher Filmpreis (2006):
  Bester Spielfilm—Lola in Gold
  Beste darstellerische Leistung—Männliche Hauptrolle (Ulrich Mühe)
  Beste darstellerische Leistung—Männliche Nebenrolle (Ulrich Tukur)
  Beste Regie (Florian Henckel von Donnersmarck)
  Bestes Drehbuch (Florian Henckel von Donnersmarck)
  Beste Kamera/ Bildgestaltung
  Bestes Szenenbild
Europäischer Filmpreis (2006):
  Bester Film
  Bester Darsteller (Ulrich Mühe)
  Bestes Drehbuch (Florian Henckel von Donnersmarck)
Preis der Deutschen Filmkritik (2007):
  Bester Hauptdarsteller (Ulrich Mühe)
  Beste Kamera
  Bester Schnitt
  Bestes Spielfilmdebüt (Henckel von Donnersmarck)
Golden Globes (2007): *Nominierung Bester ausländischer Film*

Zusammenfassung des Films

Georg Dreyman und Christa-Maria Sieland sind das Powerpaar der Ostberliner Kulturszene der 80er Jahre. Er ist preistragender Schriftsteller, sie seine Muse und eine begabte Theaterschauspielerin. Beide versuchen auf eigene Art mit dem Staat zurecht zu kommen. Dreyman ist laut Stasi ein Freund des Sozialismus, für den die Deutsche Demokratische Republik das schönste Land der Welt ist. Christa hat aber noch einen Freund — ein mächtiges Mitglied im Zentralkomitee der Sozialistischen Einheitspartei Deutschlands, der sie nach Lust und Laune belohnen oder bestrafen kann. Dann Kommt der Stasi-Hauptmann Gerd Wiesler auf den Plan. Er leitet den Operativen Vorgang (OV) gegen Georg Dreyman. Durch sein tägliches Abhören wird er nach und nach Mitspieler im Leben des Künstlerpaars, zweifelt immer mehr an seiner Identität und Mission, bis er nicht mehr weiß, auf welcher Seite er eigentlich steht.

Figuren

Georg Dreyman ist ein gefeierter Dichter der DDR, der in den Augen des Staates einst „sauberer als sauber" gewesen ist. Nachdem er von der Affäre seiner Geliebten und dem Freitod seines Freundes erfährt, muss er endgültig Stellung beziehen. Somit verfasst er einen regimekritischen Text, der in der BRD (West-Deutschland) veröffentlicht wird.

---

2   Quelle: www.filmportal.de über Florian Henckel von Donnersmarck und unter Materialien „Florian Henckel von Donnersmarck über *Das Leben der Anderen*" (Suchbegriff: Florian Henckel von Donnersmarck)

Christa-Maria Sieland ist Schauspielerin an der Gerhart-Hauptmann-Bühne. Sie fühlt sich genötigt, mit Minister Hempf eine Affäre zu haben, um ihre Stellung als führende Schauspielerin der DDR zu sichern. Ihre Affäre—und die Entscheidung sie zu beenden—verursacht großen Kummer und Zweifel in ihrem Leben.

Paul Hauser ist Dreymans engster Vertrauter und ein Dissident, der seine Kritik an der Regierung sehr offen äußert. Für seine Vortragsreise in den Westen bekommt er keine Ausreisegenehmigung. Dadurch wird ihm klar, dass er in seiner eigenen Wohnung nicht ungestraft sagen kann, was er will.

Albert Jerska ist ein berühmter Theaterregisseur, der mit einem Berufsverbot belegt ist und seit fast zehn Jahren nicht arbeiten darf. Langsam verliert er die Hoffnung, wieder arbeiten zu dürfen.. Zum Geburtstag schenkt er Dreyman die Partitur „Die Sonate vom guten Menschen", die für Dreyman erst nach Jerskas Tod äußerst wichtig wird.

Hauptmann Gerd Wiesler ist Verhör- und Abhörspezialist des Ministeriums für Staatssicherheit (MfS), der an der Stasi-Hochschule unterrichtet und den OV >Lazlo< gegen Dreyman leitet. Anfangs erfüllt er seine Aufgabe wie alle andere: gründlich, sachlich und emotionslos. Doch später, als er an dem Zweck der Mission zu zweifeln beginnt, hält er Schritt für Schritt Informationen zurück, um Dreyman zu schützen.

Oberstleutnant Anton Grubitz ist Wieslers Chef und Leiter der Abteilung XX/7, die für die Überwachung der Kultur zuständig ist. Er verlässt sich auf Wiesler, seinen ehemaligen Studienkollegen, etwas gegen Dreyman zu finden, um damit einen mächtigen Freund im Zentralkomitee zu haben und es „ganz nach oben" zu schaffen.

Minister Bruno Hempf ist Mitglied des Zentralkomitees der SED. Er ordnet den OV gegen Georg Dreyman an, um ihn aus dem Weg zu schaffen und dadurch sein Verlangen nach Christa-Maria Sieland zu befriedigen. Nachdem sie ihn enttäuscht, lässt er sie bestrafen und „auf jeden Fall nicht wieder auf einer deutschen Bühne spielen".

Kultureller und historischer Hintergrund

Die Deutsche Demokratische Republik (DDR)[3]

Vierzig Jahre gab es die Deutsche Demokratische Republik, die im Oktober 1949 gegründet wurde. Die kommunistische Sozialistische Einheitspartei Deutschlands (SED) errichtete eine Parteidiktatur. Zwischen 1949 und 1989 gab es nur zwei Machthaber: Walter Ulbricht war von 1949 bis 1971 Erster Sekretär des Zentralkomitees (ZK) der SED, Erich Honecker von 1971 bis 1989. Die Hauptstadt war Ost-Berlin, die einfach Berlin genannt wurde. In der Verfassung der DDR erklärt Artikel 1 den Führungsanspruch der SED: *Die Deutsche Demokratische Republik ist ein sozialistischer Staat der Arbeiter und Bauern. Sie ist die politische Organisation der Werktätigen in Stadt und Land unter Führung der Arbeiterklasse und ihrer marxistisch-leninistischen Partei.* Zur Arbeiterklasse gehörten auch die Frauen. Dass die Mehrzahl der Frauen in der DDR berufstätig war (1989 waren fast 92 Prozent aller Frauen in das Erwerbsleben integriert), lag an der selbstverständlichen Vereinbarkeit von Beruf und Familie, die nicht nur auf ökonomischen Gründen, sondern auch auf Pflicht basierte. Laut der Verfassung der DDR hatten Männer und Frauen die Pflicht arbeiten zu gehen. Kinder und Jugendliche

---

3   Quellen: http://de.wikipedia.org/wiki/Deutsche_Demokratische_Republik, http://de.wikipedia.org/wiki/Ministerium_für_Staatssicherheit

wurden in diese Lebenseinstellung miteinbegriffen. Erst kam die Schulpflicht, dann die Ausbildungspflicht und schließlich die Arbeitspflicht. Verschiedene Jugendorganisationen waren Teil des Erziehungssystems, das das Feindbild des Westens propagieren sollte. Vor allem wurde die Freie Deutsche Jugend (FDJ) vom Staat gefördert. FDJ-Mitglieder in Blauhemden sind für viele der Inbegriff vom Alltagsbild der DDR.

Die Ideologie der SED durchdrang die gesamte Gesellschaft, so dass alle Lebensbereiche politisiert waren und vom Ministerium für Staatssicherheit (MfS) überwacht wurden. Printmedien, Hörfunk und Fernsehen wurden zensiert und der Einfluss des Westens stark beschränkt. DDR-Bürger, insbesondere Dissidenten und Intellektuelle, wurden überwacht, regimekritische Bürger wurden bestraft, um die Macht der SED zu sichern. Über 90.000 vollbeschäftigte Mitarbeiter waren für den Geheimdienst tätig. Dazu bespitzelten circa 100.000 Inoffizielle Mitarbeiter (IM) der MfS ihre Freunde und Familienangehörige. „Terror und Folter von Oppositionellen und Regimekritikern" gehörten neben ausgedehnter Überwachung und Demütigung zu den Unterdrückungsmethoden der MfS.

1989 war das Jahr der politischen Wende: Immer mehr DDR-Bürger flohen über Ungarn nach Österreich, friedliche Proteste und Demonstrationen wurden regelmäßiger. Die DDR destabilisierte sich von innen heraus. Im Oktober 1989 mussten Honecker und die gesamte DDR-Regierung zurücktreten. Die Berliner Mauer wurde am 9. November 1989 geöffnet. Im März 1990 fanden die ersten freien Wahlen in der DDR statt, und am 3. Oktober 1990 trat die DDR der Bundesrepublik Deutschland bei.

☑ Zur Vorbereitung

I. Wortschatz

Staatssicherheit der DDR

abhören [hörte ab, hat abgehört]: *to eavesdrop, listen in*
die Akte: *file*
der Genosse/ die Genossin: *comrade, associate, fellow*
die Kulturabteilung des Zentralkomitees der SED
Inoffizieller Mitarbeiter (IM)
die Maßnahme: *method, action, procedure*
das Ministerium für Staatssicherheit (MfS)
Operative Personenkontrolle (OPK)

Operativer Vorgang (OV)
der Spitzel: *snitch, spy*
überwachen [überwachte, hat überwacht]: *monitor, keep under surveillance*
verraten [verrät, verriet, hat verraten]: *to betray, reveal*
der Verräter: *traitor, betrayer*
etwas verwanzen [verwanzte, hat verwanzt]: *to bug something (i.e., an apartment)*
Zentralkomitee (ZK) der Sozialistische Einheitspartei Deutschlands (SED)

das Verhör

die Geruchskonserve: *preservation of an odor in a tin can*

die Haft: *arrest, confinement*

der Häftling: *detainee, prisoner, inmate*

der Lügner: *liar*

das Protokoll: *transcript, minutes, protocol*

die Republikflucht: *flight from the republic (GDR)*

schuldig/unschuldig: *guilty/innocent*

verhaften [verhaftete, hat verhaftet]: *to arrest, detain*

verhören [verhörte, hat verhört]: *to interrogate*

die Wahrheit: *truth*

Dreyman

der Freitod/ der Selbstmord/ der Selbstmörder: *suicide; someone who commits suicide*

der Jahrestag/ das Jubiläum: *anniversary*

linientreu: *true to party lines*

das Schriftbild: *typeface*

der Schriftsteller: *writer, author*

die Türschwelle: *threshhold*

verschwörerisch: *conspiratorial*

das Versteck: *hiding place*

widmen [widmete, hat gewidmet]: *dedicate*

Christa-Maria

das Publikum: *audience, public*

unzuverlässig: *unreliable, untrustworthy, undependable*

sich verkaufen [verkaufte sich, hat sich verkauft]: *to sell oneself*

Jerska & Hauser

die Ausreisegenehmigung: *travel permit*

sich erhängen [erhängte sich, hat sich erhängt]: *to hang oneself*

der Hochstapler: *imposter, fraud*

der Pass (der Reisepass): *passport*

die Partitur: *music score*

die Vortragsreise: *lecture tour*

II. Wortschatzübungen

Ergänzen Sie die Sätze mit dem passenden Wört.

1. verraten/ verhaftet/ verhört/ verwanzt

   a. Der Verdächtige wurde ____verhaftet____ und im Stasi-Untersuchungsgefängnis Hohenschönhausen ____verhört____.

   b. Da die Stasi so viele Inoffizielle Mitarbeiter hat, kann man nie sicher sein, wer ihn ____verraten____ würde.

   c. Dreyman kann es überhaupt nicht fassen, dass die Stasi ihn überwacht hat, und dass seine Wohnung komplett ____verwanzt____ wurde.

2. Versteck/ Schriftbild/ Jahrestag/ Partitur

   a. Dreyman bekommt eine ____Partitur____ als Geschenk von Jerska.

   b. Dreyman schreibt einen systemkritischen Text über Selbstmord in der DDR. Er sagt Christa, er schreibe ein Theaterstück zum 40. ____Jahrestag____ der DDR.

c. Von einem Redakteur im Westen bekommt Dreyman eine Schreibmaschine, für die er ein sicheres ___Versteck___ finden muss.

d. Er darf den Text mit seiner eigenen Schreibmaschine nicht schreiben, weil die Stasi deren ___Schriftbild___ schon längst erkennen kann.

3. schuldig/ linientreu/ unzuverlässig/ verschwörerisch

a. Dreyman war einst ___linientreu___ und „Freund des Staates".

b. Christa fragt, was Dreyman, Hauser, Wallner und Hessenstein so ___verwörereisch___ machen. Dreyman darf ihr die Wahrheit nicht sagen, denn seine Freunde, denken dass sie ___unzuverlässig___ ist.

c. Ob sie wirklich ___schuldig___ ist und ihn verraten hat, erfährt Dreyman erst Jahre später.

III. Ideen sammeln/ Brainstorming

1. Hatten Sie als Kind ein Tagebuch? Wissen Sie, ob jemand—Eltern, Geschwister oder Freunde—es heimlich gelesen hat? Wie fühlten Sie sich, als Sie das herausgefunden haben? Oder haben Sie vielleicht das Tagebuch Ihrer Schwester oder Ihres Bruders gelesen? Haben Sie als Teenager etwas vor Ihren Eltern versteckt? Durften Ihre Eltern unangemeldet (d. h. ohne an die Tür zu klopfen) in Ihr Zimmer kommen? Hatten Sie einen besonderen Ort, an den Sie gegangen sind, wenn Sie ganz alleine sein wollten? Nun stellen Sie sich vor, dass es keinen Ort gibt, wo Sie wirklich alleine sein können. Ihr Zimmer ist verwanzt. Ihre Eltern können alles hören, was Sie sagen. Sie lesen Ihre SMS-Nachtrichten und E-Mails und hören Ihre Handy-Gespräche ab. Sie können sogar Ihren engsten Freunden nicht vertrauen. Wie würden Sie sich fühlen? So fühlten sich Menschen in der ehemaligen DDR, deren Wohnungen verwanzt wurden und die ständig von der Stasi und von Inoffiziellen Mitarbeitern der Stasi überwacht waren.

2. Haben Sie eine Aktivität, die Sie häufig oder täglich machen, die Ihnen besonders wichtig ist? Treiben Sie z. B. eine Sportart, schreiben Sie Gedichte, spielen Sie ein Instrument, malen Sie Bilder, machen Sie Fotos, hören Sie Musik oder schreiben Sie ein Blog? Wissen Sie bereits, was Sie studieren oder beruflich machen wollen? Können Sie sich vorstellen, dass Ihnen jemand verbietet, genau das—und zwar für immer—zu machen? Sie verlieren Ihren Studienplatz und müssen auf Ihre Zukunftspläne verzichten. Sie dürfen nie wieder das machen, was Ihnen am wichtigsten ist. Inwiefern wäre Ihr Leben anders? Wären Sie noch glücklich? Könnten Sie damit leben? Würden Sie versuchen, etwas dagegen zu unternehmen, auch wenn es für Sie und Ihre Familie gefährlich wäre? Wie viel würden Sie dafür riskieren?

IV. Internet-Übungen

(available online through the Focus website: http://www.pullins.com/)

V. Milling-Aktivität

Unterhalten Sie sich mit anderen Studenten im Klassenzimmer und notieren Sie ihre Antworten.

1. Auf wen kannst du dich immer verlassen?
2. Wurdest du je von einem Freund oder einer Freundin verraten?
3. Wohin gehst du, wenn du allein sein willst?
4. Gibt es einen Regisseur oder eine Regisseurin, dessen/deren Filme dir besonders gefallen?
5. Hast du einen Lieblingsautor oder eine Lieblingsautorin?
6. Gehst du gerne ins Theater?
7. Was studierst du, und was willst du werden?
8. Hattest du bereits von der „Stasi" gehört?
9. Glaubst du, dass eine Regierung das Recht hat, private Telefonate und E-Mails zu überwachen?
10. Warst du schon einmal in der ehemaligen DDR?

Erklär's mir: genitive case

Some languages mark nouns according to various categories including number, gender and case. Modern German, for example, marks nouns based on number (singular or plural), gender (masculine, feminine or neuter) and case (nominative, accusative, dative and genitive). Each case serves a different function. Nominative indicates a subject, which is usually an agent (*wer*), accusative a direct object, often of a transitive verb (*wen/was*) and dative a recipient (*wem*). The genitive case in German shows possession (*wessen*) or occurs in conjunction with a genitive preposition (e.g., *anstatt, aufgrund, außerhalb, betreffs, bezüglich, dank, innerhalb, jenseits, statt, trotz, während* and *wegen*).[4] Of the four cases, genitive is the least common, especially in colloquial usage. Genitive is often replaced with dative by using the preposition *von* (*der Name **des Mannes** → der Name **von dem Mann***) or by substituting the dative case with a historically genitive preposition (e.g., *wegen **des Wetters** → wegen **dem Wetter***). The possessive ending "'s" in English (the president's daughter) is a relic of the genitive case.

Achten Sie im Film u. a. auf folgende Ausdrücke, in denen der Genitiv vorkommt.

> Filmtitel: Das Leben **der** Anderen
> Wiesler: den Namen **des** Fluchthelfer**s**
> Wiesler: mit Feinden **des** Sozialismus
> Grubitz: das schönste Land **der** Welt
> Hempf: einer der besten unser**es** Land**es**
> Hempf: der Dichter ist der Ingenieur **der** Seele
> Hempf: einer der bedeutendsten Ingenieure unser**es** Land**es**

---

4   One online grammar resource (http://www.canoo.net/) lists 53 prepositions requiring the genitive case. For more information, see the section "Präposition und Kasus" (http://www.canoo.net/services/OnlineGrammar/Wort/Praeposition/Kasus/index.html).

Hempf: die schönste Perle **der** Deutschen Demokratischen Republik
Hempf: die Entwicklung uns**er**es Theat**ers**
Grubitz: **wegen** dein**er** Autokennzeichen-Anfrage
Dreyman: das Sterben **der** Hoffnung
Dreyman: das Land **des** real existierenden Sozialismus
Dreyman: einer dies**er** Ungezählten
im Fernsehen: den Text ein**es** ungenannten ostdeutschen Autor**s** ·
Grubitz: **aufgrund des** Schriftbild**es der** Schreibmaschine
Schriftexperte: eine **der** kleinsten industriellen gefertigten Maschinen
Wiesler: **wessen** verdächtigst[5] du Dreyman?
Grubitz: der Autor **des** >>SPIEGEL<< -Artikel**s**
Grubitz: der letzte Tagesbericht **des** OV >>Lazlo<<
Wiesler: **trotz** steigenden Druck**s**
Grubitz: **infolge der** erfolglosen Hausdurchsuchung

---

5   *jemanden verdächtigen*= to suspect someone; *wessen* means here *of what (do you suspect Dreyman)*

VI. Die Handlung voraussagen

Denken Sie noch einmal an die Übungen, die Sie zum Thema *Das Leben der Anderen* gemacht haben. Wovon handelt der Film Ihrer Meinung nach? Welche Erwartungen haben Sie an den Film?

1. In welches Filmgenre würden Sie *Das Leben der Anderen* einordnen? (z. B. Liebesfilm, Kinderfilm, Komödie, Thriller, Horrorfilm, Action, Drama, Historienfilm, Science Fiction oder Western)

2. Welche Zielgruppe wird dieser Film ansprechen, z. B. Kinder, Jugendliche/ Teenager, Frauen, Männer, Studenten, Sportler usw.?

3. Wie und wo wird die Geschichte anfangen?

4. An welchen dieser Drehorte werden keine Filmaufnahmen gemacht? In einem Gefängnis, in einem Theater, in einer Zahnarztpraxis, auf einer Geburtstagsfeier, in Ostberlin, in West-Deutschland, in einem Hotelzimmer, auf einem Dachboden, auf der Straße, in einem Auto, in einem Fahrstuhl, auf einem Boot oder in einem Badezimmer?

5. Schauen Sie sich das Standfoto auf der ersten Seite dieses Kapitels an. Was passiert in dieser Szene? Wird sie gegen Anfang, Mitte oder Ende des Films geschehen?

6. Wird der Film ein Happy-End oder eher ein trauriges Ende haben? Begründen Sie Ihre Antwort.

 **Zum Inhalt**

I. Richtig oder falsch?

Geben Sie an, ob die Aussagen richtig oder falsch sind und verbessern Sie die Falschen.

1. Grubitz unterrichtet an der Stasi-Hochschule.
2. Der Häftling muss seine Hände—Flächen nach unten—immer unter die Schenkel stecken.
3. Grubitz lädt Wiesler ins Theater ein.
4. Frau Meineke sieht Wiesler und seine Männer durch den Türspion (das kleine Loch in der Tür).
5. Udo, der das Abhören von Wiesler übernimmt, kommt immer pünktlich an.
6. Wiesler macht in der Kantine des MfS einen Witz über Erich Honecker.
7. Wiesler will, dass Dreyman seine Freundin Christa mit Minister Hempf erwischt.
8. Wiesler nimmt den gelben Brecht-Band von Dreymans Wohnung.
9. Dreyman erfährt durch ein Telefongespräch, dass Jerska tot ist.
10. Wiesler folgt Christa in die Bar und setzt sich an ihren Tisch.
11. Hausers Onkel Frank hilft ihm zu überprüfen, ob Dreymans Wohnung überwacht wird.
12. Die Schreibmaschine von Hessenstein hat nur ein schwarzes Farbband.
13. Dreyman versteckt die Schreibmaschine in einem Loch hinter dem Kühlschrank.
14. Christa ist süchtig nach Beruhigungsmitteln.
15. Hempf wartet in einem Hotelzimmer auf Christa, die nie auftaucht.
16. Grubitz verhört Christa, bis sie ihm mitteilt, wo die Schreibmaschine versteckt ist.
17. Grubitz ahnt nicht, dass Wiesler die Schreibmaschine aus dem Versteck genommen hat.
18. Nachdem der OV >Lazlo< beendet wird, muss Wiesler in der Abteilung für Postkontrolle arbeiten.
19. Jahre später begegnet Dreyman Wiesler im Gerhart-Hauptmann-Theater.
20. Dreyman widmet seinen Roman Christa.

II. Fragen zum Inhalt

Kapitel 1

1. Warum wird Häftling 227 verhört? Was hat einer seiner Freunde und Nachbarn gemacht?
2. Woran erkennt Wiesler, dass Häftling 227 lügt?
3. Was macht Wiesler mit dem Stoff, der über den Hocker gespannt war? Warum macht er das?

Kapitel 2

   4. Möchte Christa-Maria auf der Premierenfeier mit Hempf tanzen?

Kapitel 3

   5. Was findet Wiesler in der Schublade in Dreymans Schreibtisch?[6]

Kapitel 4

   6. Was soll Dreyman Christa zuliebe zur Geburtstagsfeier anziehen?

   7. Wer hilft ihm, als sein Versuch misslingt?

   8. Was schluckt Christa, während Dreyman an die Haustür geht?

   9. Was schenkt Jerska Dreyman?

Kapitel 5

  10. Wie reagiert Wiesler auf die Witze, die Unterleutnant Stigler und Oberstleutnant Grubitz erzählen?

Kapitel 6

  11. Aus wessen Wagen steigt Christa?

Kapitel 7

  12. Was hat Wiesler aus Dreymans Wohnung genommen?

  13. Welche Nachricht erfährt Dreyman am Telefon?

  14. Nach wessen Namen fragt Wiesler den Jungen im Fahrstuhl?

  15. Dreyman will nicht, dass Christa ausgeht. Mit wem ist sie verabredet? Geht sie trotz seiner Bitten?

Kapitel 8

  16. Wohin geht Christa, nachdem sie mit Wiesler in der Bar redet?

Kapitel 9

  17. Auf Jerskas Beerdigung hört man Dreymans Stimme. In der folgenden Szene sitzt er am Schreibtisch und verfasst einen Text. Worüber schreibt er?

  18. Warum treffen sich Hauser, Dreyman und Wallner im Park und nicht bei Hauser?

  19. Warum darf Dreyman Christa nicht davon erzählen, dass er einen Artikel im West veröffentlichen will?

  20. Wie überprüfen die drei, ob die Stasi Dreymans Wohnung überwacht?

  21. Versucht Hausers Onkel, Hauser tatsächlich über die Grenze in den Westen zu schmuggeln?

---

6   Triviale Frage: Wessen Gesicht war auf dem Titelbild?

Kapitel 10

22. Warum darf Dreyman seine eigene Schreibmaschine für seinen Artikel nicht benutzen?

23. Was ist besonders an der Minischreibmaschine?

24. Wo versteckt Dreyman die Schreibmaschine?

Kapitel 11

25. In welcher Zeitschrift wird Dreymans Artikel veröffentlicht?

26. Wo befindet sich Christa, als sie verhaftet wird?

Kapitel 12

27. Glaubt Dreyman, dass Christa ihn verraten hat?

28. Kann Wiesler Christa überreden, ihm zu sagen, wo die Schreibmaschine versteckt ist?

Kapitel 13

29. Was findet Grubitz unter der Türschwelle?

30. Ahnt Grubitz, dass Wiesler die Schreibmaschine weggenommen hat?

31. Wo ist Wiesler, als er von seinem Mitarbeiter Axel Stigler erfährt, dass die Mauer geöffnet ist?

Kapitel 14

32. Was erfährt Dreyman von Hempf, dem er im Theater begegnet?

33. Wonach sucht Dreyman in seiner Wohnung?

34. Woher weiß Dreyman, dass er von Wiesler (HGW XX/7) geschützt wurde?

Kapitel 15

35. Was macht Wiesler nach der Wende beruflich?

36. Wie heißt Dreymans neuer Roman?

37. Was liest Wiesler im Buch?

III. Aussagen zuordnen

Lesen Sie die folgenden Aussagen und geben Sie an, von wem die Äußerung stammt: von Dreyman (5), von Oberstleutnant Grubitz (5), von Christa-Maria (3), von Hauptmann Wiesler (3), von Minister Hempf (2), von Albert Jerska (1) oder von Paul Hauser (1). Die Aussagen stehen in der gleichen Reihenfolge, wie sie im Film vorkommen.

1. _____ Arrogant, aber linientreu. Wenn alle so wären wie der, wäre ich arbeitslos. Er ist so ziemlich unser einziger Autor, der nichts Verdächtiges schreibt und den man trotzdem im Westen liest. Für ihn ist die DDR das schönste Land der Welt.

2. _____ Was hat ein Regisseur, der nicht inszenieren darf? Nicht mehr als ein Filmvorführer ohne Film, ein Müller ohne Mehl. Er hat gar nichts mehr. Gar nichts mehr...

3. _____ Du bist so ein jämmerlicher Idealist, dass du fast schon ein Bonze bist. Wer hat denn Jerska so kaputt gemacht? Genau solche Leute…! Irgendwann muss man Position beziehen, sonst ist man kein Mensch. Wenn du je etwas unternehmen willst, dann melde dich bei mir. Ansonsten brauchen wir uns nicht mehr zu sehen.

4. _____ Kann jemand, der diese Musik gehört hat, wirklich gehört hat, noch ein schlechter Mensch sein?

5. _____ Verkaufen? Für die Kunst? Die hat sie doch schon. Das wäre ein schlechtes Geschäft. Sie sind eine große Künstlerin. Wissen Sie das denn nicht?

6. _____ Wusstest du, dass es unter Künstlern fünf Typen gibt. Deiner zum Beispiel, der Dreyman, ist ein Typ 4… „Der kann doch nicht alleine sein. Muss immer Reden halten, immer Freunde um sich haben."

7. _____ Es ist kein Theaterstück, das wir schreiben, Christa.

8. _____ Sag es mir nicht! Vielleicht bin ich ja wirklich so unzuverlässig, wie deine Freunde sagen.

9. _____ Dort wird sie ihre illegalen Psychopharmaka beziehen. Christa-Maria Sieland. Ich denke, Sie sollten es wissen. Fällt in Ihren Bereich. Ob Sie ihr das Genick brechen oder nicht, ist Ihnen überlassen. Ich will sie auf jeden Fall nicht wieder auf einer deutschen Bühne spielen sehen.

10. _____ Bitte, gibt es nicht etwas, was ich für Sie tun kann? Für die Staatssicherheit? … Ich kenne unsere Künstler fast alle. Ich könnte viel für Sie herausfinden… Gibt es irgendetwas, wodurch ich mich noch retten kann?

11. _____ Bist du noch auf der richtigen Seite?

12. _____ Seien Sie gut zu sich selber. Sagen Sie mir, wo die Maschine versteckt ist. Dreyman wird nie etwas erfahren… Und heute Abend sind Sie wieder im Theater. Vor Ihrem Publikum. In Ihrem Element.

13. _____ Ich war zu schwach… Ich kann nie mehr gutmachen, was ich getan habe.

14. _____ Verzeih mir! Verzeih mir! Verzeih mir!

15. _____ Genosse Dreyman. Ich habe den Einsatz beendet. Wir haben wohl einen falschen Hinweis bekommen. Entschuldigen Sie.

16. _____ Über eines sollten Sie sich keine Illusionen machen, Wiesler: Ihre Karriere ist vorbei…Sie werden höchstens noch in irgendeinem Kellerloch Briefe aufdampfen bis zu Ihrer Rente. Das sind die nächsten zwanzig Jahre. Zwanzig Jahre. Eine lange Zeit.

17. _____ Es wäre schade, wenn Sie wirklich nie wieder schreiben, nach allem, was unser Land in Sie investiert hat. Aber ich kann Sie verstehen, Dreyman, wirklich. Was soll man auch schreiben in dieser BRD: nichts mehr da, woran man glauben kann, nichts mehr, wogegen man rebellieren kann.

18. _____ Eine Sache möchte ich Sie doch noch fragen. Warum wurde ich eigentlich nie abgehört? Wie man liest, haben Sie doch jeden überwachen lassen. Warum nicht mich?

19. _____ Wer ist HGW XX/7?

20. _____ Nein… es ist für mich.

IV. Standfotos beschreiben

1. Zum Bild: Geben Sie eine ausführliche Beschreibung dieser Fotos.
2. Zum Inhalt: Was passiert in diesen Szenen?

A. Verabredung am
   Donnerstag (Kapitel 6)

B. „Verkaufen? Für die
   Kunst?" (Kapitel 8)

C. „Das willst du
   veröffentlichen?"
   (Kapitel 12)

D. „Zu viele
   Erinnerungen?"
   (Kapitel 14)

Zur Diskussion

I. Interview mit einem Partner

1. Wie war dein erster Eindruck von dem Film?

2. Wie fandest du den Film insgesamt?

3. Was hat dir an dem Film besonders gefallen?

4. Was hat dir nicht besonders gefallen?

5. Was hast du im Film nicht erwartet?

6. Welche Szene hat dir am besten gefallen?

7. Wie fandest du das Ende? Hast du erwartet, dass der Film so endet?

8. Welche Figur im Film hat dir am besten gefallen? Warum?

9. Welche Figur hat dir nicht so gut gefallen? Warum nicht?

10. Was hast du von diesem Film gelernt?

II. Meinungsaustausch

1. Welche Szene hast du besonders überraschend gefunden? Warum?

2. Beschreibe die Beziehung zwischen Dreyman und Christa-Maria. Was haben sie gemeinsam? Inwiefern sind sie anders?

3. Wiesler rät seinem Kollegen Grubnitz, den Schriftsteller Dreyman überwachen zu lassen. Grubnitz hält das für Unsinn, denn Dreyman sei „sauberer als sauber". Kurz danach unterhält sich Grubnitz mit Minister Bruno Hempf. Auf die Frage, was er von Dreyman halte, sagt er: „vielleicht ist er nicht ganz so sauber, wie er scheint…" Wie reagiert Hempf darauf? Warum sagt Grubnitz dem Minister etwas anders, als was er gerade Wiesler gesagt hat? Was erfährt der Zuschauer durch diese Szenen über Grubitz?

4. Wie ist dein erster Eindruck von Wiesler und Grubitz? Von Dreyman und Christa-Maria?

5. Dreyman ist Nationalpreisträger und wird von Politikern gelobt, weil er nichts Verdächtiges schreibt und linientreu ist. Wann entscheidet sich Dreyman, dass er endlich Position beziehen muss?

6. Wie charakterisierst du Dreymans Freund Hauser? Ist er auch linientreu?

7. Beschreibe den Operativen Vorgang (OV) gegen Dreyman. Wie wird Dreymans Wohnung verwanzt? Wo befindet sich die Abhörzentrale? Wer arbeitet dort, und was machen sie?

8. Warum ahnt Dreyman nicht, dass er überwacht wird?

9. Warum will Minister Hempf Dreyman aus dem Weg schaffen? Warum will Grubitz etwas gegen Dreyman finden?

10. Wiesler geht zu Grubitz, um ihm zu berichten, was Dreyman, Hauser und Wallner vorhaben. Warum versteckt er den Bericht und schlägt stattdessen vor, den Vorgang zu verkleinern? Wie reagiert Grubitz darauf?

11. Einer der MfS-Mitarbeiter, Unterleutnant Axel Stigler, macht in der Kantine einen Witz über Erich Honecker, den Generalsekretär des Zentralkomitees der SED und Staatsratsvorsitzenden der DDR. Grubitz lacht, fragt aber sofort nach seinem Namen, seinem Rang und seiner Abteilung. Stigler ist erschrocken, bis Grubitz sagt, dass es nur Spaß gewesen sei und macht selbst einen Witz über Honecker. War es tatsächlich nur Spaß? Was bedeutet das, was Stigler getan hat, für seine Karriere? Wie reagiert Wiesler auf die Witze und auf Grubitz' Verhalten?

12. Warum versucht Wiesler, Christa-Maria zu überzeugen, dass sie sich für die Kunst nicht verkaufen soll? Warum will er nicht, dass Christa sich mit Minister Hempf trifft?

13. Warum wird Christa verhaftet? Wohin wird sie gebracht? Warum ist es Wiesler unangenehm, sie zu verhören?

14. Was gibt Grubitz Christa zurück, als sie von Hohenschönhausen weggefahren wird?

15. Warum läuft Christa aus der Wohnung, als die Stasi sie durchsucht? Will sie sich umbringen, oder wird sie nur zufällig vom Lastwagen überfahren?

16. Warum widmet Dreyman Wiesler seinen Roman?

III. Standfotos diskutieren

Auf diesen Standfotos sehen Sie Dreyman mit Christa. Diskutieren Sie, wie er sich in jeder der hier dargestellten Szenen fühlt. Wählen Sie für jede Szene ein passendes Adjektiv, das seine inneren Gefühle am besten beschreibt.

A. Bei der Premierfeier (Kapitel 2)

B. „Halt mich einfach nur fest" (Kapitel 6)

C. „Verzeih mir!" (Kapitel 13)

Zur Analyse, Interpretation und Reflexion

I. Motive

Inhaltsmotive

Viele Motive werden in diesem Film thematisiert. Erklären Sie, inwiefern folgende Motive in der Handlung eine Rolle spielen. Welche weiteren Motive gehören auch dazu? Welche Motive werden durch jede der Hauptfiguren besonders verkörpert? Welche sind Ihrer Meinung nach Zentralmotive und welche Randmotive?

- Unterdrückung der Meinungsfreiheit/ Repression
- Veränderung
- die Privatsphäre; Eingriff in die Privatsphäre
- Prinzipien
- Abhängigkeit
- Sozialismus
- Macht & Ohnmacht
- Zivilcourage & Widerstand

- Ideologie & Weltanschauung
- Berufsverbot
- die Leere
- Verrat
- Misstrauen
- Erpressung
- Schutz
- Konformismus & Nonkonformismus
- gute Menschen
- Selbstmord

Berufsverbot

Ein Berufsverbot bedeutet, dass einem untersagt wird, seinen Beruf auszuüben. Viele jüdische Dichter, Komponisten und Schauspieler durften z. B. in Deutschland während der Nazizeit nicht arbeiten. In der DDR gab es auch Berufsverbote. In diesem Film wird der fiktive bekannte Regisseur Albert Jerska mit einem Berufsverbot belegt. Er darf keine Theaterspiele inszenieren, weil er sich vermutlich gegen die Ausbürgerung[7] von Wolf Biermann, einem realen berühmten deutschen Liedermacher, geäußert hat. Jerska sagte: „Was hat ein Regisseur, der nicht inszenieren darf? Nicht mehr als ein Filmvorführer ohne Film, eine Müller ohne Mehl. Er hat gar nichts mehr." Inwiefern verändert sich Jerska infolge des Berufsverbots?

---

7   expatriation, deprivation of citizenship

Abhängigkeit & Repression

Minister Hempf sagt, dass die Partei zwar den Künstler braucht, der Künstler die Partei aber noch viel mehr. Inwiefern waren Künstler in der sozialistischen DDR von der Partei abhängig? Wovon sind Künstler bzw. Schauspieler, Regisseure usw. anderer Gesellschaften abhängig? Können erfolgreiche Künstler wirklich unabhängig sein?

Oberstleutnant Grubitz redet mit Wiesler über die Ergebnisse einer Dissertationsarbeit. In Bezug auf Dreyman sagt er: „…Bei so einem darf man es auf keinen Fall zum Prozess kommen lassen…Völlige Einzelhaft, ohne ihm zu sagen, wie lange er noch drin sein wird: kein Kontakt zu irgendwem in der Zeit, nicht einmal zu den Wächtern. Beste Behandlung derweil natürlich…Nach zehn Monaten lassen wir ihn frei, überraschend, und der macht uns keine Probleme mehr. Und weißt du, was das allerbeste ist: Die meisten Typ 4, die wir so bearbeitet haben, schreiben danach überhaupt nicht mehr, oder malen nicht mehr oder was auch immer so Künstler machen. Und das, ohne dass wir irgendeinen Druck ausüben, ganz von selber, sozusagen als…Geschenk!" Dass Grubitz weder Respekt vor Künstlern noch Verständnis für ihre Kunst hat, ist klar. Als Leiter der Abteilung XX/7, die für die Überwachung der Kultur zuständig ist, hat er viel Macht über Künstler. Warum waren Künstler im Allgemeinen eher Feinde statt Freunde des Staates? Was bedeutet es, einem Künstler seine Kunst, einem Schriftsteller seine Worte, einem Musiker die Noten oder einem Schauspieler die Bühne zu untersagen?

Inwiefern entwickelt sich in Wiesler im Gegensatz zu Grubitz durch den OV ein größeres Verständnis—und evtl. auch eine Bewunderung—für Kunst und Künstler?

Filmische Techniken

Inwiefern schildern folgende filmische Techniken Wieslers Präsenz im Leben der Anderen oder umgekehrt: die Anwesenheit von Dreyman und Christa-Maria in seinem Leben?

- die dominierenden Naheinstellungen (*close ups*)
- der Wechsel von On-Ton und Off-Ton, wobei der Zuschauer durch Wieslers Kopfhörer in der Abhörzentrale mitbekommt, was in Dreymans Wohnung passiert
- Voice-Over: z. B. Wiesler liest auf seinem Sofa zu Hause aus dem Brecht-Band und hört dabei Dreymans Stimme; Dreyman liest seine Stasi-Akten mit Voice-Over von Wiesler

Inwiefern unterscheidet der Regisseur zwischen dem Leben der Künstler und dem der Stasi-Mitarbeiter? Denken Sie insbesondere an ihr Aussehen, ihre Bekleidung, ihre Wohnungen, die Beleuchtung und ihren Umgang mit anderen u. a. Welche Klischees der DDR erkennen Sie?

Der Regisseur erklärt, wie das Filmteam versucht hat, die Tendenzen in der Farbenwelt der DDR-Zeit zu vermitteln. Anhand zahlreicher Fotos aus der DDR-Zeit wurde festgestellt, dass bestimmte Farben tendenziell vorherrschend waren: „Es gab tendenziell mehr Grün als Blau, es gab mehr Orange als Rot, es gab sehr viel Beige und sehr viel Grau. Und dann sagten wir: Verstärken wir die Tendenzen, um diese ganz eigene, seltsame Schönheit herauszuarbeiten. So haben wir Rot und Blau komplett aus dem

Konzept gestrichen — es gibt in der gesamten DDR-Zeit dieses Films keinen blauen oder roten Gegenstand."[8] Ist Ihnen diese Farbwahl während des Anschauens aufgefallen?

In der gleichen Art versucht der Regisseur, ein Gefühl von Leere zu erschaffen. Welche Räume waren leer, welche voll? Was symbolisiert die Leere z. B. in Wieslers Wohnung? Welche anderen Beispiele für diese Leere fallen Ihnen ein?

II. Standfotos interpretieren

Auf diesen Standfotos sehen Sie Dreyman oder Wiesler allein. Welche Motive beziehen sich auf diese Fotos? Der Regisseur bietet folgende Erklärung der Entwicklung dieser zwei Figuren an: „Diese beiden Figuren nähen sich einander an: Wiesler rückt etwas ab von seinem Prinzip, und Dreyman findet ein bisschen mehr zum Prinzip hin."[9] Stellen Sie bei ihnen im Verlauf der Handlung diese parallele Entwicklung fest?

Kapitel 5

A-1. In der Kantine

A-2. Am Schreibtisch

---

8   Quelle: www.filmportal.de über Florian Henckel von Donnersmarck und unter Materialien „Florian Henckel von Donnersmarck über *Das Leben der Anderen*" (Suchbegriff: Florian Henckel von Donnersmarck)

9   Quelle: www.filmportal.de über Florian Henckel von Donnersmarck und unter Materialien „Florian Henckel von Donnersmarck über *Das Leben der Anderen*" (Suchbegriff: Florian Henckel von Donnersmarck)

Kapitel 7

B-1. Der verschwundene
Brecht-Band

B-2. Die Sonate vom
guten Menschen

Kapitel 10

C 1. Wiesler versteckt
den Bericht

C-2. Dreyman versteckt
die Schreibmaschine

Kapitel 14

D-1. Im Stasi-Archiv

D-2. Vor der
      Buchhandlung

III. Schreibanlässe

1. Den Film fortsetzen: Wie könnte es weiter gehen? Von welcher Figur könnte die Fortsetzung handeln? Von Wiesler, Dreyman, Grubitz, Hempf oder einer der anderen Nebenfiguren? Von Ex-Stasi Mitarbeitern, Künstlern oder Politikern nach der Wende?

2. Vorgeschichte ergänzen: Was geschah mit Wiesler am Tag, bevor die Geschichte beginnt?

3. Fehlende Teile ergänzen: Was passiert mit Dreyman, während Christa von Wiesler verhört wird?

4. Szene umschreiben: Wählen Sie eine Szene aus dem Film und schreiben Sie sie um.

5. Perspektive ändern: Wählen Sie eine Szene aus dem Film und schreiben Sie sie aus einer anderen Perspektive um.

6. Ein anderes Ende: Schreiben Sie ein neues Ende für den Film.

7. Stellen Sie sich vor, dass Sie, ein bekannter Regisseur/eine bekannte Regisseurin, eine Neuverfilmung von diesem Film machen. Was würden Sie anders machen?

IV. Zur Reflexion, zur Diskussion, zum Schreiben

1. Inwiefern ändert sich Wiesler durch seinen Auftrag, Dreyman zu überwachen? Worum beneidet er Dreyman? Inwiefern ist Dreyman Wiesler gegenüber moralisch überlegen? Zu welchem Zeitpunkt wird es Wiesler klar, dass er für Dreyman und Christa Mitleid empfindet? Wie versucht er, ihnen zu helfen und sie zu beschützen? Hat er sie letztendlich beschützen können?

2. Die Idee von einem guten Menschen wird mehrmals erwähnt.

   - Die Partitur, die Jerska Dreyman schenkt, heißt „Die Sonate vom guten Menschen".

   - Dreyman hört Musik (die Appassionata von Beethoven), nachdem er von Jerskas Tod erfährt. Er fragt: „Kann jemand, der diese Musik gehört hat, wirklich gehört hat, noch ein schlechter Mensch sein?"

   - Christa-Maria sagt Wiesler in der Bar: „Und Sie sind ein guter Mensch."

   - Dreymans neuer Roman heißt auch *Die Sonate vom guten Menschen*.

   Wer sind die „Guten" und die „Bösen" im Film? Inwiefern versucht Wiesler im Verlauf der Handlung ein besserer Mensch zu sein? Ist es ihm gelungen?

3. Welche Figuren werden im Gegensatz zu Wiesler unmenschlicher? Wie reagiert Wiesler auf seine Vorgesetzten und Kollegen?

4. Minister Bruno Hempf behauptet: „Die Partei braucht den Künstler, der Künstler die Partei aber noch viel mehr." Erklären Sie, was er damit meint. Welche Figuren stimmen anfangs mit ihm überein? Welche nicht?

5. Auf Dreymans Geburtstagsfeier macht Hauser Regisseur Schwalber Vorwürfe, er sei bei der Stasi. Dreyman entschuldigt ihn bei Schwalber, indem er sagt, Hauser hätte zu viel getrunken. Hauser ärgert sich darüber, weil er meint, dass „solche Leute" Jerska kaputt gemacht haben und bis Dreyman bereit sei, etwas zu unternehmen, brauchten sie sich nicht mehr zu sehen. Was meint er damit, dass Jerska kaputt gemacht wurde? Inwiefern und von wem wurde er zu diesem Zeitpunkt kaputt gemacht?

6. Grubitz erklärt Wiesler in der Kantine den wahren Zweck des OV, nämlich, dass sie einem ZK-Mitglied helfen, seinen Rivalen aus dem Weg zu schaffen. Wiesler blickt ihn ernst an und fragt ihn, ob er sich noch an ihren Eid erinnere („Schild und Schwert der Partei"). Darauf antwortet Grubitz: „Aber was ist die Partei denn anderes als ihre Mitglieder?" Später erinnert Grubitz Wiesler daran, dass sie beide „an dieser Liebesgeschichte viel zu gewinnen…oder zu verlieren" haben. Inwiefern sind diese zwei Gespräche entscheidend in Wieslers langsamer Verwandlung zum guten Menschen? Welche anderen entscheidenden Ereignisse fallen Ihnen ein?

7. Henckel von Donnersmarck sagt, dass wenn „der Film eine Aussage hätte, dann wäre es diese: Menschen verändern sich." Inwiefern verändern sich Wiesler und Dreyman? Welche Taten Wieslers sind Beweis seiner allmählichen Veränderung?

8. Warum kann Dreyman erst wieder anfangen zu schreiben, nachdem er seine Stasi-Akten gelesen hat? Wovon könnte der Roman „Die Sonate vom Guten Menschen" handeln? Schreiben Sie eine fiktive Zusammenfassung des Romans.

9. Inwiefern ist es nicht reiner Zufall, dass die Handlung 1984 beginnt? (Tipp: Denken Sie an den berühmten gleichnamigen Roman eines britischen Autors.)

10. Welche politische Botschaft vermittelt dieser Film?

11. Laut Filmkritiker Dieter Wunderlich gab es Stasi-Opfer, die den Film nicht befürwortet haben. Er schreibt: „Einige Stasi-Opfer protestierten gegen die Figur eines Stasi-Offiziers, der sich zum Guten gewandelt haben soll und warfen Florian Henckel von Donnersmarck vor, die Realität in dem Film ‚Das Leben der Anderen‘ verharmlost zu haben."[10] Was meinen Sie? Können Sie die Reaktion der Stasi-Opfer nachvollziehen? Fallen Ihnen andere Filme ein, über die sich betroffene Opfer aufregen würden?

12. In einem Welt-Online Artikel schreibt Werner Schulz, dass *Das Leben der Anderen* keinen Oscar verdient habe, weil er die Wirklichkeit verfehle. „Der gravierendste Fehler des Films besteht darin, dass es einen solchen Stasi-Offizier, der unter Lebensgefahr einen Dissidenten rettet, nicht gab und im System begründet liegt, warum es ihn nie geben konnte." Steven Spielberg hätte laut Schulz weltweite Empörung verursacht, wenn er sich Oskar Schindlers Liste ausgedacht hätte. Weiterhin behauptet er: „Allein die Story eines Stasi-Vernehmers, der sich in eine Gefangene verliebte und nach der Wende heiratete, ist die große Ausnahme und Stoff genug. Doch der erdachte Filmheld wird nicht durch die Liebe oder die abstoßende Drecksarbeit für einen SED-Bonzen,[11] sondern durch Musik bekehrt. Die umwerfende ‚Sonate vom guten Menschen‘ bleibt der Film allerdings schuldig. Die simple Drehbuchidee greift einen Hinweis von Maxim Gorki auf, der von Lenin berichtet, dass der sich Beethoven versagt habe, weil ihn dessen Musik verleite, über Köpfe zu streicheln, während er sich berufen fühlte, Köpfe abzuschlagen. Was wäre uns nach dieser kühnen Übertragung alles erspart geblieben, hätte man im KZ[12] oder für Stalin die richtige Musik gefunden."[13] Finden Sie seine Kritik angemessen? Inwiefern sind Sie derselben oder anderer Meinung?

13. Welche filmischen oder handlungsbezogenen Elemente des Films kommen Ihnen authentisch vor? Was wirkt auf Sie unglaubwürdig?

14. Beschreiben Sie die drei Erzählteile des Films und erklären Sie, warum der Regisseur diese drei Erzählteile und Zeitspannen verwendet.

   - November 1984 - März 1985

   - (Vier Jahre, 8 Monate später) November 1989

   - (Zwei Jahre später) November 1991

---

10 Quelle: http://www.dieterwunderlich.de/Donnersmarck_leben_anderen.htm
11 bigwig
12 Konzentrationslager
13 Quelle: http://www.welt.de/politik/article734960/Das_Leben_der_anderen_hat_keinen_Preis_verdient.html

15. Wählen Sie eine der folgenden Aussagen und erklären Sie, inwiefern sie sich auf die Motive des Films bezieht.

   a. Hempf: Er weiß, dass die Partei zwar den Künstler braucht, der Künstler die Partei aber noch viel mehr.

   b. Jerska: Was hat ein Regisseur, der nicht inszenieren darf? ... Er hat gar nichts mehr.

   c. Christa-Maria: Du bist stark und kraftvoll. Und genauso brauche ich dich. Hol dir nicht diese Kaputtheit in dein Leben.

   d. Dreyman: Kann jemand, der diese Musik gehört hat, ich meine, wirklich gehört hat, noch ein schlechter Mensch sein?

   e. Dreyman: Früher hatte ich immer nur vor zwei Sachen Angst: vor dem Alleinsein und vor dem Nicht-schreiben-Können. Seit Alberts Tod ist mir das Schreiben egal und die anderen Menschen auch. Jetzt habe ich nur noch Angst, ohne dich zu sein.

   f. Christa-Maria: Aber du legst dich genauso mit denen ins Bett. Warum tust du es denn? Weil sie dich genauso stören können, trotz deines Talentes... Weil sie bestimmen, wer gespielt wird, wer spielen darf und wer inszeniert.

   g. Dreyman: Ich hätte etwas tun sollen. – Hauser: Du könntest immer noch etwas tun.

   h. Hauser: Diese Wohnung ist der letzte Ort in der DDR, wo ich ungestraft sagen kann, was ich will.

   i. Hempf: Ich will sie auf jeden Fall nicht wieder auf einer deutschen Bühne spielen sehen.

   j. Christa-Maria: Bitte... gibt es nicht etwas, was ich für Sie tun kann? Für... die Staatssicherheit?... Gibt es irgendetwas, wodurch ich mich noch retten kann?

   k. Grubitz: Bist du noch auf der richtigen Seite?

   l. Wiesler: Denken Sie daran, was der Staat für Sie getan hat, Ihr ganzes Leben lang. Jetzt können Sie etwas für den Staat tun. Und er wird es Ihnen danken. Seien Sie gut zu sich selber.

   m. Dreyman: Dass Leute wie Sie wirklich mal ein Land geführt haben...

Lektüre 1

Der Film *Das Leben der Anderen* basiert nicht auf wahren Begebenheiten. Es gibt dennoch wahre Geschichten von ostdeutschen Familien, die auseinander gerissen wurden und deren Verfolgung, Verhaftung und Verurteilung zu furchtbaren Folgen geführt haben.

Die Geschichte einer mutigen Ehefrau und Mutter[14]

von Lutz Peter Kersten
MDR.DE Special: Damals in der DDR: Ihre Geschichte
www.mdr.de
www.damals-in-der-ddr.de

Eine Frau zerbricht an den Erfahrungen in einem DDR-Gefängnis. Sie und ihre Familie wurden von der Stasi verfolgt, weil sie für ihr persönliches Recht gekämpft haben. Was bleibt, ist immer noch der Wunsch nach Gerechtigkeit...

Zerrissene Familie

Stendal im DDR-Bezirk Magdeburg, 13. April 1988. Im dritten Stock der Igor-Kurtschatowstraße 3 frühstücke ich mit meiner Familie. Anschließend verlässt Mandy das Haus, sie muss in die Schule. Vor dem Haus sitzen drei Männer in einem blassgelben Wartburg. Sie beobachten, wie meine Frau Karin um 8.15 Uhr mit Jessica auf die Straße kommt und zur Bushaltestelle läuft. Sie bringt ihre Tochter in den evangelischen Kindergarten und geht anschließend in die Drogerie, wo sie als Verkäuferin tätig ist. Nach kurzem Warten gehen die Männer in das Haus und klingeln bei uns. Ich liege noch in der Badewanne denn ich habe Spätschicht und muss erst um 14 Uhr los. Sicher hat meine Frau etwas vergessen und klingelt deshalb Sturm. Ich öffne die Tür und zwei Männer zeigen den Ausweis vom Ministerium für Staatssicherheit (MfS). „Es gilt etwas zu klären", sagt ein Offizier. Der andere drückt die Tür weit auf: „Sie sind vorläufig festgenommen." Dann sagt er: „Stellen Sie keine Fragen, für Ihre Familie ist gesorgt."

Während ich von Stendal ins 60 km entfernte Magdeburg in die Untersuchungshaftanstalt der Stasi gebracht werde, öffnet meine Frau die Ladentür der Drogerie. Ihre ersten „Kunden" sind drei MfS-Offiziere, die sie auffordern: „Ziehen Sie Ihren Kittel[15] aus und kommen Sie mit."

Mittags um halb eins steht Mandy auf dem Balkon. Sie ist von der Schule gekommen und wartet auf ihre Mutter. Unten fährt ein weißer Trabbi vor. Zwei Männer und eine Frau steigen aus und rufen ihr zu: „Bist du Mandy Kersten?" –„Ja warum?" fragt sie. Es kommt keine Antwort, nur im Befehlston die Aufforderung: „Zieh dir den Mantel an und komme sofort runter." Die Leute aus dem Trabbi sind Fremde, und mit Fremden geht sie grundsätzlich nicht mit. Minuten später läutet es an der Wohnungstür. „Mach auf, Durchsuchungsbefehl." Mandy öffnet und bittet darum, die Ausweise sehen

---

14   Quelle: http://www.mdr.de/damals-in-der-ddr/ihre-geschichte/1542256.html
15   smock

zu dürfen. Zu dritt stürmen sie die Wohnung. Mandy fragt, wo ihre Eltern seien. Sie sagen nur, die müssten auf Arbeit sein. Sie durchwühlen alle Schubladen und werfen alles auf den Fußboden. Mandy wird in die städtische Poliklinik gebracht. Dort ist schon ihre Schwester Jessica, die bitterlich weint. Auch Mandys Freundin Anja ist von der Stasi zur Untersuchung auf „Heimtauglichkeit" hier abgeliefert worden. Anjas Eltern sind am Morgen verhaftet worden. Die drei Mädchen werden anschließend in ein Kinderheim abtransportiert.

In der Provinzstadt Stendal riss die Staatsmacht am 13. und 14. April 1988 vier von fünf Familien auseinander, die es gewagt hatten, sich in einer Gruppe zusammenzuschließen. Ihre Anträge auf Ausreise in den Westen waren nicht bearbeitet worden, ihre Beschwerden blieben unbeantwortet. Dagegen wollten Sie sich wehren.

Im Verhör

Wir hatten am 01. März 1984 den Ausreise-Antrag gestellt und versichert, dass unser Entschluss unumstößlich ist, niemals aber von staatsfeindlichen Gedanken geprägt war. Dennoch wurden wir von den Behörden und am Arbeitsplatz bedrängt, den Antrag zurückzuziehen. Weil wir standhaft blieben, wurde uns 1985 der Personalausweis entzogen „zum Schutz der DDR." Wir bekamen einen Ersatzausweis „PM12", der sonst nur Ex-Strafgefangenen vorbehalten war.

Stasi-Leute setzten dann das Gerücht[16] in Umlauf, wir wollten illegal die DDR verlassen. Meine Frau verlor ihren Posten als Chefsekretärin beim Rat des Kreises und ich wurde aus dem Fußballclub ausgeschlossen. Wir waren zu „Staatsfeinden" erklärt worden. Trotz aller Repressalien nahm meine Frau, die mittlerweile als Verkäuferin arbeitete, die Verschleppung des Ausreise-Antrages nicht hin. Am 01. März 1988, sechs Wochen vor unserer Verhaftung, suchte sie den zuständigen Mann für Ausreise-Anträge beim Rat des Kreises auf. Ohne Voranmeldung marschierte sie in sein Arbeitszimmer und sagte: "Wenn ein Gorbatschow hier an der Macht wäre, dann säßen Sie nicht mehr auf Ihrem Sessel. Es wird Zeit, dass hier auch endlich was passiert".

In der Untersuchungshaftanstalt in Magdeburg wurde ich nach einer Leibesvisitation[17] in ein kleines Schreibzimmer geführt. Mir wird gesagt, dass meine Frau im selben Gefängnis sei. Schon in der ersten Stunde des Verhörs wird mir klar, dass die Stasi über alle Gespräche und Aktivitäten der Stendaler Gruppe informiert ist: über die Briefe an Bonner Politiker, über den Plan, gemeinsam in Ostberlin zu demonstrieren. Es muss ein Spitzel[18] in der Gruppe gegeben haben. Am Nachmittag fragt der Vernehmer, ob ich eine Tasse Kaffee haben möchte. „Ja, schwarz mit Zucker." Zwanzig Minuten später spüre ich, dass mein Mund merkwürdig trocken wird. Dann habe ich mich sehr locker gefühlt, ein bisschen schummerig, aber sehr leicht und angenehm. Diese Effekte sind typisch für Psychopharmaka. Wie von ehemaligen Häftlingen bekannt ist, setzt die Stasi häufig Faust an, das DDR-Valium ein, um schneller an Geständnisse zu kommen.

Im Laufe des 20stündigen Verhörs gebe ich dann zu, dass ich wegen meiner Ausreise Kontakt zu Politikern in Bonn aufgenommen habe und auch zu einer

---

16 rumor
17 strip-search
18 snitch, spy

Rechtsanwältin in Westberlin. Fast jeden Tag werden wir verhört. Man beschimpft uns als Vaterlandsverräter und als Staatsfeinde. Erst nach drei Wochen dürfen wir einen Anwalt sprechen. Der Kontakt zu meiner Frau ist auf einen Brief in der Woche beschränkt.[19] Meine Frau machte mir immer wieder Mut mit den Worten „Wir sitzen hier wie Vögel im Käfig, aber glaub mir, es ist nicht für ewig…" oder „Ketten werden knapp und brechen sowieso…". Nach sieben Wochen darf meine Frau mit ihrer Mutter sprechen, will viel von den Kindern wissen, die inzwischen bei meinen Eltern lebten, und sagt: „Lasst den Kopf nicht hängen, ich habe doch nichts getan…".

Das Urteil

Nach drei Monaten U-Haft beginnt der Prozess gegen uns vor der Politischen Strafkammer des Bezirksgerichts[20] Magdeburg unter Ausschluss der Öffentlichkeit. „Sei stark. Wir halten das durch", flüsterte meine Frau mir zu, als sie in Handschellen in den Gerichtssaal geführt wird.

Die Verbrechen die uns vorgeworfen wurden:

- Planung einer Demonstration in Ostberlin mit anderen Antragstellern aus Stendal

- Kontaktaufnahme zu bundesdeutschen Politikern, die sie über ihren Ausreise-Antrag informiert hatten (wegen dieser Briefe werden wir noch nach § 99 angeklagt, wegen Landesverräterischer Nachrichtenübermittlung die nicht der Geheimhaltung unterliegt)

Vor der Urteilsverkündung am 15. Juli 1988 sagte meine Frau, sie fühlt sich im Sinne der Anklage als nicht schuldig. Sie kann es als mündige[21] Bürgerin der DDR nicht verstehen, dass ein Udo Lindenberg[22] aus der BRD das Recht genießt, mit Herrn Honecker Briefe und Geschenke auszutauschen, und wir als mündige Bürger dieses Staates nicht das Recht haben, eine Antwort auf unser Ausreiseanliegen zu bekommen. Wir werden zu drei Jahren und zwei Monate Gefängnis verurteilt. Meine Frau kommt in das gefürchtete Frauenzuchthaus Hoheneck bei Stollberg im Erzgebirge und ich nach Brandenburg.

Wochenlang wartete ich auf ein Lebenszeichen von meiner Frau. Ich verstehe nicht, dass sie mir nicht antwortet. Drei Briefe im Monat dürfen wir uns schreiben. Schließlich am 1. September erfahre ich von einem Beamten, dass meine Frau mit einem Nervenzusammenbruch[23] im Haftkrankenhaus Leipzig-Meusdorf liegt. Ich habe die Eltern von meiner Frau darüber informiert, sie wollen sie besuchen, sie werden abgewiesen. Erst zehn Tage später erhalten sie eine Erlaubnis meine Frau zu besuchen. Blass, abgemagert und ängstlich kommt sie auf ihre Eltern zu. Sie sagt immer „Mutti, ich habe alles falsch gemacht. Mutti, du ahnst nicht, was im Gefängnis los ist. Ich war mit Mörderinnen in einer Zelle, die mich beschimpft und bespuckt haben."

Was ist mit ihr los, sie war doch immer so tatkräftig und optimistisch und nun steht sie zitternd vor ihnen. Sie sagt: „Am Anfang habe ich die Medikamente immer

---

19   limit, restrict
20   district court
21   responsible, mature
22   ein Rockmusiker
23   nervous breakdown, collapse

ausgespuckt, weil ich sonst nicht mehr klar denken konnte. Aber ich verspreche euch, ich nehme sie". Sie stand unter Psychopharmaka. Nach neun Wochen kommt meine Frau als „gesunde Strafgefangene" zurück ins Zuchthaus Hoheneck. Zuvor haben die Eltern meiner Frau in zwei Briefen den Chefarzt im Haftkrankenhaus Leipzig-Meusdorf Dr. Jürgen Rogge flehentlich gebeten sich ihrer Tochter anzunehmen und alles zu tun, um Haftverschonung[24] für sie zu erreichen. Nicht einmal eine Antwort haben sie erhalten.

Im Frühjahr 1991 kann sich Dr. Rogge nicht mehr an meine Frau erinnern. Erst nach Einsicht der Akten kann er den „Fall" beurteilen. Der Psychiater: „Bevor Frau Kersten zu uns verlegt wurde, erhielt sie in Hoheneck sehr hohe Dosen an schweren Psychopharmaka, die dreifache Menge dessen, was in akuten Erregungszuständen üblich ist. Sie hat sich schnell erholt". Einen Antrag auf Haftverschonung hätte er nicht begründen können. Sie war gesund. Sie musste zurück nach Hoheneck. Die Schuld trifft die Justiz.

Eine gebrochene Frau

Mitte November 1988 kommen meine Frau und ich in die Abschiebehaft der Stasi nach Karl-Marx-Stadt (heute Chemnitz). Wir sind von Bonn freigekauft worden.[25] Ich darf ohne Aufsicht[26] mit meiner Frau sprechen. Sie ist weggetreten und klagt immer nur: „Ich habe mein Land verraten. Ich habe alles falsch gemacht. Ich komme nicht rüber, die Kinder werde ich nie wiedersehen". Meine beruhigenden Worte erreichen sie nicht. Ich wiederhole, was die Stasi versprochen hat: „Jessica und Mandy werden vor Weihnachten wieder bei uns sein."

Am 25. November 1988 werden wir noch mit acht anderen Häftlingen von zwei Stasi-Offizieren zum Bahnhof begleitet. Morgens um halb sieben setzt sich der Zug Richtung Gießen in Bewegung. „Wir fahren ohne die Kinder, ich kann mich noch gar nicht so richtig freuen", sagt meine Frau. Im baden-württembergischen Kirchentellinsfurt kommen wir in einem Hotel unter, das Verwandten gehört. Unterdessen kümmert sich meine Mutter in Stendal um die Papiere der Kinder. Meine Mutter will die Kinder in ihre neue Heimat begleiten. Meine Frau muss sich in ärztliche Behandlung begeben, Dr. Braun diagnostiziert eine schwere reaktive Depression. Es gibt nur ein Heilmittel, dass schnelle Wiedersehen mit den Kindern. Meine Frau erzählt mir, dass sie vergebens darum gebeten hat, in eine andere Zelle verlegt[27] zu werden. Aus Protest zerschlug sie einen Spiegel und wurde deshalb in eine Arrest-Zelle im Keller gesperrt und ans Bett gefesselt. Mit Spritzen und Tabletten wurde ihr Widerstand gebrochen.

Jeden Tag telefoniere ich mit meiner Mutter in Stendal. Dann die erlösende Auskunft: Am 18. oder 19. Dezember 1988 gehe es los. Die Kinder säßen schon aufgeregt auf ihren Koffern. Wieder ein Anruf, die Papiere der Kinder seien noch nicht fertig. Die Behörden versicherten, dass es endgültig am 21. Dezember klappe. Am späten Vormittag des 21. Dezember trifft aus Stendal ein Telegramm ein: Die Anreise am 21.12. nicht möglich, da Papiere noch nicht vollständig. Weihnachten ohne die Kinder. Meine Frau wird immer stiller. Ich versuche sie zu trösten, kann aber wenig

---

24   suspended sentence
25   to be bought off by the West German government
26   supervision
27   to relocate

helfen. Wir machen einen langen Spaziergang. Am Abend bemüht sich meine Frau ein festliches Essen zuzubereiten. Es ist gegen 22 Uhr, als sie sagt: „Ich gehe mal eben hoch." Zehn Minuten später will ich nach ihr sehen. Meine Frau ist aus dem Fenster im dritten Stock gesprungen. Sie ist sofort tot.

Vier Tage zu spät

Vier Tage danach, am Morgen des 30. Dezember 1988 werden meine Kinder gefragt, ob sie wirklich zu uns möchten. Sie sagen: „ja." Um 13.25 Uhr sitzen sie mit meiner Mutter im Zug nach Stuttgart. Eine Stunde später, als sie die Grenze passiert haben, schicke ich meinen Schwiegereltern per Telegramm die Nachricht über den Tod ihrer Tochter. Um die Ausreise meiner Kinder nicht zu gefährden, habe ich so lange gewartet. Aufgedreht und übermüdet liegen meine Kinder um Mitternacht mir in den Armen und fragen nach ihrer Mutter. Ich habe ihnen gesagt, dass sie krank ist und im Krankenhaus liegt. Erst am nächsten Tag will ich ihnen sagen was geschehen ist. Meine Mutter steht unter Schock und sagt immer: „Vier Tage zu spät." In Wahrheit waren die Entlassungsurkunden der Kinder schon am 19. Dezember 1988 abgestempelt worden vom Rat des Bezirkes. Aber meine Mutter bekam noch zwei Tage danach die Auskunft, die Papiere seien noch nicht fertig.

Inzwischen hat das Versorgungsamt Rottweil ein nervenärztliches Gutachten[28] über die Selbsttötung von meiner Frau nach Aktenlage erstellen lassen. Es kommt zu dem Schluss: „Mit an Sicherheit grenzender Wahrscheinlichkeit ist davon auszugehen, dass die depressiv paranoide Psychose als Folge der Haft zum Suizid geführt hat. Ein unmittelbarer kausaler Zusammenhang mit den Ereignissen während der Haft liegt somit vor."

Ich bin es meinen Kindern schuldig, dass die Verantwortlichen wegen Freiheitsberaubung, politischer Verfolgung und fahrlässiger Tötung[29] zur Rechenschaft gezogen werden.

zuletzt aktualisiert: 26. August 2004 | 12:20

Quelle: MDR.DE

1. Warum wurden diese und andere Familien in der sogenannten „Stendaler Gruppe" vom MfS verhaftet und verurteilt?

2. In welchem Jahr passierte das? Was ist aus historischer Ansicht besonders tragisch daran?

3. Wo war der Mann, bevor er in die Untersuchungshaftanstalt der Stasi gebracht wurde?

4. Wo wurde seine Frau geschnappt?

5. Durften sie sich von ihren Kindern verabschieden?

6. Wohin wurden die Töchter Mandy und Jessica gebracht?

---

28 neurologist's medical report or opinion
29 involuntary manslaughter, negligent homicide

7. Warum wurde ihnen 1985 der Personalausweis entzogen?

8. Warum verlor seine Frau ihren Posten als Chefsekretärin beim Rat des Kreises, und warum wurde er aus dem Fußballclub ausgeschlossen?

9. Was tat die Stasi in seinen Kaffee und warum?

10. Gab er letztendlich seine „Schuld" zu?

11. Wie oft durfte er zu seiner Frau Kontakt haben?

12. Nach wie vielen Wochen durfte seine Frau Kontakt zu ihren Eltern haben, um nach den Kindern zu fragen?

13. Nach wie vielen Monaten begann der Prozess gegen sie?

14. Zu wie vielen Jahren Gefängnis wurden sie verurteilt?

15. Warum kam seine Frau ins Haftkrankenhaus?

16. Musste sie zurück ins Gefängnis, oder wurde ihr eine Haftverschonung genehmigt?

17. Warum durften er und seine Frau in den Westen?

18. Wie fühlten sie sich dabei, die DDR ohne ihre Kinder zu verlassen?

19. Bei seiner Frau wurde eine Depression diagnostiziert. Was wäre laut Arzt das einzige Heilmittel gewesen?

20. An welchem Tag beging seine Frau Selbstmord? Wie brachte sie sich um?

21. An welchem Tag kamen ihre Töchter aus der DDR?

22. Was verursachte laut Nervenarzt den Selbstmord seiner Frau?

23. Inwiefern kann diese wahre Geschichte mit der fiktiven Handlung „Das Leben der Anderen" verglichen werden? Inwiefern sind die Geschichten sehr verschieden?

24. Florian Henckel von Donnersmarck hätte eine authentische Geschichte verfilmen können. Warum hat der Regisseur das Ihrer Meinung nach nicht gemacht? Was wären die Folgen, wenn sein Film auf wahren Begebenheiten basieren würde?

Lektüre 2

Interview mit Florian Henckel von Donnersmarck und Ulrich Mühe

„Gottseidank ist dieser DDR-Irrsinn vorbei"[30]

von Gerald Praschl
http://www.praschl.net

Herr Mühe, Sie waren selbst prominenter DDR-Schauspieler. Wie realistisch ist der Film »Das Leben der Anderen«?

Mühe: Das ist alles sehr real. Genau wie der Film zeigt, rieben die meisten von uns sich wirklich täglich an den Widersprüchen zwischen dieser Ideologie und der Realität. Da ging es uns sicher nicht anders als den meisten DDR-Bürgern.

Der Film »Das Leben der Anderen« erzählt die Geschichte eines DDR-Künstlers, der von der Stasi überwacht wird. Von der Stasi-Abteilung XX/7, die auch Sie damals bespitzelte. Was steht denn in Ihren Stasi-Akten?

Mühe: Ich war erstaunt, dass die Stasi schon während meiner Studienzeit 1976 eine Akte über mich eröffnete. Ich wollte als Student kurz nach der Ausbürgerung des Liedermachers Wolf Biermann Unterschriften sammeln für eine Petition für Biermann, die wir nach Berlin schicken wollten. Woraufhin mir mein Leiter an der Uni den Rauswurf androhte. Ich fand in meiner Akte außerdem Spitzel-Berichte von Nachbarn und Kollegen über mich. Das alles kann man natürlich nicht vergleichen mit den schlimmen Dingen, die Menschen erlebt haben, die wegen ihrer politischen Überzeugung eingesperrt wurden. Oder die von der Stasi mit massivem Psychoterror überzogen wurden. Ich fühle mich nicht als Opfer der Stasi.

Viele DDR-Schauspieler gingen nach Konflikten mit dem Regime in den Westen, wie Manfred Krug, Armin Mueller-Stahl oder Jürgen Heinrich. Sie sind bis 1989 geblieben...

Mühe: Ich hatte mir seit 1985 die Möglichkeit geschaffen, jederzeit in den Westen reisen zu können, um auch dort als Schauspieler zu arbeiten. Das war natürlich ein großes Privileg, ich gebe es zu. Immer, wenn ich in West-Berlin war, hatte ich da im Hinterkopf den kleinen Störenfried, der mir sagte: Bleib doch einfach da! Wieso fährst du denn wieder zurück? Auf der anderen Seite war einer, der sagte: Du bist an einem tollen Theater in Ost-Berlin, bekommst dort Traum-Rollen. Deine Eltern leben da. Du hast dort deine Familie. Die DDR war meine Heimat. Und die kann man halt nicht mitnehmen. So bin ich nach jedem West-Besuch wieder nach Hause gefahren. Insbesondere die letzten Jahre in der DDR waren für mich auch sehr wichtige und intensive Zeit. Das Theater war doch einer der wenigen Orte im Lande, in dem sich die Leute nicht belogen fühlen mussten. Ich empfand auch eine Verantwortung, dieses kostbare Gut zu bewahren.

---

30   Quelle: http://www.praschl.net/113.0.html

Herr von Donnersmarck, Sie stammen aus dem Westen und waren zur Wende 1989 erst 16 Jahre alt. Können Sie sich überhaupt vorstellen, wie das Leben in der DDR war?

Donnersmarck: Die DDR und die Teilung Deutschlands waren bei uns in der Familie immer ein großes Thema. Meine Mutter ist in Sachsen-Anhalt aufgewachsen. Klar, ich habe nicht dort gelebt. Aber als Autor und Regisseur muss man sich in jede Situation hineindenken können. Ich habe bei der Recherche mit Experten und vielen Stasi-Opfern gesprochen. Und natürlich auch mit Stasi-Offizieren.

Vielleicht wären Sie ja auch bei der Stasi gelandet, wenn Sie im Osten geboren worden wären...

Donnersmarck: Ich kann mir gut vorstellen, dass ich in einige Ideologiefallen getappt wäre. Aber ich würde hoffen, dass ich, wie ein großer Teil der Bevölkerung der DDR das ja auch tatsächlich getan hat, erkannt hätte: Für so einen Sozialismus will ich nicht eintreten.

Mühe: ... das wäre ja furchtbar, wenn nur die Leute Filme machen dürften, die das alles selbst erlebt haben.

Wie denken denn diese Ex-Stasi-Offiziere darüber heute?

Donnersmarck: Reue begegnete mir nicht. Die meisten waren gläubige Kommunisten. Und halten das, was sie getan haben, noch heute für richtig. Sie boten mir aber einen interessanten Blick auf ihre Sicht. Es sind überwiegend sehr gebildete, intelligente Leute. Die Stasi brauchte keine Knochenbrecher wie einst die Gestapo, sondern Spezialisten für ihren ausgefeilten Psychoterror, mit dem sie versuchten, die Seelen der Menschen zur brechen.

Mühe: Trotzdem denke ich, dass die Revolution von 1989 auch deshalb friedlich verlief, weil bei der Stasi und SED kaum noch einer an das System geglaubt hat. Sie waren nicht mehr bereit, die Waffen zu zücken, um an der Macht zu bleiben. In den letzten Jahren der DDR haben sich doch selbst die Funktionäre den Sozialismus nur noch vorgespielt, ein großer Spuk. Ich erinnere mich noch gut an die Mai-Demo 1989. In welches Gesicht man auch blickte: Man sah den Leuten an, dass sie das alles nicht mehr glaubten.

Wenn von Stasi die Rede ist, dann meist, wenn ein Künstler, Politiker oder Sportler als IM enttarnt wird.[31] Schaden solche Enthüllungen nicht dem Ansehen der Ostdeutschen?

Mühe: Natürlich beschämt mich, dass es den SED-Staat und sein Spitzelsystem gab. Auch wenn der Einzelne nur wenig gegen diesen Apparat machen konnte, frage ich mich, wie wir dieses System so lange ertragen konnten. Wenn man sich heute damit beschäftigt, kommen einem immer mehr Dinge von damals absurd vor. Aber auch im Westen gab es ja leider genügend Leute, die die SED-Propaganda für bare Münze nahmen.

Gerade hat CSU-Politiker Peter Gauweiler gefordert, dass man die Stasi-Akten schließen solle...

Mühe: Die Stasi-Akten müssen offen bleiben. Es gibt doch viele, die sich erst heute trauen, in ihre Akten reinzuschauen. Die einfach diesen zeitlichen Abstand brauchten, um die Kraft dafür zu sammeln. Diese Zeit muss man ihnen lassen.

---

31   to be exposed, revealed

Fühlen Sie sich als „Deutscher zweiter Klasse"?

Mühe: Heute nicht mehr. Aber es hat schon genervt, dass mich noch viele Jahre nach der Wiedervereinigung viele Medien als „ehemaligen Oststar" bezeichneten. Das ist auch ein Stück Rassismus, wenn man es hart formuliert. Man hätte doch auch Uschi Glas nicht als „ehemaligen Weststar" bezeichnet.

Sie haben die Wende-Demo am 4. November 1989 auf dem Berliner Alexanderplatz mitorganisiert, die zum Sturz der SED beitrug...

Mühe: Korrekterweise muss man sagen: Wir haben damals für eine gewandelte DDR demonstriert und nicht für die Wiedervereinigung. Unser Anspruch war sicher vermessen. Fünf Tage später fiel die Mauer und die DDR hatte sich erledigt. Ich bin heute sehr glücklich, im vereinten Deutschland zu leben. Gott sei Dank ist dieser DDR-Irrsinn vorbei!

1. Inwiefern konnte sich Ulrich Mühe mit der Figur von Dreyman besonders identifizieren?

2. Warum fühlte er sich im Vergleich zu anderen nicht als Opfer der Stasi?

3. Warum ist Mühe in der DDR geblieben? Hatte er Gelegenheiten, in den Westen zu gehen?

4. Wie verteidigt sich Florian Henckel von Donnersmarck gegen die Frage, ob er sich überhaupt vorstellen könne, wie das Leben in der DDR war?

5. Liegt das Bundesland Sachsen-Anhalt, aus dem Henckel von Donnersmarcks Mutter stammt, im ehemaligen Osten oder gehörte es auch zur DDR-Zeit zu der BRD?

6. Wie finden Sie die Aussage des Journalisten, dass Henckel von Donnersmarck vielleicht auch bei der Stasi gelandet wäre, wenn er im Osten geboren worden wäre?

7. Mühe meint: „Das wäre ja furchtbar, wenn nur die Leute Filme machen dürften, die das alles selbst erlebt haben." Wie ist Ihre Meinung dazu? Muss ein Schriftsteller etwas erlebt habe, um darüber schreiben zu können? Wie hat sich Henckel von Donnersmarck auf das Thema vorbereitet?

8. Wie beschreibt Henckel von Donnersmarck die Ex-Stasi-Offiziere, zu denen er Kontakt hat oder hatte?

9. Warum glaubt Mühe, dass die Revolution von 1989 friedlich verlief?

10. Warum will Mühe, dass die Stasi-Akten noch offen bleiben? Was meinen Sie? Wie lange sollen Stasi-Opfer oder ehemalige DDR-Bürger im Allgemeinen freien Zugang zu ihren Akten haben?

11. Erklären Sie, was Mühe als „ein Stück Rassismus" beschreibt.

12. Mühe erwähnt, sie haben „damals für eine gewandelte DDR demonstriert und nicht für die Wiedervereinigung". Was meint er damit? Was ist der Unterschied? Freut er sich trotzdem über die Endergebnisse der Proteste und Demonstrationen?

13. Was würden Sie Ulrich Mühe über seine Filme oder sein Leben fragen?

14. Was würden Sie Florian Henckel von Donnersmarck über seine Filme oder sein Leben fragen?

15. Über welchen anderen Schauspieler im Film möchten Sie mehr wissen?

Berlin is in Germany

BR Deutschland 2001

Regie und Drehbuch: Hannes Stöhr

Darsteller: Jörg Schüttauf (Martin Schulz), Julia Jäger (Manuela Schulz), Robin Becker (Rokko Schulz), Tom Jahn (Peter Pau), Edita Malovcic (Ludmilla), Robert Lohr (Wolfgang Riedel), Valentin Platareanu (Victor Valentin) und Oscar Martìnez (Enrique Cortés)

FSK: ab 12 Jahren.

Länge: 93 Min.

Dank mehrerer Auslandsaufenthalte kennt Regisseur Hannes Stöhr (geb. 1970) das Gefühl, in einem Land und einer Kultur fremd zu sein. Nach dem Abitur und dem Zivildienst in der Psychiatrie hat er Reisen nach Mittel- und Südamerika unternommen, und als Jurastudent in Spanien studiert. Mit Fremdsprachen kennt er sich auch gut aus, denn er spricht Spanisch, Englisch, Französisch und Galego-Portugiesisch. Von 1995 bis 2000 studierte Stöhr Drehbuch und Regie an der Deutschen Film und Fernsehakademie Berlin (DFFB). „Berlin is in Germany" ist sein erster Kinofilm und gleichzeitig sein Abschlussfilm für die DFFB.[1]

---

1   Quelle: http://www.stoehrfilm.de/

Auszeichnungen (Auswahl)

Internationale Filmfestspiele Berlin (2001): *Panorama Publikumspreis*
Kritikerpreise des Verbandes der deutschen Kritiker (2002): *Bester Film*
Preis der Deutschen Filmkritik (2002): *Bester Hauptdarsteller* (Jörg Schüttauf)
Filmkunst Schwerin (2001): *Publikumspreis*

Zusammenfassung des Films

Nach elf Jahren Haft wird Martin aus dem Gefängnis entlassen. Alles im Westen kennt er nur aus dem Fernsehen, denn der ehemalige DDR-Bürger wurde noch vor der Wende wegen Mordes verurteilt. Elf Jahre wartet er auf seine Entlassung. Elf Jahre wartet er, um zum ersten Mal seinen Sohn Rokko zu treffen. Seine Frau Manuela war hochschwanger, als er ins Gefängnis ging. Doch als er endlich entlassen wird, ist alles anders. Seine Frau hat einen neuen Freund. Sein Sohn ist elf. Sein Geld ist nicht mehr gültig. Und die DDR gibt es nicht mehr. Kann er nach seiner langen Gefängnisstrafe in dieser neuen Welt wieder auf die Beine kommen? Wer wird ihm treu zur Seite stehen?

Figuren

Martin Schulz ist frisch aus dem Knast und kommt in einer fremden Welt an. Von einer Berliner Zeitung wird er sogar der „letzte Ossi" genannt. Aber Martin ist resolut und versucht, seine Vergangenheit und die gegenwärtigen Schwierigkeiten zu bewältigen.

Manuela Schulz genießt ihr neues Leben nach der Wende. Ein gebildeter Freund, ein schickes Haus mit Deko-Objekten aus aller Welt, und ein Beruf als Reisebürokauffrau gehören dazu. Passt ihr Mann mit seiner 11jährigen Haftstrafe in dieses Leben?

Rokko Schulz ist ein typischer 11Jähriger. Er spielt gern Gameboy und Computerspiele und muss Hausaufgaben machen. Nur seinen Vater kennt er nicht.

Manuelas Freund **Wolfgang Riedel**, der aus Süddeutschland stammt und auch dort studiert hat, ist Lehrer. Er ist Martin gegenüber misstrauisch. Würde die Entscheidung bei Wolfgang liegen, hätte Martin keinen Kontakt zu Manuela und Rokko.

Peter Pau, ein ehemaliger Arbeitskollege von Martin, kommt seit der Wende mit seinem Leben nicht mehr zurecht. Auf der Baustelle in Stuttgart hat er es als „Zonie" nicht lange ausgehalten. Als Fußbodenleger und Eismann (Eisverkäufer) hat er auch keinen Erfolg. Er hat es nicht einmal gepackt, vom Dach zu springen, um seinem Elend (*misery*) ein Ende zu machen.

Victor Valentin und Martin waren in Brandenburg im gleichen Gefängnis. Victor hat einen Sex-Shop in Berlin, wo Martin ab und zu pennt und dann später im Laden aushilft. Victor betreibt illegale Geschäfte im Laden und wird von der Polizei gesucht. Wird Martin auch wieder im Gefängnis landen?

Ludmilla alias Natascha ist Studentin und verdient sich nebenbei Geld als Tänzerin im Sex-Shop. Ihre Mutter kommt aus Mazedonien und ihr Vater aus der Ukraine. Ludmilla ist in Ungarn geboren, in Kroatien aufgewachsen, nach Österreich gegangen, und nimmt an einem Austauschprogramm in Berlin teil.

Ein ehemaliger Arbeitskollege, **Enrique Cortés,** und Martin treffen sich zufällig in Berlin wieder, nachdem Martin entlassen wurde. Enrique lässt Martin sein Mercedes-Benz-Taxi fahren. Danach ist Martin Feuer und Flamme, auch Taxifahrer zu werden.

Kultureller und historischer Hintergrund

Die Wende[2]

In diesem Film hört man die Frage „Wo waren Sie zur Wende?" Unter *Wende* versteht man hauptsächlich die Geschehnisse am 9. November 1989, als zahlreiche Ostdeutsche über die Grenze nach West-Berlin gingen, also den „Fall" der Berliner Mauer. Aber was führte zum „Fall" der Mauer? Die Berliner Mauer, eins der bekanntesten Symbole des Kalten Krieges, wurde 1961 gebaut und trennte die DDR von West-Berlin. Viele Menschen, die versuchten aus der DDR zu fliehen, starben an der Grenze. Im Herbst 1989 fing eine „friedliche Revolution in der DDR" an.[3] Im September gab es ostdeutsche Demonstranten, die gegen das Ausreiseverbot protestierten. Tausende DDR-Bürger flohen über die offene Grenze in Ungarn nach Österreich oder direkt über die Tschechoslowakei (die sogenannte *Republikflucht*). Eine Million Demonstranten versammelten sich am 4. November am Alexanderplatz. In einer Pressekonferenz am 9. November machte Günter Schabowski, SED-Politbüro-Mitglied, bekannt, dass Privatreisen ins westliche Ausland ab sofort beantragt werden konnten* (*could be applied for*), und dass die Ausreisemöglichkeit auch für West-Berlin galt.[4] Tausende Ostberliner begaben sich zu den Grenzübergängen, wo sie forderten, die Grenze zu überschreiten. „Ohne konkrete Anweisungen und unter dem Druck der Massen wurde um 23.30 Uhr der Grenzübergang Bornholmer Straße in Berlin für DDR-Bürger geöffnet."[5] Der offizielle Abriss der Mauer begann am 13. Juni 1990. Am 1. Juli 1990 trat die Währungsunion zwischen der BRD und der DDR in Kraft. Am 3. Oktober 1990 trat die DDR der BRD bei.

Berlinisch[6]

Berlinisch (oder Berlinerisch) enthält Elemente diverser sprachlicher Quellen, u. a. dem märkischen Plattdeutsch, dem Sächsischen und dem Jiddischen. Außerdem gibt es viele Wörter französischen Ursprungs. Folgende drei phonetische Merkmale sind für den Berliner Dialekt kennzeichnend: 1) [g] wird als [j] ausgesprochen (z. B., gut → jut, gegangen → jejangen); 2) [au] spricht man als langes [o] aus (z. B., kaufen → koofen); und 3) statt [ei] sagt man langes [e] (z. B. ein → een, kein → keen). Außerdem sagt man „ick" oder „icke", „dat" und „wat" statt „ich", „das" und „was", und das Auslaut [t] wird—wie in vielerorts—von „nicht" und „ist" wegelassen. In diesem Film hört man Wörter und Aussprachen, die dem Berlinerischen entstammen. Vgl. folgende Beispiele aus dem Film.

Nicht mal **dit** kann **ick**.

Kiek mal. **Dit** ist ja **eene** Überraschung.

Du siehst **jut** aus.

Ick weeß nicht.

Jenau. Wer kommt denn auf so **wat**?

---

2   Quellen: http://de.wikipedia.org/wiki/Wende_(DDR), http://de.wikipedia.org/wiki/Berliner_Mauer#Mauerfall, http://en.wikipedia.org/wiki/Berlin_Wall

3   Quelle: http://de.wikipedia.org/wiki/Wende_(DDR)

4   Quelle: http://de.wikipedia.org/wiki/Berliner_Mauer#Mauerfall

5   Quelle: http://de.wikipedia.org/wiki/Berliner_Mauer#Mauerfall

6   Quellen: http://www.focus.de/schule/familie/dialekte/dialekte_aid_28828.html und http://www6.dw-world.de/de/1080.php. Einen Überblick der deutschen Dialekte mit Hörproben gibt es bei http://www6.dw-world.de/de/dialekt.php und http://www.focus.de/schule/familie/dialekte.

Dat bin **ick**?

Dit ist **eenfach**.

Aber **dit** hier ist cool, oder?

Ick bin sowieso nicht mehr lange hier, egal ob **dit** Ding **jut** läuft oder schlecht.

Dem stereotypen Sprecher des Berlinischen (manchmal auch „Berliner Schnauze" genannt) werden folgende Merkmale zugeschrieben: „direkt, schnodderisch, undiplomatisch und manchmal respektlos."[7] Insofern ähnelt Berlinisch anderen Stadtmundarten, z. B. den Cockney- und New-York-Dialekten im anglo-amerikanischen Sprachraum.

 **Zur Vorbereitung**

I. Wortschatz

Martins Bestrafung (*punishment*)

die Bewährung: *probation*

der/die Bewährungshelfer/in: *probation officer*

das Delikt: *crime, offense*

entlassen [entlässt, entließ, hat entlassen]:
   to release, fire, lay off

das Gefängnis: *prison, jail*

der Häftling: *detainee, prisoner, inmate*

die Justizvollzugsanstalt: *penitentiary,
   correctional facility*

der Knast: *slammer (coll.)*

der Knasti: *prisoner, inmate (coll.)*

der Maschinenschlosser: *machinist, engine fitter*

der Mord: *murder*

der Sonderfall: *special or particular case, exception*

die Straftat: *felony, criminal offense*

der Totschlag: *manslaughter*

umbringen [brachte um, hat umgebracht]: *to kill*

unter Führungsaufsicht stehen: *supervised assistance
   for former prisoners rehabilitating into society*

verurteilen [verurteilte, hat verurteilt]: *to sentence,
   convict*

vorbestraft sein: *to have a criminal record*

Martins Vergangenheit

sich anmelden [meldete sich an, hat sich
   angemeldet]: *to enroll, sign up for or register*

beunruhigen [beunruhigte, hat beunruhigt]:
   to trouble, concern or worry

die BRD (Bundesrepublik Deutschland): *Federal
   Republic of Germany, the former West Germany,
   present-day Germany*

die DDR (Deutsche Demokratische Republik):
   *German Democratic Republic, the former East
   Germany*

das Hausbuch: *a register with name, birthdate,
   occupation, and location of the apartment of all*

*tenants in a house. Visitors from within the GDR
   who were staying longer than 3 days were
   required to report to the person in charge of the
   Hausbuch and have their information recorded.
   Visitors from outside of the GDR had 24 hours to
   have their information recorded.*[8]

der Ossi: *term for someone from the former East
   Germany*

Par. 213: *according to Paragraph 213 of the GDR
   Criminal Code, unlawfully crossing the East
   German border was an illegal and punishable
   offense*[9]

---

7   Quelle: Dorothea Topf (Deutsche Welle): Alltagsdeutsch (23/05) 07.06.2005 „Berliner Schnauze" http://www.dw-world.de/dw/article/0,1564,1606951,00.html

8   Quelle: http://de.wikipedia.org/wiki/Hausbuch_(DDR)

9   Quelle: http://de.wikipedia.org/wiki/Ungesetzlicher_Grenzübertritt

der Personalausweis: *identification card*
die Pflicht: *duty, obligation, responsibility*
schwanger: *pregnant*
die Unregelmäßigkeit: *irregularity*
verheiratet: *married* (frisch verheiratet = *just married*)

die Wende: *fall of the Berlin Wall, reunification of East and West Germany*
der Zonie: *derogatory term for someone from the former East Germany*

Martins Freunde

abhauen [haute ab, ist abgehauen]: *to leave, take off, piss off (coll.)*
der Alexanderplatz (der Alex): *location in Berlin where the well-known television tower stands*
der Banküberfall: *bank hold-up, bank robbery*
die Baustelle: *construction site*
bescheuert: *crazy, nuts, stupid (coll.)*
die Blutgruppe: *blood type*
der Durchsuchungsbefehl: *search warrant*
der Einheimische: *a local (person)*
Geld schulden [schuldete, hat geschuldet]: *to owe money*
großzügig: *generous*

das Handy: *cell phone, mobile phone*
der Kumpel: *buddy, pal*
der Panzer: *tank (mil.)*
pennen [pennte, hat gepennt]: *to sleep, to crash (coll.)*
jemanden in Ruhe lassen [lässt, ließ, hat gelassen]: *to leave alone*
springen [sprang, gesprungen]: *to jump*
sich stellen [stellte sich, hat sich gestellt]: *to turn oneself in, surrender*
die Telefonzelle: *telephone booth*
überlegen [überlegte, hat überlegt]: *to think about, ponder, deliberate*

Martins Zukunft

auswendig lernen [lernte, hat gelernt]: *to memorize, learn by heart*
sich einmischen [mischte sich ein, hat sich eingemischt]: *intervene, interfere*
die Enttäuschung: *disappointment, let down*

die Hoffnung: *hope*
der Taxiführerschein: *taxi driver's license*
umbenennen [benannte um, hat unbenannt]: *to rename*

II. Wortschatzübung

Setzen Sie das passende Wort aus der Liste in die Lücken ein.

Substantive (S)		Verben (V)	Adjektive/Adverbien (A)
Taxiführerschein	Wende	lernt auswendig	schwanger
Maschinenschlosser	Banküberfall	einmischen	großzügig
Enttäuschung	Knast	umgebracht	vorbestraft

Kurz vor der _____ (S) hat Martin einen Mann versehentlich (V). Elf Jahre später ist er frisch aus dem _____ (S). Er freut sich, seine Freunde wiederzusehen. Martin ist _____ (A) und zahlt die Schulden von seinem Freund, Peter. Obwohl er Berufserfahrung als _____ (S) hat, findet er keine Arbeitsstelle. Deswegen arbeitet er als Aushilfe für seinen Freund, Victor. Victor, der einen _____ (S) begangen hatte, war im gleichen Gefängnis mit Martin. Martins Frau Manuela war _____ (A), als Martin verurteilt wurde. Martin will sich in ihr

Leben nicht _____ (V), aber er will unbedingt Kontakt zu seinem Sohn Rokko haben. Martin _____ (V) den Stadtplan von Berlin (V) und will den _____ (S) machen. Doch darf er die Prüfung nicht schreiben, weil er _____ (A) ist. Nach dieser _____ (S) fällt es ihm schwer, neue Hoffnung aufzubauen.

III. Ideen sammeln/ Brainstorming

1. In diesem Film wollten Martin und seine Frau Manuela die DDR verlassen, aber ihre Pläne gingen schief, nachdem Martin einen Mann unabsichtlich umbrachte. Martin saß 11 Jahre im Gefängnis und lernt seinen Sohn erst 11 Jahre nach seiner Geburt kennen. Die DDR gibt es nicht mehr, und seine Frau hat einen neuen Freund. Mit welchen Schwierigkeiten wird Martin wohl konfrontiert? Wie wird er mit seiner Situation zurecht kommen?

2. Stellen Sie sich vor, Sie haben Ihren Universitätsabschluss und nehmen einen Job im Ausland an. Sie bleiben fünf Jahre im Ausland. Nun kommen Sie nach fünf Jahren zum ersten Mal wieder nach Hause, wo sich alles geändert hat. Es gibt eine neue Regierung, neues Geld und neue Grenzen. Sie wissen nicht mehr, wo Ihre Freunde sind. Ihre jüngeren Geschwister erkennen Sie fast nicht, weil sie so groß geworden sind. Beschreiben Sie, wie Sie sich fühlen und wie Sie mit der Situation klar kommen. Wie fangen Sie an, sich ins neue bzw. alte Leben zu integrieren?

IV. Internet-Übungen

(available online through the Focus website: http://www.pullins.com/)

V. Milling-Aktivität

Unterhalten Sie sich mit anderen Studenten im Klassenzimmer und notieren Sie ihre Antworten.

1. Bist du vor oder nach dem Fall der Berliner Mauer (November 1989) geboren?

2. Wie viele Stunden pro Woche siehst du fern?

3. Wie heißt deine Lieblingsfernsehsendung?

4. Verreist du gerne?

5. Hast du schon eine Reise ins Ausland gemacht? Wohin?

6. In welches andere Land würdest du gerne reisen?

7. Wie viele Einwohner hat deine Heimatstadt bzw. dein Heimatdorf ungefähr?

8. Würdest du in einer amerikanischen Großstadt wie z. B. New York (8 Millionen Einwohner), Los Angeles (4 Millionen), Chicago (3 Millionen) oder Houston (2 Millionen) wohnen wollen?

9. Welche Stadt mit ca. 3,5 Millionen Einwohnern ist deiner Meinung nach wohl die größte Stadt Deutschlands: Berlin, Hamburg oder München?

10. Bist du schon mit einem Taxi gefahren? In welcher Stadt?

Erklär's mir: past tense subjunctive II with modal verbs

The subjunctive mood in German is used to express actions or situations that are hypothetical or contrary to fact, to express wishes, or to make polite requests. The past tense subjunctive II is formed using *hätte* or *wäre* plus the past participle. With modal verbs *hätte* is used with a double infinitive. When this form occurs in a dependent clause, for example in a *dass-* or *wenn*-clause, the finite (conjugated) verb comes in front of the double infinitive.

Folgende sind Beispiele aus dem Film, in denen die Vergangenheitsform von Konjunktiv II mit Modalverben vorkommt. Beachten Sie den Doppelinfinitiv und die Stellung von *hätte* in den untergeordneten Nebensätzen.

A.

Martin: Keek mal. Kennst du die Zeitung Berlin News? Sie haben gefragt, wo ich zur Wende war.

Peter: Die **hätten** mich mal **fragen sollen**. Denen hätte ich wat erzählt. Weißt du, wo ich gewesen bin, während der Wende? [...]

Peter: Ich sagte, ich hätte nicht gewusst, was wir **hätten machen sollen,** wenn wir **hätten ausrücken müssen**. Reden hast du auch nicht können, weil immer jemand dabei war von der Firma (= Stasi). Sie **hätten** uns **erschießen lassen**, wäre ihnen scheißegal gewesen wie in China.

B.

Manuela: Und ich hatte Angst. Einfach nur Angst. Eigentlich wollte ich Martin die ganze Geschichte nicht erzählen. Ich **hätte** es ihm nicht **sagen sollen**. Ich **hätte es** ihm einfach nicht **sagen sollen**.

C.

Bewährungshelferin: Herr Schulz, warum haben Sie sich überhaupt mit diesem Viktor Valentin eingelassen? Sie wussten doch, dass es kein Umgang für Sie ist. Und dann die Geschichte mit dem Taxiführerschein. Ich **hätte** Ihnen **sagen können**, dass man in Ihrem Fall spezielle Gutachten braucht. Sie können den Taxiführerschein machen! Aber erst, wenn Sie im Leben wieder Fuß gefasst haben und wenn ein krimineller Rückfall nicht mehr anzunehmen ist.

VI. Die Handlung voraussagen

Denken Sie noch einmal an die Übungen, die Sie zum Thema *Berlin is in Germany* gemacht haben. Wovon handelt der Film Ihrer Meinung nach? Welche Erwartungen haben Sie an den Film?

1. In welches Filmgenre würden Sie *Berlin is in Germany* einordnen? (z. B. Liebesfilm, Kinderfilm, Komödie, Thriller, Horrorfilm, Action, Drama, Historienfilm, Science Fiction oder Western)

2. Welche Zielgruppe wird dieser Film ansprechen, z. B. Kinder, Jugendliche/Teenager, Frauen, Männer, Studenten, Sportler usw.?

3. Wie und wo wird die Geschichte anfangen?

4. An welchen dieser Drehorte werden keine Filmaufnahmen gemacht? In einem Gefängnis, in einer Schule, an einer Uni, in der U-Bahn, in einem Taxi, in einem Hotelzimmer, in einer Bank, in Süddeutschland, bei einem Reisebüro oder auf einem Dach?

5. Schauen Sie sich das Standfoto auf der ersten Seite dieses Kapitels an. Was passiert in dieser Szene? Wird sie gegen Anfang, Mitte oder Ende des Films geschehen?

6. Wird der Film ein Happy-End oder eher ein trauriges Ende haben? Begründen Sie Ihre Antwort.

Zum Inhalt

I. Richtig oder falsch?

Geben Sie an, ob die Aussagen richtig oder falsch sind und verbessern Sie die Falschen.

1. Als Martin aus dem Gefängnis entlassen wird, hat er nur seine Tasche und ein Radio dabei.

2. Martin kauft im Spielzeugladen ein Geschenk für seinen Sohn.

3. Martin findet seinen alten Kumpel Enrique auf einem Dach, von dem er springen wollte.

4. Zwei Journalistinnen wollen Martin interviewen, weil er zur Wende im Gefängnis war.

5. Manuela und Wolfgang haben Besuch aus Russland, als Martin vorbeikommt.

6. Manuela erzählt Wolfgang die Geschichte, wie Martin den Hausprüfer umbrachte.

7. Manuela liest den Zeitungsartikel über Martin nicht.

8. Peter ist Taxifahrer.

9. Martin lernt Ludmilla in einer Kneipe kennen.

10. Die Männer, die neben Martin wohnen, beleidigen und provozieren Martin und Enrique.

11. Manuela ist von Beruf Bewährungshelferin.

12. Ludmilla hilft Martin, sich auf die Taxiführerscheinprüfung vorzubereiten.

13. Viele Straßennamen in Ost-Berlin wurden nach der Wende umbenannt.

14. Die Polizei hat einen Durchsuchungsbefehl für Victors Laden.

15. Wolfgang schließt Manuela im Badezimmer ein, damit sie nicht mit Martin sprechen kann.

16. Martin wird festgenommen und von einem Kriminalbeamten verhört (*to be questioned*).

17. Martin denkt, dass der Kriminalbeamte ein ehemaliger Mitarbeiter der Stasi ist, aber er ist eigentlich aus Bremen.

18. Manuela bringt dem inhaftierten Martin einen Brief von Rokko.

19. Die Bewährungshelferin behauptet, dass Martin den Taxiführerschein nicht machen darf.

20. Martin sagt am Filmende: „Nicht überlegen, was man nicht tun soll. Überlegen, was man tun soll."

II. Fragen zum Inhalt

Kapitel 1: Entlassung

1. Wie fährt Martin nach seiner Entlassung nach Berlin?

Kapitel 2: Ein neues Berlin

2. Martin bekam 800 DM und sein altes Geld (DDR-Mark) zurück. Was versucht er von seinem alten Geld zu kaufen? Was bastelt er aus dem ungültigen Geld?

Kapitel 3: „Bin ich hier richtig bei Schulz?"

3. Warum lässt Rokko Martin nicht in die Wohnung?

Kapitel 4: Peters Welt

4. Wohin fahren Peter und Martin, nachdem Martin Peter auf dem Dach gerettet hat?

Kapitel 5: Knastkumpel

5. Wo finden die zwei Reporterinnen Martin, um ihn zu interviewen?

Kapitel 6: Beamte, Ämter und Arbeitssuche

6. Wo befand sich Peter zur Wende?

7. Wie versuchen Peter und Martin, Arbeit zu finden? Wo machen sie das?

Kapitel 7: Manuelas Welt

8. Manuela zögert, Martin in die Wohnung zu lassen. Warum ist es für sie ein ungünstiger Zeitpunkt?

9. Petra fragt Martin, wo er zur Wendezeit war. Sagt er die Wahrheit? Wessen Geschichte erzählt er?

Kapitel 8: Rückblende: Frühjahr 1989 (Manuelas Version)

10. Manuela erzählt Wolfgang, was 1989 passierte. Hat sie ihm früher erzählt, dass Martin im Gefängnis war?

11. Was liest Martin in Rokkos Zimmer laut, während Rokko schläft?

Kapitel 9: Viktors Welt

12. Beschreiben Sie Victors Welt.

Kapitel 10: Die Hoffnung naht

13. Manuela fragt überall nach, um Martin zu finden. Wo oder bei wem sucht sie?

Kapitel 11: Ludmila, der Engel an der Seite des Teufels

14. Wo begegnet Martin seinem alten Kumpel Enrique wieder?

15. Wie reagieren sie auf das zufällige Treffen?

Kapitel 12: Skat mit Enrique

16. Was hat Enrique zum Kartenspielen mitgebracht und Martin und Peter gezeigt?

Kapitel 13: Mitte Bremse, rechts Gas — wie im Osten

17. Enrique sagt, dass ein Taxifahrer immer „auf der Hut" (*to be on one's guard*) sein muss. Viele Taxifahrer haben Pistolen, um sich zu schützen. Was hat Enrique?

Kapitel 14: „Ist doch nicht schlecht, einen Vater zu haben, der Taxi fährt"

18. Warum geht Martin ins Reisebüro, wo Manuela arbeitet? Will er tatsächlich eine Fernreise nach Australien buchen?

Kapitel 15: Üben für den Taxiführerschein

19. Was muss Martin auswendig lernen, bevor er Taxifahrer werden kann?

20. Wer übt mit ihm?

Kapitel 16: Offene Dreierbeziehung

21. Was machen Martin und Rokko zusammen, als Martin ihn zu Hause besucht?

Kapitel 17: Zerplatzte* Träume (shattered, burst)

22. Martin darf die Prüfung für den Taxiführerschein nicht ablegen, weil er wegen eines schweren Deliktes vorbestraft ist. Wie reagiert er auf diese Nachricht?

Kapitel 18: Auf der Flucht — die Geschichte wiederholt sich

23. Warum flieht Martin, als die Polizei den Laden durchsucht?

24. Findet die Polizei, was sie gesucht hat? Was hat sie gesucht?

25. Warum fragt Manuela Wolfgang, ob er spinnt? (*to be crazy*)

Kapitel 19: Frühjahr 1989 (offizielle Version)

26. In seinen Akten steht, dass Martin den Hausprüfer zu Tode geprügelt (*to beat*) hatte und dass der Obduktionsbrief (*autopsy report*) der Ärzte das Protokoll der Volkspolizei bestätigt. Inwiefern unterscheidet sich diese offizielle Version von Manuelas Version?

27. Hatte Martin mit Victor im Gefängnis eine sexuelle Beziehung?

28. Was schenkt Rokko Martin, damit er sich im Gefängnis nicht langweilt?

29. Victor bittet Martin, ihm etwas Spezifisches ins Gefängnis mitzubringen, wenn er Zeit hat. Was möchte Victor haben?

Kapitel 20: „Wer immer nur das Schlechte sieht wird böse, wer immer nur da Gute sieht wird dumm." (Erich Kästner)

30. Nachdem Martin entlassen wird, geht er die Straße entlang. Von wem wird er vermutlich abgeholt?

III. Aussagen zuordnen

Lesen Sie die folgenden Aussagen und geben Sie an, von wem die Äußerung stammt: von Martin (5), von Manuela (3), von Victor (3), von Wolfgang (2), von Rokko (2), von Peter (2), von der Bewährungshelferin (2) oder von dem DDR-Hausprüfer (1). Die Aussagen stehen in der gleichen Reihenfolge, wie sie im Film vorkommen.

1. _____Rokko_____ Meine Mama hat mir verboten, Fremde in die Wohnung zu lassen.

2. _____Peter_____ Weißt du, wie Frauen sind, wa? Hast du nichts, da bist du nichts.

3. _____Peter_____ Bist kein Mensch, kein Tier, bist ein Panzergrenadier, verstehst du?

4. _____Manuela_____ Hier ist eine Visitenkarte von meiner Arbeitsstelle. Da steht meine Telefonnummer drauf, da kannst du mich anrufen. Na ja, dann können wir uns was verabreden. Ich würde mich freuen, wenn du anrufst.

5. _____Martin_____ Süddeutschland kenne ich nur vom Fernsehen.

6. _____Manuela_____ Ich habe noch ein bisschen Englisch gelernt, weil ihr so laut wart.

7. _____Wolfgang_____ Der macht so einen komischen Eindruck. Ich weiß, du hast den Kontakt zu ihm verloren, aber der schaut aus, als ob er frisch aus dem Knast kommt.

8. _____DDR_____ Frau Schulz, ich habe hier eine Unregelmäßigkeit gefunden im Hausbuch, die ich gerne mit Ihnen klären würde. Sie hatten doch vor zwei Wochen Besuch aus der BRD. Leider haben Sie es versäumt, Ihre Gäste ins Hausbuch einzutragen.

9. _____Bewährungshelferin_____ Einerseits braucht er Sie, andererseits muss er von Ihnen loskommen.

10. _____Victor_____ Nicht überlegen, was man nicht tun soll, Martin, überlege, was man tun soll.

11. _____Martin_____ Beim Grand spielt man Ässe oder halt die Fresse.[10]

12. _____ Ich hab nach der Wende 1990 einen Banküberfall im Osten gedreht. Dafür bin ich zu 6 Jahren Gefängnis nach Brandenburg. Ich habe viele Knäste in meinem Leben erlebt, aber so was wie im Brandenburg, hatte ich noch nicht erlebt.

13. _____ Auf eins habe ich 11 Jahre gewartet. Ich will meinen Sohn sehen. Und ich will, dass er weiß, wer sein Vater ist. Das ist doch nicht schlecht, einen Vater zu haben, der Taxi fährt, oder?

14. _____ Im Osten bist du fit. Musst bloß die einst alten Namen vergessen. Machen wir noch eine Route im Westen.

15. _____ Du sollst die Schnauze halten. Denkst du, dass ich nicht weiß, was denn hier läuft? Denkst du, ich habe nicht kapiert, was du verdeckst die ganze Zeit hier unter dem Ladentisch? Mensch, solche Leute wie du sollen aufgehängt.

---

10 Der Plural von „der Ass" (ace) ist „Asse" aber in diesem Skat-Spruch sagt man „Ässe," weil es mit „Fresse" reimt. „Die Fresse halten" bedeutet „keep your mouth shut."

16. _____ Martin hat die Prüfung gehabt. Er wollte anrufen. Ja, guck nicht so. Du machst dich lächerlich.

17. _____ Polizei? Ja, hier Leonhardt-Frank-Straße 37. Wir haben einen Einbrecher im Haus. Kommen Sie bitte schnell.

18. _____ Sie können den Taxiführerschein machen! Aber erst, wenn Sie im Leben wieder Fuß gefasst haben und wenn ein krimineller Rückfall nicht mehr anzunehmen ist. Ich kann veranlassen, dass ein spezielles Gutachten angefertigt wird, dass Sie zur Prüfung zugelassen werden.

19. _____ Sieht nicht so gut aus für mich… Nochmal halte ich das nicht durch.

20. _____ Na? Martini? Alter Ossi. Meinst du, ich lass dich im Stich? Ich hab mich gestellt.

IV. Standfotos beschreiben

1. Zum Bild: Geben Sie eine ausführliche Beschreibung dieser Fotos.

2. Zum Inhalt: Was passiert in diesen Szenen?

A. Martin und Peter vor der Telefonzelle
(Kapitel 6: Beamte, Ämter und Arbeitssuche)

B. Am Tisch (Kapitel 7: Manuelas Welt)

C. Kartenspielen (Kapitel 12: Skat mit Enrique)

D. Skinheads (Kapitel 12: Skat mit Enrique)

Zur Diskussion

I. Interview mit einem Partner

1. Wie war dein erster Eindruck von dem Film?
2. Wie fandest du den Film insgesamt?
3. Was hat dir an dem Film besonders gefallen?
4. Was hat dir nicht besonders gefallen?
5. Was hast du im Film nicht erwartet?
6. Welche Szene hat dir am besten gefallen?
7. Wie fandest du das Ende? Hast du erwartet, dass der Film so endet?
8. Welche Figur im Film hat dir am besten gefallen? Warum?
9. Welche Figur hat dir nicht so gut gefallen? Warum nicht?
10. Was hast du von diesem Film gelernt?

II. Meinungsaustausch

1. Was steht für Martin nach seiner Entlassung an vorderster Stelle, d.h., was will er als Allererstes tun, oder mit wem will er sich sofort treffen?
2. Wer sind Martins Freunde bzw. Bekannte? Wie oder woher kennt er sie? Wer hat den größten Einfluss auf Martin und inwiefern?
3. Martin wollte nicht, dass Manuela ihn im Gefängnis besucht. Warum nicht?
4. Nachdem Martin bei Manuela und Wolfgang war (als Petra und Pierre auch da waren), hat Martin den Kontakt zu Manuela abgebrochen. Sie sucht ihn überall. Warum hält er sich von ihr fern?
5. Was wissen wir über Wolfgang und warum lernen wir relativ wenig über ihn?
6. Was für ein Kind ist Rokko?
7. In einem Rückblick (flashback) erklärt Manuela Wolfgang, warum Martin ins Gefängnis kam. Warum hat sie ihm das nicht früher erklärt?
8. Warum wird Martin „der letze Ossi" genannt?
9. Martin befreundet sich mit Ludmilla, einer Tänzerin in Viktors Sex-Shop. Wieso verstehen sie sich gut? Liegt es nur an ihrem Reiz (attraction) oder gibt es etwas Tieferes, was die beiden verbindet?
10. Martin las während seiner Haft die großen russischen Schriftsteller, z. B. Vladimir Nabokov und Fyodor Dostoevsky. Am Tisch mit Manuela, Wolfgang und ihren Freunden zitiert er Alexander Puschkin. Petra fragte sogar, ob er Schriftsteller sei. Wie hat er sich wohl im Gefängnis verändert?
11. Warum will Martin Taxifahrer werden? Ist das ein passender Job für ihn?
12. Langsam geht Viktor Martin auf die Nerven. Warum ärgert sich Martin über ihn?
13. Nach drei Jahren als Nichtraucher zündet er im Sex-Shop eine Zigarette an. Warum macht er das nach drei Jahren? Das DVD-Kapitel, in dem diese Szene vorkommt, heißt „Zerplatzte Träume." Was waren seine Träume, und wieso sind sie zerplatzt?
14. Was für eine Beziehung haben Manuela und Martin am Ende des Films?

III. Standfotos diskutieren

Auf diesen Standfotos sehen Sie Martin mit anderen Figuren. Diskutieren Sie, wie Martin und die anderen Figuren sich in jeder der hier dargestellten Szenen fühlen. Wählen Sie für jede Szene ein passendes Adjektiv, das ihre inneren Gefühle am besten beschreibt.

A. Martin und Peter (Kapitel 4: Peters Welt)

B. Martin und Ludmilla (Kapitel 11: Ludmila, der Engel an der Seite des Teufels)

C. Martin und Enrique (Kapitel 13: Mitte Bremse, rechts Gas—wie im Osten)

D. Martin und Rokko (Kapitel 16: Offene Dreierbeziehung)

Zur Analyse, Interpretation und Reflexion

I. Motive

Inhaltsmotive

Viele Motive werden in diesem Film thematisiert. Erklären Sie, inwiefern folgende Motive in der Handlung eine Rolle spielen. Welche weiteren Motive gehören auch dazu? Welche Motive werden durch jede der Hauptfiguren besonders verkörpert? Welche sind Ihrer Meinung nach Zentralmotive und welche Randmotive?

- Zufall/ zufällige Begegnungen
- Schicksal
- Freiheit
- Fremdheit
- Entfremdung (*alienation*)
- Wiedersehen
- Freundschaft
- Liebe
- Vaterschaft/ Kindererziehung
- Vergangenheit/ Gegenwart

- Heimkehr
- die Wendezeit/ die Wendejahre
- der Mauerfall
- die Wiedervereinigung
- die Erfüllung von Wünschen
- Erfolg/ Berufserfolg
- Mut
- zweite Chancen / Neuanfänge
- Glück

Symbole, Gegenstände & Wahrzeichen* (*landmarks*)

Erklären Sie, was folgende Gegenstände symbolisieren könnten. Welche anderen bedeutungsvollen Symbole fallen Ihnen ein? Welche Symbole oder Gegenstände werden hauptsächlich mit dem Osten oder mit dem Westen identifiziert?

- das Gefängnis/ die Gefängnistür / die Schranke (*gate*)
- der Fernseher, den Martin aus dem Gefängnis mitschleppt
- der Alexanderplatz/ der Fernsehturm
- das Spielwarengeschäft
- das ungültige DDR-Geld
- die Telefonzelle
- die Paella — ein spanisches Reisgericht, das Manuela gekocht hat
- die Zigarette, die Martin „trocken" raucht (fast bis zum Ende des Films, als er sie anzündet)
- der Buddha im Wohnzimmer von Manuela und Wolfgang
- der Gameboy (Rokko)
- Rokkos Englischaufgabe
- die Disko (mit Ludmilla)
- Peters neues Handy

- das Mercedes-Taxi
- Enriques Schwert
- das Reisebüro, in dem Manuela arbeitet
- die Reise nach Australien, die Martin vermutlich buchen will
- der Stadtplan von Berlin
- der Taxiführerschein
- der Sex-Shop
- die illegalen Videokassetten
- der Kriminalbeamte
- Martins Akten aus der DDR
- der Gameboy (Martin im Gefängnis)
- die Verkehrsmittel: der Zug, die U-Bahn, das Taxi
- der allgegenwärtige (omnipräsente) Fernsehturm (Alexanderplatz in Ostberlin)

Umbenennung

Viele Straßen in Ostberlin sind nach der Wiedervereinigung umbenannt worden, z. B.:

Lenin Platz → Platz der Vereinten Nationen,
Dimitroffstraße → Danzigerstraße,
Willi-Bredel-Straße → Schivelbeinerstraße,
Helmut-Just-Straße → Behmstraße,
Fritz-Heckert-Straße → Engeldamm,
Ho-Chi-Minh-Straße → Weißenseerweg,
Otto-Grotewohl-Straße → Wilhelmstraße.

Um Taxifahrer zu werden, muss Martin die Straßen Berlins auswendig kennen. Wie Manuela sagt, ist Martin im Osten fit. Er muss bloß die einst alten Namen vergessen. Welche Rolle spielt diese Umbenennung im Film? Als Entfremdung? Gibt es noch etwas im Film, das umbenannt wurde?

Sprachliche Identität[11]

Persönliche und soziale Identität werden — bewusst oder unbewusst — durch viele äußerliche Elemente gekennzeichnet, z. B. Kleidung, Tätowierungen, Piercings und Frisur. Auch durch seine Sprache identifiziert man sich mit anderen Menschen. Für Berliner ist „wie alle sprachlichen Varietäten natürlich das Berlinische stark mit der Identität verbunden". Norbert Dittmar, Linguist an der Freien Universität in Berlin, stellt durch seine Untersuchungen der Sprache der Berliner fest: „In Berlin können Sie immer noch hören, wer im Osten oder im Westen der Mauer gewohnt hat". Er behauptet sogar, dass „die Mauer heute noch steht: als Sprachmauer, die Ossis und Wessis trennt." Inwiefern spielt Sprache eine Rolle in diesem Film? Inwiefern wird die Hauptfigur Martin Schulz durch seine Sprache identifiziert? Wie werden andere Figuren, z. B. Manuela, Peter, Enrique oder Victor, durch ihre Sprache gekennzeichnet? Erkennt man im Film diese sogenannte „Sprachmauer"?

Authentizität

Welche Aspekte des Films sind realistisch, welche sind märchenhaft? Wird die Geschichte durch den Gebrauch von Unterlagen, Urkunden und anderen Dokumenten, die echt erscheinen, glaubwürdiger?

A. Martins Pass (Kapitel 6: Beamte, Ämter und Arbeitssuche)

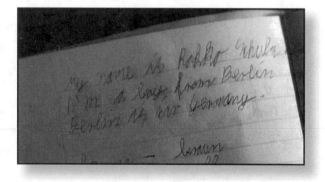

B. Rokkos Englischaufgabe (Kapitel 8: Rückblende: Frühjahr 1989 (Manuelas Version)

C. „Der letzte Ossi" (Kapitel 10: Die Hoffnung naht)

D. Angaben zur Person (Kapitel 17: Zerplatzte Träume)

---

11 Alle Zitaten: Norbert Dittmar in Dorothea Topf (Deutsche Welle): Alltagsdeutsch (23/05) 07.06.2005 „Berliner Schnauze" http://www.dw-world.de/dw/article/0,1564,1606951,00.html

II. Standfotos interpretieren

Auf diesen Standfotos sehen Sie Martin allein. Welche Motive beziehen sich auf diese Fotos? Stellen Sie bei Martin im Verlauf der Handlung eine Entwicklung fest?

A. An der Schranke (Kapitel 1: Entlassung)

B. Martin raucht (Kapitel 17: Zerplatzte Träume)

C. In der Straßenbahn (Kapitel 18: Auf der Flucht — die Geschichte wiederholt sich)

D. Wieder im Knast (Kapitel 19: Frühjahr 1989—offizielle Version)

E. Freilassung (Kapitel 19: Frühjahr 1989—offizielle Version)

III. Schreibanlässe

1. Den Film fortsetzen: Dieser Film hat ein offenes Ende. Wie könnte es weiter gehen? Werden Martin und Manuela wieder zusammen sein?

2. Vorgeschichte ergänzen: Was geschah mit Manuela, als ihr Mann im Gefängnis war und die Mauer fiel?

3. Fehlende Teile ergänzen: Was macht Peter, kurz bevor er auf das Dach geht und sich umbringen will?

4. Szene umschreiben: Wählen Sie eine Szene aus dem Film und schreiben Sie sie um.

5. Perspektive ändern: Wählen Sie eine Szene aus dem Film und schreiben Sie sie aus einer anderen Perspektive um.

6. Ein anderes Ende: Schreiben Sie ein neues Ende für den Film.

7. Stellen Sie sich vor, dass Sie, ein bekannter Regisseur/eine bekannte Regisseurin, eine Neuverfilmung von diesem Film machen. Was würden Sie anders machen?

IV. Zur Reflexion, zur Diskussion, zum Schreiben

1. „Berlin is in Germany" sei laut einem Kritiker „eindeutig eine Tragikomödie."[12] In einem Interview schätzt Hauptdarsteller Jörg Schüttauf „das Verhältnis von Tragik und Komik in Martins Leben auf ‚70 zu 30…'."[13] Stimmen Sie diesen Aussagen zu? Nennen Sie zwei komische und zwei tragische Situationen, in die Martin nach seiner Entlassung gerät.

2. Der Film fängt am 9. November 1989 an, überspringt aber die nächsten 11 Jahre bis zu Martins Entlassung. Warum zeigt der Regisseur dem Zuschauer die Ereignisse des 9. November 1989 nicht? Warum fängt der Film praktisch mit Martins Entlassung an?

3. Die Wende kommt in diesem Film relativ häufig als Gesprächsthema vor. Überlegen Sie sich, wie und von wem der Ausdruck „die Wende" verwendet wird. Was bedeutet diesen verschieden Menschen „die Wende"?

    a. Peter: Gleich nach der Wende ging ich dann nach Westen nach Stuttgart auf eine Baustelle. Kommst du aus der Zone? Zonie, kannst du mal anlüften? Bei denen ist es so, erst kommen die Einheimischen, dann der Guiseppe, dann der Achmed, und dann am Schluss, da kommt der Zonie. Zonie. Lange hab ich nicht ausgehalten, bin ich wieder zurück nach Berlin.

    b. Martin: Kiek mal, kennst du die Zeitung Berlin News? Sie haben gefragt, wo ich zur Wende war. Hier.

      Peter: Die hätten mich mal fragen sollen. Denen hätte ich wat erzählt. Weißt du, wo ich gewesen bin, während der Wende?

    c. Petra (Wolfgangs Freundin aus Schwaben): Jetzt möchte ich Sie auch nochmal etwas fragen. Sie sind doch auch aus dem Osten. Was haben Sie eigentlich zur Wendezeit gemacht? Entschuldigung, dass ich so neugierig bin, aber ich find' die Geschichten nur so spannend.

      Martin: Wollen Sie es wirklich wissen?

---

12   Quelle: Tanja Fondel (http://rhein-zeitung.de/on/01/10/31/magazin/news/berlin.html?a)

13   Quelle: http://www.welt.de/print-wams/article123535/Die_Heimat_kann_sehr_kalt_sein.html

d. Ludmilla: Und warum wart ihr zwei eigentlich im gleichen Gefängnis?

Viktor: Das kann ich dir sagen. Ich hab nach der Wende in 1990 einen Banküberfall im Osten gedreht. Dafür bin ich zu 6 Jahren Gefängnis nach Brandenburg.

e. Kriminalbeamter: Herr Schulz, Sie sind vorbestraft wegen Mordes, d.h. nach der Wende wurde das Urteil abgeändert auf Totschlag. Wann kamen Sie das erste Mal ins Gefängnis?

Martin: Das wissen Sie doch alles. Steht doch alles in meinen Akten. Ich weiß überhaupt nicht…

Kriminalbeamter: Beantworten Sie meine Frage. Wann kamen Sie ins Gefängnis?

Martin: Es war noch zur DDR-Zeit, vor der Wende. Im Sommer 1989 wurde ich verurteilt im Bezirksgericht Berlin. Manuela und ich, wir wollten abhauen. Wir hatten die Schnauze voll von der DDR. Wissen Sie, in der DDR…

4. Der Fernsehturm am Alexanderplatz gilt als eins der bekanntesten Wahrzeichen Ostberlins. Welcher Rolle spielt der Fernsehturm in diesem Film? Siehe auch das obige Foto „Martin und Peter (Kapitel 4: Peters Welt)".

A. Guten Morgen, Alex (11 Sekunden lang)

B. Blick aus dem Fenster des Büros der Bewährungshelferin (Kapitel 6: Beamte, Ämter und Arbeitssuche

C. Im Turm (Kapitel 15: Üben für den Taxiführerschein)

5. Von den Geschehnissen in der DDR, als Martin den Hausprüfer angeblich ohne Absicht tötete, erfahren wir hauptsächlich durch Manuela. Martin bestätigt Manuelas Version, als er zum Kriminalbeamten sagt: „Ich habe unseren damaligen Hausprüfer umgebracht, aber ich wollte es nicht. Ich bin durchgedreht. Es war ein Unfall." Laut der offiziellen Version in seinen Akten hatte Martin den Mann zu Tode geprügelt, was im Obduktionsbrief der Ärzte bestätigt wurde. Wem sollen wir glauben? Wer sagt die Wahrheit? Warum sagt Martin, dass man von dem Protokoll der Volkspolizei nicht überzeugt sein sollte?

6. Nachdem jemand aus dem Gefängnis entlassen wird, hat er/sie meistens besondere Wünsche, weil er/sie auf vieles während der Inhaftierung verzichten musste. Inwiefern sind seine Taten nach seiner Entlassung voraussagbar oder typisch bzw. stereotypisch und inwiefern sind sie unerwartet?

7. Beschreiben Sie die Beziehung zwischen Manuela und Martin. Als Martin im Gefängnis war, hat Manuela weder die Scheidung eingereicht (*filed for divorce*) noch Martin das Sorgerecht (*custody*) für seinen Sohn entzogen, doch ist sie mit Wolfgang zusammen. Denken Sie über ihre Beziehung im Laufe der Jahre und über den Zeitraum des Films nach.

A. Martin und Manuela (Kapitel 7: Manuelas Welt)

B. Martin und Manuela (Kapitel 19: Frühjahr 1989 (offizielle Version)

8. Welche Rolle spielen folgende Nebenfiguren?

> der Skinhead, dem Peter Geld schuldete und der mit seinen Kumpels Enrique belästigt
>
> die Reporterinnen der Berlin News
>
> Petra und Pierre, Gäste bei Wolfgang und Manuela
>
> der Kunde im Sex-Shop, der die illegalen Videos ausleiht
>
> der Mann, der die Führerscheinprüfung beaufsichtigt, der Martin erklärt, dass er wegen seiner Vorbestrafung von der Prüfung ausgeschlossen ist
>
> der Kriminalbeamte

9. Nach dem Kartenspiel kommt Peter nicht wieder im Film vor. Warum hat der Regisseur diese Figur quasi verschwinden lassen?

10. Martin schlägt im Scherz vor, dass Victor seinen Namen ändern und sich von nun an Thorsten nennen sollte. Ist es bedeutungsvoll, dass Victor Valentin Ausländer ist und

gebrochenes Deutsch spricht? Andere Figuren, die Ausländer sind, sind Ludmilla, Enrique und Pierre. Inwiefern gehört ihr Ausländerstatus zur Handlung?

11. Der Ausdruck „jemanden aufhängen" (*to hang someone*) kommt zweimal im Film vor. Erstens sagt Martin Victor, dass er aufgehängt werden sollte (siehe A). Zweitens erklärt der Kriminalbeamte Martin, dass „solche Typen" wie er in einigen Ländern aufgehängt werden (siehe B). Ist es Zufall, dass dieser Ausdruck zweimal verwendet wird? Können Victor und Martin als Menschen verglichen werden? Sind beide tatsächlich böse Menschen, die für die Gesellschaft eine Gefahr darstellen?

a. Ludmilla: Was ist passiert? Martin, jetzt erzähl doch. Was ist los?

Victor: Martin, du glaubst, du bist der Einzige, bei dem so etwas nicht klappt. Bist du ein Beißer oder bist du kein Beißer?

Martin: (greift nach einer Flasche) Viktor, du nervst. Du bist sowieso bald wieder im Knast. Du machst ewig Scheiße auf die anderen — bist du noch stolz drauf.

Victor: Jetzt ist genug.

Martin: Du sollst die Schnauze halten. Denkst du, dass ich nicht weiß, was denn hier läuft? Denkst du, ich habe nicht kapiert, was du verdeckst die ganze Zeit hier unter dem Ladentisch? Mensch, solche Leute wie du **sollen aufgehängt werden**.

Victor: Reiß dich zusammen.

Ludmilla: Tschüss.

Martin: Ich **würde** solche Leute wie du **aufhängen**. Ein schöner, dicker Strick, dann fertig.

Victor: Lass den Laden heil.

(Martin zündet seine Zigarette an.)

b. Kriminalbeamter: Können Sie uns sagen, wo Herr Valentin wohnt, oder wo wir ihn finden können?

Martin: Nein.

Kriminalbeamter: Herr Schulz, ich zitiere Ihnen mal den Paragraph 184 Absatz 4 aus dem SCGB: Wenn der Täter gewerbsmäßig oder als Mitglied einer Bande handelt so ist die Strafe Freiheitsstrafe von 6 Monaten bis zu 10 Jahren, dazu noch Ihre Bewährungszeit. Kann es sein, dass Sie Angst haben vor der Aussage des Herrn Valentin?

Martin: Ich sag's Ihnen zum letzten Mal: Ich habe nichts gemacht! Wo haben Sie denn dit gelernt, dieses Fragen stellen? Bei der Stasi, Genosse?

Kriminalbeamter: Hören Sie, es gibt Länder, da werden solche Typen wie du aufgehängt.

Martin: So Typen wie Sie kenne ich. Ich hab so genügend kennen gelernt. Ist alles ein bisschen langweilig geworden, wa? Keine Elektroschocks, keine Gummizellen. Es ist ein bisschen Scheiße, wa?

Kriminalbeamter: Ach, Herr Schulz?

Martin: Wat denn?

Kriminalbeamter: Ich komme nicht aus dem Osten. Ich komme aus Bremen.

12. Als Martin wieder im Gefängnis sitzt und Manuela ihn besucht, bringt sie ihm einen Brief von Rokko. Rokko schreibt: Lieber Papa, du musst über die Schlangen springen und achte auf die Affen in den Bäumen. Liebe Grüße, Rokko. Wer sind die figürlichen Schlangen und Affen in Martins Leben? Über welche Hindernisse muss er springen? Auf welche Bösartigen muss er achten?

13. Erich Kästner ist einer der beliebtesten deutschen Kinderbuchautoren des 20. Jahrhunderts. Inwiefern bezieht sich das Zitat von Kästner im Titel des letzten DVD-Kapitels auf den Film („*Wer immer nur das Schlechte sieht wird böse, wer immer nur das Gute sieht wird dumm.*")?

14. Wenn Sie den Film „*Das Wunder von Bern*" schon kennen, vergleichen Sie Rokko, einen Elfjährigen von heute mit Matthias, einem Jungen, der in der Nachkriegszeit groß geworden ist.

15. In einem Interview erklärt Hauptdarsteller Jörg Schüttauf: „Es wird nicht viel gesprochen in ‚Berlin is in Germany', und wenn, dann nur selten über das, was besprochen werden müsste."[14] Was meinte er damit? Was wurde nicht besprochen, was besprochen werde müsste?

 **Lektüre**

Produktionsnotizen

Aus dem Presseheft *Berlin is in Germany* von Piffl Medien[15]

Die Idee zu ‚*Berlin is in Germany*' entstand 1998. Über eine Bekannte bei der *Freien Hilfe e.V.*, einem Verein für die Betreuung von Haftentlassenen[16] in Berlin, erfuhr Hannes Stöhr von einem Mann, der mit seinem alten DDR-Personalausweis bei der *Freien Hilfe* ankam und um Hilfe nachsuchte. Mauerfall und Wiedervereinigung hatte er im Gefängnis erlebt, Freigang nur in Brandenburg gehabt – nun kam er in ein vereintes Berlin, das ihm nur aus dem Fernsehen bekannt war.

„Meine Faszination an der Figur ist immer geblieben: die absurde, clowneske Situation, elf Wendejahre im Knast erlebt zu haben und die Außenwelt nur noch über den Fernseher zu kennen. Nur einer wie Martin Schulz kann nach Berlin kommen und die Veränderungen der letzten Jahre mit naiven Augen wahrnehmen. Er wirkt auf die Stadt sozusagen wie ein Spiegel, er macht die Veränderungen sichtbar, die wir alle erlebt haben. Berlin verkörpert diese Veränderung wie kein anderer Ort. Dazu kommt, dass der Haftentlassene eine Art ‚Urfigur' ist, die von ihrer Natur her schon ‚bigger than life'

---

14   Quelle: http://www.taz.de/index.php?id=archivseite&dig=2001/10/31/a0132

15   Quelle: http://www.piffl-medien.de/berlin_is_in_germany/berlin_is_in_germany.php

16   released prisoners

ist. Er muss immer wieder von vorne anfangen, das Wesen des Lebens als Veränderung anerkennen. Daher rührt sein universeller Charakter."[17]

Dank der Kontake der *Freien Hilfe* konnte Hannes Stöhr die seit DDR-Zeiten einsitzenden Inhaftierten in der Justizvollzugsanstalt Brandenburg besuchen. Von der Idee, einen authentischen Fall[18] zu erzählen, kam er bei dieser Recherche[19] wieder ab. „Die Geschichten dieser Männer hatten mit Komödie nicht viel zu tun, sondern waren an Tragik oft nicht zu überbieten", erinnert sich Stöhr. „Ich habe versucht, den Blickwinkel der Geschichte so zu wählen, dass man die komische Seite der Figur erzählt, ohne die Tragik unter den Tisch fallen zu lassen." Aus dieser Grundidee entstand 1999 Hannes Stöhrs Kurzfilm ‚*Berlin is in Germany*', der auf zahlreichen Festivals zu sehen war und den Kurzfilmpreis auf dem Filmfest Potsdam gewann. Durch den Erfolg des Kurzfilms wurden etliche Produktionsfirmen und Sender auf den Stoff aufmerksam, an dessen Spielfilmfassung Hannes Stöhr zu dieser Zeit bereits arbeitete.

Realisiert wurde die Produktion in einer Zusammenarbeit der Luna Film Produktion mit dem Kleinen Fernsehspiel des ZDF – später kam im Rahmen der gemeinsam initiierten Programmwerkstatt *Ostwind* der ORB dazu – und der Deutschen Film- und Fernsehakademie Berlin, für die Stöhr mit ‚*Berlin is in Germany*' seinen Abschlussfilm[20] vorbereitete. „Bei Annedore von Donop vom Kleinen Fernsehspiel habe ich von Anfang an ihr Interesse, ihre Aufmerksamkeit für die Geschichte gespürt. Ich verstehe mich als *storyteller*, die Geschichte und der Zugang zur Geschichte sind für mich ausschlaggebend[21] – so habe ich später auch das Team zusammengestellt."

„Die Grundstruktur der Geschichte ist realistisch; Ein Langstrafer kommt aus dem Knast und will neu anfangen. Draußen geht es hart zu, und es ist nicht einfach, sich zurecht zu finden. Am Ende ist der Einzige, der ihn versteht und ihm unter die Arme greift, ein Knastkumpel. Im echten Leben finden solche Geschichten dauernd statt, man muss nur den Geschichten der Bewährungshelferinnen zuhören. Und diese Geschichten gehen selten gut aus. Unsere Entscheidung war, in der Geschichte vom authentischen Fall wegzugehen: dann wird der Kuss möglich, der Kuss und die Hoffnung. Es muss für mich immer etwas Optimistisches, etwas Hoffnungsvolles geben. Wer immer nur das Schlechte sieht, wird böse, wer immer nur das Gute sieht, wird dumm – das hat Kästner gesagt, und es drückt meine Weltsicht ganz gut aus. Außerdem gibt es nichts Schöneres als Filme über die Liebe."

Für die Drehbuchfassung des Spielfilms recherchierte Stöhr intensiv die Behandlung von Tötungsdelikten[22] in der DDR und die juristische Problematik bei der anschließenden Revision durch die Westjustiz. Mit Hilfe von Professor Klaus Marxen von der Berliner Humboldt Universität und Gesprächen mit Juristen, die die DDR-Strafrechtsurteile[23] überprüft hatten, gelang es, einen theoretisch möglichen Fall für die Geschichte von ‚*Berlin is in Germany*' zu konstruieren. „Ich behaupte im Film nichts Falsches, was den juristischen Fall von Martin Schulz betrifft. Die Frage nach dem

---

17   Alle Zitate von Hannes Stöhr.

18   case

19   research; investigation

20   final film project

21   crucial

22   homicides

23   criminal sentences

tatsächlichen Tatverlauf[24] bleibt offen. Wie will ich das beurteilen? Ich persönlich glaube Martins Version vom Unfall, aber ich kann die Frage nicht abschließend beantworten. Vielleicht war es auch anders, und er hat den Hausbuchverwalter vorsätzlich umgebracht, wie es das medizinische Gutachten nahelegt." In diesem Zusammenhang war es interessant festzustellen, dass mit Ausnahme der politischen Fälle die Polizeiprotokolle und gerichtsmedizinischen Gutachten der DDR als fast durchgängig einwandfrei[25] bewertet wurden.

„Ich habe dem Sohn einer Nachbarin in Ostberlin einmal bei den Englisch-Aufgaben geholfen. Sein Geburtstag war ausgerechnet der 9. November, und er hieß Rokko. In seinem Arbeitsheft stand genau dieser Satz: 'I am a boy from Berlin. Berlin is in Germany'. Das hat mich fasziniert, die Selbstverständlichkeit, mit der er das geschrieben hat, obwohl es vor ein paar Jahren noch ganz anders hätte heißen müssen... 'I am a boy from East Berlin', je nachdem. Für jemanden wie Martin Schulz ist das auch im Jahr 2000 noch neu, er kennt es aus dem Fernsehen, aber er muss es erst begreifen. 'Berlin is in Germany' ist kein Film über Ost-West, sondern ein Film über Berlin heute, ein Film über die Leute vor meiner Haustür."

Die sorgfältige[26] Recherche lieferte den realistischen Hintergrund für eine Geschichte, die durchaus märchenhafte Züge tragen sollte. Dieses Konzept beschreibt Stöhr als 'märchenhaften Realismus'. „Wir sind von den konkreten Figuren ausgegangen und haben uns dann bemüht, sie dramaturgisch zu überhöhen, ihnen eine Art Urfigur zuzuordnen. Ich wollte wissen, welche dramaturgische Funktion, welche Beziehung zum Helden die einzelnen Figuren haben. Clown, Engel, Mephisto, wobei man das nicht schematisch sehen darf, es geht mehr um das Wissen, dass hinter den Figuren Archetypen stehen." Die Entwicklung der Figuren und der Geschichte stützte sich dabei immer wieder auf konkrete Erfahrungen mit Menschen und Situationen. So entspricht die Anfangsszene des Films, in der der Gefängniswärter[27] vom Fall der Mauer durch den Lärm der Gefangenen erfährt, der tatsächlichen Situation im November 1989. Die Figur des fest im Ostberliner Umfeld verankerten Kubaners Enrique verdankt sich dem Umstand, dass Hannes Stöhr eine Zeit lang in einer WG[28] mit Kubanern gelebt hat. „Da passieren dann solche Sachen, dass zwei Kubaner zu Besuch kommen, mit astreinem Ostberliner Dialekt, und anfangen, Skat[29] zu spielen, mit allen Sprüchen, die dazugehören: ‚Nur durch Opfer wurde Preußen groß' und solche Sachen. Das sind Szenen, die man sich vom Leben abschaut, die erfindet[30] man nicht."

„Ich denke, es trifft zu, was Hemingway über eine gute Geschichte gesagt hat, dass sie wie ein Eisberg ist: ein Siebtel über der Oberfläche, sechs Siebtel darunter. So haben wir versucht, auf allen Ebenen zu arbeiten, bei der Entwicklung[31] der Figuren, bei

---

24   actual sequence of events
25   without fault
26   thorough
27   prison guard
28   Wohngemeinschaft = shared apartment with private bedrooms and community kitchen and bathroom
29   an originally German card game popular in Germany and regions of the US with a large German population
30   to think up, invent
31   development

der Geschichte, in der Bildgestaltung[32] und später im Schnitt: immer mehr zu erzählen als das, was zu sehen ist."

Von Anfang an war ,*Berlin is in Germany*' als Kinofilm für die große Leinwand[33] gedacht. In die letzte Phase der Drehbuchentwicklung fiel die Aufgabe, es so zu verdichten, dass es mit dem knappen Produktionsbudget von 1,5 Millionen DM, für das die Filmboard Berlin-Brandenburg mit ihrer Förderzusage die Finanzierung schloss, tatsächlich verwirklicht werden konnte. Für die Besetzung ließen sich Hannes Stöhr und seine Casting-Agentin Karen Wendland viel Zeit, wobei mit Jörg Schüttauf und Julia Jäger schließlich die Wunschkandidaten für die Hauptrollen zusagten. „Jörg Schüttauf hat eine unglaubliche Schauspielerintelligenz. Was mich von Anfang an fasziniert hat, war, wie er sich der Rolle genähert hat, aus dem Bauch heraus. Er erfasst Situationen emotional. Dazu kommen seine handwerkliche Professionalität und Präzision. Er fordert mit einer wunderbaren, kreativen Skepsis vom Regisseur die dramaturgischen und technischen Vorgaben ein, dann lotet er jede Szene aufs Neue aus. Er hat ein unglaubliches Kameragefühl, er weiß, wo die Kamera steht und wie sie ihn aufnimmt."

Ebenso wie Jörg Schüttauf teilte Julia Jäger die Begeisterung für die Geschichte. „Was mich an ihr fasziniert, ist das Geheimnis ihres Gesichts, ihres Ausdrucks – und ihre Natürlichkeit. Die Rolle der Manuela brauchte dieses Geheimnis. Der Zuschauer fragt sich, was passiert da, warum schlägt sie Martin Schulz nicht die Tür vor der Nase zu, warum holt sie ihn zurück? Julia Jäger ist eine sehr kluge, starke Frau, mit einer unglaublichen Wandlungsfähigkeit.[34] Und sie hat ebenso wie Jörg Schüttauf die besondere Gabe,[35] Situationen zu erfühlen, diese besondere Schauspielerintelligenz."

„Der Komödiant ist für mich der Urtyp des Schauspielers. Schauspieler wie Toto, Roberto Benigni, Depardieu und Jörg Schüttauf sind im Grund alle Komödianten, auch von ihrer Lebenshaltung her. Wahrscheinlich ist es kein Zufall, dass einige aus dem Team einen ähnlichen Hintergrund haben. Florian Appl, unser Komponist, ist Mitbegründer des Musiktheaters Gosh und hat die Erfahrung von mehr als 1000 Bühnenshows, so jemand ist es gewohnt, das Publikum und die unmittelbare Wirkung immer mitzudenken. Oder Tom Jahn, der beim Theater des Lachens ist."

Das knappe Budget stellte das junge Team vor große Aufgaben, wobei es sich als hilfreich erwies, dass Hannes Stöhr mit etlichen Teammitgliedern wie Florian Hoffmeister, Produktionsleiterin Meike Kordes, Tonmann Christoph Engelke oder der Cutterin Anne Fabini schon früher zusammen gearbeitet hatte. Für den Dreh standen nur 28 Drehtage zur Verfügung, dazu sah das Konzept als unverzichtbaren Bestandteil vor, immer wieder an Originalschauplätzen[36] zu drehen – für die es, wie im Fall des Hochsicherheitsgefängnisses Brandenburg, fast unmöglich war, Drehgenehmigungen zu bekommen oder die besonderen Aufwand und Sorgfalt verlangten, wie die Aufnahmen in der Straßenbahn, der U-und S-Bahn oder dem Fernsehturm. Der entscheidende Punkt für das Gelingen war für Hannes Stöhr der Drehplan, den er mit Regieassistent Mirko Borscht, Florian Hoffmeister und Meike Kordes gemeinsam

---

32   art work
33   screen (film); canvas (art)
34   ability to change or adapt
35   gift
36   original setting

erarbeitete. „Im Drehplan steckt die wesentliche kreative Entscheidung beim Filmen: wie viel Zeit man einer Szene gibt. Zusätzlich haben wir mit einem sehr sorgfältigen Storyboard gearbeitet, so dass wir zum Drehbeginn eine genaue Vorstellung und eine klare Struktur am Set hatten. Entscheidend war dann, dass das ganze Team von Anfang bis Ende unglaublich diszipliniert gearbeitet hat – wodurch wir übrigens gleich das Vertrauen von so erfahrenen Leuten wie Jörg Schüttauf und Julia Jäger gewonnen haben, die dann selbst zur Lokomotive am Set wurden. Beide waren mit ihren Ideen, ihrer Ausstrahlung und ihrer Erfahrung voll bei der Sache, was alle zusätzlich motiviert hat." Bei vielen Außenaufnahmen in der Stadt half die Erfahrung Hannes Stöhrs als Dokumentarfilmer. Gedreht wurde dabei oft mit kleinem Team, die Kamera arbeitete mit langen Brennweiten, so dass die Kinohandlung sich in den normalen, zufälligen Alltag der Stadt einfügt. Die Szene, in der Jörg Schüttauf den Alexanderplatz überquert, scheiterte im ersten *take* daran, dass er von einer Autogrammjägerin angehalten wurde, die ihn fragte, ob er sich gerade ein Fernsehgerät gekauft habe.

„Was Vorbilder angeht, bin ich ein bisschen wie ein Gemüsegarten. Ken Loach, Mike Leigh, in Deutschland Andreas Dresen oder Wolfgang Becker beeindrucken mich durch ihre Art, mit dem Realismus umzugehen. Oder Roberto Rosselini. 'Dov'è la libertà?' ist einer der besten Knastfilme. Aber ich könnte jetzt noch viel mehr Namen nennen, die in eine ganz andere Richtung gehen. Ich bin kein Vorbilder-Typ. Ich glaube, für mich ist etwas ganz anderes wichtig. Ich habe lange als Jongleur gearbeitet und Straßentheater gemacht, und ich hatte schon immer ein Faible[37] für den direkten Kontakt mit dem Publikum, die Unmittelbarkeit,[38] den Zirkus letztlich. Wenn ich am Buch schreibe, dann ist das Publikum mit dabei. Oder anders gesagt, ich fühle mich als der erste Zuschauer, und der Film soll mir gefallen. Wenn das passiert, hoffe ich, dass es anderen auch so geht."

Auch in der filmischen Umsetzung war das Konzept des ‚märchenhaften Realismus' der Ausgangspunkt: „ Florian Hoffmeister und ich haben versucht, diese Tonart der Geschichte in Bildern auszudrücken. Die Frage ist immer, ob die Form zur Geschichte passt oder nicht. Wenn wir ‚*Berlin is in Germany*' dogmamäßig gedreht hätten, hätte unsere Geschichte nicht funktioniert. Wir wollten Bilder finden, die die Möglichkeit zur Überhöhung[39] beinhalten, die in gewisser Weise *bigger than life* sind. Am Anfang des Films, bei Martins Heimkehr, arbeiten wir viel mit Subjektiven. Man sieht die Welt aus seiner Sicht. Im Verlauf der Geschichte gibt es zunehmend Großaufnahmen, die dichteste Form der Überhöhung auf der Bildebene. Dazu ist über den ganzen Film das Element der Bewegung entscheidend: Tram, Zug, Taxi, U-bahnfahrten, alles bewegt sich, verändert sich."

Noch während der Dreharbeiten begann Anne Fabini mit dem Vorschnitt, wobei das sorgfältig aufgelöste Drehbuch und das Storyboard der Bezugspunkt waren. Regie und Kamera hatten so die Möglichkeit, die Aufnahmen im Zusammenhang des Schnitts zu überprüfen. Die intensive Arbeit an der Montage begann Mitte Juli 2000, direkt nach Abschluss der Dreharbeiten. „Die Arbeit mit Anne Fabini war großartig", erzählt Hannes Stöhr. „Sie hat ein unglaubliches Rhythmusgefühl und verfügt über

---

37 to be very interested in

38 immediacy

39 excess; over the top

die gesamte Palette der Postproduktionstechnik. Vor allem aber versteht sie viel von Geschichten, sie begibt sich in die Geschichten hinein."

Ende September 2000 war der Schnitt abgeschlossen. Zeitgleich beendete Florian Appl, der seit Produktionsbeginn mit dabei war und dessen musikalische Ideen schon beim Drehen eine Rolle gespielt hatten, die Komposition der Filmmusik. Im Oktober folgte dann die Musikeinspielung des Studioorchesters Babelsberg unter der Leitung von Bernd Wefelmeyer und das Sounddesign, im November die Mischung – ein Zeitplan, wie er knapper kaum hätte sein können. Seine Uraufführung erlebte ‚Berlin is in Germany' im Panorama-Programm der Internationalen Filmfestspiele Berlin 2001, wo er den Panorama-Publikumspreis gewann. Seitdem wurde er auf zahlreiche internationale Filmfestivals rund um die Welt eingeladen.

„Bei allen internationalen Aufführungen, bei denen ich dabei war, war die Neugier zu spüren. Die Leute wollten sehen, wie es in Deutschland ist, was sich verändert hat. Natürlich werden überall andere Schwerpunkte gesetzt.

In Moskau kennen die Leute die Situation der Veränderung selbst sehr gut, und die meisten Lacher gibt es, wenn Martin Schulz über die russischen Schriftsteller spricht. Interessant war Jerusalem, wo viele ältere, deutschstämmige Zuschauer da waren, die mich nach den literarischen Bezügen des Films gefragt haben, Falladas ‚Wer einmal aus dem Blechnapf fraß' oder ‚Berlin Alexanderplatz' von Döblin – diese Fragen habe ich in Berlin nicht gehört, die wurden in Jerusalem gestellt. Was sich überall vermittelte, war das grundlegende Thema des Films: die Veränderung, das NeuAnfangen-Müssen. Das ist das Spannende für mich. Ich will im Film nicht sagen: So und so ist es. Ich will Raum dafür lassen, dass sich jeder Zuschauer seine eigene Geschichte erzählen kann."

---

1. Wie kam Regisseur Hannes Stöhr auf die Idee für diesen Film?
2. Was fasziniert Stöhr an dieser Figur von Martin Schulz?
3. Warum hatte sich Stöhr dagegen entschieden, einen Dokumentarfilm über diese Fälle zu drehen?
4. Kam die Spielfilmfassung vor oder nach dem Kurzfilm?
5. Legt Stöhr viel Wert auf historische Ereignisse in seinen Filmen?
6. Über die Handlung seines Films sagt Stöhr: „Am Ende ist der Einzige, der ihn versteht und ihm unter die Arme greift, ein Knastkumpel." Vermutlich spricht er von Victor. Würden Sie zustimmen, dass Victor der Einzige ist, der Martin versteht und ihm hilft?
7. Wäre der Film laut Stöhr genauso hoffnungsvoll gewesen, wenn sie die authentische Geschichte erzählt hätten?
8. Beschreiben Sie, wie Stöhr den Stoff für diesen Film recherchierte.
9. Wessen Version des Tatverlaufs glaubt Stöhr?
10. Warum fasziniert Stöhr die Selbstverständlichkeit, mit der Rokko seine Englisch-Aufgabe geschrieben hat?
11. Was bedeutet ‚märchenhafter Realismus'?

12. Wie kam Stöhr auf die Idee, die Rolle von Enrique mit einem Kubaner zu besetzen?

13. Warum war Stöhr so zufrieden mit dem Schauspieler Jörg Schüttauf?

14. Was erfordert die Rolle der Manuela? Hat Julia Jäger das verkörpert?

15. Mit welchen anderen Schauspielern vergleicht Stöhr Jörg Schüttauf? Warum? Was haben sie gemeinsam?

16. Für den Dreh hatten sie wenig _____ und _____.

17. Wie beeinflussen Stöhrs Erfahrungen mit Jonglage und Straßentheater seine Einstellung zu seinen Filmen und Drehbüchern?

18. Wie haben sie versucht, das Element der Bewegung entscheidend zu machen?

19. Warum war es wichtig, mit einem ausführlichen Storyboard zu arbeiteten?

20. Worauf waren Zuschauer bei internationalen Aufführungen neugierig?

21. Was ist das Spannende für Stöhr? Finden Sie das als Zuschauer auch wichtig?

22. Was würden Sie Stöhr fragen, wenn Sie ihn interviewen dürften?

Alles auf Zucker!

BR Deutschland 2005

Regie: Dani Levy

Drehbuch: Dani Levy und Holger Franke

Darsteller: Henry Hübchen (Jaeckie Zucker), Hannelore Elsner (Marlene Zucker),
Udo Samel (Samuel Zuckermann), Golda Tenca (Golda), Anja Franke (Jana),
Steffan Groth (Thomas), Sebastian Blomberg (Joshua), Elena Uhlig (Lilly) und
Rolf Hoppe (Rabbiner Ginsberg)

FSK: ab 6 Jahren

Länge: 92 Min.

Regisseur Dani Levy beschäftigt sich auf amüsante Art mit Themen, über die man in der Regel nicht lacht. Juden, jüdisches Leben und Hitler zählen zu den Themen, die er in seinen Filmen verarbeitet. Er hat die erste deutsche jüdische Komödie (*Alles auf Zucker!*) und die erste deutsche Komödie über Hitler (*Mein Führer — Die wirklich wahrste Geschichte über Adolf Hitler* 2007) gedreht. Der 1957 in Basel geborene Sohn einer deutsch-jüdischen Familie ist „in einem jüdischen Umfeld aufgewachsen", hat aber in Berlin „seine jüdischen Kontakte verloren".[1] Folglich kann er sich mit Jaeckie Zucker, der Hauptfigur in *Alles auf Zucker!*, identifizieren. Mit dem Regisseur und Produzenten Tom Tykwer (*Lola rennt* 1998), dem Regisseur und Drehbuchautor Wolfgang Becker (*Good Bye, Lenin!* 2003) und dem Produzenten

---

1   Quelle: http://www.filmportal.de/ Interview mit Dani Levy (2004).

Stefan Arndt (*Mein Führer—Die wirklich wahrste Geschichte über Adolf Hitler* 2007) gründete er 1994 die Produktionsfirma X-Filme Creative Pool.[2]

Auszeichnungen (Auswahl)

Deutscher Filmpreis (2005):
> *Bester Spielfilm in Gold*
> *Bestes Drehbuch* (Holger Franke und Dani Levy)
> *Beste Regie* (Dani Levy)
> *Beste darstellerische Leistung—Männliche Hauptrolle* (Henry Hübchen)
> *Beste Filmmusik*
> *Bestes Kostümbild*

Verband der Deutschen Kritiker (2006): *Bestes Drehbuch*

Zusammenfassung des Films

Jaeckie Zucker hat nicht viel Zeit. „Beim Leben meiner Mutter" verspricht er, bis Montag um 12 Uhr der Bank sämtliche Schulden in Höhe von 44.500 Euro zurückzuzahlen, damit er nicht ins Gefängnis kommt. Aber seine Mutter stirbt, und er muss mit seinem entfremdeten Bruder Samuel, einem orthodoxen Juden, sieben Tage Schiwa sitzen. Außerdem müssen sich Jaeckie und Samuel versöhnen — keine einfache Aufgabe, denn Jaeckie fühlt sich verlassen, seitdem Samuel und die Mutter 1961 in den Westen fuhren, weil Samuel am Bein operieren werden musste. Dann kam überraschend die Mauer. Die Mutter und Samuel blieben im Westen, Jaeckie im Sportinternat in der DDR. Wird den Brüdern die Versöhnung — der wichtigste Wunsch ihrer verstorbenen Mutter — tatsächlich gelingen? Wird Jaeckie trotz allem das Billard-Turnier und das Preisgeld von 100.000 Euro gewinnen? Oder verliert er nicht nur das Spiel sondern auch seine Familie oder sogar sein Leben?

Figuren

Jaeckie Zucker, einst Star-Sportreporter in der ehemaligen DDR, dem die Religion seiner Vorfahren fremd geworden ist, enttäuscht alle. Seine Frau droht mit Scheidung; seine Kinder wollen nichts mit ihm zu tun haben. Er vergisst sogar den Namen seiner Enkelin. Der Bank schuldet er Geld. Seinen Bruder hat er seit 40 Jahren nicht mehr gesehen. Hat Jaeckie noch eine Chance, alles wieder gut zu machen?

Marlene Zucker ist die „zukünftige Ex-Frau" von Jaeckie. Sie ist Schneiderin mit einem eigenen Geschäft. Ihr Mann hat auch „seine Geschäfte", von denen Marlene lieber nichts wissen will. Doch steht sie ihrem Mann bei und versucht seinetwegen eine „normale jüdische Familie" zu sein, nachdem Jaeckies Mutter stirbt.

Samuel Zuckermann ist orthodoxer Jude. Seine vor kurzem verstorbene Mutter wollte in Berlin jüdisch bestattet werden. Begleitet von seiner Familie fliegt Samuel von Frankfurt am Main nach Berlin, um seine Mutter zu beerdigen und sich mit seinem Bruder wieder vertraut zu machen.

Golda Zuckermann unterstützt ihren Mann Samuel, dessen Mutter gestorben ist. Wie die ganze Familie denkt sie an die Erbschaft seiner Mutter und hofft auf eine schnelle Versöhnung der Brüder.

---

2   Quelle: http://www.filmportal.de/ Suchbegriff: Dani Levy.

Jana Zucker ist eine erfolgreiche Physiotherapeutin. Jana hat zwei Geheimnisse, die ihr endlich entlockt werden: der Vater ihrer Tochter Sarah und der „Freund", mit dem sie seit zwei Jahren zusammen lebt.

Seine Mutter und seine Tante denken, dass **Thomas Zucker** schwul ist. Der stotternde Bankfilialleiter trainiert regelmäßig im Fitnessstudio und hat einen Hund, Dax. Nur mit Frauen kennt er sich noch nicht gut aus.

Joshua Zuckermann ist der streng orthodoxe Sohn von Samuel und Golda. Er soll bei der Schiwa die jüdischen Regeln überwachen. Er hat seine Großmutter geliebt und empfindet es als Schande, dass auf ihrem Grab für Geld getanzt wird.

Lilly Zuckermann ist ewige Studentin, die die Männer — laut ihrem Vater — zu oft wechselt. Sie findet Thomas und sein Stottern süß.

In einem Brief hat Rebekka Zuckermann bei **Rabbiner Ginsberg** ihren letzten Willen hinterlegt. Wenn die Brüder die Bedingungen des Testaments nicht erfüllen und sich im Laufe der siebentägigen Schiwa nicht versöhnen können, kommt der Gemeinde das Erbe zugute.

Kultureller und historischer Hintergrund

Juden in Deutschland

Heutzutage gibt es mehr als 100 jüdische Gemeinden mit über 100.400 Mitgliedern in Deutschland. Von Flensburg im Norden bis Freiburg im Süden, von Dresden im Osten bis Aachen im Westen gibt es streng orthodoxe, konservative, liberale und Reform-Gemeinden unter dem Dach des Zentralrats der Juden in Deutschland. Die Aufgabe des Zentralrats der Juden in Deutschland, der seit 1950 existiert, besteht vor allem darin, das „gegenseitige Verständnis von Juden und Nichtjuden" zu fördern.[3] Dazu gab es in den letzten 50 Jahren enorme Herausforderungen: „die Anfänge nach dem Krieg, die Öffnung der Mauer und die Zusammenführung der Gemeinden in Ost und West und die Integration der Zuwanderer aus den Ländern der ehemaligen Sowjetunion."[4]

Obwohl die Zahl der Juden in Deutschland seit 1991 stetig ansteigt, war das jahrzehntelang nicht der Fall. 1933 lebten über eine halbe Millionen Juden in Deutschland. Sechs Jahre später — noch vor den Deportationen in die Vernichtungslager — waren etwa 215.000 noch in Deutschland. Der Rest ist emigriert oder vertrieben worden. Zu Kriegsende überlebten circa 15.000. Fast 30 Jahre lang blieb die Zahl bei 30.000. In der DDR war es schwierig, Jude zu sein, hauptsächlich durch die „kritische Observanz durch den atheistischen Staat."[5] Nach der Gründung der DDR wurden Juden diskriminiert und verfolgt. Viele Juden sind deshalb in die BRD geflohen. Von den circa 400 Mitgliedern fünf jüdischer Gemeinden, die 1989 in der DDR lebten, waren ungefähr 250 in Ostberlin.

„Seit 1989 sind 190.000 Menschen als so genannte jüdische Kontingentflüchtlinge nach Deutschland gekommen. 80.000 von ihnen konnten in die jüdischen Gemeinden

---

3   Quelle: http://www.zentralratdjuden.de

4   Quelle: http://www.zentralratdjuden.de

5   Peter Ortag: Jüdische Kultur und Geschichte: Ein Überblick (S. 126). Brandenburgische Landeszentrale für politische Bildung 1995; 5. aktualisierte Auflage 2003.

Deutschlands integriert werden."[6] Die Integration der säkularen (nichtkirchlichen) Juden in Deutschland mag eine große Herausforderung für deutsche Juden sein. Die Zuwanderer litten unter Stalin, nicht Hitler, sie verstehen die Riten und Gebräuche des Judentums nicht, und sie sprechen lieber Russisch als Deutsch.[7] Die Frage der jüdischen Identität wird diskutiert. Ist man aufgrund von Ethnizität oder aufgrund religiösen Glaubens jüdisch? Mit dieser Frage werden sich Deutsche, Zuwanderer, Juden und Nichtjuden beschäftigen müssen, denn Deutschland hat die am schnellsten wachsende jüdische Gemeinschaft ganz Westeuropas.[8]

Jiddisch und Deutsch[9]

Jiddisch ist eine Sprache—also kein Dialekt, der von circa drei Millionen Menschen, zumeist Juden, auf der ganzen Welt gesprochen und geschrieben wird. Jiddisch ist wie Deutsch und Englisch eine westgermanische Sprache, die vom Kontakt zwischen Juden und Christen im Mittelalter entstand. Damit Christen ihre Sprache nicht verstehen konnten, schrieben Juden ihr mittelalterliches jüdisches Deutsch mit hebräischen Buchstaben. Das Ostjiddische, das im Gegensatz zum Westjiddischen noch weit verbreitet ist, enthält wegen der Ausbreitung nach Osteuropa Elemente slawischer Sprachen. Infolge der Kontakte zwischen Deutsch- und Jiddisch-Sprechern im 16. Jahrhundert kamen die ersten Wörter aus dem Jiddischen ins Deutsche und umgekehrt. Die heutige deutsche Sprache enthält viele Wörter jiddischer Herkunft. Während manche Ausdrücke noch deutlich fremd sind, also jiddisch klingen, oder auf jüdische Riten und Gebräuche bezogen sind, sind andere so integriert worden, dass ihre jiddische Herkunft nicht leicht erkennbar ist. Folgende Beispiele sind deutsche Wörter jiddischer Herkunft: ausgekocht (*crafty*), dufte (*cute*), Gauner (*trickster, crook*), Knast (*prison*), koscher, meschugge (*crazy*), mies (*bad, mean*), Mischpoche (*family*), pleite (*broke, bankrupt*), schachern (*to bargain*), schmusen (*to cuddle*) und zocken (*to gamble*). Geben Sie im Film auf die Sprache acht. Bei manchen Figuren, besonders der Familie Zuckermann aus Frankfurt oder dem Rabbiner, hört man viele jiddische Ausdrücke. Die Sprache der in Berlin lebenden und dort aufgewachsenen Figuren, nämlich Jaeckie, seiner Frau und ihren Kindern, enthalten Merkmale, die für den Berliner Dialekt kennzeichnend sind (siehe *Berlin is in Germany* für eine Beschreibung des Berlinischen).

---

6   Quelle: http://www.zentralratdjuden.de

7   „Germany's Jews: Latkes and vodka" (2. Januar 2008 Berlin; http://www.economist.com/world/europe/displaystory. cfm?story_id=10424406)

8   „Germany's Jews: Latkes and vodka" (2. Januar 2008 Berlin; http://www.economist.com/world/europe/displaystory. cfm?story_id=10424406)

9   Quelle: Hans Peter Althaus: Kleines Lexikon deutscher Wörter jiddischer Herkunft; 2003 München. Siehe auch „Jiddische Wörter in der deutschen Sprache" (http://www.goethe.de/ges/spa/thm/siw/de1414420.htm).

Zur Vorbereitung

I. Wortschatz

Ein Todesfall (*a [case of] death*)

die Ausnahme: *exception*

beerdigen [beerdigte, hat beerdigt]: *to bury*

die Beerdigung: *burial, funeral*

besitzen [besaß, hat besessen]: *to own*

der Besitz: *ownership, possession*

eingemauert: *walled in, both figuratively and, here, literally*

erben [erbte, hat geerbt]: *to inherit*

die Erbschaft: *inheritance*

erpressen [erpresste, hat erpresst]: *to blackmail*

die Erpressung: *blackmail*

die Feindschaft: *hostility, antagonism, ill-will*

der Frieden: *peace*

der Hinderungsgrund: *obstacle*

die Mauer: *the wall, here the Berlin Wall*

die Regel: *rule, regulation*

eine Regel befolgen/verletzen: *to follow/violate a rule*

der Sarg: *coffin, casket*

die Verabschiedung: *leave-taking*

schweigen [schwieg, hat geschwiegen]: *to be silent*

streiten [stritt, hat gestritten]: *to fight, quarrel*

der Streit: *argument, conflict*

das Testament: *last will and testament*

trauern [trauerte, hat getrauert]: *to mourn, grieve*

die Trauer/das Trauern: *mourning*

sich trennen [trennte sich, hat sich getrennt]: *to separate*

die Trennung: *separation*

sich verabschieden [verabschiedete sich, hat sich verabschiedet]: *to say goodbye, take one's leave*

das Vermögen: *assets*

versöhnen [versöhnte, hat versöhnt]: *to reconcile*

die Versöhnung: *reconciliation*

„Wie Juden Leben"

fleischig: *pertaining to meat in the context of Jewish dietary laws*

die Gemeinde: *congregation*

die Gojim (Nichtjuden): *non-Jews*

der Judaismus: *Judaism*

der Jude/die Jüdin: *Jew, Jewish man/woman*

jüdisch: *Jewish*

koscher: *kosher (relating to Jewish dietary laws)*

Maseltow: *mazel tov (congratulations, lit. good luck)*

milchig: *pertaining to dairy products in the context of Jewish dietary laws*

die Mischpoche: *family*

orthodox: *orthodox (conforming to a religious doctrine, such as Orthodox Judaism)*

der Rabbiner: *rabbi*

der Sabbat: *Sabbath (the seventh day of the Jewish week for rest and/or worship)*

Schalom/Shalom: *Hebrew word for peace, used as a greeting or farewell*

die Schiwa/Schiwe: *shiva (seven-day period of mourning with detailed instructions about conduct)*

das Schwein: *pork; pig*

die Synagoge: *synagogue*

die Thora: *Torah (Jewish sacred teaching, literature and law in the Old Testament and Talmud)*

Wie Jaeckie lebt

Sein Spiel

die Anmeldegebühr: *registration fee*

sich anmelden [meldete sich an, hat sich angemeldet]: *to enroll, sign up for or register*

Billard: *billiards, pool*

die Leidenschaft: *passion*

das Pech: *bad luck*

spielen/um Geld spielen [spielte, hat gespielt]: *to gamble*

das Startgeld: *entry fee (for sports)*

das Turnier: *tournament*

zocken [zockte, hat gezockt]: *to gamble (ugs.)*

Seine Geschäfte

der Bankrott: *bankruptcy*

betrügen [betrog, hat betrogen]: *to betray, cheat,*
  defraud

der Buchhalter: *accountant, bookkeeper*

das Ehrenwort: *word of honor*

der Gerichtsvollzieher: *repossessor*

die Miete: *rent*

der Ostalgiker: *someone who misses the former*
  DDR or objects/products from the former East

retten [rettete, hat gerettet]: *to save, rescue*

die Schulden: *debts*

das Staatseigentum: *government property*

der Vorgänger: *predecessor*

Seine Gesundheit

die Grippe: *influenza*

der Herzinfarkt/Infarkt: *heart attack*

das Koma: *coma*

der Virus: *virus*

II. Wortschatzübungen

Assoziierungen: Verbinden Sie ein Wort aus der linken Spalte mit dem passenden Wort in der rechten Spalte.

1.	beerdigen	_____	die Grippe
2.	die Erbschaft	_____	der Bankrott
3.	streiten	_____	Schiwa
4.	trauern	_____	der Sarg
5.	koscher	_____	zocken
6.	die Schulden	_____	die Feindschaft
7.	die Gemeinde	_____	das Vermögen
8.	der Virus	_____	die Synagoge
9.	spielen	_____	milchig/fleischig

Umkreisen Sie in jeder **Reihe** (*row*) das Wort, das **nicht** passt.

1.	das Testament	besitzen	das Schwein	erben
2.	die Mauer	der Sabbat	das Staatseigentum	der Ostalgiker
3.	die Schiwa	spielen	das Startgeld	die Anmeldegebühr
4.	Jude	Gojim	jüdisch	orthodox
5.	die Feindschaft	der Frieden	sich trennen	streiten

Gegenteile: Schreiben Sie für jedes Wort ein passendes Gegenteil aus der Liste.

sich verabschieden/ fleischig/ versöhnen/ das Pech/ die Regel/ schweigen/ der Vorgänger/ trauern/ die Schulden

1. sich freuen   _____

2. streiten   _____

3. milchig   _____

4. das Glück   _____

5. das Vermögen   _____

6. die Ausnahme   _____

7. reden/sprechen   _____

8. begrüßen   _____

9. der Nachfolger   _____

III. Ideen sammeln/ Brainstorming

1. Was verursacht in Ihrem Leben Stress? Wie versuchen Sie, den Stress abzubauen? Welche dieser Probleme, mit denen sich die Hauptfigur im Film beschäftigt, kennen Sie aus eigener Erfahrung?

   - den Tod eines/r Verwandten
   - Streit mit den Kindern/den Eltern/den Geschwistern/dem Ehemann bzw. der Ehefrau
   - Probleme bei der Arbeit
   - gesundheitliche Probleme
   - Schulden

2. Stammen Sie aus einer Familie, die viele religiöse Traditionen hat? Finden Sie es wichtig, sie zu erhalten? Welche folgenden Bräuche sind bei Ihnen zu Hause üblich?

   - am Sabbat in die Synagoge gehen
   - sonntags in die Kirche gehen
   - vor dem Essen beten
   - nach einem Tod Schiwa sitzen
   - den Koran lesen
   - koscher essen

IV. Internet-Übungen

(available online through the Focus website: http://www.pullins.com/)

V. Milling-Aktivität

Unterhalten Sie sich mit anderen Studenten im Klassenzimmer und notieren Sie ihre Antworten.

1. Kannst du Billard spielen?
2. Hast du Geld im Casino verloren?
3. Wie viele Geschwister hast du? Worüber streitet ihr euch manchmal?
4. Warst du schon auf einer Beerdigung? Auf wessen?
5. Hast du Geld von einem/einer Verwandten geerbt?
6. Wie viel Geld schulden Studenten deiner Meinung nach durchschnittlich (*on average*) am Ende ihres Studiums?
7. Was studierst du, und in welchem Semester bist du?

8. Kennst du jemanden, der jüdisch ist?

9. Warst du schon in einer Synagoge?

10. Findest du, dass eine Liebesbeziehung mit einem Cousin bzw. einer Cousine akzeptabel ist?

Erklär's mir: verbal prefix *be-*

A common verbal prefix in German is *be-*. Verbs starting with *be-* are always transitive, i.e., they take a direct (accusative) object and are inseparable. *Be-*verbs serve to emphasize the direct object—either a person or an object. In some cases verbs are made from nouns by adding *be-*, as in *benachrichtigen* (from *Nachricht* + suffix *-ig*) or *beleidigen* (from *Beleidigung*). A *be-*verb can be formed from an adjective, such as *beruhigen* (from *ruhig*) or *belustigen* (from lustig).

In diesem Film hört man viele Verben mit *be-*. Im Anschluss an die Liste finden Sie einige Beispiele aus dem Film, in denen solche Verben vorkommen.

begraben [begrub, hat begraben]: *to bury*

begrapschen [begrapschte, hat begrapscht]: *to fondle*

beklauen [beklaute, hat beklaut]: *to rip off, steal (coll.)*

bekommen [bekam, hat bekommen]: *to receive*

beleidigen [beleidigte, hat beleidigt]: *to insult or offend*

belügen [belog, hat belogen]: *to lie to*

beruhigen [beruhigte, hat beruhigt]: *to calm*

bespitzeln [bespitzelte, hat bespitzelt]: *to spy on*

besprechen [besprach, hat besprochen]: *to discuss*

besuchen [besuchte, hat besucht]: *to visit*

betrügen [betrog, hat betrogen]: *to betray, cheat, defraud*

bezahlen [bezahlte, hat bezahlt]: *to pay*

sich beklagen [beklagte sich, hat sich beklagt]: *to complain*

sich belaufen [belief sich, hat sich belaufen]: *to amount to*

sich etwas besorgen [besorgte sich, hat sich besorgt]: *to get or secure oneself something*

sich bewegen [bewegte sich, hat sich bewegt]: *to move*

Gerichtsvollzieher Schmöker: Ihre Schulden **belaufen** sich bis zum heutigen Tag auf 44.500 Euro.

Eddy: Du hast noch 8 Stunden. **Besorg** dir das Geld, und wir sehen uns Freitag um 12 Uhr.

Linda: Du hast mich **betrogen**. Mich und meine acht Frauen.

Telegramm: Deine Mutter ist gestorben, unsere Mutter. Sie will in Heimaterde **begraben** werden.

Jaeckie: Was willst du denn? **Bespitzelst** du mich?

Linda: Lass ihn auspowern. 'ne Massage, Lavendel, schön **beruhigen**…

Marlene: Mein Mann, Jakob Zuckermann, **belügt** und **beleidigt** uns alle.

Marlene: In 2 Tagen ist die Schiwa zu Ende! Und ihr habt euch keinen Millimeter **bewegt**!

Jaeckie: Tatsache ist doch, dass ihr mich hier nie **besucht** habt, du und Mama.

VI. Die Handlung voraussagen

Denken Sie noch einmal an die Übungen, die Sie zum Thema *Alles auf Zucker!* gemacht haben. Wovon handelt der Film Ihrer Meinung nach? Welche Erwartungen haben Sie an den Film?

1. In welches Filmgenre würden Sie *Alles auf Zucker!* einordnen? (z. B. Liebesfilm, Kinderfilm, Komödie, Thriller, Horrorfilm, Action, Drama, Historienfilm, Science Fiction oder Western)
2. Welche Zielgruppe wird dieser Film ansprechen, z. B. Kinder, Jugendliche/ Teenager, Frauen, Männer, Studenten, Sportler usw.?
3. Wie und wo wird die Geschichte anfangen?
4. An welchen dieser Drehorte werden keine Filmaufnahmen gemacht? In einem Krankenhaus, in einem Club, in einer Küche, in einer Physiotherapie Praxis, in einer Synagoge, in einer Metzgerei, bei einem Billard-Turnier, in einem Krankenwagen oder in einem Fitnessstudio?
5. Schauen Sie sich das Standfoto auf der ersten Seite dieses Kapitels an. Was passiert in dieser Szene? Wird sie gegen Anfang, Mitte oder Ende des Films geschehen?
6. Wird der Film ein Happy-End oder eher ein trauriges Ende haben? Begründen Sie Ihre Antwort.

 ## Zum Inhalt

I. Richtig oder falsch?

Geben Sie an, ob die Aussagen richtig oder falsch sind und verbessern Sie die Falschen.

1. Zu Beginn des Films liegt Jaeckie Zucker im Krankenhaus.
2. Er ist Pokerspieler und Buchhalter in einem Bordell.
3. Seine Frau Marlene will sich von ihm scheiden lassen.
4. Jaeckie braucht 50.000 Euro Startgeld für das Turnier.
5. Jana ist Ärztin in einer Klinik in Berlin.
6. Jaeckie freut sich nicht, seinen Bruder nach 40 Jahren zu sehen.
7. Samuel Zuckermann hat zwei Kinder — einen Sohn, Thomas, und eine Tochter, Lilly.
8. Marlene Zucker ist Jüdin und lebt mit ihrem Mann koscher.
9. Jaeckie lebte im ehemaligen Osten. Sein Bruder und seine Mutter lebten im Westen.
10. Die Brüder müssen sich versöhnen, um das Vermögen ihrer Mutter zu erben.
11. Jaeckies Enkelin heißt Sandra.
12. Samuel ist allergisch gegen Aspirin und muss ins Krankenhaus.
13. Jaeckie simuliert einen Herzanfall am Grab seiner Mutter.
14. Jana schaut ihrem Vater beim Billardspielen zu.

15. Linda ist Jaeckies Geschäftspartnerin und ehemalige Sekretärin.

16. Joshua und Jana hatten vor vielen Jahren eine Liebesbeziehung.

17. Thomas gewährt einen Kredit von €20.000, damit sein Vater gegen den Ukrainer spielen kann.

18. Der Ukrainer gewinnt das Spiel und behält das ganze Geld.

19. Samuel erleidet einen Kreislaufkollaps und stirbt.

20. Jaeckie und Marlene können einander nicht mehr ertragen und lassen sich scheiden.

II. Fragen zum Inhalt

Kapitel 1: Das Match des Lebens

1. Warum muss Jaeckie aus dem Club fliehen? Verliert oder gewinnt er?

Kapitel 2: „Neues Spiel, Neues Glück"

2. Was vergisst Jaeckie an dem Morgen zu tun? Wo hatte er einen Termin?

3. Was passiert, wenn Jaeckie das Geld nicht bis Montag zurückzahlt?

Kapitel 3: Ungebetener Besuch

4. Wer arbeitet in der Physiotherapie-Praxis?

5. Was will Jaeckie von seiner Tochter?

Kapitel 4: Das Telegramm

6. Warum besucht Marlene Thomas in der Bank? Warum braucht sie ihn?

7. Wessen Mutter ist gestorben?

8. Wer erscheint zu Jaeckies großer Überraschung im Club?

Kapitel 5: Alte Zeiten

9. Bei wem haben Jaeckie und Marlene einen Termin? Warum will Jaeckie nicht hingehen?

10. Was müssen die Zuckers machen, bevor sein Bruder ankommt? Was müssen sie vorbereiten und worauf müssen sie sich vorbereiten?

Kapitel 6: „Es ist nie zu spät, Jüdisch zu werden"

11. Was muss Marlene mit ihren Lebensmitteln machen? Warum?

Kapitel 7: Andersrum

12. Wie amüsiert sich Jaeckie auf dem Flughafen?

Kapitel 8: Familienbande

13. Jaeckie erwartet nur seinen Bruder. Wer kommt mit Samuel?

14. Worum zanken (*bicker*) sich die Brüder auf dem Flughafen?

Kapitel 9: Beerdigung mit Hindernissen

15. Mit wem fährt Lilly vom Flughafen zum Rabbiner?

Kapitel 10: Das Testament

16. Nennen Sie eine der fünf Regeln, die Jaeckie und Samuel befolgen müssen, um das Vermögen ihrer Mutter zu erben.

Kapitel 11: Alltag

17. An wen zahlt Jaeckie in all den Jahren unwissentlich Miete?

18. Wer sagt: „Ihr Juden, ihr habt zu viele Gebote. Da ist überhaupt kein Platz zum Improvisieren!"?

Kapitel 12: Nebenwirkungen

19. Jana will Samuel ins Krankenhaus fahren, aber Jaeckie ist dagegen. Wohin bringen sie ihn stattdessen?

Kapitel 13: European Pool Classics

20. Gewinnt Jaeckie in der ersten Runde des Turniers? Wie spielt er?

Kapitel 14: „Das Geschäft muss weitergehen"

21. Wer erzählt bei der Beerdigung einen Witz?

Kapitel 15: Konkurrenz

22. Warum geht Jaeckie nicht mit in die Synagoge?

Kapitel 16: Zwischenfälle

23. Wem sagt Marlene: „Ich liebe dich, verdammter Idiot! Ich liebe dich doch!"?

Kapitel 17: Heimkehr

24. Wen erkennt Marlene im Krankenhaus?

25. Jaeckie und der Ukrainer vereinbaren am Montag um Mitternacht nach dem Finale ein privates Spiel. Wo werden sie sich treffen?

Kapitel 18: „Typischer Wendeverlierer"

26. Marlene nennt ihren Mann vor der ganzen Familie einen hoffnungslosen, skrupellosen Spieler. Wie reagiert er auf ihre Vorwürfe, alle belogen, beleidigt und betrogen zu haben?

Kapitel 19: Die Wahrheit

27. Welche Wahrheit wird in dieser Szene mit Jana und Joshua enthüllt?

Kapitel 20: Entscheidung

28. Die Familie entscheidet, dass Jaeckie gegen den Ukrainer spielen soll. Welches Familienmitglied muss noch davon überzeugt werden?

Kapitel 21: Schulden

28. Jaeckie bricht am Ende des Spiels gegen den Ukrainer zusammen. Simuliert er auch diesen Zusammenbruch?

Kapitel 22: Von Romanzen und Versäumnissen

29. Wer lässt den Rabbiner unabsichtlich (*unintentionally*) erkennen, dass Jaeckie in den ersten Turniertagen gespielt hat?
30. Wie reagiert der Rabbiner auf diese Nachricht?
31. Wo soll die Schiwa jetzt weitergehen?

Kapitel 23: Erbschaft

32. Warum ist Jaeckie vor 40 Jahren im Osten geblieben, während Samuel in den Westen gegangen ist?
33. Wie soll dem Rabbiner nach die Erbschaft geteilt werden?

III. Aussagen zuordnen

Lesen Sie die folgenden Aussagen und geben Sie an, von wem die Äußerung stammt: von Jaeckie (5), von Samuel (4), von Marlene (3), von dem Rabbiner (3), von Golda (2), von Jana (2), von Joshua (1), von Thomas (1) von oder Lilly (1). Die Aussagen stehen in der gleichen Reihenfolge, wie sie im Film vorkommen.

1. _____ Spielen ist meine Leidenschaft. Das ganze Leben ist'n Match. Anders kann ick dat nicht sehen.

2. _____ Ich bin seine Frau. Seine Ex, seine *zukünftige* Exfrau.

3. _____ Ich brauch dich. Es ist dringend. Ich brauch dich jetzt, Tommy. Ich hab deinen Vater rausgeworfen—praktisch, aus der Wohnung—und jetzt weiß ich nicht, wo er ist!

4. _____ Sie war eine sehr wichtige Frau in meinem Leben. Wie eine zweite Mama. Ich hoffe, das kränkt Sie nicht, dass ich das so sage.

5. _____ Sie trennen milchig von fleischig? Sie haben 2 Sortimente Geschirr? Sie haben die Mesusa an der Türe? Keine Schweine im Kühlschrank?

6. _____ Warum schickt der 'n Telegramm? Leben wir im Mittelalter? Wohnt er in Afrika? Er kann doch telefonieren. Es gibt doch Telefonbücher!

7. _____ Ich bin eben anders!

8. _____ Oh, du stotterst, süß.

9. _____ Ich war so aufgeregt, Marlene. Ich habe im Flugzeug nichts gegessen. Eine ganze Stunde lang. Und mein Mann, *meine bessere Hälfte*, hat geschlafen wie ein Baby. *Ruhe vor dem Sturm.*

10. _____ Du bist ja noch widerlicher, als ich dachte. Ein noch stinkigeres Stinktier bist du geworden! Du, du Schmock!

11. _____ Die Familie von deinem Bruder ist so koscher wie ein Schweinekotelett. Marlene ist ´e Goi! Der Junge ist schwul. Und die Tochter? Wo ist denn die Tochter?

12. _____ Mein herzliches Beileid. Darf ich euch meinen Freund vorstellen? Wir sind seit zwei Jahren zusammen.

13. _____ Ich fühl mich wirklich komisch. Dein Vater hat mich vergiftet. Das Leitungswasser… Oder das Aspirin… Vielleicht bin ich allergisch!

14. _____ Ich bin high, und die Beerdigung ist um 2!

15. _____ Als die Mauer fiel, hast du gesagt: „Jetzt werden wir wieder eine Familie." Aber wir haben dich bitter enttäuscht. Warum haben wir die Mauer, die durch unsere Familie läuft, nicht auch abgerissen?

16. _____ Wir sind ´ne vollkommen kaputte Familie. Wir leben seit Jahren an einander vorbei. Ich hab mein Geschäft. Er hat seine Geschäfte. Ich wollte nie wissen, welche.

17. _____ Guckt mich mal an, ihr Frankfurter Würstchen! Hier sitzt der typische Wende-Verlierer. Alles falsch gemacht, alles verloren.

18. _____ Das ist kein organisches Problem, das ist ein emotionales, Mama! Wenn Papa nicht spielen kann, bricht ihm das Herz. Besser er spielt, als dass er stirbt.

19. _____ Sie machen nicht nur mich zu einem Idioten, sondern auch Ihre Mama. Ich glaube, es ist im Sinne Ihrer Mutter, dass Sie die Erbschaft verlieren. Mein ehrliches Bedauern gilt dem verletzten Willen Ihrer Mutter und der Verletzung der Schiwa.

20. _____ Ich bin übrigens dein Vater, Sarah.

21. _____ Du weißt genau, dass ich mein Bein in Frankfurt operieren musste, sonst hätte ich es verloren. Von wegen „allein, eingemauert". Du wolltest in deinem Sportinternat bleiben, als diese Scheißmauer gebaut wurde! Der Sozialismus war dir wichtiger als deine Familie.

22. _____ Wir waren eine richtige Familie. Auch nach Vaters Tod. Ich hätte euch schon mal irgendwie ein bisschen gebraucht. Und nicht wegen der Westmark! Komm mal her, du Ekel.

IV. Standfotos beschreiben

1. Zum Bild: Geben Sie eine ausführliche Beschreibung dieser Fotos.
2. Zum Inhalt: Was passiert in diesen Szenen?

A. Die Familie Zucker (Kapitel 8:
    Familienbande)

B. Die Familie Zuckermann (Kapitel 8:
    Familienbande)

C. Janas Familie (Kapitel 22: Von Romanzen
    und Versäumnissen)

Zur Diskussion

I. Interview mit einem Partner

1. Wie war dein erster Eindruck von dem Film?
2. Wie fandest du den Film insgesamt?
3. Was hat dir an dem Film besonders gefallen?
4. Was hat dir nicht besonders gefallen?
5. Was hast du im Film nicht erwartet?
6. Welche Szene hat dir am besten gefallen?
7. Wie fandest du das Ende? Hast du erwartet, dass der Film so endet?

8. Welche Figur im Film hat dir am besten gefallen? Warum?

9. Welche Figur hat dir nicht so gut gefallen? Warum nicht?

10. Was hast du von diesem Film gelernt?

II. Meinungsaustausch

1. Welche Szene fandest du am lustigsten?

2. Am Anfang des Films will Marlene sich von Jaeckie trennen. Warum macht sie das nicht?

3. Wie wird Jaeckie charakterisiert? Was für ein Vater ist er? Ändert er sich im Laufe der Handlung?

4. In was für einem Club ist Jaeckie der Buchhalter? Wie läuft das Geschäft momentan?

5. Warum sucht Marlene im Club nach Jaeckie? Was muss sie ihm mitteilen?

6. Was für eine Beziehung hat bzw. hatte Jaeckie mit Linda? Sind sie oder waren sie ein Liebespaar?

7. Wie lernt Marlene, wie man koscher lebt? Was müssen sie tun, um ihre Wohnung auf die Schiwa vorzubereiten?

8. Beschreibe die Wohnung der Zuckers. Wie sieht die Einrichtung aus?

9. Um an die Erbschaft ihrer Mutter zu kommen, müssen die Brüder sich versöhnen. Wollen sie das oder denken sie nur ans Geld?

10. Marlene sagt besorgt: „Ich bin doch keine Schauspielerin, ich bin Schneiderin! Du musst mir helfen, Jaeckie! Versprichst du mir, dass du bei mir bist?" Hilft Jaeckie seiner Frau?

11. Wie benimmt sich Samuel, nachdem er unwissentlich eine Ecstasy-Tablette nimmt?

12. Bis zu welchem Zeitpunkt glaubt Marlene noch, dass Jaeckie tatsächlich krank ist? Wann ahnt sie, dass er sie anlügt und nur ein Theater inszeniert?

13. Hat Joshua schon eher gewusst, dass er Sarahs Vater is, oder erfährt er erst jetzt davon?

14. Der Ukrainer sagt: „Den Regeln nach hätte ich gewonnen, weil Sie sich beim letzten Stoß mit beiden Händen abgestützt haben." Warum teilt er dann das Geld mit Jaeckie?

15. Versöhnen sich die Brüder tatsächlich, oder tun sie nur so, um an die Erbschaft zu kommen?

16. Der Rabbiner freut sich, weil das Konto von Rebekka Zuckermann im Plus ist, d.h. sie erben keine Schulden. Aber wie viel ist es im Plus? Am Ende des Films fragt Jaeckie das Publikum: „Haben Sie was anderes erwartet als ein wertloses Wertpapierpaket? Seien Sie ehrlich. Ich schon." Was bedeutet das? Haben sie viel oder wenig Geld geerbt?

III. Standfotos diskutieren

Auf diesen Standfotos sehen Sie die Brüder mit anderen Figuren. Diskutieren Sie, wie sich die Brüder in jeder der hier dargestellten Szenen fühlen. Wählen Sie für jede Szene ein passendes Adjektiv, das ihre inneren Gefühle am besten beschreibt.

A. Samuel tanzt (Kapitel 12: Nebenwirkungen)

B. Am Tisch (Kapitel 18: „Typischer Wendeverlierer")

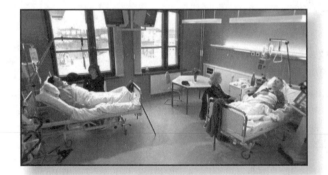

C. Im Krankenhaus (Kapitel 22: Von Romanzen und Versäumnissen)

D. Die Umarmung (Kapitel 23: Erbschaft)

Analyse, Interpretation und Reflexion

I. Motive

Inhaltsmotive

Viele Motive werden in diesem Film thematisiert. Erklären Sie, inwiefern folgende Motive in der Handlung eine Rolle spielen. Welche weiteren Motive gehören auch dazu? Welche Motive werden durch jede der Hauptfiguren besonders verkörpert? Welche sind Ihrer Meinung nach Zentralmotive und welche Randmotive?

- Glück
- zweite Chancen
- Liebe
- Versöhnung
- jüdisches Leben/jüdisch sein
- Antisemitismus
- Ost-West Beziehungen
- „Ostalgie" (positive Erinnerungen an die DDR, Identitätsverlust)

- getrennte Familien
- die Mauer als konkretes/abstraktes Hindernis
- das „normale" bzw. „richtige" Familienbild
- Versprechen
- Leben und Tod
- Politik: Sozialismus, Kommunismus
- Humor

Jüdisches Leben und jüdisch sein

Wie werden Juden und das jüdische Alltagsleben in diesem Film dargestellt? Kommen Klischees oder Stereotypen im Film vor? Wie werden Juden von Nichtjuden unterschieden? Inwiefern verkörpern folgende Figuren stereotypisches Verhalten: Samuel, Golda, Joshua und der Rabbiner? Was bedeutet es ihnen, jüdisch zu sein? Überlegen Sie, welches Bild vom jüdischen Leben in den folgenden Szenen projiziert wird.

- Jana wirft Joshua vor, dass die Rolle, die er spielt, blöd sei und ihm überhaupt nicht stehe. Joshua antwortet: „Einer muss sie spielen in dieser koscheren Familie!" Inwiefern fühlt sich Joshua wegen seiner Familie verpflichtet, strenger orthodox zu sein?

- Als Marlene und Jaeckie über €400 im jüdischen Laden ausgeben, kommentiert die Kassiererin: „Es ist nie zu spät, jüdisch zu werden". Was meint sie damit?

- In der nächsten Szene stehen Jaeckie und Marlene auf der Straße. Jaeckie wundert sich, warum ein Taxi nicht anhält. Auf dem Bild sieht man, dass Marlene eine Kiste mit hebräischer Schrift darauf trägt. Was wird damit impliziert?

- Später schauen ein Nachbar und seine Frau zu, als Jaeckie ins Krankenhaus gefahren wird. Der Nachbar bemerkt: „Hat doch wirklich Pech gehabt, der Mann. Seit der Wende nur Pech." Danach sagt seine Frau: „Jetzt soll er auch noch Jude sein!" Wie verstehen Sie diese Bemerkung?

Jüdischer Humor

„Ein jüdischer Witz ist niemals Witz um des Witzes willen, immer enthält er eine religiöse, politische, soziale oder philosophische Kritik."[10] Jüdische Witze sind eine Art Selbstkritik und Selbstironie, aber bei jüdischem Humor handelt es sich grundsätzlich nicht um Witze über Juden. Dani Levy erläutert in einem Interview, inwiefern der jüdische Humor etwas Besonders ist: „Was den jüdischen Humor attraktiv macht, aber gleichzeitig auch ambivalent, ist die Tatsache, dass er sehr subversiv ist. Er macht nicht Stopp vor Tabus — ob das Religion, Holocaust, Krieg, die Frau meines besten Freundes oder Bettgeschichten sind. Der jüdische Humor geht überall rein. Er macht keinen Halt

---

10   Quelle: http://www.jiddisch.org/witz/humor.htm

vor dem politisch Korrekten oder dem, was Anstandsverletzung ist. Er verletzt gerne."[11] In *Alles auf Zucker!* erzählt Samuel am Grab seiner Mutter folgenden Witz:

Eine jüdische Mama kommt nach dem Konzert in die Garderobe des Klaviervirtuosen. „Mein Sohn spielt so wunderbar Klavier, Sie müssen ihn fördern." „Ich fördere niemanden prinzipiell nicht", sagte der Klaviervirtuose. „Aber mein Sohn ist ein Genie", sagt die Mama und spielt ihm ohne ihn zu fragen ein Band vor. Der Klaviervirtuose ist tief beeindruckt. „Unglaublich, er spielt wie Horowitz!" „Das ist Horowitz", sagt die Mama stolz. „Aber mein Sohn spielt genauso gut wie er."

Fallen Ihnen andere Beispiele jüdischen Humors im Film ein? Denken Sie an bekannte jüdische Schauspieler oder Regisseure, z. B. Woody Allen, Jerry Seinfeld, Ben Stiller, Adam Sandler oder Sarah Silverman. Gibt es Gemeinsamkeiten bzgl. ihres Humors? Suchen Sie im Internet nach jüdischen Witzen auf Deutsch.[12] Über welche Themen werden häufig Witze gemacht?

II. Standfotos interpretieren

Auf diesen Standfotos sehen Sie Jaeckie. Welche Motive beziehen sich auf diese Fotos? Stellen Sie bei Jaeckie im Verlauf der Handlung eine Entwicklung fest?

A. In den Spiegel schauen (Kapitel 2: „Neues Spiel, Neues Glück")

B. Bei der Beerdigung (Kapitel 14: „Das Geschäft muss weitergehen")

C. Billard (Kapitel 20: Die Wahrheit)

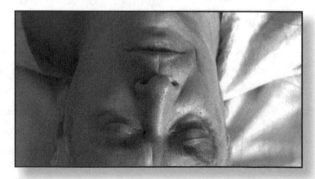

D. Im Krankenhaus (Kapitel 21: Entscheidung)

---

11   Quelle: http://www.hagalil.com/archiv/2005/01/levy.htm; Interview Philipp Gessler (die tageszeitung—taz)

12   Ephraim Kishon ist z. B. ein in Deutschland sehr beliebter Humorist und Satiriker, der 2005 gestorben ist.

III. Schreibanlässe

1. Den Film fortsetzen: Wie könnte es weiter gehen? Wie stellen Sie sich einen Fortsetzungsfilm (*sequel*) vor?

2. Vorgeschichte ergänzen: Beschreiben Sie den Alltag der Familie Zuckermann, bevor die Mutter bzw. Großmutter stirbt.

3. Fehlende Teile ergänzen: Wie überzeugt Jana Joshua, nicht zum Rabbiner zu gehen? Was sagt sie ihm?

4. Szene umschreiben: Wählen Sie eine Szene aus dem Film und schreiben Sie sie um.

5. Perspektive ändern: Wählen Sie eine Szene aus dem Film und schreiben Sie sie aus einer anderen Perspektive um.

6. Ein anderes Ende: Schreiben Sie ein neues Ende für den Film.

7. Stellen Sie sich vor, dass Sie, ein bekannter Regisseur/eine bekannte Regisseurin, eine Neuverfilmung von diesem Film machen. Was würden Sie anders machen?

IV. Zur Reflexion, zur Diskussion, zum Schreiben

1. *Alles auf Zucker!* ist gemäß FSK freigegeben ab sechs Jahren. Ist dieser Film Ihrer Meinung nach für Kinder ab sechs Jahren geeignet? Warum? Vergleichen Sie nun diese FSK-Empfehlung mit anderen Filmen in diesem Buch, die Sie schon gesehen haben. Stimmen Sie den empfohlenen Altersstufen bei?

2. Diskutieren Sie die Rolle der Politik im Film. Ziehen Sie insbesondere folgende Gespräche in ihre Überlegungen mit ein:

   a. Jaeckie: Meine Mutter hat Ihnen sicher erzählt, wie ich lebe, hm? Dass ich ein gottloser Kommunist bin.

   Rabbiner: Nein, hat sie nicht.

   Marlene: Mein Mann ist an der Stelle sehr verunsichert.

   Jaeckie: Bin ich nicht!
   Marlene: Doch! Wir leben zwar koscher, aber wir sind beide aus politischen Gründen nicht religiös.

   Rabbiner: Was zählt, ist der Wille. Sie müssen das Ganze mit Ihrem Bruder reden und fragen…

   b. Jaeckie: Dr. Samuel Zuckermann! Zu geizig und zu feige! Ihr braucht euch gar nicht so anzusehen. Ihr hättet das mal hören sollen, '61! „Dich müsste man kastrieren! Dich und Walter Ulbricht! Und deine ganzen Kommunisten!"

   Marlene: Dat hat er garantiert nicht gesagt!

   Jaeckie: Nee? Hat er nicht gesagt? Hat er nicht gesagt. Du bist mit dem einzigen Monster in der Familie verheiratet.

   c. Jaeckie: Du hast dich also verspekuliert… Das tut mir aber Leid! Es lebe der Kapitalismus.

   Samuel: Wer in die Höhe spuckt, dem fällt die Spucke ins Gesicht. Wenn ich in deiner finanziellen Situation wäre, würde ich ganz ruhig…

Jaeckie: Was willst du denn? Bespitzelst du mich?

Samuel: Das war euer Thema. Jakob. Wir hatten keine Staatssicherheit. Und ich hab auch nicht in einer Wohnung gewohnt, die mir die Stasi vermietet hat.

Jaeckie: Das ist eine infame Lüge!

Samuel: Lüge? Ich habe hier das Haus gekauft, und ich weiß von wem!

Jaeckie: Wie bitte? Du warst das? Ich zahle dir Miete? Pass mal auf! Wenn du dir das Haus schon unter den Nagel gerissen hast, für 'n Appel und 'n Ei, durch deine CDU-Seilschaften, dann müsstest du eigentlich wissen, dass das kein Stasi-Eigentum war, sondern Staatseigentum! Staatseigentum! Da hast du dich verhört!

Samuel: Ach, verstehe.

Jaeckie: Schön, dass du mal was verstehst. Was hast 'n dafür bezahlt? 'ne Mark? Aber mit der Miete hochgehen, damit...

Samuel: Wenn ich das Haus hier nicht gekauft hätte, dann würdet ihr da nicht mehr wohnen, so kommunistisch, wie du Miete zahlst.

Jaeckie: Wenn du dat Haus nicht gekauft hättest, denn würde ich vielleicht noch hier für 130 Ostmark wohnen. Kommunistisch! 13 Mark West, 6 Euro 50!

3. Wie werden Juden im Film charakterisiert? Welche Eigenschaften werden häufig mit Juden assoziiert? Welche Figuren verkörpern diese Eigenschaften insbesondere? Sprechen Sie anders?

4. Warum nennt Jaeckie seine Enkelin Sandra statt Sarah? Ist er einfach vergesslich, oder liegt es an etwas anderem, z. B. daran dass Sarah ein jüdischer Vorname ist?

5. Wie ändert sich Jaeckies Einstellung zum „jüdisch sein" im Laufe des Films? Verweisen Sie auf folgende Aussagen von ihm.

    a. Zum Filmpublikum: „1947 geboren, als Jakob Zuckermann. Wenn Ihnen das irgendwie jüdisch vorkommt, dann haben Sie sich geirrt. Mit dem Club hab ick nichts zu tun gehabt. Bis letzte Woche."

    b. Zu Marlene: „Ich war noch nie in der jüdischen Gemeinde und dat wird sich nicht ändern!"

    c. Zu Eddy: „Dit machst du nicht, weil ich ein Jude bin, oder? ... Kannst sagen, wenn du was gegen Juden hast! ... Ich brauche das Geld, Eddy, weil ich sonst Montag in den Knast komme. Ich hab meine Familie verloren. Erst im Holocaust..."

6. Zu Beginn des Films (der handlungsmäßig das Ende ist) nennt sich Jaeckie ein „geborener Spieler, geborener Gewinner" aber später sagt er, dass er ein „typisch Wende-Verlierer" ist. Inwiefern stimmt beides?

7. Als Marlene plötzlich beim Club auftaucht, versucht Jaeckie sie zu überzeugen, dass er dort kein Kunde sondern Buchhalter ist. Jaeckie erklärt ihr, dass es ein Club für „einsame Herzen, Ostalgiker vor allem" sei. Auf die Frage, ob er „unsere DDR" so vermisse, antwortet er: „Manchmal schon. Da war ich ja noch wer." Im Osten war

er nach seinen Worten „'n richtiger Star damals, so 'ne Art Kultfigur". Inwiefern hat sich Jaeckies Leben nach der Wende geändert? Welche Schwierigkeiten hat er, sich an sein Leben im „Westen" zu gewöhnen?

8. Inwiefern hat der Fall der Mauer Jaeckies schwieriges Verhältnis zu seinem Bruder und seiner Mutter verfestigt oder zumindest nicht erleichtert?

9. Die Frau im Bordell, die Samuel massieren und beruhigen soll, ist Palästinenserin. Wie hätte Samuel wahrscheinlich darauf reagiert, wenn er bei klarem Verstand gewesen wäre?

10. Was halten Sie von den Liebesbeziehungen zwischen Cousins ersten Grades? Was trägt diese Nebenhandlung (*subplot*) zum Film bei? Inwiefern wäre der Film anders, wenn es diese Beziehungen nicht gäbe?

11. Im Film wird von einer „normalen und „richtigen" Familie gesprochen. Wie sieht eine richtige Familie aus? Berücksichtigen Sie folgende Äußerungen.

    • Marlene will für ihren Schwager „eine normale jüdische Familie" sein.

    • Samuel erzählt, wie seine Mutter, als die Mauer fiel, sagte: „Jetzt werden wir wieder eine Familie."

    • Jaeckie sagt seinem Bruder: „Wir waren eine richtige Familie. Auch nach Vaters Tod."

12. Nur Jaeckie und Samuel sind verpflichtet sich zu versöhnen, um ans Erbe zu kommen. Welche weiteren Figuren versöhnen sich auch?

13. Zu Beginn des Films verspricht Jaeckie beim Leben seiner Mutter, am Montag um 12 Uhr seine sämtlichen Schulden zurückzuzahlen. Am gleichen Tag verspricht er Linda, das Turnier zu gewinnen, und dass er sein Leben dafür gebe. Da seine Mutter tatsächlich stirbt, erwartet der Zuschauer, dass auch Jaeckie sterben wird? Er sagt nämlich: „Seit fast 12 Stunden liege ich in meinem traumatischen Koma und warte. Ich warte auf eine Entscheidung. Irgendjemand da oben kann sich nicht entscheiden, ob das Spiel von Jaeckie Zucker gewonnen oder verloren ist." Könnten Sie sich ein alternatives Ende vorstellen, in dem Jaeckie stirbt?

14. Warum empfindet Jaeckie die letzten Tage trotz allem als die schönste Woche seines Lebens?

15. Jaeckie und Samuel werden mit drei Diktatoren verglichen: Osama bin Laden, Stalin und dem Ajatollah Khomeini (siehe unten). Welchem Zweck dienen Ihrer Meinung nach diese Vergleiche?

    a. Marlene: Du wirst doch deinen eigenen Bruder erkennen!

       Jaeckie: Wahrscheinlich sieht er aus wie Osama Bin Laden.

    b. Golda: Ihr seid eine sehr nette Familie. Ich hab mir Jakob ganz anders vorgestellt. Ehrlich, von Samuels Beschreibung eher so wie Stalin.

    c. Sarah: Wen darf ich anmelden?

       Samuel: Oh, Verzeihung. Ich bin Samuel, Jaeckies Bruder.

       Sarah: Du bist Onkel Ayatollah?

16. Wählen Sie eins der folgenden Sprichwörter und erklären Sie, inwiefern es sich auf die Motive des Films bezieht.

Jaeckie: Das ganze Leben ist'n Match.

Jaeckie: Neues Spiel, neues Glück.

Jaeckie: Der Apfel fällt nicht weit vom Stamm.

Jaeckie: Du hast keine Chance, also nutze sie!

Jaeckie: Nichts für ungut! (*no hard feelings, no harm meant*)

Samuel: Wer in die Höhe spuckt, dem fällt die Spucke ins Gesicht.[13]

der Ukrainer: Kein Reiz ohne Risiko.

der Ukrainer: Pech im Spiel, Glück in der Liebe

 Lektüre

Der Kaftan meines Vaters und ich[14]

Ein Beitrag von Lena Gorelik
jetzt—das Magazin für den 16. Oktober 2006
http://jetzt.sueddeutsche.de

Lena Gorelik, 25, kam mit elf Jahren als jüdischer Kontingentflüchtling aus Russland nach Deutschland. 2005 erschien ihr autobiographisch gefärbter Debütroman „Meine weißen Nächte".

Mein Vater trägt einen schwarzen Kaftan. Statt eines Gürtels baumeln an seiner Hüfte komische weiße Fäden herunter. Er hat einen langen Bart und auf dem Kopf ein schwarzes Käppchen. Natürlich beten wir viel, halten den Sabbat ein und essen nie Schwein. Ich will 'mal nach Israel auswandern, um möglichst viele Araber zu töten. Denn ich bin jüdisch.

Genau so ist es nicht. Es ist ein schönes Klischee, vielleicht eins für einen Film, aber nicht meins. Mein Vater trägt tatsächlich Bart, einen Drei-Tage-Bart allerdings, weil er aussehen möchte wie Robert de Niro. Und ich? Naja, ich bin einfach ich. Jüdisch, per Zufall, weil so geboren, so wie ich als Frau geboren wurde. Ich kann nichts dafür.

Wann immer ich es sage, meistens in einem Nebensatz, weil es einfach nicht wichtig ist, wann immer das Wort jüdisch fällt, spüre ich diese Blicke. Diese vorsichtigen Blicke. Was suchen die, einen antipalästinensischen Button? Den Davidstern an einer Kette? Ich bin nicht anders und will keine Sonderbehandlung[15]. Ich will nicht, dass meine Freunde aufhören, über Michel Friedman[16] zu lästern, wenn ich ins Zimmer komme. Ich will mich nicht für Israels Politik verantworten müssen. Meistens will ich nur meine Ruhe.

---

13   spucken (*to spit*); Auch „Wer gegen den Himmel spuckt, dem fällt die Spucke ins Gesicht".

14   Quelle: http://jetzt.sueddeutsche.de/texte/anzeigen/342465

15   Special treatment

16   Michel Friedman ist Rechtsanwalt und Journalist, der von 2000 bis 2003 stellvertretender Vorsitzender des Zentralrats der Juden in Deutschland war (Vice President of the Council of German Jews) (siehe http://de.wikipedia.org/wiki/Michel_Friedman).

Ich bin mit meiner Familie als Kontingentflüchtling[17] nach Deutschland eingewandert, als ich elf Jahre alt war. Der Begriff Kontingentflüchtling ist eine Geburt der deutschen Beamtensprache und ein Resultat der deutschen Geschichte: Weil die Bundesrepublik im Rahmen der Wiedervereinigung beschlossen hat, großzügigerweise Juden aufzunehmen, die aus der ehemaligen Sowjetunion fliehen wollten, aber nicht wusste, in welches Gesetz sie diese politically correctly pressen wollte, ohne Israel oder den Zentralrat der Juden in Deutschland zu verärgern, wurde dieses Wortungetüm hervorgezaubert.

Ich bin also eine der etwa 200 000 Kontingentflüchtlinge. Ich bin in Russland aufgewachsen und dort war Judentum keine Religion, sondern eine Volkszugehörigkeit,[18] die im Pass festgehalten wurde, dort, wo bei allen „Normalen" russisch stand. Jude war ein Schimpfwort.[19] Das machte mir nichts, ich benutzte es auch gern. Bis ich sieben war und meine Eltern mich hörten. Sie schimpften mit mir und erwähnten, dass wir auch jüdisch seien, so als bedeute es nichts und ganz viel. Sie sagten, ich solle es meinen Freunden nicht erzählen. Ich hatte auch keine Lust dazu.

Mein Judentum war meine Rebellion

Dann kam ich nach Deutschland. Dass jüdisch in Deutschland zu sein, schwierig ist, ist kein Geheimnis. Nicht ob des[20] (vermeintlich hohen) Antisemitismus, sondern weil es exotisch ist. Exotisch zu sein, kann anstrengend[21] sein. Jüdisch und Russisch zu sein – das Opfer aus dem Zweiten und der Feind aus dem Kalten Krieg in einem – ist wie doppelt bestraft[22] zu sein. Oder doppelt gesegnet.[23]

In Deutschland erst, im Religionsunterricht, den ich einen Nachmittag die Woche in der Jüdischen Gemeinde besuchte, lernte ich, dass Judentum eine Religion ist. Ich lernte die Traditionen, an die sich meine Großmutter kaum erinnerte, und die Gebete. Ich ging regelmäßig in die jüdische Gemeinde, in der die so genannten „deutschen" Juden verwundert die so genannten „Russen" anstarrten, also uns, die wir fast nichts über das Judentum wussten und kein Hebräisch verstanden. So einer rümpfte die Nase. Die Russen gaben ein Nasenrümpfen über die Arroganz der alteingesessenen Gemeindemitglieder zurück.

Wir Kinder lernten schnell Deutsch und trugen bald die richtigen Klamotten, lernten, was ein Game Boy ist und ein Stickeralbum. Bald ging ich in die Jüdische Gemeinde, weil dort meine Freunde waren, die Religion kam, wie im Doppelpack, selbstverständlich hinzu. Dass meine Eltern von ihren Schwierigkeiten sprachen, sich zu integrieren, davon, dass sie sich unwillkommen fühlten, nervte mich und kam mir überzogen[24] vor; erst mit dem Abstand vieler Jahre kam der Stolz, dass sie es dennoch geschafft haben.

---

17 quota refugee; refers to Russian Jews who were allowed to immigrate to Germany

18 ethnicity

19 insult

20 „ob des" bedeutet „wegen"

21 demanding

22 punished

23 blessed

24 excessive

In der Pubertät kam mir das Judentum gerade recht. Die Pubertät ist schwierig, die Akne, die Bravo, die Sinnlosigkeit der Welt um einen herum… Ich wollte provozieren, ob des Provozierens willen, nicht, weil ich etwas zu sagen hatte – eigentlich wie alle anderen. Mein Judentum war meine Rebellion. Ich warf meinen Mitschülern vor, ihre Vorfahren hätten meine Großeltern umgebracht. An den jüdischen Feiertagen ging ich in die Synagoge, ich zwang meine Familie, milchig und fleischig zu trennen, weniger, weil ich Gott entdeckt hatte, sondern weil ich mich unterscheiden wollte. Auffallen in der oberflächlichen Menschenmasse. Meine Religiosität hielt an, bis meine Sinnsuche von einem ausgeprägten Interesse an Jungs abgelöst wurde.

Seit ich ein Buch geschrieben habe, in dem es um eine junge Frau geht, die mit elf Jahren als Kontingentflüchtling nach Deutschland kommt und sich als Erwachsene auf die Suche nach ihrer Identität macht (nein, nicht nur autobiographisch, auch wenn die groben Daten mit den meinen übereinstimmen), wollen alle wissen, wer ich bin. Deutsch oder Russisch oder Jüdisch. Manche (Journalisten) wollen Prozentzahlen hören, als sei ich ein Tortendiagramm, in einer Excel-Tabelle erstellbar. „Würden Sie sagen, es ist ein Drittel-Verhältnis? Wie groß ist der jüdische Anteil?" Manchmal muss ich bei jüdischen Kulturwochen lesen, die es mittlerweile in jeder deutschen Stadt gibt. Dann sitzen im Publikum Leute, die wollen nur eine Jüdin sehen. Bei einer solchen Lesung fragte eine Frau, sobald der Applaus verstummt war, ob ich vorhabe, meinen Sohn beschneiden[25] zu lassen. Ein anderer sagte, es sei doch schön, dass Jesus uns alle hier zusammen gebracht hat.

Eine Zeitlang lebte ich in einer Frauen-WG. Dienstags tranken wir Wein und guckten Sex and the City. Wir redeten über Männer und teilten uns ein Glamour-Abo. Wir lachten viel. Eine kam aus New York, sie hieß Alice und war etwas dick. Ich machte Witze über Fast Food und Bush und Alice sagte, wenn ich nach Hause kam, meine jüdische Mutter habe oft angerufen, ich sei ein typisches jüdisches Kind. Die deutschen Mitbewohnerinnen entschuldigten sich bei mir ob dieses Antisemitismus. Dabei hatte ich endlich jemand gefunden, der normal mit dem Thema umging. Jüdische Mütter sind nun mal witzig.

Nun wird das Jüdische Zentrum in München fertig gestellt. Das ist eine schöne Sache, für die Stadt, nicht so sehr für mich persönlich. Dennoch werde ich nach meiner Meinung gefragt, so wie ich immer auf den Nahostkonflikt angesprochen werde und die armen Palästinenser. „Aber du bist doch jüdisch!", sagen die Leute. Jüdisch schon, aber weder der Zentralrat der Juden noch der Mossad. Jüdisch sein, heißt für mich, eine jüdische Mutter zu haben, die mir Essen per Post schickt (und mich für diesen Satz enterben[26] wird). Jüdisch sein, heißt, dass ich jüdische Literatur liebe, Klezmer-Musik und jüdischen Humor, aber das tun auch viele Deutsche. Jüdisch sein, heißt, naja, viel und gar nichts, es ist ein Gefühl, ein gutes und nerviges zugleich. Ich werde demnächst nach Israel fahren, und ich werde meinem Vater einen schwarzen Kaftan mitbringen, das ist jüdischer Humor und das Jüdische an mir.

---

25   to prune or cut back, here to circumcise (med.)

26   to disown

1. Will Lena Gorelik wirklich Araber töten?

2. Was erwarten viele Menschen von ihr, nur weil sie Jüdisch ist?

3. Was ist ihr wichtiger: die jüdische Religion oder ihre jüdische Ethnizität?

4. Sie sagt, sie sei nicht anders und wolle keine Sonderbehandlung. Wie wird sie manchmal behandelt? Was will sie eigentlich?

5. Wie alt war sie, als sie nach Deutschland kam?

6. Inwiefern ist es anstrengend, exotisch zu sein?

7. Wann lernt Lena zum ersten Mal über die jüdische Religion und Bräuche, die ihre Großmutter schon längst vergessen hat?

8. Inwiefern waren die russischen Juden anders als die „sogenannten" deutschen Juden?

9. Wem fiel die Integration in Deutschland schwerer: Lena oder ihren Eltern? Warum?

10. In der Pubertät sei ihr Judentum ihre Rebellion gewesen? Was will sie damit sagen?

11. Was hat Lena vom Judentum abgelenkt?

12. Warum wollten sich Lenas deutsche Mitbewohnerinnen bei ihr wegen der Amerikanerin Alice entschuldigen?

13. Findet die Autorin es in Ordnung, dass sie nach ihrer Meinung über jüdische Themen gefragt wird?

14. Trägt ihr Vater tatsächlich einen schwarzen Kaftan? Inwiefern gilt das als Beispiel für ihren jüdischen Humor?

15. Was bedeutet es ihr, jüdisch zu sein?

Am Ende kommen Touristen

BR Deutschland 2007

Regie und Drehbuch: Robert Thalheim

Darsteller: Alexander Fehling (Sven Lehnert), Ryszard Ronczewski (Stanisław
   Krzemiński), Barbara Wysocka (Ania Lanuszewski), Piotr Rogucki (Krzysztof
   Lanuszewski), Rainer Sellien (Klaus Herold) und Lena Stolze (Andrea
   Schneider)

FSK: ohne Altersbeschränkung

Länge: 82 Minuten

Der zweite Film von Robert Thalheim *Am Ende kommen Touristen* ist der „erste
Spielfilm, der die polnische Kleinstadt Oświęcim zeigt, die seit über 60 Jahren stets im
Schatten des einstigen deutschen Todeslagers Auschwitz steht." In dieser Geschichte
beschreibt Thalheim, der eine persönliche Beziehung zu diesem Ort hat[1], den
Zwiespalt zwischen Geschichte und Gegenwart, zwischen Deutschen und Polen und
zwischen dem Alltäglichen und dem Ungewöhnlichen. Weil Auschwitz ein Friedhof
ist, durfte das Filmteam keine Aufnahmen auf dem Gelände machen. Deswegen
konzentriert sich Thalheim auf Oświęcim, was ihm am Ende besser gefallen hat,
als in Auschwitz zu drehen. „Ich hoffe, dass man dadurch noch mehr Respekt dem
Ort gegenüber wahrt", so Thalheim. Den Oświęcimern hat es auch gefallen. Eine
junge Frau erklärt: „Viele Menschen in der Welt wissen nicht, dass das hier auch
eine ganz normale Stadt ist, dass unsere Kinder auf Spielplätzen spielen und wir in

---

1   In der ersten Internetübung erfahren Sie mehr darüber.

Kneipen gehen." Nicht alle Polen waren so begeistert. Bei den Dreharbeiten kam es manchmal zu Spannungen und Missverständnissen. Immerhin zeigt der Film, so Thalheim: „wie verschiedene Deutsche hier mit dieser Geschichte umgehen, aber es geht zugleich darum, wie sie dabei Polen begegnen. Ausgangspunkt des Films ist für mich eine Art Liebeserklärung an Polen. Ich bin sehr geprägt von meiner Zeit dort, aber je mehr man eine Sache mag, desto genauer schaut man ja auch hin. Deswegen sucht der Film auch keine einfachen Versöhnungsgesten."[2]

Auszeichnungen (Auswahl)

Filmfest München (2007): *Förderpreis Deutscher Film*
Bayerischer Filmpreis (2008): *VGF-Preis*
Festival de Cannes (2007): *Official Selection Un Certain Regard*

Zusammenfassung des Films

Sven leistet an einem unverhofften Ort seinen Zivildienst — Oświęcim, Polen, wo er in der Jugendherberge neben dem ehemaligen Vernichtungslager Auschwitz arbeitet. Dort kümmert er sich um das Gelände, die Jugendgruppen und Herrn Krzemiński, einen KZ-Überlebenden, der noch am Lager wohnt und sich seiner Lebensaufgabe widmet — die alten Koffer der Häftlinge zu reparieren. In Oświęcim beobachtet Sven, wie die Menschen, die dort wohnen, mit dem Aufeinandertreffen von Vergangenheit und Gegenwart umgehen. Er verliebt sich in seine Vermieterin, eine Dolmetscherin, die von nichts anderem träumt als eines Tages von Oświęcim wegzuziehen.

Figuren

Sven Lehnert, der aus Berlin kommt, leistet am ehemaligen Konzentrationslager in Oświęcim, Polen seinen Zivildienst. Er soll sich um Herrn Krzemiński kümmern, der ihm ständig Befehle erteilt und seine Dienstzeiten nicht beachtet.

Stanisław Krzemiński ist KZ-Überlebender. Als Häftling im Lager war es seine Aufgabe, den angekommenen Häftlingen die Koffer der Häftlinge abzunehmen. Aus diesem Grunde bemüht er sich seit Jahrzehnten darum, die Koffer zu restaurieren, selbst wenn seine altmodischen Methoden den Restauratoren des staatlichen Museums nicht gefallen. Er wohnt in unmittelbarer Nähe des Lagers und führt häufig Zeitzeugengespräche, in denen er offen über seine Erfahrungen im KZ erzählt.

Für die Dolmetscherin **Ania Lanuszewski** ist das ewige, kleinstädtische Leben in Oświęcim der Albtraum. Deswegen bewirbt sie sich um ein Stipendium für eine Ausbildung zur Dolmetscherin der Agrarkommission in Brüssel. Dann lernt sie den sorglosen Sven kennen, der sich in sie verliebt. Wird sie seinetwegen ihren Traum aufgeben?

Anias Bruder **Krzysztof** ist ein arbeitsloser Rockmusiker, der es vorzieht, abends mit seinen Freunden zu feiern als morgens früh aufzu stehen. Endlich bekommt er eine Stelle in dem neuen deutschen Unternehmen Rhon Chemiewerk. Seine Schwester **Zofia** ärgert sich über ihn, weil er nie pünktlich aufsteht und seit Monaten seine Miete nicht bezahlt. Zu allem Überfluss zieht der Deutsche Sven, den Krzysztof verächtlich Fritz nennt, in sein Zimmer ein.

---

2   Alle Zitate: Hartmut Ziesing, „*Am Ende kommen Touristen*: Robert Thalheim dreht Spielfilm über Oświęcim — die Stadt neben dem Todeslager Auschwitz" (http://www.polen-news.de/puw/puw79-17.html).

Klaus Herold leitet die Jugendherberge in Oświęcim neben dem Auschwitz-Museum. Nach seinen Worten sind sie „nicht nur eine Jugendherberge, wir begleiten die Erfahrungen, die Jugendliche hier an diesem Ort machen, auch pädagogisch." Er erwartet viel von Sven, dem einzigen Zivi, und ist im Laufe seines Dienstes mehrmals von ihm enttäuscht.

Als Geschäftsführerin des neuen deutschen Chemiewerks scheint sich **Andrea Schneider** viel für Wirtschaft, weniger für die Geschichte des sensiblen Orts Oświęcim zu interessieren. Für sie zählen die Zeitzeugengespräche von Herrn Krzemiński und die Einweihung des Mahnmals am Außenlager von Auschwitz einfach zu ihren vielen anderen geschäftsleitenden Aufgaben.

Kultureller und historischer Hintergrund

Das Konzentrations- und Vernichtungslager Auschwitz-Birkenau

Zwischen fünf und sechs Millionen Juden wurden als Folge der antisemitischen „Judenpolitik" des NS-Regimes ausgegrenzt, verfolgt, vertrieben, gefoltert und ermordet. Hitlers Endziel war die Vernichtung der jüdischen Bevölkerung — ein Ziel, das systematisch und industriell organisiert wurde. Bereits 1933 wurde das erste Konzentrationslager in Dachau bei München eingerichtet. [3] Dort wurden vor allem politische Gegner eingesperrt und getötet. 1940 wurden die ersten Häftlinge nach KL-Auschwitz-Birkenau gebracht. „Nach der Errichtung des Lagers 1940 bis zu seiner Befreiung 1945 sind von mindestens 1.300.000 nach Auschwitz Deportierten etwa 900.000 direkt nach ihrer Ankunft in den Gaskammern ermordet oder erschossen worden." Die Häftlinge mussten an der Rampe ihre Koffer zurücklassen. Dann kam die „Selektion". Die Menschen, die als arbeitsfähig galten, wurden registriert und ins Lager gebracht. „Alte und kranke Menschen, Kinder sowie Frauen mit Kleinkindern hingegen wurden in der Regel als ‚arbeitsunfähig' eingestuft und direkt nach ihrer Ankunft in Auschwitz in der Gaskammer umgebracht." [5] Weitere Häftlinge starben an Hunger und Krankheiten. In den Lagern waren die Lebensumstände „menschenunwürdig. Kahlgeschoren [6], registriert und nummeriert und nur mit einer Häftlingsuniform bekleidet, hatten die Menschen ihre äußere Individualität und jegliche Rechte verloren. Sie lebten in ständiger Todesangst und waren der Willkür [7] ihrer Bewacher ausgeliefert." [8] In Auschwitz wurden auch Sinti und Roma aus Polen und ganz Europa zusammen mit den Juden ermordet. Außerdem ermordeten die Nazis Homosexuelle, Oppositionelle, Behinderte, sogenannte „Asoziale" und Zeugen Jehovas. Häftlinge aus den Konzentrationslagern wurden als Arbeitskräfte ausgenutzt. In Auschwitz/ Oświęcim mussten Häftlinge die Fabrik des Chemieunternehmens I.G. Farben aufbauen. „Im Sommer 1940 waren über eine Million Polen in Deutschland beschäftigt. […] Ende 1944 arbeiteten mehr als 7,5 Millionen ausländische Arbeitskräfte, davon ein Drittel Frauen, für geringe Bezahlung oder auch ohne Lohn in fast allen Bereichen der

---

3   Quelle: http://www.n-tv.de/301497.html (Bilderserie: „Der Mord an den europäischen Juden")

4   Quelle: http://www.dhm.de/lemo/html/wk2/holocaust/auschwitz

5   Quelle: http://www.dhm.de/lemo/html/wk2/holocaust/selektion

6   with shaven heads

7   arbitrariness

8   Quelle: http://www.dhm.de/lemo/html/nazi/antisemitismus/kz

deutschen Wirtschaft. [...] Ohne den Arbeitseinsatz von Millionen Zwangsarbeitern, Kriegsgefangenen und Häftlingen aus den Konzentrationslagern wäre die Weiterführung des Kriegs für das Deutsche Reich spätestens ab 1942 nicht möglich gewesen."[9] Auch öffentliche und private Unternehmen profitierten von der Zwangsarbeit. „Zwischen dem 17. Januar 1945 und dem 23. Januar wurden etwa 60.000 Häftlinge evakuiert und in Todesmärschen nach Westen getrieben. In den Lagern und Außenstellen blieben etwa 7500 Häftlinge zurück, die zu schwach oder zu krank zum Marschieren waren." Das KZ- Auschwitz-Birkenau wurde am 27. Januar 1945 befreit. „Einige Tage später wurde die Weltöffentlichkeit über die Gräueltaten[10] informiert. Die Ermittler fanden über eine Million Kleider, ca. 45.000 Paar Schuhe und sieben Tonnen Menschenhaar, die von den KZ-Wächtern zurückgelassen wurden." Der Lagerkommandant von Auschwitz Rudolf Höß wurde 1947 auf dem Lagergelände hingerichtet.[11] Heute stehen ein Museum und eine Gedenkstätte auf dem Gebiet des ehemaligen Konzentrationslagers. Das Museum konzentriert sich auf „Erläuterungen und Erklärungen, auf Hinweise auf wichtige Orte und auf wichtige Ereignisse aus der Geschichte des KL Auschwitz."[12]

Zivildienst

In Deutschland besteht für alle Männer ab dem Alter von 18 Jahren Wehrpflicht. Sie müssen Dienst bei der Bundeswehr leisten, auch wenn sie dies nicht freiwillig möchten. Wer mit seinem Gewissen nicht vereinbaren kann, jemals eine Waffe zu benutzen, der muss keine Ausbildung zum Bundeswehrsoldaten machen. Das Grundgesetz erlaubt als Ersatz dafür, Zivildienst zu leisten. Zivildienstleistende, auch „Zivis" genannt, erhalten für ihre Arbeit das gleiche Gehalt wie Bundeswehrsoldaten. Die Dienstzeit beträgt für Soldaten und Zivis jeweils neun Monate. Frauen müssen keinen Zivildienst leisten, weil für sie keine Wehrpflicht besteht. Sie können aber freiwillig zur Bundeswehr gehen oder ein Freiwilliges Soziales Jahr leisten. Zivildienstleistende arbeiten meistens in Krankenhäusern, Altenheimen, Kindergärten oder in Einrichtungen für behinderte Menschen.[13] (Beitrag von Ingrid Becker, *Badische Zeitung*, 22. August 2006.)

---

9   Quelle:http://www.dhm.de/lemo/html/wk2/kriegsverlauf/zwangsarbeit

10 Quelle: http://de.wikipedia.org/wiki/KZ_Auschwitz-Birkenau

11 Quelle: http://www.auschwitz.org.pl

12 Quelle: http://www.auschwitz.org.pl

13 Quelle: http://www.badische-zeitung.de/aktionen/2004/zisch_erklaerungen/187,51-10891593.html

 **Zur Vorbereitung**

I. Wortschatz

Substantive

der Albtraum: *nightmare*

die Aufgabe: *assignment or task; mission or duty*

die Ausbildung: *education, schooling*

die Auseinandersetzung: *conflict, discussion about or examination of an issue*

die Begegnung: *encounter*

der Eindruck: *effect, impression*

das Gedächtnis: *memory*

die Gedenkstätte: *memorial*

der Gedenkstein: *memorial stone*

die Geschichte: *history; saga or story*

die Globalisierung: *globalization*

die Häftlingsnummer: *number assigned to prisoners of the concentration camps*

die Hilflosigkeit: *helplessness*

der Hintergrund: *background, history; setting*

die Jugendherberge: *youth hostel*

der Koffer: *suitcase*

das Lager: *camp*

die Lasur: *glaze; translucent or transparent ink*

das Mahnmal: *memorial, monument*

die Menschheit: *humanity, humankind*

die Selektion: *screening, selection (in the concentration camps)*

der Zivildienst: *alternative civilian service for conscientious objectors*

die Zivilisation: *civilization*

das Stipendium: *scholarship, stipend*

die Tötung: *killing*

das Unternehmen: *business venture, company*

das Verbrechen: *crime*

der Vergleich: *comparison*

die Verwertbarkeit: *usability, usefulness*

die Wirkung: *effect, impact*

die Wirtschaft: *economy*

Menschen

die Dolmetscherin/der Dolmetscher: *interpreter*

der Häftling: *detainee, prisoner, inmate*

der Zeitzeuge: *contemporary witness or survivor of a time period or historical event*

der Zivildienstleistende: *person performing alternative civilian service*

der Zwangsarbeiter: *forced laborer*

Verben

betreuen [betreute, hat betreut]: *to oversee, supervise, take care of*

sich einmischen [mischte sich ein, hat sich eingemischt]: *intervene, interfere*

etwas erledigen [erledigte, hat erledigt]: *to deal with or take care of something*

in Vergessenheit geraten [gerät, geriet, ist geraten]: *to be forgotten, fall into oblivion*

reparieren [reparierte, hat repariert]: *to repair, mend*

konservieren [konservierte, hat konserviert]: *to conserve or preserve*

sich um etwas oder jemanden kümmern [kümmerte, hat sich gekümmert]: *to take care of or tend to something or someone*

im Stich lassen [lässt, ließ, hat gelassen]: *to let someone down or fail someone; to abandon*

sich verlieben in [verliebte, hat sich verliebt]: *to fall in love with*

Adjektive

beeindruckt: *impressed*

betroffen: *concerned, affected, shocked*

ehemalig: *former*

geschmacklos: *in bad taste, distasteful, tacky*

krass: *crass, blatant, glaring*

pädagogisch: *pedagogic*

unzuverlässig: *unreliable, untrustworthy, undependable*

II. Wortschatzübungen

Finden Sie Wörter aus dem Wortschatz, die zu diesen zwei Themen passen.

Damals: Auschwitz-Birkenau—das Konzentrations- und Vernichtungslager

1. _____   4. _____

2. _____   5. _____

3. _____   6. _____

Heute: Auseinandersetzung mit der Vergangenheit

1. _____   4. _____

2. _____   5. _____

3. _____   6. _____

Assoziierungen: Verbinden Sie die Figur aus der linken Spalte mit dem passenden Wort in der rechten Spalte.

1. Sven   _____ das Unternehmen

2. Ania   _____ der Zivildienst

3. Krzysztof   _____ betreuen

4. Herr Krzemiński   _____ das Stipendium

5. Herr Herold   _____ unzuverlässig

6. Frau Schneider   _____ die Häftlingsnummer

III. Ideen sammeln/ Brainstorming

1. Stellen Sie sich vor, Sie müssten neun Monate Wehr- oder Zivildienst leisten. Wofür würden Sie sich entscheiden? Würden Sie lieber einen Zivildienst im sozialen Bereich (z. B. die Betreuung und Pflege von Menschen) oder im Umweltschutz (z. B. die Pflege von Naturschutzgebieten) leisten? Würden Sie Ihren Zivildienst lieber in einer Großstadt oder in einem Dorf leisten? In Deutschland oder in einem anderen Land? In welchem Land oder in welcher Stadt würden Sie Ihren Dienst nicht gerne leisten und warum?

2. In Oświęcim, Polen, einer Stadt, die von den Deutschen besetzt war, stand das größte Konzentrations- und Vernichtungslager der Nazis. Dort wurden über eine Millionen Menschen ermordet. Heute hat Oświęcim ungefähr 41.000 Einwohner. Können Sie sich vorstellen, an dem Ort aufzuwachsen oder zu leben, an dem das größte Verbrechen der Menschheit stattgefunden hat? Wird man gegen die Gräueltaten des Zweiten Weltkriegs unempfindlicher, wenn man das ehemalige KZ-Lager, das Museum oder die Mahnmale täglich sieht? Was würde man von den vielen Touristen halten, die am Morgen kommen und dann wieder nach Warschau oder nach Krakau gehen?

IV. Internet-Übungen

(available online through the Focus website: http://www.pullins.com/)

V. Milling-Aktivität

Unterhalten Sie sich mit anderen Studenten im Klassenzimmer und notieren Sie ihre Antworten.

1. Hast du schon einmal in einer Jugendherberge übernachtet?
2. Würdest du ein Museum bei einem ehemaligen KZ-Lager besuchen?
3. Kennst du jemanden, der Verwandte im Zweiten Weltkrieg verloren hat?
4. Hast du den Film „Schindlers Liste" gesehen?
5. Welche europäische Stadt würdest du am liebsten besuchen?
6. Warst du schon in Polen?
7. Hörst du gerne Rockmusik?
8. Gehst du gerne in die Disko?
9. Weißt du, was du werden willst?
10. Kannst du dir vorstellen, dich in deinem Heimatort niederzulassen (*to settle down*)?

Erklär's mir: elements of spoken German

Spoken language differs from written language in a variety of ways. Traditional written language is static, permanent and distant from the reader. The writer can organize her thoughts, edit and correct errors. Spoken language on the other hand is spontaneous, dynamic and interactive. The speaker can rethink and rephrase but not retract errors.[14] Speaker and listener communicate collaboratively, relying on visual and verbal cues, such as discourse markers. These are short words and phrases that are often difficult to translate but are important tools used by speakers to convey information. Discourse markers enhance a language learner's ability to communicate effectively and sound more like a native speaker. Other features of spoken language include words or phrases that describe a speaker's beliefs (e.g., ich glaube/denke/meine) or knowledge (e.g., ich weiß).

Im Folgenden sind einige Beispiele der verschiedenen Diskursmarker, die im Film vorkommen: **Startsignale** (z. B. so, also, ja, nun), **Endsignale** (z. B. und so weiter, okay und alles klar), **Rückversicherungssignale** (z. B. ne, nicht, nicht wahr, gel), **Rezeptionspartikel** (z. B. hm, mhm, ja), **Haltesignale** (z. B. äh, ähm) sowie andere Merkmale der gesprochenen Sprache, u. a. die oben erwähnten **Operatoren** (z. B. ich glaube, ich weiß).[15]

Sven: Nee, es geht, **glaube ich**, nur darum, dass ich so bei ein paar Sachen einfach helfen kann.

Sven: Die letzten Termine hatten Sie ja wohl nicht so wahrgenommen, **ne**?

14 Quelle: David Crystal, *Language and the Internet*. Cambridge: Cambridge University Press, 2001. S. 19-25.

15 Quelle: Duden—Die Grammatik (Band 4). Mannheim: Dudenverlag, 2006. S. 1215, 1233-1239.

Sven: Aber das ist, **glaube ich**, kein Befehl. Es... **Ich denke**, der meint es wirklich ganz gut.

Sven: Ich hab, **ähm**... deswegen bin ich ja überhaupt hier... eine Milch gekauft.

Sven: Ich wollte überhaupt nicht hierher. Ich hatte eigentlich so eine, so eine Stelle in, **äh**... in Amsterdam in einem Jugendzentrum. Dann hat das irgendwie nicht... nicht geklappt. Und dann war hier ein Platz frei. Und dann bin ich hier gelandet. Und jetzt kriege ich langsam ein Gefühl dafür, warum. **Na ja**...

Schüler: **Also**, ich hab als Ort, **ähm**... den Raum mit den Koffern aus dem Block sechs gewählt. **Ähm**, das war eine Vitrine mit ganz vielen Koffern drinnen.

Schülerin: Mädchen: **Also**, bei „Ort" hab ich die Kinderkleidung, das war auch im Block sechs, wo gerade schon Jonas was dazu gesagt hat.

Sven: Herr Krzemiński, wir müssen dann los, **ja**?

Sven: **Ich glaube**, irgendwas wird schon passieren, **weißt du**.

Ania: **Ja**, aber du hast doch etwas, das du unbedingt machen willst, **oder**?

Ania: **Weißt du**, die Touristen, die kommen am Morgen und dann gehen die wieder nach Warschau oder nach Krakau.

Sven: **Ja**, aber ich glaube nicht, dass die vom Chemiewerk da wirklich investieren.

Sven: Ich hab seit zwanzig Minuten Schluss. Ich mach's morgen, **okay**?

Sven: Das Thema nervt dich, **ne**? Aber wie ist denn das? Entschuldige, aber... **Ich meine**, du wohnst ja hier schon immer und... **Na ja**, ist es wie die Post für dich, wenn du jetzt mit mir durch Monowitz fährst zum hundertsten Mal oder ist das irgendwie...

Ania: **Ja, aber**... ich bin hier geboren. Ich wohne halt hier. Ich lebe hier.

Sven: **Ja, ich weiß**. Aber...**also, ich meine**, du wohnst an dem Ort, wo das größte Verbrechen der Menschheit passiert ist.

Another element of spoken German worth noting is verb order after *weil*. Main clause word order (verb second) carries more communicative force than subordinate word order (verb final). That is why many speakers—contrary to prescriptive norms for the written language—often use main rather than subordinate word order after the causal conjunction *weil*. The following utterances were made by Sven.

Das ist wirklich das Gute an dem Zivi-Ding, weil da **kann** ich noch ein Jahr warten.

Na, das glaube ich nicht, weil er **ist** bei der Gymnastik.

Sie sagt, Sie sollen nicht wütend sein, weil sie **wird** auch nicht jünger.

Ich versteh's eigentlich nicht, weil er **hat** eine Familie. Warum wohnt er nicht bei denen?

Doch, es geht um Schneider! Weil ich **will** ihm helfen...

VI. Die Handlung voraussagen

Denken Sie noch einmal an die Übungen, die Sie zum Thema *Am Ende kommen Touristen* gemacht haben. Wovon handelt der Film Ihrer Meinung nach? Welche Erwartungen haben Sie an den Film?

1. In welches Filmgenre würden Sie *Am Ende kommen Touristen* einordnen? (z. B. Liebesfilm, Kinderfilm, Komödie, Thriller, Horrorfilm, Action, Drama, Historienfilm, Science Fiction oder Western)

2. Welche Zielgruppe wird dieser Film ansprechen, z. B. Kinder, Jugendliche/ Teenager, Frauen, Männer, Studenten, Sportler usw.?

3. Wie und wo wird die Geschichte anfangen?

4. An welchen dieser Drehorte werden keine Filmaufnahmen gemacht? Auf einem Rockkonzert, in einer Kneipe, in Berlin, in Brüssel, in einem Chemiewerk, in einer Werkstatt, am Fluss, in einem Auto, in einem Museum oder auf einer Hochzeit?

5. Schauen Sie sich das Standfoto auf der ersten Seite dieses Kapitels an. Was passiert in dieser Szene? Wird sie gegen Anfang, Mitte oder Ende des Films geschehen?

6. Wird der Film ein Happy-End oder eher ein trauriges Ende haben? Begründen Sie Ihre Antwort.

 ## Zum Inhalt

I. Richtig oder falsch?

Geben Sie an, ob die Aussagen richtig oder falsch sind und verbessern Sie die Falschen.

1. Sven kann schon Polnisch sprechen.
2. Krzemiński freut sich, dass Sven sich um ihn kümmern soll.
3. Ania leitet Touren im neuen Chemiewerk.
4. Herr Herold ärgert sich über Sven, weil er Herrn Krzemiński im Stich lässt.
5. Sven mietet ein Zimmer von Ania und zieht in Krzysztofs Zimmer ein.
6. Sven geht mit Ania und ihren Freundinnen ins Kino.
7. Krzemiński geht gerne zur Krankengymnastik.
8. Laut den zwei Restauratoren macht Herr Krzemiński die Koffer kaputt.
9. Krzemińskis Schwester will, dass er zu ihr zieht.
10. Sven nimmt sich unerlaubterweise Koffer für Herrn Krzemiński.
11. Herr Friedrich unterbricht Krzemiński bei der Einweihung des Mahnmals.
12. Krzysztof wird wegen seiner Unzuverlässigkeit vom Chemiewerk entlassen.
13. Ania bedankt sich bei Sven, weil er versucht, Krzysztof zu helfen.
14. Ania will eine Ausbildung zur Dolmetscherin in Warschau machen.
15. Sven findet den bewusstlosen Krzemiński auf dem Boden in der Küche.
16. Sven will nicht, dass Krzemiński die Arbeit weggenommen wird.

17. Herr Herold ermahnt Sven wegen seines Verhaltens den Restauratoren gegenüber.
18. Ania ist überrascht, dass Sven zurück nach Berlin will.
19. Am Bahnhof trifft Sven einen amerikanischen Lehrer mit einer Schülergruppe.
20. Sven hilft dem Lehrer, den richtigen Bus zu finden.

II. Fragen zum Inhalt

Kapitel 1: Ankunft in Polen

1. Wie kommt Sven nach Oświęcim und danach zur Jugendbegegnungsstätte?

Kapitel 2: Rundgang

2. Was trinkt Sven, was eigentlich Herrn Krzemiński gehört?
3. Wie viele Zivis gibt es bereits an der Jugendbegegnungsstätte neben dem Auschwitz-Museum?

Kapitel 3: Herr Krzemiński

4. Sven soll sich ein bisschen um Herrn Krzemiński kümmern. Was soll er alles machen?

Kapitel 4: Der erste Abend

5. Wen lernt Sven am ersten Abend in Oświęcim kennen?

Kapitel 5: Auschwitz

6. Wo begegnet Sven Ania zum ersten Mal?
7. In welcher europäischen Stadt wollte Sven seinen Zivildienst leisten?

Kapitel 6: Probleme mit Herrn Krzemiński

8. Beschreiben Sie das entsprechende Problem, dass Sven mit Herrn Krzemiński hat.

Kapitel 7: Neue Unterkunft

9. Will Sven umziehen, oder wohnt er lieber bei Herrn Krzemiński?
10. Warum vermietet Ania Krzysztofs Zimmer an Sven?

Kapitel 8: Zeitzeugengespräch

11. Was wollen sich die Lehrlinge nach Krzemińskis Vortrag anschauen? Erlaubt er das?

Kapitel 9: Ania

12. Weiß Sven, was er mit seinem Leben machen will? Hat er einen Traum?
13. Betrachtet Sven das Zeitzeugengespräch mit den Lehrlingen des Chemiewerks eher positiv oder negativ?

Kapitel 10: Krzemińskis Koffer

14. Wollen die Restauratoren an der Konserwacja Krzemiński einen neuen Koffer geben?

Kapitel 11: „Alte Bäume verpflanzt man nicht"

15. Wer schenkt Krzemiński den Hometrainer?
16. Freut sich Krzemiński über das Geschenk?

Kapitel 12: Krzemińskis Verwandtschaft

17. Ist Krzemiński beeindruckt von Svens polnischen Sprachkenntnissen?
18. Warum meint Krzemińskis Schwester, dass er stur (*stubborn*) ist?

Kapitel 13: Ausflug nach Monowitz

19. Wie sieht das ehemalige Lagergelände in Monowitz aus, wo der Gedenkstein aufgestellt wird?

Kapitel 14: Keine Koffer mehr

20. Wer beschließt, dass Krzemiński keine Koffer mehr bekommen soll?

Kapitel 15: Annäherungen

21. Warum braucht Ania Pflaster?

Kapitel 16: Einweihung des Mahnmals

22. Warum geht Krzemiński zur Einweihung des Mahnmals? Was macht er dort?
23. Lässt er sich mit Frau Schneider, Herrn Friedrich und Herrn Herold fotografieren?

Kapitel 17: Streit

24. Warum ist Sven böse auf Krzysztof?
25. Warum fährt Ania nach Warschau?

Kapitel 18: Tröstende Worte

26. Fühlt Krzemiński, dass er gebraucht oder nicht gebraucht wird?

Kapitel 19: Ärger wegen der Koffer

27. Besteht Ania die Prüfung in Warschau?
28. Wem hat Krzemiński versprochen, dass sie ihre Koffer zurückbekämen?

Kapitel 20: Geplante Heimreise

29. Verabschiedet sich Sven absichtlich oder nur zufällig von Ania?
30. Kennt sich der deutsche Lehrer in Oświęcim aus?

Kapitel 21: „Am Ende kommen Touristen"

31. Was macht Sven, nachdem er dem Lehrer den richtigen Bus zeigt?

III. Aussagen zuordnen

Lesen Sie die folgenden Aussagen und geben Sie an, von wem die Äußerung stammt: von Sven (5), von Herrn Krzemiński (5), von Ania (5), von Herrn Herold (2), von den Restauratoren (2) oder von Krzysztof (1). Die Aussagen stehen in der gleichen Reihenfolge, wie sie im Film vorkommen.

1. _____ Ich soll mich hier in nächster Zeit so ein bisschen um Sie kümmern.

2. _____ Hey, Leute, die deutsche Armee ist wieder in Auschwitz!

3. _____ Ich will nicht stören, aber mein Dienst geht eigentlich nur bis 19 Uhr.

4. _____ Krzemiński hat in den letzten Monaten sehr nachgelassen, deshalb solltest du dich ein bisschen um ihn kümmern. Ist das so schwierig?

5. _____ Vom 10. Januar 1941 war ich Häftling Nummer 9372 in Auschwitz.

6. _____ Ich weiß einfach noch nicht, was ich machen will. Ist einfach so.

7. _____ Ohne das Werk würden alle Leute, Krzysztof auch, auf der Straße sitzen, keine Arbeit haben.

8. _____ Lasur? Der versaut doch die Koffer mit seinen alten Methoden.

9. _____ Anzünder. Anzünder, bitte.

10. _____ Ich reagiere auf ganze Sätze, falls es möglich ist.

11. _____ Deutsch ist eine schöne Sprache.

12. _____ Ich habe eine Aufgabe, das versteht sie nicht. Sie versteht nicht, dass ich hier gebraucht werde.

13. _____ Ich fänd's gut, wenn du dich über die geschichtlichen Hintergründe informierst und dann den Jungs vor Ort wirklich ein bisschen hilfst.

14. _____ Ich bin hier geboren. Ich wohne halt hier. Ich lebe hier.

15. _____ Konservieren! Nicht reparieren!

16. _____ Wer hat dich gebeten dich einzumischen?

17. _____ Am meisten hat mir gefehlt, dass ich keine Zigaretten hatte.

18. _____ Ich hab eine einzige Chance, von hier wegzugehen, verstehst du? Und ich will weg von hier.

19. _____ Wir hatten nur eine Stunde, um das Gepäck, die Koffer und die Dinge der Häftlinge aus der Rampe wegzubringen.

20. _____ Ich fahre zurück nach Berlin. Ist mir alles hier zu kompliziert.

IV. Standfotos beschreiben

1. Zum Bild: Geben Sie eine ausführliche Beschreibung dieser Fotos und ihren Zusammenhang.

2. Zum Inhalt: Was passiert in diesen Szenen?

A. Die Koffer (Kapitel 5: Auschwitz)

B. Wieso keine Koffer mehr? (Kapitel 14: Keine Koffer mehr)

C. Alles wieder klar mit den Koffern (Kapitel 18: Tröstende Worte)

D. Von wegen sensibler Ort! (Kapitel 19: Ärger wegen der Koffer)

Zur Diskussion

I. Interview mit einem Partner

1. Wie war dein erster Eindruck von dem Film?
2. Wie fandest du den Film insgesamt?
3. Was hat dir an dem Film besonders gefallen?
4. Was hat dir nicht besonders gefallen?
5. Was hast du im Film nicht erwartet?
6. Welche Szene hat dir am besten gefallen?

7. Wie fandest du das Ende? Hast du erwartet, dass der Film so endet?

8. Welche Figur im Film hat dir am besten gefallen? Warum?

9. Welche Figur hat dir nicht so gut gefallen? Warum nicht?

10. Was hast du von diesem Film gelernt?

II. Meinungsaustausch

1. Was für Aufgaben hat Sven als Zivildienstleistender? An welchen Aufgaben scheint er interessiert zu sein? Wieso findet er es schwer, sich um Krzemiński zu kümmern? Warum will Sven woanders wohnen?

2. Wie reagiert Krzemiński auf ihn? Krzemiński will nicht zugeben, dass er Hilfe braucht, aber es gibt vieles, was er nicht mehr alleine schaffen kann. Wobei braucht er Hilfe? Wie behandelt er Sven? Was halten andere von Krzemiński?

3. Herr Herold leitet die Jugendherberge und die Begegnungsstätte für Jugendliche. Beschreibe ihn. Wie behandelt er Sven? Was erwartet er von ihm? Inwiefern enttäuscht Sven Herrn Herold?

4. Beschreibe, wie sich die Beziehung zwischen Sven und Ania entwickelt. Wo lernen sie sich kennen? Was haben sie gemeinsam? Passen sie gut zueinander? Verlieben sie sich in einander? Ist die Liebe gegenseitig? Warum sagt Ania, als sie aus Warschau zurückkommt: „Ich will es einfach nicht jetzt."? Was meint sie damit? Danach will Sven nach Berlin zurückgehen, weil es ihm in Oświęcim zu kompliziert ist. Was ist ihm eigentlich zu kompliziert?

5. Sven weiß nicht, was er in Zukunft beruflich machen will. Für ihn ist das Zivi-Jahr eine gute Gelegenheit darüber nachzudenken. Wird er nach diesem Jahr in Oświęcim konkretere Zukunftspläne haben?

6. Warum ist es wichtig für Ania, von Oświęcim wegzugehen? Was gefällt ihr nicht an ihrem Heimatort? Wohin will sie? Wird sie eines Tages wieder in Oświęcim leben wollen? Warum?

7. Krzemiński wohnt noch in unmittelbarer Nähe des Lagers, obwohl er eine Familie hat. Seine Schwester denkt, dass er stur ist. Er ist enttäuscht, dass sie ihn und seine Aufgabe nicht versteht. Ania sagt zu Sven: „Alte Bäume verpflanzt man nicht". Was meint sie damit, und inwiefern bezieht sich das auf Krzemiński? Was meinst du? Inwiefern wird Krzemiński gebraucht oder nicht mehr gebraucht? Was soll er machen, wenn er nicht mehr gebraucht wird?

8. Ania empfindet Deutsch als eine schöne Sprache. Wie findet Sven Polnisch? Auf der Geburtstagsfeier seiner Schwester macht sich Krzemiński über Svens polnische Sprachkenntnisse lustig, weil er nur vier Worte gelernt hat. Gibt er sich Mühe, Polnisch zu lernen? Inwiefern würde er mehr von seinem Aufenthalt in Oświęcim profitieren, wenn er Polnisch sprechen könnte?

9. Wie findest du die polnische Rockmusik im Film? Gefällt dir die Musik? Erinnert sie dich an bekannte Bands? Wie amüsieren sich die polnischen Jugendlichen? Ist das Nachtleben in Oświęcim ähnlich wie das Nachtleben in deinem Wohnort?

10. Warum ärgert sich Sven darüber, dass Frau Schneider Herrn Krzemiński bei der Einweihung nicht ausreden lässt? Warum lässt sie ihn eigentlich nicht ausreden? Wie fühlt sich Krzemiński deswegen? Warum lässt er sich nicht fotografieren?

11. Verhält sich Sven in Bezug auf die Koffer richtig gegenüber Herrn Krzemiński, Herrn Herold und den Restauratoren? Warum macht er das? Was hättest du an seiner Stelle gemacht?

12. Warum überlegt es sich Sven anders und kehrt doch nicht nach Berlin zurück? Welche Rolle spielt der deutsche Lehrer dabei? Wäre Sven trotzdem in Oświęcim geblieben, wenn er dem Lehrer nicht begegnet wäre?

13. Werden Sven und Ania sich wiedersehen? Wird Sven das Zimmer in der Wohnung behalten, bis er mit seinem Zivildienst fertig ist? Glaubst du, dass sie eine gemeinsame Zukunft haben werden? Warum oder warum nicht?

III. Standfotos diskutieren

Folgende Standfotos stammen aus einer Szene in Kapitel 16 („Einweihung des Mahnmals"). Diskutieren Sie, wie die Figuren sich in jeder der hier dargestellten Szenen fühlen. Wählen Sie für jede Szene ein passendes Adjektiv, das ihre Gefühle am besten beschreibt.

A. Ein bisschen spät

B. Der gelangweilte Blick

C. Vielen Dank, Herr Krzemiński

D. Was für eine Wirkung?

Zur Analyse, Interpretation und Reflexion

I. Motive

Inhaltsmotive

Viele Motive werden in diesem Film thematisiert. Erklären Sie, inwiefern folgende Motive in der Handlung eine Rolle spielen. Welche weiteren Motive gehören auch dazu? Welche Motive werden durch jede der Hauptfiguren besonders verkörpert? Welche sind Ihrer Meinung nach Zentralmotive und welche Randmotive?

- Vergangenheitsbewältigung
- Zeitzeugen/Überlebende
- deutsch-polnische Beziehungen
- Versöhnung
- Verzeihung
- Kollektivschuld
- die Vergangenheit nicht in Vergessenheit geraten lassen
- die Konservierung von Gegenständen aus dem Zweiten Weltkrieg
- Liebe
- kulturelle Unterschiede
- Träume & Wünsche für die Zukunft
- die Verwertbarkeit von Menschen
- gebraucht zu werden

Am Ende kommen Touristen behandelt den Zwiespalt zwischen Geschichte und Gegenwart, zwischen Deutschen und Polen und zwischen dem Alltäglichen und dem Gewöhnlichen. „Thalheim verknüpft die individuellen Geschichten seiner Figuren mit der Geschichte des Orts Oświęcim, der unter seinem deutschen Namen Auschwitz wie kein anderer zum Synonym für den Mord an den europäischen Juden durch die Nationalsozialisten geworden ist."[16] Warum besuchen zahlreiche Touristen diesen Ort? Inwiefern glauben junge Polen, dass sie keine Zukunft in Oświęcim haben? Überlegen Sie sich, inwiefern sich die Hauptfiguren mit Konflikten zwischen Vergangenheit, Gegenwart und Zukunft beschäftigen. Beschreiben Sie ihre Ängste und Wünsche. Warum will Krzemiński als ehemaliger Häftling noch nicht weg von Auschwitz? Warum ist Sven als Deutscher auch nicht bereit, den Ort zu verlassen? Auf der anderen Seite träumt die junge Polin Ania von der Chance, endlich weg zu sein und in den Westen zu gehen.

Aber die Figuren sind vieldeutig und vielschichtig und lassen sich nicht leicht einstufen. Kein Thema ist schwarzweiß, keine Frage leicht zu beantworten, keine Beziehung ohne Zweifel. Finden Sie, dass es Thalheim tatsächlich gelungen ist, einen Film ohne Klischees zu drehen?

Deutsch-polnische Beziehungen

In einem Interview mit dem Regisseur erfährt man, dass „nicht alle Oświęcimer sich über die Dreharbeiten freuen: Bei einem Dreh in der Plattenbausiedlung ‚Manhattan' empört sich eine ältere Frau, die ihren Namen nicht nennen will, darüber, dass ausgerechnet ein deutscher Regisseur in der Stadt einen Film macht. Gabriela Nikliborc, die selbst in einer Begegnungsstätte arbeitet, hat für eine solche Kritik kein Verständnis: ‚Es ist ein

---

16   Philipp Buhler, Filmheft zum Film *Am Ende kommen Touristen*, www.bpb.de. S. 6.

Element der deutsch-polnischen Versöhnung, wenn ein junger deutscher Regisseur über eine polnische Stadt dreht und dies hier vor dem Hintergrund seiner eigenen Biographie als Zivi tut. Das ist auch eine neue Perspektive für viele Polen'. Deutsch-polnische Verständigung gibt es auch unter den Schauspielern: Sven wird von dem jungen Berliner Schauspielschüler Alexander Fehling gespielt, der Überlebende Krzemiński von dem langjährigen polnischen Bühnenschauspieler Ryszard Ronczewski. Die Rolle von Ania übernimmt das Krakauer Nachwuchstalent Barbara Wysocka. In der deutsch-polnischen Schauspiel-Zusammenarbeit kommt es immer wieder auch zu Reibungen, z. B. darüber, wie die polnische Realität dargestellt wird. Regisseur Thalheim: ,Es gibt da Missverständnisse, die sehr spannend sind und über die wir uns schon einige Nächte die Birnen heiß diskutiert haben. Aber das ist ein Prozess der Diskussion und der deutsch-polnischen Annäherung'".[17]

Die Beziehung zwischen Polen und ihren deutschen Nachbarn ist aus geschichtlichen Gründen kompliziert und manchmal heute noch angespannt, besonders an einem „sensiblen" Ort wie Auschwitz. Warum fühlen sich viele Polen ihren deutschen Nachbarn gegenüber antagonistisch? Inwiefern verkörpert Krzysztof diese Denkweise? Im Gegensatz dazu findet seine Schwester Ania, dass Deutsch eine schöne Sprache ist. Sie ist sogar Dolmetscherin und arbeitet am Museum. Dennoch weiß sie, dass Oświęcim ihr keine Zukunft bieten kann. Sie lässt sich nicht von ihrem Traum abschrecken, auch wenn es ihr schwer fällt. Inwiefern stehen die Figuren von Krzysztof und Ania stellvertretend für junge Polen?

Vergangenheitsbewältigung

Krzemiński und seine Schwester gehen ganz unterschiedlich mit der Bewältigung ihrer Vergangenheit um. Zofia wohnt an einem fast idyllischen Ort auf dem Land, umgeben von Freunden und Familie. Sie beherrscht die deutsche Sprache, wollte sie sogar ihren Kindern beibringen. Krzemiński kann sich nicht verzeihen, dass er den Häftlingen an der Rampe ihre Koffer abnehmen musste. Er hat ihnen—Familien und Kindern—versprochen, dass sie die Koffer zurückbekämen. Er wohnt noch ganz in der Nähe des Lagers, wo er sich mit der Restaurierung der Koffer und Zeitzeugenverträgen beschäftigt, die eine Art Therapie für den Achtzigjährigen sind, der nach all den Jahren für seine Taten büßen will. An seiner Sprache erkennt man noch die Spuren des früheren Umgangs mit seinen deutschen Vorgesetzten. Dennoch hat er eine Neigung zu den Liedern von Franz Schubert mit ihren poetischen Texten, die ihn trösten. Was Krzemiński stets quält, ist der Mangel an Respekt und Interesse, der ihm bei seinen Vorträgen auffällt. Er wird von einem Lehrling nicht direkt angesprochen und wird aufgefordert seine Tätowierung zu zeigen. In einem fast zynischen Ton bemerkt der Lehrling, wie abgefärbt die Nummer geworden ist. Krzemiński bleibt nichts anderes übrig als zu sagen: „Ich habe sie nicht erneuern lassen". Fallen Ihnen andere Beispiele von Erniedrigung oder Peinlichkeit auf, die Krzemiński ertragen muss? Inwiefern wird er immer wieder mit Situationen konfrontiert, die ihn an seine qualvollen Jahre im KZ erinnern?

Vergangenheitsbewältigung ist ein Begriff, der sich nicht nur auf Täter, Tatbeteiligte, Helfer, Zuschauer oder Opfer der damaligen Zeit bezieht. Inwiefern müssen sich junge Menschen auch mit der Vergangenheit auseinandersetzen?

---

17   Hartmut Ziesing, *„Am Ende kommen Touristen*: Robert Thalheim dreht Spielfilm über Oświęcim—die Stadt neben dem Todeslager Auschwitz" (http://www.polen-news.de/puw/puw79-17.html)

Genre

    Am Ende kommen Touristen enthält sowohl Elemente eines Dokumentar- als auch eines Spielfilms. Zwar basiert die Handlung nicht auf wahren Begebenheiten, aber die Szenen—vor allem, die zwischen Sven und Ania—wirken lässig und teilweise improvisiert. Ihre Dialoge sind dynamisch. Das Szenenbild wirkt authentisch, die Statisten entspannt. Der Film wurde mit einer Handkamera gedreht, was die Bewegungsfreiheit der Kamerafrau erhöht und zu dem authentischen Gefühl des Films beiträgt. Welche anderen Elemente eines Dokumentarfilms fallen Ihnen auf?

II. Standfotos interpretieren

Auf diesen Standfotos sehen Sie Sven mit anderen Figuren. Welche Motive beziehen sich auf diese Fotos? Stellen Sie bei Sven im Verlauf der Handlung eine Entwicklung fest?

A. „Das ist hier ein sensibler Ort." (Kapitel 7: Neue Unterkunft)

B. „Ich bin hier geboren. Ich wohne halt hier. Ich lebe hier." (Kapitel 13: Ausflug nach Monowitz)

C. „Zeigen Sie denen ‚Schindlers Liste'." (Kapitel 18: Tröstende Worte)

D. „Hallo, rede mit mir! Ich verstehe dich nicht." (Kapitel 19: Ärger wegen der Koffer)

E. „Jedenfalls finde ich das sehr vorbildlich, dass Sie sich hier so engagieren." (Kapitel 21: „Am Ende kommen Touristen")

III. Schreibanlässe

1. Den Film fortsetzen: Dieser Film hat ein offenes Ende. Wie könnte es weiter gehen? Werden Sven und Ania sich wiedersehen?

2. Vorgeschichte ergänzen: Was geschah mit Sven am Tag, bevor die Geschichte beginnt?

3. Fehlende Teile ergänzen: Was macht Ania, nachdem Sven weggeht?

4. Szene umschreiben: Wählen Sie eine Szene aus dem Film und schreiben Sie sie um.

5. Perspektive ändern: Wählen Sie eine Szene aus dem Film und schreiben Sie sie aus einer anderen Perspektive um.

6. Ein anderes Ende: Schreiben Sie ein neues Ende für den Film.

7. Stellen Sie sich vor, dass Sie, ein bekannter Regisseur / eine bekannte Regisseurin, eine Neuverfilmung von diesem Film machen. Was würden Sie anders machen?

IV. Zur Reflexion, zur Diskussion, zum Schreiben

1. „Am Ende kommen Touristen ist kein Film über Auschwitz sondern ein Film nach Auschwitz", so Schauspieler Alexander Fehling (Sven), der seinen Kollegen Ryszard Ronczewski (Krzemiński) zitiert. Was meint er damit? Inwiefern handelt der Film tatsächlich von „nach Auschwitz"?

2. Beschreiben Sie Svens Ankunft in Oświęcim. Wie empfindet er seine Zivildienststelle? Freut er sich, da zu sein? Interessiert er sich für die Geschichte des Orts? Inwiefern bemüht er sich zunächst, sich mit der Umgebung, dem Museum und der Gedenkstätte vertraut zu machen? Was fällt ihm am Museum auf? Irritiert ihn die touristische Art des Museums?

3. Wie wird Sven von den Menschen in Oświęcim, denen er begegnet, empfangen? Z. B. von Herrn Herold, von Herrn Krzemiński, von Krzysztof und seinen Freunden (beim Konzert), von Ania und von Krzysztof (in der Wohnung)? Inwiefern ist sein Verhalten ihnen gegenüber manchmal unpassend?

4. Inwiefern sind die Koffer ein symbolischer Gegenstand im Film? Warum entscheidet sich der Regisseur für die Konservierung von Koffern anstelle anderer Sachen, die den Häftlingen weggenommen wurden? Gibt es im Hinblick auf das Gepäck einen Zusammenhang zwischen den heutigen Touristen und den damaligen Häftlingen?

5. Welche Rolle spielt Tourismus im Film? Inwiefern ist das Reiseziel Auschwitz touristisch? Auschwitz ist einerseits der historische Ort, an dem das größte Verbrechen der Menschheit begangen wurde. Andererseits ist er für die Überlebenden und die Angehörigen der Opfer ein sakralischer Ort. Inwiefern können diese beiden Seiten miteinander in Einklang gebracht werden? Welchem Zweck dienen das Auschwitz-Museum, die Gedenkstätte und die Begegnungsstätte für Jugendliche? Was will der Regisseur durch den Titel ausdrücken?

6. Das ehemalige I. G. Farben Chemiewerk[18] wird von der fiktiven Rhon Chemie AG übernommen, deren Motto „Zukunft gestalten" lautet. Welche Rolle spielen das Chemiewerk, die Leiterin Frau Schneider und die Lehrlinge im Film? Die Lehrlinge errichten einen Gedenkstein auf dem ehemaligen Lagergelände in Monowitz, einem Außenlager von Auschwitz für die Zwangsarbeiter von I.G. Farben, die die Fabrik bauten. Warum wird ihnen diese Aufgabe zugewiesen? Welche Rolle spielt Sven dabei?

7. Wie werden Deutsche im Film charakterisiert? Fallen Ihnen Stereotypen von Deutschen auf? Gilt Sven als „typisch" deutsch? Inwiefern wird die Beziehung zwischen Polen und Deutschen als angespannt dargestellt? Verweisen Sie auf u. a. folgende Aussagen.

> Kryzsztof: Deutsche, ja? Fritze Deutsche.
>
> Krzysztof: Hey, Leute, die deutsche Armee ist wieder in Auschwitz! (auf Polnisch)
>
> Krzemiński: Na so was. Ein Deutscher ohne Uhr. (auf Polnisch)
>
> Krzemińskis Freund: Frag ihn mal, ob sein Opa auch schon hier gearbeitet hat. (auf Polnisch)
>
> Kryzsztof: Der Deutsche soll in mein Zimmer?
>
> Kryzsztof: Danke, Schwesterchen. Ein Deutscher in meinem Zimmer.
>
> Ania: Du wohnst auch jetzt hier. Was fühlst du denn? Du bist doch ein Deutscher. Was denkst du?

8. Erklären Sie, inwiefern das folgende Gespräch zwischen Herrn Herold und Sven als Beispiel für entsprechende Motive im Film dient und wie es mit der vorigen Frage zusammenhängt.

> Herr Herold: Sven, lass uns mal kurz sprechen, ja? Ein Mitarbeiter hat Krzemiński auf halber Strecke aufgesammelt. Der ist den ganzen Weg zu Fuß gelaufen. Nachts, auf der Landstraße. Sven, wenn dem was passiert wäre!
>
> Sven: Aber ich hab ein paar Mal gesagt, wir sollen fahren. Er wollte nicht.
>
> Herr Herold: Ja, dann hättest du warten müssen! Oder zumindest hier mal anrufen.

---

18   Laut www.wikipedia.de vertrieb „eine Tochtergesellschaft der Degussa AG und der I.G. Farben, die Firma Degesch (Deutsche Gesellschaft für Schädlingsbekämpfung), das Schädlingsbekämpfungsmittel Zyklon B, das in den Gaskammern des Vernichtungslagers Auschwitz-Birkenau zum Massenmord eingesetzt wurde".

Sven: Aber ich kann nicht wissen, dass der nachts losmarschiert. Warum
nimmt der nicht ein Taxi?

Herr Herold: Hör mal, Sven, so einfach ist das nicht. Das ist hier ein sensibler
Ort. Ein ehemaliger Häftling in Auschwitz vom Auto überfahren, weil
sein deutscher Zivi ihn im Stich gelassen hat. Das steht am nächsten Tag in
jeder Zeitung. Ja? Krzemiński ist Mitte achtzig. Und er hat in den letzten
Monaten sehr nachgelassen, deshalb solltest du dich ein bisschen um ihn
kümmern. Ist das so schwierig?

9. Beschreiben Sie Oświęcim. Was erfahren wir über die Stadt oder über die Orte, an
denen sich die Jugendlichen treffen? Wie sind die Aussichten junger Polen, die hier
aufwachsen? Welche Rolle spielt Musik in ihrem Leben? Inwiefern ist es für die
Handlung wichtig, dass Sven in der Stadt und nicht im Gästehaus wohnt?

10. Ania erzählt Sven von ihrer Reise nach Warschau und von der Aufnahmeprüfung.
Sie sagt: „Der Chef hat mich so gefragt, wo ich herkomme. Und als ich's gesagt
habe, die haben mich so betroffen angeschaut. Alle. Vielleicht deswegen haben sie
mir das gegeben." Warum sahen alle so betroffen aus? Ist es Ania peinlich zu sagen,
woher sie kommt? Inwiefern verstehen sich Sven und Ania in dieser Sache nicht?
Denken Sie an ihr Gespräch während der Fahrradtour nach Monowitz.

Sven: Das Thema nervt dich, ne? Aber wie ist denn das? Entschuldige, aber...
ich meine, du wohnst ja hier schon immer und...

Ania: Und?

Sven: Na ja, ist es wie die Post für dich, wenn du jetzt mit mir durch Monowitz
fährst zum hundertsten Mal oder ist das irgendwie...

Ania: Ja, aber... ich bin hier geboren. Ich wohne halt hier. Ich lebe hier.

Sven: Ja, ich weiß. Aber...also, ich meine, du wohnst an dem Ort, wo das
größte Verbrechen der Menschheit passiert ist. Ist das...

Ania: Du wohnst auch jetzt hier. Was... was fühlst du denn? Du bist doch ein
Deutscher. Was denkst du? Also, ich verstehe die Frage nicht.

11. Vergangenheitsbewältigung und die Auseinandersetzung mit der Vergangenheit
sind wichtige Themen im Film. Gibt es dabei Ihrer Meinung nach allgemeine
Generationsunterschiede? Inwiefern verarbeiten ältere Menschen und Zeitzeugen
die Vergangenheit anders als jüngere Menschen, die zu der Zeit noch nicht geboren
waren? Wie gehen die verschiedenen Figuren mit der Geschichte um? Besprechen
Sie insbesondere Krzemiński und seine Schwester; Frau Schneider, Sven, Ania
und Krzysztof. Stellen Sie bei denen einen Generationsunterschied oder andere
Tendenzen fest? Oder kann bzw. soll das nicht verallgemeinert werden?

12. Im Verlauf der Handlung muss Herr Krzemiński damit zurecht kommen, dass er
bei der Konservierung der Koffer nicht mehr gebraucht wird. Warum bekommt
er keine Koffer mehr? Wie reagiert er darauf? Warum ist ihm die Konservierung
bzw. die unerwünschte Reparatur so wichtig? Warum versteht keiner—sogar seine
Schwester nicht—dass es seine Lebensaufgabe ist? Inwiefern ist Sven der einzige,
der das erkennt?

13. Wie werden die Zeitzeugengespräche von Herrn Krzemiński dargestellt? Wie
reagieren die Lehrlinge z. B. auf seinen Vortrag? Die Leiterin von Rhon-Chemie Frau

Schneider unterbricht Herrn Krzemiński bei der Einweihung des Gedenksteins, weil sie meint, dass sein Vortrag an Wirkung verlor. Sven entgegnet ihrem Argument, indem er sagt: „Was soll denn das für eine Wirkung haben? Es geht doch darum, dass er einfach ein bisschen erzählt. Kann er doch dann selber entscheiden, wie lange." Selbst Krzemiński beginnt, den Wert seiner Gespräche zu unterschätzen. Er sagt zu Sven: „Zeigen Sie denen „Schindlers Liste". Das macht mehr Eindruck." Hat er Recht? Sehen Menschen heutzutage lieber einen Film, als den Vortrag eines Zeitzeugens zu hören, obwohl es bald keine Zeitzeugen mehr geben wird?

14. Sven macht zwei Vergleiche zwischen der Verwertbarkeit von Häftlingen in den Lagern und der heutigen Situation, was Krzysztof und Herrn Krzemiński anbetrifft. Wie finden Sie seine Vergleiche? Gerecht oder geschmacklos? Denken Sie an folgende Gespräche.

a. Sven: Kennen Sie Krzysztof Lanuszewski? Der arbeitet bei Ihnen im Unternehmen.

Frau Schneider: Ist das ein Bekannter von Ihnen?

Sven: Ja, er ist Pole. Ist in meinem Alter. Den haben Sie gerade rausgeschmissen.

Frau Schneider: Ja, den kenne ich gut.

Sven: Ach ja? Ist letztendlich wie damals. Wer nicht gebraucht wird, kommt schön weg.

Frau Schneider: Also so oft, wie der zu spät oder überhaupt nicht zur Arbeit gekommen ist, das war wirklich für unseren Betrieb nicht mehr tragbar. Und Ihr Vergleich ist geschmacklos.

b. Sven: Herr Herold, Entschuldigung, aber das ist doch offensichtlich, dass ihm die Arbeit weggenommen wird. Das ist seine Aufgabe.

Herr Herold: Sven, es reicht.

Sven: Das ist wichtig für ihn. Ich meine, von wegen[19] sensibler Ort und das Ganze…

Herr Herold: Bist du schwerhörig?

15. Inwiefern ändert sich Sven im Laufe der Handlung? Gibt es besondere Ereignisse oder Geschehnisse, die seine Entwicklung steuern? Inwiefern ist dieses Jahr in Oświęcim mit den entsprechenden Begegnungen eine ereignisreiche Zeit für Sven, die unvergesslich sein wird?

16. Können Sie sich vorstellen, einen Zivildienst an solch einem Ort wie Auschwitz zu leisten? Wie finden Sie den obligatorischen Zivildienst als Ersatz für Wehrdienst in Deutschland? Können Sie sich vorstellen, ein freiwilliges Jahr zu machen, z. B. für das Peace Corps, Habitat for Humanity oder andere Organisationen? Inwiefern wäre ein freiwilliges Jahr eine ereignisreiche, unvergessliche Zeit für Sie?

---

19   von wegen = as if!

Lektüre 1

Zeitzeugengespräch mit Edita Fischer[20]

Workshop des Schülerpolitiktages anlässlich des DenkT@ges 2008

Christian Echle, Veranstaltungsbeiträge, Berlin, 24. Jan. 2008
Hrsg.: Konrad-Adenauer-Stiftung e.V.
http://www.kas.de

Edita Fischer hat Fotos mitgebracht. Darauf ist sie zu sehen, als junge Frau Mitte 20. Die Lust am Leben funkelt in ihren Augen. „Man muss doch zeigen, dass man auch mal schön war", lächelt die 79-jährige in die Runde. Es ist ein erleichternder Moment nach all dem Schweren, was Edita Fischer den Schülern am Tisch erzählt hat: Wie sie als 16-jährige nach Auschwitz deportiert wurde und wie sie die Konzentrationslager der Nazis überlebt hat.

Der Workshop zum Zeitzeugen-Gespräch mit Edita Fischer hat schon vormittags begonnen. Die Schüler, die am Schülerpolitiktag mit dem Motto „Hinsehen, Einmischen, Mitgestalten" in der Akademie der Konrad-Adenauer-Stiftung teilnehmen, haben sich auf die Begegnung vorbereitet. Sie haben etwas über das Heimatland von Edita Fischer erfahren. Die Slowakei in der Zeit des Nationalsozialismus mit dem Staatspräsidenten Jozef Tiso, der Hitler versprach, die Slowakei „judenfrei" zu machen. Sie haben sich ein Video angesehen, in dem Fischer für Steven Spielbergs Zeitzeugen-Projekt „Shoa Foundation" interviewt wurde. Und sie haben sich Fragen überlegt, die sie der 79-jährigen stellen könnten.

Für Edita Fischer ist es nicht selbstverständlich, diese Fragen zu beantworten. Als sie dann mittags vor den Schülern sitzt, erzählt sie, wie sie 35 Jahre lang überhaupt nicht über ihre Zeit im Konzentrationslager gesprochen hat: „Ich hatte das alles wie in einer Schachtel weggeschlossen. Ich dachte, wieso soll ich das erzählen, ich kann es doch eh nicht begreiflich machen." Erst als lange danach die ersten Interview-Anfragen von Journalisten kamen, hat sie sich entschlossen, doch Einblick in ihre Geschichte zu geben. Und so beginnt sie auch den Schülern des Workshops zu erzählen. Eindrücklich ist vor allem ihre Beschreibung von der Ankunft in Auschwitz: „Ich habe innerhalb einer Stunde alles verloren—meine Eltern, meine Sachen, meine Identität." So fasst sie zusammen, wie sie von ihrer Mutter getrennt wurde, wie sie sich nackt ausziehen musste und ihre Haare abrasiert wurden. Die Mutter kam auf die linke Seite der Rampe—zu den Menschen, die sofort in die Gaskammer geschickt wurden. „Dabei war sie noch jung, 36, aber sie hatte ein Kind dabei." Edita Fischer beschreibt, wie sie dann, im Oktober 1944, in dünnen Socken und Holz-Pantinen ihre ersten Schritte in das kalte und matschige Lager machte: „Ich war wie in Schock, hatte keine Zeit zu denken. Der unbedingte Überlebenswille kam erst später. Aber es gab auch Zeiten, wo wir alle Hoffnung aufgegeben hatten und dachten, der Weg durch den Schornstein ist der einzige aus dem Lager."

---

20   Quelle: http://www.kas.de/wf/de/33.12851/

Die gebürtige Slowakin hatte das Glück, für den Küchendienst herangezogen zu werden. Dort musste sie den ganzen Tag Kartoffeln und Rüben schälen, bekam aber manchmal zumindest etwas von der Milch ab, die für die Lagerwachen bestimmt war. Nach Zwangsarbeit im Flugzeugmotoren-Werk von Daimler-Benz erlebte sie das Kriegsende dann im Frauen-Konzentrationslager Ravensbrück. Seit ihrer Befreiung hat sie die Sowjets in dankbarer Erinnerung: „Die Russen waren sehr freundlich und gaben uns Brot und Speck—ich war Ende 16 und wog zeitweilig 36 Kilo.[21]" Wie sie zurück in den Alltag finden konnte, will einer der Schüler wissen. „Das ging schnell, ich lebte zunächst in einer jüdischen WG, es ist nicht zu glauben wie viel Elan und Lebenswillen man hat, wenn man jung ist." Bald nach Kriegsende verliebte sie sich in einen Deutschen. „Viele sagten: Wie kannst du dich in einen Deutschen verlieben? Aber wenn man sich verliebt, zählt nicht Hautfarbe, Rasse oder Nation." Sie folgte ihm nach Berlin und wurde dort heimisch. Seit 58 Jahren lebt sie hier, 35 davon hat sie als Krankenschwester im jüdischen Krankenhaus gearbeitet.

Die Schüler wollen wissen, wie stark sie sich seitdem mit dem Holocaust beschäftigt. „Ich lese viel darüber, ich weiß auch nicht so richtig wieso, wahrscheinlich will ich vergleichen, wie es anderen gegangen ist." Bis heute beschäftigt sie, dass sie die einzige Überlebende ihrer Familie ist. Eingeweihte Nachbarn hatten ihr, ihrer Schwester und ihren Eltern ein Versteck angeboten, falls die Deportation drohen sollte. Die anderen drei schafften es ins Versteck, als es soweit war, nur Edita wurde vorher festgenommen. Einen Tag später meldete sich die Familie freiwillig bei der Polizei, aus Angst, Edita könnte gezwungen werden, die Nachbarn zu verraten. „Bis heute mache ich mir deswegen Vorwürfe: Meine Eltern und meine Schwester haben sich freiwillig gemeldet, und ich bin die einzige, die überlebt hat. Der SS-Mann, der mich vom Arm meiner Mutter nach rechts riss, hat mich ins Leben gestellt."

---

1. Woher kommt Frau Fischer?
2. Wie alt war sie, als sie und ihre ganze Familie deportiert wurden?
3. Überlebten auch Frau Fischers Familienmitglieder?
4. Für welchen Dokumentarfilm wurde sie interviewt?
5. Was bedeutete es damals im KZ, auf die linke Seite der Rampe zu kommen?
6. Wie beschreibt sie die ersten Momente im Lager?
7. Inwiefern hatte sie im Lager „Glück"?
8. In wen verliebte sie sich nach dem Krieg, und warum waren viele darüber verwundert?
9. Weswegen macht sie sich heute noch Vorwürfe?
10. Was würden Sie Frau Fischer fragen?
11. Was fanden Sie an diesem Interview am interessantesten?
12. Inwiefern ist es wichtig, dass Zeitzeugen wie Frau Fischer ihre Geschichten erzählen und sich mit jungen Leuten treffen?

---

21   79 Pfund

 ## Lektüre 2

„Ich bin Zeitzeuge, nicht Richter"

Mit Max Mannheimer in March und Kurt Maier in Eichstetten sprachen zwei
  Überlebende des Holocaust mit Bürgern
Badische Zeitung vom Samstag, 20. Oktober 2007
Von Irina Strohecker und Mario Schöneberg

MARCH/EICHSTETTEN.[22] Noch gibt es sie, die Zeitzeugen, die am
eigenen Leib die Verfolgung als Juden im „Dritten Reich" und während des Zweiten
Weltkriegs erlebt haben. Der Zufall wollte es, dass zwei dieser Überlebenden des
Holocausts jetzt zur gleichen Zeit am Mittwochabend, nur ein paar Kilometer
auseinander, in Buchheim und Eichstetten, auf je eigenen Veranstaltungen Zeugnis
von den damaligen Schrecken ablegten. Beide Abende fassen wir hier in einem Bericht
zusammen.

„Ich werde irgendwann von der Bühne des Lebens treten, ohne jemanden
ermordet zu haben", sagt Max Mannheimer. Und er fügt hinzu: „Diese Schuld
muss unerträglich sein." Der heute 87-Jährige weiß, wovon der spricht, denn er hat
selbst mitbekommen, wie Menschen umgebracht wurden: Er ist Überlebender des
Konzentrationslagers Auschwitz. Bei den Marcher Kulturtagen hat er jetzt in einer
Veranstaltung der Ökumenischen Erwachsenenbildung und der Kirchengemeinden im
Bürgerhaus Buchheim über seine Erlebnisse gesprochen. Die vielen Zuschauer waren
sprachlos, gerührt und begeistert zugleich von Mannheimers Persönlichkeit.

Max Mannheimer hat all seine Erlebnisse in einem Buch niedergeschrieben:
„Spätes Tagebuch", erschienen im Pendo Verlag in München. Daraus las er im
vollbesetzten Saal des Bürgerhauses vor. Und er ergänzte die Lesung mit vielen
Erinnerungen an eine grausame Zeit.

Max Mannheimer wurde 1920 in Neutitschein in Nordmähren im heutigen
Tschechien geboren. Der jüdische Buchautor und Maler kam 1943 in das
Konzentrationslager Theresienstadt und anschließend nach Auschwitz-Birkenau.
Schließlich kam er über Warschau in das bayrische Konzentrationslager Dachau, wo er
1945 von den Amerikanern befreit wurde. Aber bereits 1946 kehrte er nach Deutschland
zurück.

Heute lebt Mannheimer in der Nähe von Dachau und ist Vorsitzender der
Lagergemeinschaft der ehemaligen Dachauer Inhaftierten. „Wenn man im Ausland das
Wort Dachau hört, denkt keiner an den berühmten Maler Adolf Hölzel, der lange in
Dachau lebte und die Dachauer Malschule mitbegründete, sondern alle an Adolf Hitler",
sagt Mannheimer. Für ihn selbst war Dachau die letzte Station eines Leidenswegs, den
er überlebt hat. Seine damalige Frau aber, seine Eltern, seine Brüder Erich und Jakob
und seine Schwester Käthe kamen alle im Holocaust um. „Alle starben in Birkenau",
erklärt Mannheimer. Nur sein Bruder Edgar und er überlebten. Als ältester Sohn der

---

22 Folgende Orte werden im Artikel erwähnt: March, Eichstetten, Buchheim, München, Neutitschein (im heutigen
   Tschechien), Gurs (in Frankreich), Kippenheim, Offenburg und Ortenau (eine Landschaft in Baden-Württemberg).

Familie spürte er die Pflicht, seine jüngeren Geschwister zu unterstützen. Das machte ihn stark, er entwickelte einen unglaublichen Willen zu überleben.

Von über 1000 Menschen, mit denen er damals in einem Massentransport in das Vernichtungslager deportiert wurde, überlebten nur 100. „Uns wurde nach Ankunft erst der Kopf geschoren, die Körperhaare abrasiert, dann wurden wir eiskalt abgeduscht", berichtet er. „Wir mussten unsere Pässe abgeben und bekamen eine Nummer tätowiert, an der man uns fortan erkannte", so Mannheimer. Er magerte auf 60 Kilo ab und überlebte trotz schlimmer Lager-Krankheiten. „Das Gebet und der Glaube haben mir sehr geholfen", sagt er. In seinem Buch kann der Leser alles deutlich vor sich sehen. Noch mehr: Er identifiziert sich mit Mannheimer, ist mitten drin, lebt mit, fühlt mit und ist schwer betroffen von den Abgründen der Menschheit.

Max Mannheimer ist bekannt geworden durch seine Vorträge an Schulen. Seit 1986 spricht er regelmäßig mit Jugendlichen. „Ich komme als Zeitzeuge, nicht als Richter oder Ankläger", sagt er, der selbst zwei Kinder hat. Seine Erlebnisse hat er in dem Buch ursprünglich vor allem für seine Tochter festgehalten. „Denn wir haben nie darüber gesprochen", so Mannheimer. Seine Tochter konnte es lange nicht lesen. Der Sohn las es zuerst.

Eine Neuauflage seines zurzeit vergriffenen[23] Buches „Spätes Tagebuch — Theresienstadt, Auschwitz, Warschau, Dachau" ist geplant. Die Besucher seiner Marcher Lesung konnten bereits ein von ihm handsigniertes Exemplar am Veranstaltungsabend vorbestellen.

Groß war das Interesse der Eichstetter an der Geschichte von Dr. Kurt Maier, der in der Aula der Adolf-Gänshirt-Schule von seinem Leben als jüdisches Kind in Deutschland, seiner Verschleppung ins Lager nach Gurs und der glücklichen Flucht seiner Familie in die USA berichtete. Mit 30 Besuchern hatten die Veranstalter, die evangelische Kirchengemeinde, der Heimat- und Geschichtsverein sowie die Gemeinde Eichstetten gerechnet. Doch dann kamen 65 Personen, um den Erzählungen von Kurt Maier zu lauschen. Der 77-Jährige, der heute in Washington lebt und arbeitet, nutzt seit einigen Jahren seinen Urlaub, um in Deutschland auf seine Geschichte aufmerksam zu machen. Morgens spricht er dann in Schulen, abends oft in Kirchengemeinden.

Geboren wurde Maier im badischen Kippenheim, die Großeltern waren Vieh- oder Tuchhändler, damals typisch für Juden in den ländlichen Gemeinden der Region. Eine Großmutter Maiers war eine geborene Weil aus Eichstetten. Seine Eltern betrieben einen kleinen Tuch- und Kolonialwarenladen in Kippenheim. Im Ersten Weltkrieg hatte sein Vater für Deutschland gekämpft, sein Onkel war dabei sogar gefallen. Doch schon damals sei das Gerücht herumgegangen, die Juden würden sich vor dem Krieg drücken. Eine Zählung, die das Gegenteil bewies, sei nie veröffentlicht worden, schildert Maier. Auch das Argument der Nazis, die 1933 an die Macht kamen, dass Deutschland „verjudet" sei, greift Maier auf. Nur gut eine halbe Million Juden habe es 1933 im 60 Millionen Einwohner zählenden Deutschland gegeben. Dann zeigt der rüstige Senior Bilder aus den 1920er Jahren: Seine Eltern, Großeltern und Anverwandten als ganz normale Mitbürger in Kippenheim, sei es bei Familienfeiern, Festen oder anderen Anlässen. Jüdische Kinder seien in die evangelische Schule gegangen und hätten mit ihren nichtjüdischen Altersgenossen gespielt. Die richtig

---

23   out of print

schlimmen Anfeindungen[24] seien dann Mitte der 1930er Jahre los gegangen, erzählt Maier, der noch immer berufstätig ist und in der Washingtoner Kongressbibliothek arbeitet. Kinder bekamen in der Schule beigebracht, dass Juden dreckig und hinterhältig seien, das entsprechende Lehrbuch hieß „Der Giftpilz". Gerne wäre seine Familie, wie viele andere auch, ausgewandert, erzählt Maier. Doch viele Grenzen waren mittlerweile dicht, mögliche Aufnahmeländer hatten strenge Quotenregelungen und in Deutschland gab es eine aufwendige Bürokratie.

Schlimmer wurde es für die Familie mit der „Reichskristallnacht" am 9. November 1938. In Kippenheim wurde die Synagoge verwüstet, bei Maiers flogen Steine durchs Fenster. Mit seiner Mutter kauerte er unter einer umgedrehten Zinkwanne, bis der Spuk vorbei war. Später durften jüdische Kinder nicht mehr auf deutsche Schulen, Maiers Eltern mussten ihr Geschäft schließen. Wie es ihnen dennoch gelang, die Familie durchzubringen, weiß der damals Achtjährige nicht mehr genau.

Stärker sind aber die Erinnerungen an den 22. Oktober 1940. Hals über Kopf musste die Familie ihre Heimat verlassen und wurde per Bahn von Offenburg aus nach Gurs[25] deportiert. Drei Tage dauerte die Fahrt ins Ungewisse. Dann kamen die Menschen, unter ihnen viele Alte, Kranke und Kinder, in einem verschlammten Auffanglager an. Viele von ihnen starben dort. Nicht weil sie erschossen wurden, meint Maier, sondern an Hunger und Krankheiten. Immerhin lag Gurs im unbesetzten Frankreich. Dennoch wurden viele Insassen später in andere Konzentrationslager verbracht und tauchten nie wieder auf. Seine Familie hatte Glück und bekam mit Hilfe eines in Frankreich lebenden Verwandten ein Visum für die USA. 20 Stempel habe jeder Flüchtling gebraucht, um dann auch tatsächlich aufs Schiff zu dürfen, erinnert sich Maier. Viele seien noch am Pier abgewiesen worden und mussten in ihrer Verzweiflung zurück ins Lager.

Der Neubeginn in den USA sei nicht leicht gewesen, betont der Senior, der Kippenheim noch immer seine Heimat nennt. Er habe sich bis heute nicht an das amerikanische Leben gewöhnt. Damals seien die Amerikaner, deren Land sich in einer wirtschaftlichen Krise befand, misstrauisch gewesen, auch den jüdischen Flüchtlingen, in ihren Augen aber Deutschen, gegenüber. 1952 kehrte Maier erstmals nach Kippenheim zurück, er war als Soldat in Deutschland. Er habe die Nachbarn besucht, die seiner Familie in den schweren Zeiten geholfen hatten. Andere seien ihm damals eher aus dem Weg gegangen. Heute pflegt er viele Kontakte in die Ortenau, verbringt seine Ferien hier. Und möchte daran erinnern, was damals mit ganz normalen Nachbarn geschehen ist.

Max Mannheimer

1. Wen meint Mannheimer mit: „Diese Schuld muss unerträglich sein"? Wessen Schuld?
2. In welchen Konzentrationslagern wurde Mannheimer inhaftiert?
3. Wo war er, als der Krieg zu Ende ging?

---

24   hostilities
25   Das Konzentrationslager Gurs war das größte Internierungslager in Südfrankreich.

4. Wie alt ist Mannheimer, wo wurde er geboren und wo lebt er jetzt?

5. An wen sollten die Leute denken, wenn sie das Wort Dachau hören?

6. Welche seiner Familienmitglieder kamen im Holocaust ums Leben und wo?

7. Wieviel Prozent der Gefangenen überlebte bei dem entsprechenden Massentransport in das Vernichtungslager?

8. Was hat Mannheimer im Lager geholfen?

9. Was meint er mit: „Ich komme als Zeitzeuge, nicht als Richter oder Ankläger“?

10. Aus welchem Grund hat er zunächst sein Tagebuch schreiben wollen?

11. Womit beschäftigt sich Mannheimer heutzutage?

12. Was würden Sie Herrn Mannheimer fragen?

13. Was fanden Sie an diesem Interview am interessantesten?

Kurt Maier

1. Wo lebt Maier?

2. Wie nutzt er seit einigen Jahren seinen Urlaub?

3. Ist Maier in der Stadt oder auf dem Land aufgewachsen?

4. Wer von seinen Verwandten ist im Ersten Weltkrieg gefallen?

5. Wie reagiert Maier auf das Argument der Nazis, dass Deutschland „verjudet“ sei?

6. Wie beschreibt er seine Familie und Verwandten in Kippenheim?

7. Wann wurden die Anfeindungen schlimmer?

8. Aus welchen Gründen konnte seine Familie nicht auswandern?

9. Was passierte der Familie Maier in der Reichskristallnacht?

10. Wie alt war Maier zu der Zeit?

11. Wie lange dauerte die Fahrt nach Gurs?

12. Woran starben viele im Auffanglager?

13. Wie schaffte es die Familie, in die USA auszuwandern?

14. Inwiefern waren die Amerikaner damals misstrauisch gegenüber den Flüchtlingen aus Deutschland?

15. Wann und unter welchen Umständen kam Maier zum ersten Mal wieder nach Deutschland?

16. Wen besuchte er, und wer hätte ihn damals eher nicht sehen wollen?

17. Maier sagt, er möchte daran erinnern, was damals mit ganz normalen Nachbarn geschehen ist. Was meint er damit?

18. Was würden Sie Herrn Maier fragen?

19. Was fanden Sie an diesem Interview am interessantesten?

Edita Fischer, Max Mannheimer und Kurt Maier

1. Was haben diese drei Zeitzeugen gemeinsam?

2. Inwiefern ist es ihnen wichtig, sich mit ihren Erfahrungen im Holocaust zu beschäftigen?

3. Warum sollen sich junge Menschen mit dem Holocaust beschäftigen?

4. Viele junge Menschen würden vielleicht lieber ins Kino gehen und Schindlers Liste sehen, als einen Vortrag von einem Überlebenden zu hören. Filme können natürlich auch lehrreich sein, aber inwiefern sind ein Kinobesuch und das Gespräch mit einem Zeitzeugen ganz unterschiedliche Erlebnisse?

5. Glauben Sie, dass viele Holocaust-Überlebende ihre Geschichte niedergeschrieben haben? Recherchieren Sie bei www.amazon.de.

6. Vergangenheitsbewältigung ist ein Begriff, der sich nicht nur auf Täter, Tatbeteiligte, Helfer, Zuschauer oder Opfer der damaligen Zeit bezieht. Inwiefern müssen sich auch junge Menschen mit der Vergangenheit auseinandersetzen?

Im Juli

BR Deutschland 2000

Regie und Drehbuch: Fatih Akin

Darsteller: Moritz Bleibtreu (Daniel Bannier), Christiane Paul (Juli), Mehmet
  Kurtuluş (Isa), Idil Üner (Melek), Branka Katić (Luna), Birol Ünel (Kellner),
  Jochen Nickel (Leo), Cem Akin (Türkischer Grenzbeamter) und Fatih Akin
  (Rumänischer Grenzbeamter)

FSK: ab 12 Jahren

Länge: 99 Min.

Fatih Akin, dessen Eltern in den 60er Jahren aus der Türkei nach Deutschland kamen, ist einer der bekanntesten deutschen Regisseure. Zu seinen Spielfilmen gehören *Kurz und schmerzlos* (1998), *Im Juli* (2000), *Solino* (2002), *Gegen die Wand* (2004) und *Auf der anderen Seite* (2007). *Gegen die Wand* hat den begehrten Besten Spielfilm in Gold (Deutscher Filmpreis) gewonnen, Akin den Goldenen Ehrenbären (Berlinale) für seine Regie. *Auf der anderen Seite* wird auch mit zahlreichen Preisen ausgezeichnet. Moritz Bleibtreu kennt man als Nebendarsteller in Filmen wie *Stadtgespräch* (1995) mit Katja Riemann und *Knockin' on Heaven's Door* (1997) mit Til Schweiger. 1998 hatte er seinen Durchbruch als Hauptdarsteller in *Das Experiment* und *Lola rennt*. Christiane Paul hat zwar nur eine kleine Rolle in *Knockin' on Heaven's Door*, spielt aber eine Hauptrolle u. a. in *Das Leben ist eine Baustelle* (1997), *Die Häupter meiner Lieben* (1999) und *Freunde* (2000). Mehmet Kurtuluş und Idil Üner sind beide deutsche Schauspieler türkischer Abstammung, die häufig Rollen in Akins Filmen haben.

Auszeichnungen (Auswahl)

Deutscher Filmpreis (2001): *Beste darstellerische Leistung—Männliche Hauptrolle*
   (Moritz Bleibtreu)
Tromsø Internationales Filmfestival (2001): *Publikumspreis*

Zusammenfassung des Films

Im Juli erzählt die Geschichte von Daniel, einem ernsten jungen Referendar aus Hamburg, der sich in die exotische Melek verliebt, und von Juli, einer flippigen Schmuckverkäuferin, die sich in Daniel verliebt. Daniel unternimmt eine abenteuerliche Reise von Hamburg nach Istanbul, um sich dort mit seiner Liebe zu treffen. Juli fährt zufälligerweise mit und versucht Daniel auf dem Weg zu beweisen, dass er sie statt Melek liebt. Die Reise ist für Juli zum Teil eine große Enttäuschung, denn Daniel träumt nur von seinem „Engel" Melek. Mit Juli erlebt Daniel vieles, was er in Hamburg nie erlebt hätte. Am Ende der Reise weiß Daniel nicht nur, wen er liebt, sondern auch, dass man auf das Glück und das Schicksal vertrauen muss. Die Reise bestärkt Juli in ihrer Meinung, dass man das Schicksal doch selbst in die Hand nehmen kann.

Figuren

Der intelligente, aber linkische **Daniel Bannier** ist Referendar. In den Ferien will er nur in Hamburg bleiben, auf dem Balkon ein Buch lesen, Tee trinken und Jazz hören. Doch ändert sich alles, nachdem er Juli und danach Melek begegnet.

Juli ist Schmuckverkäuferin, die sich für Daniel interessiert. Ihre Freundin Marion versteht nicht, was sie an ihm findet, denn Juli und Daniel scheinen äußerlich sehr verschieden zu sein. Im Gegensatz zu dem bebrillten, Khakihose tragenden zukünftigen Lehrer ist Juli mit ihren Cornrows und Tattoos eine etwas eigenartige Frau.

Isa hat ein Geheimnis im Kofferraum seines Autos: Es heißt Onkel Achmed. Isa versucht, den Leichnam seines Onkels zurück in die Türkei zu schmuggeln. In Bulgarien begegnet er Daniel, der sich auf den Weg in die Türkei macht.

Melek ist Deutsch-Türkin aus Berlin und die Freundin von Isa. Sie legt in Hamburg einen Zwischen-Stopp ein, bevor sie am nächsten Morgen in die Türkei fliegt. Daniel verliebt sich auf den ersten Blick in sie.

In Ungarn begegnet Daniel der rätselhaften **Luna**, die mit ihrem Kleinbus nach Budapest fährt. Daniel braucht ihre Hilfe, um nach Budapest zu kommen, aber was will Luna von ihm?

Leo ist ein Trucker, mit dem Daniel und Juli nach Wien fahren. Leos Vorbild ist Che Guevara, weil er an die individuelle Freiheit glaubte und für Gerechtigkeit kämpfte. Leo interessiert sich für Juli, die meint, dass Daniel „der Richtige" sei.

Kultureller und historischer Hintergrund

Reisetrends[1]

Die Reiselust der Deutschen steigt trotz höherer Lebenshaltungskosten. 2007 machten 65% aller Bundesbürger mindestens fünf Tage Urlaub, so die 24. Tourismusanalyse der BAT Stiftung für Zukunftsfragen. Die Reisedauer nimmt auch langsam wieder zu. Vor ungefähr drei Jahrzehnten (1980) lag die durchschnittliche Reisedauer bei 18,2 Tagen. Der Tiefstand von 12,8 Tagen im Jahre 2004 sei gestoppt, da deutsche Urlauber 2007

---

1   Quelle: http://www.bat.de/ (Suchbegriff: Stiftung für Zukunftsfragen)

im Durchschnitt 13,2 Tage unterwegs gewesen seien. Obwohl die Reisebranche den Jahrhundertschock des „11. September 2001" und die Angst vor Terroranschlägen endgültig überwunden habe, sei Deutschland immerhin das beliebteste Reiseziel der Deutschen. Laut Professor W. Horst Opaschowski, Zukunftsforscher und wissenschaftlicher Leiter der BAT-Stiftung, wird jetzt „statt Wärme, Ferne und Weite jetzt wieder mehr die Nähe gesucht". Dennoch fahren Deutsche auch gerne ins Ausland. Statt Spanien — des einst beliebten Auslandsreiseziels — ist nun Italien als Spitzenreiter an der Reihe. In den kommenden Jahren werde „eine „Renaissance des Italientourismus" erwartet, denn jeder zehnte deutsche Auslandsurlauber hat 2007 seine Urlaubstage in Italien verbracht. Reiseziele wie die Türkei, Österreich und Griechenland gewinnen auch mehr deutsche Besucher. Bemerkenswert sei das wachsende Interesse der Deutschen an Fernostreisen nach China, Hongkong, Japan, Singapur, Thailand und Indien, denn „hier entwickelt sich ein Wachstumsfeld für den Tourismus der Zukunft". Und wie sieht die Zukunft aus? Die Reiseprognose deutet auf eine weitere Zunahme hin. Urlaub im Inland bleibt beliebt, das Interesse an Urlaub im Ausland steigt. „Ferntouristische Ziele in Asien" seien neue Destinationen, die im Trend der Zeit liegen. Hauptsache ist, dass sich die Deutschen am Urlaubsort wie zu Hause fühlen. Laut der Umfrage seien die zehn wichtigsten Qualitätsmerkmale, die sich deutsche Urlauber wünschen, Gastfreundschaft, Gemütlichkeit, schöne Landschaft, gesundes Klima, Sicherheit, Sauberkeit, gute Küche, Kontaktmöglichkeiten, keine Sprachprobleme und ein stimmiges Preis-Leistungs-Verhältnis.

Politische Landkarte Europas

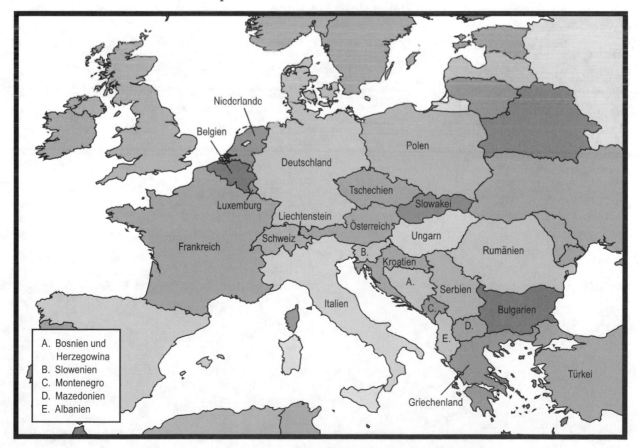

Zur Vorbereitung

I. Wortschatz

Astronomische Begriffe

die Eklipse: *eclipse*
die Erde: *earth*
der Mond: *moon*

der Planet (Akk., Dat., Gen. Planeten): *planet*
die Sonne: *sun*
das Sonnensystem: *solar system*

Geographische Begriffe und Orte

Bayern (Niederbayern): *Bavaria (Lower Bavaria),*
    one of Germany's 16 states (Bundesland)
der Berg: *mountain*
der Bosporus: *Bosporus (or Bosphorus), strait*
    forming the boundary in Turkey between the
    Asian and European sides
die Brücke: *bridge*
Budapest, Ungarn: *capital of Hungary*
Bukarest, Rumänien: *capital of Romania*
die Donau: *Danube*
die Grenze: *border*

der Grenzfluss: *river marking a border*
Hamburg; Berlin: *cities in Germany, Berlin is the*
    capital of Germany
Istanbul, die Türkei: *city in western Turkey that*
    straddles two continents—Europe and Asia
münden in [mündete, hat/ist gemündet]: *to empty*
    into, flow into
das Schwarze Meer: *Black Sea*
Sofia, Bulgarien: *capital of Bulgaria*
der Strand: *beach*

das Reisen

das Einzelzimmer: *room with a single (twin) bed*
die Fähre: *ferry*
die Jugendherberge: *youth hostel*
der Pass (der Reisepass): *passport*

das Reiseziel: *destination*
die Übernachtungsmöglichkeit: *accommodation,*
    place to stay overnight
der Umweg: *detour*

Substantive

der Engel: *angel*
die Flitterwoche: *honeymoon*
die Freiheit: *freedom*
die Gerechtigkeit: *justice, equity*
das Glück: *luck, happiness*
der Kofferraum: *trunk of a car*
die Legende: *legend, myth*
die Leiche: *corpse*
die Liebeserklärung: *declaration of love*
die Moschee: *mosque*

der Penner: *bum (coll.)*
die Qual: *torture, agony*
das Rauschgift (die Droge): *drug*
der Referendar: *student teacher*
das Schicksal: *fate, destiny*
die Schuld: *guilt, fault*
der Spielverderber: *spoil sport, stick in the mud (fig.)*
der Tramper: *hitchhiker*
der Zauber: *magic, spell*
die Versuchung: *temptation*

Verben

erkennen [erkannt, hat erkannt]: *to recognize*

kämpfen [kämpfte, hat gekämpft]: *to fight*

klauen [klaute, hat geklaut]: *to steal, swipe, rip off (coll.)*

leiden [litt, hat gelitten]: *to suffer*

sich etwas leisten [leistete sich, hat sich geleistet]: *to afford something*

sich prügeln [prügelte sich, hat sich geprügelt]: *to get into a fight*

schmuggeln [schmuggelte, hat geschmuggelt]: *to smuggle*

trampen [trampte, bin getrampt]: *to hitchhike*

überqueren [überquerte, hat überquert]: *to cross*

verpassen [verpasste, hat verpasst]: *to miss, be late for*

versprechen [verspricht, versprach, hat versprochen]: *to promise*

widerstehen [widerstand, hat widerstanden]: *to resist, withstand*

sich etwas wünschen [wünschte sich, hat sich gewünscht]: *to wish for something*

Adjektive

doof: *dumb, foolish (coll.)*

gemeinsam: *in common, mutual*

günstig: *low priced, convenient, favorable*

kitschig: *kitschy, corny, tacky*

schlau: *clever, sly, sneaky*

schüchtern: *shy*

verheiratet: *married*

vernünftig: *reasonable, rational, sensible, level-headed*

verrückt: *crazy*

II. Wortschatzübungen

Setzen Sie das passende Wort in die Lücken ein.

1. Schicksal/ Rauschgift/ überqueren/ Pass/ trampen/ vernünftige/ Strand/ Bosporus/ Spielverderber/ Referendar/

   a. Hamburg hat einen richtigen _____ so mit Sand, Wasser und Muscheln.

   b. Wenn man ins Ausland fliegt, braucht er einen _____.

   c. Es ist sehr gefährlich, auf der Autobahn zu _____.

   d. Eine sehr berühmte Brücke in der Türkei überquert den _____.

   e. Ein unvorhersehbares oder unerwartetes Ereignis nennt man _____.

   f. Wenn man eines Tages Lehrer werden will, muss man zuerst _____ werden.

   g. Wenn alle außer Ihnen mitmachen, sind Sie vielleicht ein _____ .

   h. Das ist _____, nicht? Das ist doch illegal. Davon wird man doof!

   i. _____ Lehrer machen das doch nicht! Das ist Unsinn!

   j. Es ist schneller, mit dem Schiff einen Fluss zu _____ als zu schwimmen.

Bilden Sie Komposita (compound nouns) und bestimmen Sie die engl. Bedeutung des Wortes.

1. _____raum = _____

2. Flitter_____ = _____

3. _____fluss = _____

4. Spiel_____ = _____

5. _____möglichkeit = _____

6. Einzel_____ = _____

Verben: Ergänzen Sie die Sätze mit dem passenden Wort.

1. klauen/ versprichst/ leisten/ verpasse/ wünsch

    a. Juli kann sich die Fähre nicht _____, weil sie kaum Geld hat.

    b. Ich _____ mir, dass er für mich kämpfen würde.

    c. _____ du mir, dass du es auswendig lernst?

    d. Du willst nur, dass ich zu spät komme und sie _____.

    e. Wir _____ einfach einem Bösen das Auto!

III. Ideen sammeln/ Brainstorming

1. Versuchen Sie anhand des Wortschatzes die Filmhandlung vorherzusagen. Nun schreiben Sie eine fiktive Zusammenfassung des Films (ungefähr einen Absatz), indem Sie mindestens zehn Wörter oder Ausdrücke aus den Listen verwenden.

2. Stellen Sie sich vor, dass Sie in Hamburg wohnen und nach Istanbul fahren wollen. Wie kommen Sie am günstigsten nach Istanbul? Wie würden Sie dorthin reisen, wenn Geld kein Thema wäre? Wenn Sie Kinder hätten? Wenn Sie viel Zeit hätten? Recherchieren Sie drei verschiedene Fahrmöglichkeiten im Internet (z. B. per Flugzeug, Zug oder Schiff). Notieren Sie Ihre Ideen und vergleichen Sie sie mit einem Partner.

IV. Internet-Übungen

(available online through the Focus website: http://www.pullins.com/)

V. Milling-Aktivität

Unterhalten Sie sich mit anderen Studenten im Klassenzimmer und notieren Sie ihre Antworten.

1. Was findest du romantisch?

2. Würdest du in einem fremden Land trampen?

3. Würdest du mit jemandem aus einer anderen Kultur ausgehen?

4. Kennst du jemanden aus der Türkei?

5. Hast du öfter Glück oder Pech?

6. Hast du einen Glücksbringer? Wenn ja, was für einen?

7. Hast du schon mal eine große Autotour gemacht? Wohin?

8. Würdest du mit dem Auto von Hamburg in die Türkei fahren?

9. Hast du schon in einer Jugendherberge übernachtet? Wo?

10. Unter welchem Sternzeichen bist du geboren?[2]

Erklär's mir: dative case

The dative case in German is obligatory in expressions with certain adjectives, dative prepositions (*aus, außer, bei, mit, nach, seit, von, zu* und *gegenüber*), dative/accusative prepositions showing location not motion (*an, auf, hinter, in, neben, über, unter, vor* and *zwischen*) and verbs requiring an indirect (dative) object either in conjunction with a direct (accusative) object or without an accusative object.

Adjectives	Prepositions	Indirect objects/dative verbs
Mir ist heiß.	Er geht aus dem Haus.	Sie schenkt ihm eine CD.
Er ist mir treu.	Sie wohnt noch bei ihren Eltern.	Zeigst du mir die Stadt?
Das Auto ist ihm zu teuer.	Außer ihm war keiner krank.	Hilf mir!

Read the following lines from the film and explain why the dative case is required in these instances (i.e., due to the adjective, preposition or verb).

Isa: Was willst du von **mir**?

Isa: Hey, hey, hey, ich rede mit **dir**! Hey Mann, ich rede mit **dir**.

Daniel: **Mir** geht es ganz OK.

Daniel: Ich bin hinter **einer Frau** her.

Juli: Sonne macht Licht. Licht in **meinem Leben**, Licht in **ihrem Leben**, Licht in **deinem Leben**.

Daniel: **Mir** ist gerade was eingefallen!

Melek: Aus **der** Türkei.

Daniel: Entschuldigung könnte **mir** vielleicht einer von **euch** zwei Bier verkaufen?

Melek: Was wird denn jetzt eigentlich aus **meinem Schlafplatz**?

Daniel: Nee, das [Auto] gehört **einem Freund** von **mir**.

Daniel: Du hast **mir** die ganze Decke weggezogen. Kannst du **mir** ein Stück davon zurückgeben?

Daniel: Du musst **mir** helfen!

Daniel: Erzähl **ihm**, wir sind verheiratet!

---

2 Wassermann (21. Januar - 19. Februar), Fische (20. Februar - 20. März), Widder (21. März - 20. April), Stier (21. April - 20. Mai), Zwillinge (21. Mai - 21. Juni), Krebs (22. Juni - 22. Juli), Löwe (23. Juli - 23. August), Jungfrau (24. August - 23. September), Waage (24. September - 23. Oktober), Skorpion (24. Oktober - 22. November), Schütze (23. November - 21. Dezember) oder Steinbock (22. Dezember - 20. Januar)

> Juli: Ich will den Text hören…Den Text, den ich **dir** beigebracht habe.
> Juli: Versprichst du **mir** das?
> Daniel: Aber wir könnten ja auch **einem Bösen** das Auto klauen?
> Juli: Ich habe noch nie mit **jemandem** ein Auto geklaut!
> Juli: Wer hat **dir** denn über die Grenze geholfen?
> Daniel: Und wer hat **mir** diesen blöden, diesen blöden Ring hier verkauft?
> Isa: Und du erzählst **mir** keine Scheiße!

VI. Die Handlung voraussagen

Denken Sie noch einmal an die Übungen, die Sie zum Thema *Im Juli* gemacht haben. Wovon handelt der Film Ihrer Meinung nach? Welche Erwartungen haben Sie an den Film?

1. In welches Filmgenre würden Sie *Im Juli* einordnen? (z. B. Liebesfilm, Kinderfilm, Komödie, Thriller, Horrorfilm, Action, Drama, Historienfilm, Science Fiction oder Western)

2. Welche Zielgruppe wird dieser Film ansprechen, z. B. Kinder, Jugendliche/ Teenager, Frauen, Männer, Studenten, Sportler, usw.?

3. Wie und wo wird die Geschichte anfangen?

4. An welchen dieser Drehorte werden keine Filmaufnahmen gemacht? In Hamburg, in Berlin, in Istanbul, in einem Restaurant, in einem Auto, in einem Gefängnis, an einem Gymnasium, in einem Jazzclub, am Strand, auf einem Schiff, in einem Ruderboot, in einem Flugzeug oder in einem Zug?

5. Schauen Sie sich das Standfoto auf der ersten Seite dieses Kapitels an. Was passiert in dieser Szene? Wird sie gegen Anfang, Mitte oder Ende des Films geschehen?

6. Wird der Film ein Happy-End oder eher ein trauriges Ende haben? Begründen Sie Ihre Antwort.

Zum Inhalt

I. Richtig oder falsch?

Geben Sie an, ob die Aussagen richtig oder falsch sind und verbessern Sie die Falschen.

1. Daniel ist Professor für Physik an einer Universität in Hamburg.

2. Juli verkauft Daniel einen Ring mit einem Mond drauf.

3. Melek sucht eine billige Übernachtungsmöglichkeit in Berlin.

4. Daniel benutzt den Wagen seines Nachbarn, um nach Istanbul zu fahren.

5. Juli und Daniel haben vor, in den Ferien eine gemeinsame Reise in die Türkei zu machen.

6. Daniel und Juli müssen in Bayern im Hotel schlafen, weil ihr Wagen kaputt ist.

7. Der Trucker Leo, mit dem Daniel und Juli fahren, interessiert sich nicht für Juli.

8. Daniel wird vom Frachtschiff über Bord geworfen.

9. Daniel hört gerne Jazzmusik.

10. Luna stiehlt Daniels Pass und den Ring, aber den Ring gibt sie ihm zurück.

11. Daniel wacht in einem Feld auf, wo ein Bauer auf ihn schießt.

12. Daniel und Juli müssen „heiraten", damit Daniel über die Grenze nach Rumänien gehen darf.

13. Daniel und Juli stehlen einem netten Mann das Auto.

14. Die Donau ist der Grenzfluss zwischen Rumänien und Bulgarien.

15. Es ist Daniel gelungen,[3] mit dem Auto über den Fluss zu springen.

16. Isa wird mit der Leiche seines Onkels an der türkischen Grenze erwischt.

17. Melek und Juli treffen sich zufällig an der Busraststätte.

18. Daniel findet Juli unter der Bosporus-Brücke nicht.

19. Daniel sagt für Juli die Liebeserklärung auf, die Juli die Bergpredigt[4] nennt.

20. Daniel und Juli fahren mit Melek und Isa zurück nach Deutschland.

II. Fragen zum Inhalt

Kapitel 1: 7. Juli 12:10 Uhr

1. Denkt Isa, dass Daniel wie ein Lehrer aussieht?

Kapitel 2: 1. Juli 12:01 Uhr

2. Warum wollen die Schüler keinen Unterricht machen?

3. Juli will 50 DM für den Ring haben. Bezahlt Daniel 50 DM dafür?

Kapitel 3: Das Glück erkennen

4. Was soll Daniel für Kodjo machen, während er im Urlaub ist?

5. Wie lernt Daniel Melek kennen?

Kapitel 4: Der richtige Strand

6. Was machen Daniel und Melek am Strand?

Kapitel 5: Istanbul

7. Wohin bringt Daniel Melek am nächsten Morgen?

8. Wie reagiert Daniel, als er sich von Melek verabschiedet?

9. Wie entscheidet Juli, wo sie jedes Jahr Urlaub macht?

10. Was passiert mit dem Wagen in Bayern?

---

3   to succeed (etwas gelingt jemandem)

4   refers to the Sermon on the Mount and is typically only used within a religious context (Meine Herzallerliebste...)

Kapitel 6: Löffelstellung

11. Warum heißt dieses Kapitel „Löffelstellung"?

12. Warum kann Juli nicht mit der Fähre fahren?

Kapitel 7: Individuelle Freiheit

13. Was für ein Tatoo hat Leo auf den Arm?

Kapitel 8: Spielverderber

14. Warum denkt Juli, dass Daniel ein Spielverderber sei?

15. Vor wem muss Daniel Juli retten?

Kapitel 9: Das ist Peace

16. Was machen Daniel und Juli auf dem Frachtschiff?

Kapitel 10: "Blue Moon"

17. Warum meint Daniel, dass er Oldies unbedingt lieben muss?

Kapitel 11: Luna

18. Wer hat Daniel am Bord des Schiffes erwischt?

19. Mit wem fährt Daniel nach Budapest?

Kapitel 12: Imbiss

20. Was bekommt Daniel zu essen?

21. Was schüttet Luna vermutlich in Daniels Cola?

Kapitel 13: „Travel"

22. Wo wacht Daniel am nächsten Morgen auf?

23. Was fehlt ihm?

Kapitel 14: Oben auf dem Dach

24. Daniel sieht Luna in Budapest wieder. Was versucht sie auf dem Flohmarkt zu verkaufen?

Kapitel 15: Grenzhochzeit

25. Warum darf Daniel nicht über die Grenze nach Rumänien, bis Juli sagt, dass sie verheiratet seien?

Kapitel 16: Romantik

26. Wie entscheiden Daniel und Juli sich, wessen Auto sie klauen?

27. Was findet Juli im Auto?

Kapitel 17: 6. Juli 18:00 Uhr

28. Ist der Fluss, über den Daniel mit dem Auto springen will, tatsächlich die Donau?

Kapitel 18: Istanbul-Hamburg

29. Nachdem Juli den schlafenden Daniel im Feld verlässt, kommt sie auf eine Straße. Was steht auf dem Schild am Straßenrand?

Kapitel 19: 7. Juli 22:21 Uhr

30. Warum will Isa plötzlich, dass Daniel aus dem Auto steigt?

Kapitel 20: Onkel Ahmed

31. Warum muss Isa die Leiche seines Onkels in die Türkei schmuggeln?

Kapitel 21: 8. Juli 04:45 Uhr

32. Wie reagieren die türkischen Grenzbeamten auf Isas Geschichte?

33. Wen trifft Daniel in der Busraststätte?

Kapitel 22: Der Sonne gefolgt

34. Wem gesteht Daniel unter der Bosporus-Brücke seine Liebe?

35. Was für ein Tatoo hat Juli auf dem Rücken?

III. Aussagen zuordnen

Lesen Sie die folgenden Aussagen und geben Sie an, von wem die Äußerung stammt: von Daniel (6), von Juli (6), von Isa (2), von Melek (2), von Leo (2) oder von dem rumänischen Grenzbeamten (2). Die Aussagen stehen in der gleichen Reihenfolge, wie sie im Film vorkommen.

1. _____ Wer bist du? Was willst du von mir? Und warum zum Teufel sprichst du deutsch?

2. _____ Hey du, komm doch mal her! Du siehst aus, wie jemand, der Glück gebrauchen kann!

3. _____ Hi, weißt du hier zufällig eine billige Übernachtungs-möglichkeit? Ich bin nämlich aus Berlin. Ich kenne mich hier nicht aus!

4. _____ Hamburg kann ja auch unheimlich schön sein im Sommer, nicht? Es gibt ja unheimlich viele Parks und Cafés und Restaurants und all so was und den Strand.

5. _____ Jeden Sommer stehe ich an der Stelle, wo du mich aufgepickt hast und fahre in den Urlaub. Ich sage mir immer, ich fahre dahin, wo der Wind mich hin weht. Der erste, der mich mitnimmt, entscheidet somit mein Reiseziel, verstehst du?

6. _____ Kennst du die Löffelstellung?

7. _____ Sag mal, hast du das vorhin eigentlich ernst gemeint mit dem Glauben an die individuelle Freiheit? Ich meine, dass wir das gemeinsam haben.

8. _____ Lass uns tanzen.

9. _____ Du meine Güte, ich habe mich gerade eben geprügelt. Das gibt es doch nicht, ich, ich prügele mich nie. Meine Brille ist weg. Ich bin Pazifist. Ich verabscheue Gewalt.

10. _____ Hello! Can I order something to drink, please? Like Coca-Cola to drink and just anything to eat?

11. _____ No passport, no Romania!

12. _____ Ich habe ein riesengroßes Problem. Ich muss…ich habe keinen Pass mehr, ich habe gar nichts mehr und ich muss über diese Grenze. Du musst mir helfen!

13. _____ Hey, Kollege? In Romania, when you marry, you make present.

14. _____ Ist das nicht romantisch! Ich habe noch nie mit jemandem ein Auto geklaut!

15. _____ Also, der Wagen ist mein Gewicht x, o.k.? X wiegt ungefähr eine halbe Tonne, der zu überwindende Weg sind ungefähr 25 Meter. Die Frage muss also lauten: Wie schnell muss ich x beschleunigen, um bei einer Rampe von 10 Grad 25 Meter Weg zu überwinden, richtig? Richtig! Gut, die Lösung lautet: 96,41 km pro Stunde.

16. _____ Und wer hat mir diesen blöden, diesen blöden Ring hier verkauft? Wenn ich diesen blöden Mist-Ring nicht gekauft hätte, dann würde ich jetzt schön in Hamburg irgendwo sitzen und auf dem Balkon ein Buch lesen oder irgendwas und wäre gar nicht erst hier!

17. _____ Dann fahr doch zurück, Mann! Geh doch zurück an die Elbe, lies eine Zeitung oder ein Buch oder weiß der Geier was! Geh doch zurück in dein verdammtes, ödes* Leben! (*dreary, empty*)

18. _____ Und dann passierte, was passieren musste: Er starb! Ohne Vorprogramm, mir nichts, dir nichts, an Herzversagen! Tot! So etwas Blödes!

19. _____ Ich muss dringend an die Grenze. Ich muss da was erledigen!

20. _____ Ich liebe dich!

IV. Standfotos beschreiben

1. Zum Bild: Geben Sie eine ausführliche Beschreibung dieser Fotos.
2. Zum Inhalt: Was passiert in diesen Szenen?

A. Eine zweite Leiche? (Kapitel 1: 7. Juli 12:10 Uhr)

B. „Ja kommt, steigt ein!" (Kapitel 7: Individuelle Freiheit)

C. „Luna. Like the moon." (Kapitel 11: Luna)

D. Ein Auto klauen (Kapitel 16: Romantik)

Zur Diskussion

I. Interview mit einem Partner

1. Wie war dein erster Eindruck von dem Film?
2. Wie fandest du den Film insgesamt?
3. Was hat dir an dem Film besonders gefallen?
4. Was hat dir nicht besonders gefallen?
5. Was hast du im Film nicht erwartet?
6. Welche Szene hat dir am besten gefallen?
7. Wie fandest du das Ende? Hast du erwartet, dass der Film so endet?
8. Welche Figur im Film hat dir am besten gefallen? Warum?

9. Welche Figur hat dir nicht so gut gefallen? Warum nicht?

10. Was hast du von diesem Film gelernt?

II. Meinungsaustausch

1. Warum verkauft Juli Daniel den Ring mit der Sonne drauf? Worauf hofft sie?

   > Juli: Das ist ein ganz alter Maya-Ring: Die Legende sagt, dass der Träger dieses Rings sein Glück erkennen kann. Sehr bald wird ein Mädchen auf dich zukommen, sie wird auch eine Sonne tragen. Genau wie du. Diese Person, und nur diese, ist dazu bestimmt, dein Glück zu sein!

2. Daniel verliebt sich auf den ersten Blick in Melek und folgt ihr sofort in die Türkei. Inwiefern ist das eine überraschende und unerwartete Reaktion von Daniel? Hätte Daniel sich in Melek verliebt, wenn er den „Zauberring" nicht gekauft hätte?

3. Wie reagiert Juli, als sie Daniel mit Melek sieht?

4. Juli sagt, dass sie jeden Sommer an der Autobahnauffahrt steht und wartet, bis sie abgeholt wird. Der erste, der sie mitnimmt, entscheidet somit ihr Reiseziel. Stimmt das tatsächlich, oder ist die Geschichte erfunden? Ist sie wirklich schon an den „verrücktesten Orten gelandet — Italien, Spanien…sogar bis Afghanistan"?

5. Leo fragt Juli, ob Daniel für sie kämpfen würde. Juli antwortet: „Ich würde es mir wünschen." Inwiefern versucht Leo, Juli in ihrer Beziehung mit Daniel zu helfen?

6. Was machen Daniel und Juli auf dem Frachtschiff? Worüber sprechen sie? Was lernen sie über einander?

7. Wie findest du die Spezialeffekte im Film, z. B. wenn Daniel und Juli schweben oder Lunas Gesicht im Mond erscheint?

8. Daniel und Juli treffen sich an der Grenze zwischen Ungarn und Rumänien wieder. Was muss Daniel Juli versprechen, bevor sie ihn „heiratet"? Warum?

9. Bist du überrascht, dass Daniel und Juli das Auto stehlen, oder dass Juli den Motor ohne Schlüssel anlassen kann?

10. Was machen sie in Rumänien mit verschiedenen Autoteilen, z. B. mit den Türen und der Windschutzscheibe? Warum tun sie das vermutlich?

11. Daniel versucht erfolglos, mit dem Auto über den Fluss zu springen. Warum streiten sich Daniel und Juli danach? Laut Daniel sei alles Julis Schuld. Warum?

12. Nachdem Juli Daniel verlässt, muss sie sich für Hamburg oder Istanbul entscheiden. Fällt ihr diese Entscheidung schwer? In welche Richtung fährt das erste Auto, das anhält? Warum steigt sie nicht ein?

13. Daniel wird irgendwo in Bulgarien von Isa abgeholt und an die türkische Grenze gefahren. Wie kommt Juli nach Istanbul?

14. Wie reagiert Juli, als Daniel ihr unter der Bosporus-Brücke seine Liebe gesteht?

15. Der Film hat ein Happy-End. War das das richtige Ende für diesen Film, oder kannst du dir ein besseres Ende vorstellen?

16. Kannst du dir eine amerikanische Neuverfilmung (*remake*) dieses Films vorstellen? Welche Schauspieler würden die Rollen von Daniel, Juli, Isa und Melek besetzen? Inwiefern wäre eine amerikanische Neuverfilmung anders als die deutsche Version?

III. Standfotos diskutieren

Auf diesen Standfotos sehen Sie Daniel mit anderen Figuren. Diskutieren Sie, wie die Figuren sich in jeder der hier dargestellten Szenen fühlen. Wählen Sie für jede Szene ein passendes Adjektiv, das ihre inneren Gefühle am besten beschreibt.

A. Daniel und Melek (Kapitel 4: Der richtige Strand)

B. Daniel, Juli und Leo (Kapitel 8: Spielverderber)

C. Daniel und Juli (Kapitel 17: 6. Juli 18:00 Uhr)

D. Daniel und Isa (Kapitel 20: Onkel Ahmed)

Zur Analyse, Interpretation und Reflexion

I. Motive

Inhaltsmotive

Viele Motive werden in diesem Film thematisiert. Erklären Sie, inwiefern folgende Motive in der Handlung eine Rolle spielen. Welche weiteren Motive gehören auch dazu? Welche Motive werden durch jede der Hauptfiguren besonders verkörpert? Welche sind Ihrer Meinung nach Zentralmotive und welche Randmotive?

- Schicksal
- Liebe
- Glück
- Zufall
- zufällige Begegnungen
- Abenteuer/ Entdeckungsreise
- Identität
- Selbstfindung/ Selbstentdeckung (*self-discovery*)

- Beharrlichkeit (*persistance, perseverance*)
- Selbstbewusstsein (*self-awareness*) und Selbstständigkeit (*autonomy, independence*)
- Hemmungen (*inhibitions*) verlieren
- Illusionen
- Grenzen übertreten
- Ziele erreichen

Schicksal, Liebe und Glück

Schicksal, Liebe und Glück sind wesentliche Themen im Film. Glauben Sie, dass es nur eine Person gibt, mit der Sie glücklich sein können? Sind Liebe und Glück vorherbestimmt oder sind sie von bewussten Entscheidungen abhängig? Inwiefern versuchen Daniel und Juli, ihr Schicksal zu bestimmen? Das Wort *Schicksal* wird zweimal erwähnt. Überlegen Sie sich, inwiefern diese zwei Aussagen die Rolle des Schicksals als Zentralmotiv wiederspiegeln.

A. Daniel zu der schlafenden Melek: Ich habe gewusst, dass wir uns heute treffen würden. Ich meine, vielleicht habe ich es auch nicht gewusst, ich habe es einfach nur gehofft. Das ist so wie, als könnte man für einen Tag sein **Schicksal** selbst in die Hand nehmen.

B. Marion: Ja, aber wo willst du denn hin?

Juli: Dahin, wo der Wind mich hin weht.

Marion: Was soll das denn schon wieder heißen?

Juli: Das soll heißen, dass ich einfach nur weg will. Der erste Wagen, der mich mitnimmt, soll entscheiden, wohin ich fahre, o.k.?

Marion: Und wenn der erste Wagen nach Bayern fährt? Willst du dann in Bayern leben, oder was? [Ein Auto fährt zur Seite.]

Juli: O.k., ich glaube, das ist mein **Schicksal**.

Symbol und Gegenstände

Inwiefern erklären Sie die Präsenz folgender Symbole und Gegenstände? Welche sind auffälliger? Welche weniger wahrnehmbar? Welche anderen bedeutungsvollen Symbole fallen Ihnen ein?

- die Sonne und die Eklipse
- der Mond
- der Monat Juli
- der Ring
- die Grenzen
- die Brücke
- Drogen: Marijana und LSD

- Verkehrsmittel: Fahrrad, Flugzeug, Lkw, Frachtschiff, Traktor, Kleinbus, Auto, Ruderboot und Bus
- die Straßenschilder
- die Tätowierungen
- die Gefängniszelle an der Grenze
- die Leiche

In einem Interview erklärt Regisseur Fatih Akin, warum „Juli" — sowohl der Monat als auch der Name einer der Hauptfiguren — eine auffällige Präsenz im Film hat: „Es war immer mein Lieblingsmonat — früher schon alleine wegen der Schulferien. Er wird durch die Zahl 7 symbolisiert und liegt genau in der Mitte des Jahres. Als ich jünger war, fuhr ich jedes Jahr im Juli in die Türkei — zu der Zeit noch über die Jugoslawien-Route —beim Schreiben des Skripts hatte ich all die Bilder von damals vor Augen."[5] Inwiefern werden andere Symbole mit dem Monat Juli oder der Zahl 7 assoziiert?

Schilder als Metapher

Schilder fallen überall im Film auf. Erklären Sie, inwiefern das Schild als Metapher fungiert. Verweisen Sie dabei auf folgende Aufnahmen.

A. Am Flughafen (Kapitel 5: Istanbul)

B. Am Zoll (Kapitel 15: Grenzhochzeit)

C. Bucuresti (Kapitel 16: Romantik)

D. Istanbul—Hamburg (Kapitel 18: Istanbul— Hamburg)

Daten, Uhrzeiten und Orte

Juli und Daniel unternehmen eine siebentägige Reise in die Türkei. Versuchen Sie unter Berücksichtigung folgender Daten, Uhrzeiten und Orte eine mündliche oder schriftliche Nacherzählung der Handlung zu verfassen.

7. Juli—12:10 Uhr (Irgendwo in Bulgarien)

1. Juli—12:01 Uhr (Hamburg)

2. Juli—07:30 Uhr (Hamburger Flughafen)

2. Juli—18:20 Uhr (Bayern)

---

5   Quelle: http://www.djfl.de/entertainment/stars/f/fatih_akin/fatih_akin_i_01.html

3. Juli—10:40 Uhr (Niederbayern)
3. Juli—21:25 Uhr (Donauhafen bei Wien)
4. Juli—07:15 Uhr (Irgendwo in Ungarn)
5. Juli—06:30 Uhr (In der Nähe von Budapest)
5. Juli—15:20 Uhr (Ungarisch-Rumänische Grenze)
6. Juli—18:00 Uhr (Nahe der bulgarischen Grenze)
7. Juli—12:10 Uhr (Irgendwo in Bulgarien)
7. Juli—22:21 Uhr (Bulgarisch-Türkische Grenze)
8. Juli—04:45 Uhr (Zwischen der Grenze und Istanbul)
8. Juli—12:01 Uhr (Unter der Bosporus-Brücke)

II. Standfotos interpretieren

Auf diesen Standfotos sehen Sie Daniel allein. Welche Motive beziehen sich auf diese Fotos? Stellen Sie bei Daniel im Verlauf der Handlung eine Entwicklung fest?

A. Der Referendar (Kapitel 2: 1. Juli 12:01 Uhr)

B. Verlassen—das erste Mal (Kapitel 13: „Travel")

C. Die Verfolgung (Kapitel 14: Oben auf dem Dach)

D. Verlassen—das zweite Mal (Kapitel 18: Istanbul—Hamburg)

III. Schreibanlässe

1. Den Film fortsetzen: Wie könnte es weiter gehen? Werden Daniel und Juli ein Paar bleiben und wirklich heiraten? Wo würden sie ihre Flitterwochen verbringen?

2. Vorgeschichte ergänzen: Was geschah mit Daniel am Tag, bevor die Geschichte beginnt?

3. Fehlende Teile ergänzen: Was macht Juli, während Daniel mit Luna zusammen ist?

4. Szene umschreiben: Wählen Sie eine Szene aus dem Film und schreiben Sie sie um.

5. Perspektive ändern: Wählen Sie eine Szene aus dem Film und schreiben Sie sie aus einer anderen Perspektive um.

6. Ein anderes Ende: Schreiben Sie ein neues Ende für den Film.

7. Stellen Sie sich vor, dass Sie, ein bekannter Regisseur / eine bekannte Regisseurin, eine Neuverfilmung von diesem Film machen. Was würden Sie anders machen?

IV. Zur Reflexion, zur Diskussion, zum Schreiben

1. Welche Funktion haben Glück, Zufall und Schicksal im Film? Inwieweit sind verschiedene Ereignisse verkettet, d.h. wenn das Erste nicht passiert wäre, wäre dann das Nächste, Übernächste, usw. auch nicht passiert?

2. Welche Aspekte des Films sind realistisch oder glaubwürdig, welche sind märchenhaft? Woran liegt das? An den Spezialeffekten? An Besonderheiten der Handlung? An der Besetzung (den Schauspielern)?

3. Inwiefern spielt die türkische Kultur eine Rolle im Film? Handelt der Film von türkisch-deutschen Verhältnissen? Was erfährt man über die Lage der in Deutschland lebenden Türken bzw. Deutsch-Türken?

4. Welchen Eindruck hatten Sie am Anfang des Films von Isa, Daniel, Juli und Melek? Inwiefern hat sich Ihre Meinung im Laufe des Films geändert?

5. Inwiefern verändert sich Daniel vom Anfang bis zum Ende des Films? Welche Hemmungen verliert Daniel im Verlauf der Handlung, z. B. nachdem er den Ring kauft und in die Türkei reist? Wäre sein Leben anders verlaufen, wenn er den Ring nicht gekauft hätte?

6. Welche Aspekte des Films finden Sie kitschig? Warum? Wäre der Film ohne den Kitsch besser?

7. Während Luna vor Daniel tanzt, sieht er die Gesichter der drei Frauen, zuerst Luna, dann Melek und zuletzt Juli. Was bedeutet ihm dieser Gesichtswechsel?

8. Wie reagieren Sie auf den Drogenkonsum im Film? In einem Interview wird Fatih Akin folgende Frage gestellt: „Haschisch rauchen kommt in allen deinen Filmen vor, auch *Im Juli*. Hältst du das nicht für problematisch?" Darauf antwortet er: „Ich glaube nicht, dass ich damit Drogen verherrliche,[6] ich bilde das Leben ab—Alkohol und Gewalt werden auch ganz selbstverständlich in Filmen gezeigt. Meine Hauptfigur Daniel fährt nicht nur in die Türkei, sondern unternimmt auch eine Reise in sich selbst hinein. Das LSD, das ihm seine Reisebekanntschaft Luna

---

6   to glamorize, glorify

in der zweiten Drogensequenz in seine Cola schüttet, verursacht bei Daniel einen großen Schub auf der Reise in sein Unterbewusstsein, ist also auch dramaturgisches Element."[7] Was meinen Sie dazu?

9. *Im Juli* ist freigegeben ab zwölf Jahren. Ist dieser Film Ihrer Meinung nach für Jugendliche ab zwölf Jahren geeignet? Warum?

10. Welche Rolle spielt die Liebeserklärung in der Handlung:

> Meine Herzallerliebste! Ich bin tausende von Meilen gegangen. Ich habe Flüsse überquert, Berge versetzt. Ich habe gelitten und ich hab Qualen über mich ergehen lassen. Ich bin der Versuchung widerstanden und bin der Sonne gefolgt, um dir gegenüber stehen zu können und dir zu sagen: ich liebe dich!

Daniel fragt Juli, ob es nicht zu kitschig sei. Was meinen Sie?

11. In Rumänien wurden keine Videoaufnahmen gedreht. Laut mehreren Quellen hat das Filmteam die nötige Genehmigung dafür nicht bekommen. Abgesehen davon, dass sie dort nicht drehen durften, welchem filmischen Zweck dient die in Rumänien aufgenommene Fotostrecke?

12. Nur eine Figur—Daniel Bannier—wird mit Vor- und Nachnamen vorgestellt. Warum?

13. Daniel und Juli scheinen nicht wirklich wahrzunehmen, wie gefährlich ihre Reise ist. Welche gefährlichen Situationen erleben sie? Was hätte ihnen passieren können? Was halten Sie für weniger glaubhaft: Dass sie die Reise größtenteils ohne Geld geschafft haben, oder dass ihnen nichts Schlimmeres passiert ist? Inwiefern wäre die Geschichte anders, wenn *Im Juli* kein Liebesfilm wäre?

14. Wählen Sie eins der folgenden Sprichwörter und erklären Sie, inwiefern es sich auf die Motive des Films bezieht.

Typ am Strand: Die schönsten Sachen im Leben sind umsonst.

Juli: Der Himmel ist überall blau.

Juli: Hey, morgen ist ein neuer Tag, hm?

Juli: Klar, wenn schon, denn schon, oder?

Daniel: So sieht man sich wieder!

Juli: Du hast doch nicht mehr alle Tassen im Schrank!

---

7   Quelle: http://www.djfl.de/entertainment/stars/f/fatih_akin/fatih_akin_i_01.html

Lektüre 1

Wie soll man sich auf eine lange Autoreise vorbereiten? Was soll gemacht, geprüft und mitgebracht werden? Wie bereitet sich Daniel auf seine Autoreise von Hamburg nach Istanbul vor? Übrigens, was ist mit dem in Niederbayern kaputt gegangenen und leer stehenden Auto seines Nachbarn passiert? Schauen Sie sich die Reise-Checkliste mit den Empfehlungen der Auto-reise-welt.de an, um zu sehen, was Daniel hätte machen und mitbringen sollen. Was nehmen Sie auf eine lange Autofahrt mit? Was steht auf dieser Checkliste, was Sie normalerweise nicht machen oder mitnehmen?

Mehrere Informationen und Tipps zur Planung von Autoreisen in Europa gibt es auf http://www.auto-reise-welt.de/.

Reise - Checkliste   auto-reise-welt.de

Sind Sie und Ihr Auto reisefertig?

Technik

☐ Autobatterie
☐ Beleuchtung
☐ Bremsflüssigkeit
☐ Luftfilter
☐ Motorölstand
☐ Reifendruck (auch Ersatzreifen)
☐ Reifenprofil
☐ Scheibenwischer
☐ Zündkerzen

Im Auto

☐ Abschleppseil
☐ Ersatzschlüssel
☐ Ersatzsicherungen, Zündkerzen
☐ Parkscheibe
☐ Reservereifen
☐ Reservekanister
☐ Schneeketten im Winter
☐ Starthilfekabel
☐ Taschenlampe
☐ Verbandskasten
☐ Wagenheber
☐ Warndreieck
☐ Warnweste
☐ Werkzeug

Reisedokumente

☐ Ausdruck des Routenplaners
☐ Auslandskrankenschein
☐ Ausweiskopien, gesondert aufbewahrt
☐ Buchungsunterlagen (Hotel, Fähre,...)
☐ Fahrzeugschein
☐ grüne Versicherungskarte
☐ (internationaler) Führerschein
☐ Reiseführer und Landkarten
☐ Reisepass, Personalausweis, Visum
☐ Reiseversicherung
☐ Unfallprotokoll
☐ Vignette (Maut)

In den Koffer

☐ Adressbuch
☐ Badesachen und -handtücher
☐ Binden und Tampons
☐ Brille bzw. Kontaktlinsen
☐ Bücher
☐ Duschgel und Shampoo
☐ EC-Karte, evtl. Reiseschecks
☐ Fernglas
☐ Feuerzeug
☐ Flaschen- und Dosenöffner
☐ Fön
☐ Fotoapparat, Film und Batterien
☐ Gesellschaftsspiele
☐ Handy
☐ Kamm
☐ Kondome
☐ Korkenzieher
☐ Kosmetik
☐ Kreditkarte und Sperrnummern
☐ Kühlbox
☐ Nagelpflege
☐ Nähzeug
☐ Rasierer und Aftershave
☐ Regenschirm
☐ Reiseapotheke
☐ Schlafbrille
☐ Schreibzeug
☐ Sonnenbrille
☐ Sonnenschutzcreme
☐ Steckeradapter
☐ Taschenlampe
☐ Taschenmesser
☐ Taschentücher
☐ Thermoskanne
☐ Walkman, Radio
☐ Wecker
☐ Zahnpflege

Wir wünschen Ihnen eine gute Reise!

 **Lektüre 2**

Auf nach Istanbul

UniSPIEGEL Online (http://www.spiegel.de/unispiegel/)

Der 21jährige Maximilian Popp zieht von München nach Istanbul um. Er und seine Freundin fahren zusammen im VW-Bus durch Europa nach Istanbul. Lesen Sie in dieser Reihe von sechs Online-Beiträgen über ihre abenteuerlichen Erlebnisse.[8] Wenn Sie Lust haben, können Sie im Internet Videos und Fotostrecken von ihrem Roadtrip nach Istanbul anschauen.[9]

Fassen Sie nach jedem Teil kurz zusammen:

1. Was erleben Max und seine Freundin auf dieser Strecke ihrer Reise?
2. Was lernen sie durch ihre Erlebnisse?
3. Welche kulturellen Besonderheiten fallen Max und seiner Freundin auf?
4. Was finden Sie an diesem Teil am interessantesten?
5. Worüber hätten Sie gerne mehr Details gelesen?

Maximilian Popp, 21, hat die Henri-Nannen-Journalistenschule besucht und als Redakteur bei SPIEGEL ONLINE gearbeitet. Jetzt zieht er gemeinsam mit seiner Freundin zum Studium nach Istanbul und führt auf SPIEGEL ONLINE sein Reise-Tagebuch.

Teil 1: „Ja, seid's ihr narrisch?"

Wohnung gekündigt, Oma beruhigt, Schreibtisch verschenkt: *Maximilian Popp,* **21, zieht zum Studium von München nach Istanbul und erzählt von seiner Tour durch Osteuropa. Der Start ist euphorisch, bis der Bulli liegenbleibt—nirgendwo in Österreich.**

Ich stehe in meinem Zimmer, es ist leer. Den Schreibtisch habe ich verschenkt, das Bett verkauft. Der Rest liegt auf einem Stapel vor mir. Ich muss entscheiden, was in München bleibt und was mich in die Türkei begleitet. Das Panini-Sammelheft der WM[10] 2002? Meine Freundin ist dagegen, ich lasse es da.

Maria und ich ziehen zum Studium nach Istanbul. Wir haben uns einen alten VW-Bus geliehen, einen Bulli. Die Tankanzeige klemmt, aber sie zu wechseln, war uns zu teuer.

---

8   Ja, seid's ihr narrisch?   http://www.spiegel.de/unispiegel/wunderbar/0,1518,516597,00.html; Der Papst und ich http://www.spiegel.de/unispiegel/wunderbar/0,1518,516598,00.html; Rumänien macht uns Angst! http://www. spiegel.de/unispiegel/wunderbar/0,1518,516599,00.html; Nächste Ausfahrt Bukarest http://www.spiegel.de/ unispiegel/wunderbar/0,1518,516600,00.html; Ballack! Beckenbauer! Very good! http://www.spiegel.de/unispiegel/ wunderbar/0,1518,516601,00.html; Cool in Istanbul http://www.spiegel.de/unispiegel/wunderbar/0,1518,516602,00. html

9   Video: Teil 1 finden Sie bei http://www.spiegel.de/video/video-23851.html. In der „Video Suche" geben Sie den Suchbegriff *Roadtrip nach Istanbul* an, um die ganze Reihe von Videos zu sehen.

10   Fußball-Weltmeisterschaft

„Seid's ihr narrisch?", fragte der Mechaniker, als er den Bulli noch einmal durchsah. „Warum fliegt's ned einfach?"

„Naja, wir haben viel Gepäck: Möbel, Bücher, Klamotten..."

Und wir wollen wissen, woher wir kommen—bevor wir an einem neuen Ort Neues beginnen. Das dachte ich, aber gesagt habe ich es nicht.

Wir werden den Osten durchqueren. München-Wien-Bratislava-Budapest-Bukarest-Sofia-Istanbul. Ohne Tankanzeige bis ans Ende Europas—und ein kleines Stück darüber hinaus. Mit Streichhölzern messen wir auf der Landkarte die Entfernung: 2600 Kilometer. Wir beruhigen unsere Eltern und Freunde ein drittes und ein viertes Mal. Und dann fahren wir los!

Schon 40 Kilometer vor Wien stottert der Motor, wir bleiben liegen—nachts, auf einer Baustelle ohne Pannenstreifen. Maria schläft, ich wecke sie.

„Wir haben einen Motorschaden."

„Wie—einen Motorschaden? Das kann nicht sein! Wann haben wir das letzte Mal getankt?" „Ich weiß nicht, in München. Die Tankanzeige jedenfalls..."

Ich verfluche mich, die verdammte Anzeige zeigt irgendwas, und der Tank ist leer. Ich beuge mich aus dem Fenster und versuche, aus dem Ersatz-Kanister Benzin nachzufüllen. Die vorbeihetzenden Lastwagen hupen ungehalten.

Eine Dreiviertelstunde später schleichen wir in Schrittgeschwindigkeit zur nächsten Tankstelle.

Teil 2: Der Papst[11] und ich

Mit dem VW-Bus saust Maximilian Popp, 21, von München zum Studium nach Istanbul. Erster Halt: Wien—eine Stadt im Ausnahmezustand, weil der Papst kommt. In Bratislava vermutet Max den Wilden Osten. Und findet einen übellaunigen[12] Kurort.[13]

Ich erwache von lautem Dröhnen. Es sind die Rotorflügel der Hubschrauber, die über Wien kreisen. Der Papst wird erwartet. Bundesheer und Bundespolizei bewachen die Stadt wie einen Schwerverbrecher.

Maria und ich fahren mit der Straßenbahn in die Innenstadt. Wien war einmal die Hauptstadt eines Weltreichs, heute ist sie die Hauptstadt des „Früher war alles besser". Über den Alleen liegt die Sehnsucht nach altem Glanz.

Ich stehe seit einer Stunde im Regen und warte auf den Papst. Ich bin nicht religiös, aber wenn wir beide, der Papst und ich, schon mal in Österreich sind... Benedikt spricht wenige Worte, dann fällt die Technik aus. Die Großbildschirme werden schwarz. Der Papst verstummt.

Wir treffen uns mit Martin Blumenau, dem Gründer von FM4. Wer FM4 hört, weiß, was dem deutschen Radio fehlt. Nicht 150 oder 200 Titel rotieren hier, sondern 10.000. Die Wiener haben Tocotronic gespielt, als sie in Hamburg noch niemand kannte. Ich bin mit FM4 groß geworden.

---

11   the Pope

12   crabby, ill-tempered

13   a town or location with health resorts or spas

Martin sagt: „Weißt du, was das Problem von euch Deutschen ist? Ihr definiert Jugend nach dem Alter. Jung zu sein, bedeutet offen zu sein, interessiert, übermütig."

„Ist Wien eine junge Stadt?"

„Bist du deppert?[14] Wien ist die älteste Stadt überhaupt. Wie lange ist es her, dass eine kulturelle Bewegung in Österreich entstanden ist? Eine Ewigkeit!"

Bratislava, ein vom Leben enttäuschter Kurort

Wir fahren weiter nach Bratislava. In Bratislava haben wir den wilden Osten vermutet, wir wussten es nicht besser. Bratislava ist ein Kurort, übellaunig, vom Leben enttäuscht.

Wir suchen junge Slowaken, aber wir finden sie nicht. Wir finden nur Iren. Irland hat am letzten Abend gegen die Slowakei gespielt. Irische Fußballfans belagern die Stadt. Sie trinken und singen. Einer ist als Homer Simpson verkleidet. Er reißt die Maske vom Kopf, torkelt auf McDonalds zu und übergibt[15] sich vor dem Eingang.

Eine junge Dame tippt mir auf die Schulter. Sie heißt Martina und arbeitet für den slowakischen Tourismusverband. „Wie findest du Bratislava?"

"Ähm. Sehr Schön. Sehr sauber."

Martina lächelt. Warum habe ich das gesagt? Ich finde Bratislava nicht schön. Ich fühle mich schäbig.[16]

Teil 3: „Rumänien macht uns Angst"

Von Schlagloch zu Schlagloch brettert *Maximilian Popp*, 21, mit dem VW-Bus durch Osteuropa. In Budapest sitzt er im Wagen mit einem Wahnsinnigen, Rumänien lässt ihn erbleichen, kurz vor Serbien wird es einsam und finster—und Istanbul ist noch ziemlich weit.

Wir fahren weiter. Irgendwann hört es endlich auf zu regnen. Schimmernd liegt Budapest vor uns, noch 40 Kilometer entfernt.

Wir wohnen bei Rita. Ihr gehört eine Altbauwohnung in der Budapester Innenstadt. Weil die Wohnung für sie allein zu groß ist und weil sie das Geld gut gebrauchen kann, vermietet die Studentin drei Zimmer an Rucksacktouristen.

Rita führt uns ins Szimpla, einen Club in einer alten Fabrik. Die Wände sind mit Graffiti beschmiert, in der alkoholgeschwängerten Luft hängt dichter Zigarettenrauch. Musik tönt von allen Seiten. Die Menschen stehen auf den Stühlen und tanzen.

Hippies feiern hier, Skater und junge Banker im Anzug. Es riecht nach Möbelpolitur und Marihuana. Ich vergesse Wien und Bratislava, das hier ist Budapest!

„Budapest hat sich neu erfunden, nach dem EU-Beitritt 2004", sagt Tamas, 27. Er hat hier Betriebswirtschaft studiert und in Frankfurt als Investmentbanker gearbeitet. Er fährt uns in seinem Wagen durch die Stadt. Tamas zeigt auf barocke Springbrunnen, Reiterstatuten, alte Villen. „Das ist der Burgpalast und das die Matthiaskirche."

14	stupid (slang term used primarily in southern Germany and Austria)

15	to vomit

16	grungy, scuzzy

Tamas rast wie ein Wahnsinniger. Er schlängelt sich durch die Wagen, rammt sie fast, springt hier in die Lücke, hängt sich da an die Stoßstange. Er braust über jede rote Ampel, die er finden kann. „Budapest weint nicht länger der glorreichen Vergangenheit nach", sagt Tamas. „Die Menschen öffnen sich endlich Neuem." Wir sind froh, als wir aussteigen dürfen.

Von Budapest nach Bukarest

An der Grenze kaufen wir eine Vignette. Barfüßige Kinder laufen um den Bus, Kinder mit nassen Hosen, Dreck in den Ohren, Spucke am Kinn, Schorf auf der Nase. Sie wiederholen mechanisch den einzigen englischen Satz, den sie beherrschen: „Please Sir, money!" Wo sind wir hier? Das Straßenschild sagt: Rumänien. „Nein", sagt Maria, „das hier ist Afrika."

Die Abzweigung nach Bukarest ist gesperrt. Ein Polizist steht lächelnd davor und winkt. Hinter ihm parkt ein Lastwagen, auf dem Boden liegen rote Klumpen. Tomaten, Äpfel? Ich sehe genauer hin. Es sind Gedärme. Ein Mann wurde überrollt, aber niemand bedeckt seinen zermatschten[17] Körper. Mir wird schlecht. Maria ist blass. Rumänien macht uns Angst.

Wir hetzen durch das Land. Der Boden sieht sauer aus und grämlich. Wenn ich hier leben würde, wie würde sich mein Leben ändern? In Hütten wohnen, die aus Abfall gebaut sind, aus Wellblech, Pappe, Spanplatten?

Die Straßen werden schlechter, die Schlaglöcher tiefer. Wellen erschüttern den Bus wie kleine Erdbeben. 100 Kilometer dauern fast drei Stunden. Wir fahren durch violett-schwarze Dunkelheit. Von Budapest nach Bukarest an einem Tag? Unmöglich! Also übernachten wir im Bulli an der Donau.

Wir erwachen vom Geschrei der Krähen und der Kälte. Es dämmert. Die Donau ist hier, an der Grenze zu Serbien, breit wie ein Meer. Sie bricht sich ihre Bahn durch die südlichen Karpaten.

Seit einer knappen Woche sind wir unterwegs. Ich habe vor der Fahrt „On the road" von Jack Kerouac gelesen, gleich zweimal. Ich dachte, unsere Reise würde ein einziges verrücktes Abenteuer werden. Ich habe nicht damit gerechnet, dass sie auch gefährlich sein könnte.

Teil 4: Nächste Ausfahrt Bukarest

Auf den ersten Blick wirkt Bukarest alles andere als einladend—nichts wie weg, ist zunächst der Eindruck von *Maximilian Popp*, 21, auf seiner Reise von München nach Istanbul. Doch dann trifft er Alex und Paul. Und die beiden jungen Rumänen sind voller Euphorie.

Wir riechen Bukarest von weitem. Ein brandiger Luftzug weht uns entgegen. In Bukarest zu atmen, das ist, als ob man sich über einen Schornstein[18] beugt und inhaliert. Die Stadt umbraust uns. Alles rollt. Schwere Geländewagen donnern an uns vorbei. Motorräder fädeln sich durch das Chaos. Fußgänger hetzen hinter Bussen her.

---

17   squashed (coll.)

18   chimney

Niemand scheint auf nichts Rücksicht zu nehmen. Bettler[19] schlafen eingehüllt in Werbeplakate. Wohnhäuser zerfallen, ihre Türen sind aus den Angeln gerissen, die Fenster mit Brettern vernagelt. Unser erster Gedanke: Bloß weg hier!

Wir bleiben, zumindest für eine Nacht. Auf der Straße treffen wir Alex und Paul. Alex trägt ein Shirt der US-Band NOFX, Paul einen Skater-Pullover von Billabong. Beide arbeiten für Sector 7, eine junge Internetfirma. Sie nehmen uns mit in ihr Büro in der Bukarester Innenstadt. In der Ecke der Altbauwohnung steht ein abgewetztes Sofa. Wir trinken Bier aus dicken, braunen Flaschen.

Internet als Tor zur Welt

„In Bukarest verändert sich alles!", ruft Alex. Noch vor fünf Jahren habe Rumänien keine Subkultur gekannt. „Alles war ein Brei", erzählt Paul. Plötzlich gebe es Punks in Bukarest, Heavy Metal, Skater. „Jeder kann nun seinen eigenen Stil leben. Und warum?" Paul hebt theatralisch die Hände. „Weil uns das Internet den Zugang ermöglicht hat. Es ist unser Tor zur Welt."

Ich blicke zu Maria, sie lächelt. So viel Euphorie haben wir hier nicht erwartet.

Die Straße nach Sofia ist EU-saniert, wir sind guter Dinge. Mühelos gleitet der Bulli durch die Kurven. Der weiße Mittelstreifen auf der Schnellstraße entrollt sich vor uns wie ein Bogen Papier. Bald sind wir in Bulgarien.

„Where from?", fragt der Grenzbeamte. „Germany", sage ich. Der Stiernacken zeigt auf die Delle an unserer linken Tür. „Where from?" „Keine Ahnung, ist schon älter." „Problem! Problem!", ruft nun seine blasse Kollegin.

Sie nimmt unsere Pässe und verschwindet. Zehn Minuten. Fünfzehn Minuten. Sie kommt wieder.

„Okay, go!"

Teil 5: „Ballack! Beckenbauer! Very good!"

Beinahe ist *Maximilian Popp*, 21, schon am Ziel: Wien, Bratislava, Budapest und Bukarest und Rumänien hat er im Bulli passiert. Nun wartet auf dem Weg nach Istanbul nur noch Bulgarien. Und die Partys in Sofia sind so gut, dass er gar nicht mehr weg will.

Sofia. Wir lernen Maggie und Shivko kennen, zwei Studenten, sie laden uns zum Abendessen ein. Wir sprechen kein Bulgarisch, Maggie und Zivko kaum Englisch. Macht nichts: Kahn! Ballack! Beckenbauer![20] Very good!

Maggie fragt uns, wohin wir fahren. „Istanbul? Oh my god! Why?" Immer wieder diese Frage, in München, Wien, Bukarest. Ich murmele „…spannende Stadt, auch politisch sehr interessant, Islam, Westen, Europa".

Ich habe diese Sätze so oft wiederholt, sie müssen auswendig gelernt klingen. Würden wir nach New York ziehen, niemand würde fragen: „Warum?"

---

19   beggars
20   soccer players

„Sofia sprüht vor Lebensfreude"

Riana hat vor fünf Jahren das „Art Hostel" gegründet, eine Jugendherberge, die zugleich Galerie und Atelier ist. Der britische „Guardian" schreibt: „Die vermutlich coolste Herberge Europas". Die Wände sind mit Graffiti bemalt, im Wohnzimmer stellen bulgarische Künstler ihre Werke aus. Im Garten geben Musiker aus Sofia Konzerte.

Unsere Gastgeberin legt Nachdruck in ihre Stimme. Sie sagt: Im Westen bedeute künstlerisches Engagement Kritik an der herrschenden Klasse. Im Osten seien es Diktatoren gewesen, die Künstler aufriefen, sich zu engagieren. „Wir müssen kritische, politische Kunst erst lernen."

Riana nimmt uns mit in die Berge über Sofia, auf ein Festival. Künstler, Musiker, Schauspieler feiern eine rauschende Party. Eine surreale Szenerie: Männer speien Feuer in den Nachthimmel, Balkanbeats wabern über das Gelände. Jede Woche gebe es eine Vernissage, ein neues Konzert, eine frische Ausstellung, sagt Riana. „Sofia sprüht vor Lebensfreude."[21]

„Was, wenn wir einfach hier bleiben würden?", fragt Maria.

„Das ist nicht dein Ernst!", sage ich.

„Doch, warum nicht? Ich meine, Istanbul ist okay, aber..." Maria fängt an zu lachen – „...natürlich fahren wir nach Istanbul!"

Tiefe Ringe haben sich unter meine Augen gegraben. Ich krame unsere zerknitterte Europakarte hervor. 2000 Kilometer liegen hinter uns. Wir haben Bratislava überlebt und katholische Rockmusik in Wien. Wir haben Ungarn durchmessen und in Bukarest Zigaretten geraucht, die so stark waren wie Zigarren. In Sofia haben wir uns mit australischen Backpackern betrunken, 600 Kilometer fehlen noch, bis Istanbul.

Hinter dem Horizont geht's nach Istanbul

Wir fahren durch Bulgarien, viele Stunden lang. Es riecht nach Sägespänen. Am Straßenrand verkaufen alte Frauen schrumpelige Tomaten. Kühe weiden in grünen Wiesenstrichen, die Hirten liegen regungslos daneben. Durch die dünnen Vorhänge des Bullis fällt das Abendlicht in seidigen Bahnen.

Wir drehen die Musik laut. Nachtfalter klatschen gegen die Windschutzscheibe. Da hinten, am Horizont wird es hell. Da wartet Istanbul. Ein leutseliger türkischer Grenzbeamter mit viel Gel in seinen drei Haaren durchsucht unser Gepäck. „No Ecstasy? No Marihuana? Welcome to Turkey!"

Teil 6: Cool in Istanbul

Aus, aus, es ist aus! *Maximilian Popp*, **21, ist in Istanbul angekommen—nach einer Fahrt durch sieben Länder, 2600 Kilometer. Doch die größte Hürde steht ihm noch bevor: Er muss sich an der Universität einschreiben. Und die türkische Bürokratie ist berüchtigt.**

Ich schmeiße alles weg: den Reiseführer, die Zeitungsartikel, die Erwartungen. Istanbul ist nicht zu begreifen.

---

21   Link: http://www.spiegel.de/unispiegel/studium/0,1518,509425,00.html

Maria und ich stolpern durch die Stadt. Die Straßenbahn dröhnt wie Metall, sie kreischt in der Kurve, sie fleht fast. Überall Gemurmel. Aus den Kanälen riecht es nach ranzigem Fett, es stinkt. Zwiebelgeruch beißt in der Nase, die Autos rauchen süßlich. Wir atmen den fauligen Sumpfgeruch toter Fische, der spröde Staub macht die Kehle trocken.

Ich dachte, die deutsche Bürokratie wäre schlimm, doch da kannte ich die türkische Bürokratie noch nicht.[22] Ich soll mich an der Uni einschreiben.[23] In Zimmer 201 sitzt eine wortkarge Türkin mit blond gefärbten Haaren unter einem Atatürk-Porträt.

"Here only students", sagt sie.

„Aber ich bin Student."

„Turkish students!"

Sie gibt mir die Adresse der Uni-Verwaltung. Ich sehe auf die Adresse—am anderen Ende der Stadt. Eineinhalb Stunden sitze ich im Bus. Eine weitere halbe Stunde warte ich vor verschlossenen Türen. Über den Aschenbechern neben den Fahrstuhl steht der Rauch wie eine Säule.

Ich bin dran. „Nein, einschreiben können Sie sich hier nicht. Aber versuchen Sie es mal bei Yavuz."

Yavuz ist ein Mittvierziger mit bunter Krawatte und vierschrötigem Gesicht. Er leitet das Auslandsamt der Universität. Yafuz schickt mich zurück in Zimmer 201.

„Sorry! Max! Sorry!" Die blondierte Türkin ist nun ganz aufgebracht. Ich bekomme Tee. Und eine Stunde später auch meinen Studentenausweis.

Jetzt bin ich wirklich am Ziel.

---

22   Link: http://www.spiegel.de/unispiegel/studium/0,1518,495964,00.html
23   to register

Kebab Connection

BR Deutschland 2005

Regie: Anno Saul

Drehbuch: Fatih Akin; Ruth Toma; Jan Berger; Anno Saul

Darsteller: Denis Moschitto (Ibo), Nora Tschirner (Titzi), Güven Kiraç (Mehmet), Hasan Ali Mete (Onkel Ahmet), Adnan Maral (Kirianis), Adam Bousdoukos (Valid), Fahri Ögün Yardım (Lefty), Andrea Paula Paul (Nadine), Tatjana Velimirov (Stella), Paul Faßnacht (Filmproduzent) und Sibel Kekilli (die Italienerin)

FSK: ab 12 Jahren

Länge: 96 Minuten

Das Drehbuch zu *Kebab Connection* wurde nach einer Idee von einem der Filmproduzenten (Ralph Schwingel) von vier Autoren geschrieben u. a. von Fatih Akin, der in Hamburg aufgewachsen ist und selbst einen Kung-Fu-Film drehen wollte. Die Dreharbeiten fanden im Hamburger Schanzenviertel statt. Ruth Toma ist Drehbuchautorin von *Solino* (Fatih Akin 2002). Schauspielerin Sibel Kekilli, die für ihre erste Kinorolle (*Gegen die Wand*, Fatih Akin 2004) den Deutschen Filmpreis als beste Hauptdarstellerin gewann, hat einen Kurzauftritt als italienische Mutter. Nora Tschirner und Denis Moschitto beschäftigen sich nicht nur mit Filmen. Tschirner ist seit 2001 Moderatorin bei MTV. Moschitto, Sohn eines Deutschen und einer Türkin, ist mit seinem Freund aus der 6. Schulklasse Evrim Sen Co-Autor von zwei Büchern („Hackerland" und „Hackertales"), die von der legalen und illegalen Hackerszene handeln. Dank seiner 10 Jahre Erfahrung in Kung-Fu konnte Moschitto die Kampfszene ohne Double drehen. Der Webauftritt des Films *Kebab Connection* (www.kebabconnection.de) wurde 2005 für den Grimme Online Award nominiert, der hochwertige Websites auszeichnet. Für Regisseur Anno Saul ist *Kebab Connection* sein zweiter Kinofilm. Neben Kinospielfilmen und TV-Spielfilmen dreht Saul auch Werbung. Einige Spots kann man auf seiner Webseite sehen (http://annosaul.de).

Auszeichnungen (Auswahl)

Film Festival Türkei/Deutschland, Nürnberg (2005): *Publikumspreis und Beste Darstellerin* (Nora Tschirner)

Festival des Deutschen Films, Madrid (2005): *Publikumspreis*

Sevilla Film Festival (2005): *Generation Europe Award/Young European Critics Award*

Ljubljana International Film Festival, Slowenien (2005): *Publikumspreis*

Zusammenfassung des Films

Ibo und Titzi sind jung, verliebt und haben große Träume: Er will den ersten deutschen Kung-Fu-Film drehen; sie will auf die Schauspielschule. Ihre Familie unterstützt sie bis auf die Partnerwahl, denn Ibo stammt aus einer türkischen Familie und Titzi aus einer deutschen. Trotzdem sind sie ein glückliches Paar. Dann kommt eine kleine Überraschung: Titzi ist schwanger. Die Eltern der beiden sind enttäuscht. Ibo wird von seinem Vater aus dem Haus geworfen und enterbt. Nun muss Ibo sich entscheiden, was ihm am wichtigsten ist — Karriere, Kind oder Kiffen — denn Titzi will jemanden, auf den sie sich verlassen kann. Aber zunächst muss Ibo sich darüber Klar werden, was es heißt, Vater zu werden. Mittlerweile bereitet sich Titzi auf die Aufnahmeprüfung vor und probt Szenen aus Shakespeare. Ibo dreht Werbespots für die Dönerbude seines Onkels, bekifft sich mit seinen Kumpels und freundet sich mit der Nichte des Griechen gegenüber an.

Figuren

Ibrahim (Ibo) Secmez ist Mehmets und Hatices Sohn, Aylas Bruder und Titzis Freund. Er verehrt Bruce Lee und sucht einen Filmproduzenten, um den ersten deutschen Kung-Fu-Film zu finanzieren. Seine blutigen Kinowerbespots für King of Kebab bekommen im Hamburger Schanzenviertel Kultstatus und fallen tatsächlich einem Filmproduzenten auf.

Patrizia (Titzi) liebt das Theater und will Schauspielerin werden. Der Nachwuchs im Bauch bringt alles durcheinander. Sie weiß, dass sie das Baby will, aber sie will auch nicht auf ihre Träume verzichten müssen. Mit Ibo macht sie Schluss, bis er beweisen kann, dass er Vater sein will.

Ibos Vater **Mehmet** ist Taxifahrer und obwohl er schon seit 30 Jahren in Deutschland lebt, hat er immer noch Schwierigkeiten mit Deutsch. Er verstößt Ibo, weil er eine deutsche Frau schwängert. Trotzdem wollen er und seine Frau **Hatice** nicht, dass Ibo seine Freundin im Stich lässt, weil man so was auch nicht tun darf. Plötzlich muss Mehmet Titzi zur Hilfe kommen und wird dabei zum ersten Mal richtig stolz darauf, „Opa" und „Dede" zu sein.

Onkel Ahmet ist der Inhaber der Dönerbude King of Kebab im Hamburger Schanzenviertel, wo sein Neffe Özgür kocht. Ihm gegenüber steht die Konkurrenz, die griechische

Taverna Bouzouki, wo **Kirianis** und seine aufreizende Nichte Stella die wenigen Kunden bedienen. Stella starrt Ibo immer nach, denkt aber nicht an Döner. Sowohl Ahmet als auch Kirianis wollen, dass Ibo Werbespots für sie dreht, damit ihre Läden nicht leer sind.

Valid und **Lefty** sind Ibos Kumpels, die ihm durch dick und dünn beistehen. Nachdem **Valid** eine Italienerin mit einem Baby zufällig kennen lernt, wird er bald Baby-Experte. Er versucht Ibo zu helfen, sich auf sein eigenes Baby vorzubereiten und lässt ihn mit dem Baby seiner Freundin üben. Doch scheint Ibo bei „Alarmstufe braun" überfordert zu sein. **Lefty**, Kirianis' Sohn, wird von seinem Vater enterbt, weil er Vegetarier geworden ist und eine Falafelbude aufgemacht hat.

Im Gegensatz zu Titzi ist **Nadine**, die auch für die Aufnahmeprüfung an der Schauspielschule lernt, eher verwirrt und flatterhaft. Es scheint ihr an darstellerischem Talent zu mangeln. Nadine und Titzi teilen eine Wohnung und üben zusammen Szenen aus *Romeo und Julia* ein.

Kultureller und historischer Hintergrund

Türkische Kultur und türkisches Leben in Deutschland

Seit den 60er Jahren sind Türken in Deutschland, einem Land, das wegen Arbeitskräftemangels nach dem Zweiten Weltkrieg Gastarbeiter aus vielen Ländern anwarb, einem Land, das für viele der etwa 2,5 Millionen Türken eine zweite Heimat ist. Viele Türken fühlen sich aber in Deutschland nicht zu Hause und wollen sich nicht an die einheimische Kultur anpassen. Statt Integration gibt es Trennung, wobei viele Türken weder mit Deutschen und der deutschen Sprache noch mit der deutschen Kultur zu tun haben. Es gibt deutsche Städte mit Vierteln, wo man Lebensmittel, Kleidung, CDs oder Handys kauft, sich die Haare schneiden lässt, zum Arzt oder Rechtsanwalt geht, türkische Zeitungen wie die *Hürriyet* liest und in Cafés über türkische Politik plaudert — und alles auf Türkisch. Manche Türken geben zu, dass sie wie zweitklassige Menschen behandelt werden. Mehmet Kilci kam vor 33 Jahren nach Deutschland; ein Jahr später kam seine Frau Zihnet. Mehmet und Zihnet gehören zu den wenigen, die sich die Mühe gegeben haben, die Sprache zu lernen und sich mit Deutschen anzufreunden. Trotzdem klagt Mehmet: „Wir leben hier jetzt seit 33 Jahren, zahlen seit 33 Jahren Steuern, haben 33 Jahre lang das Land mit aufgebaut und noch immer kein Mitspracherecht." Mehmet erklärt, dass sie sich „angepasst, aber nicht integriert" haben. Mittlerweile haben sie Kinder und Enkelkinder in Deutschland und fühlen sich „wie Menschen zwischen zwei Kulturen." Weil sie ihr halbes Leben in Deutschland verbracht haben, wollen sie auch hier bleiben und sind auch mit der gesellschaftlichen Weiterentwicklung in den letzten 30 Jahren in Deutschland zufrieden.[1]

Ein großer Unterschied zwischen Türken und Deutschen ist die Religion. Von den 3,3 Millionen Muslimen in Deutschland sind circa 70% türkischer Herkunft. Mit den Gastarbeitern der 60er Jahre kamen der Glaube und die Lebensweise: kein Schweinefleisch essen, keinen Alkohol trinken, fünfmal am Tag beten, einen Monat (Ramadan) im Jahr fasten und die Söhne beschneiden lassen. Laut Umfrage der

---

1   Alle Zitate in diesem Absatz: Melih Serter „Deutschland, fremde Heimat: So leben Türken in Deutschland" 29.09.2005; (Quelle: http://www.wdr.de/themen/politik/europaeische_union/tuerkei_beitrittsverhandlungen/integration/index.jhtml)

Zeitschrift „Stern" glaubt „fast die Hälfte der in Deutschland lebenden türkischen Muslime nicht, dass die Regeln des Islam zu den Regeln der deutschen Gesellschaft passen."[2] Trotzdem sagten Dreiviertel der Befragten, dass sie sich in Deutschland als Muslime akzeptiert fühlen. Für viele türkische Muslime in Deutschland spielt der Glaube eine große Rolle, auch wenn sie in ihrem Alltag die muslimischen Traditionen kaum noch beachten.

Für die in Deutschland geborenen Kinder türkischer Eltern ist die Situation wieder anders, denn sie wachsen mit zwei Kulturen auf. Ihre Welt besteht aus einer Mischung aus der zu Hause gepflegten türkischen Kultur und Bräuchen und der deutschen Kultur, mit der sie täglich außerhalb des Elternhauses konfrontiert sind. Die Jugendlichen sprechen sogar eine Mischsprache, indem sie häufig innerhalb eines Satzes zwischen Deutsch und Türkisch umschalten, denn „Deutschtürken sprechen eben deutschtürkisch."[3] Deutschland ist ihre Heimat und solange ein Elternteil die deutsche Staatsangehörigkeit besitzt, ist das Kind automatisch deutscher Staatsangehöriger. Aber doppelte Staatsbürgerschaft ist nicht erlaubt. Deutsche Jugendliche türkischer Herkunft müssen sich mit 18 für die deutsche oder die türkische Staatsbürgerschaft entscheiden.[4]

Die Verbindung zwischen türkischer und deutscher Kultur ist nicht einseitig. Deutsche haben mittlerweile auch die türkische Küche, türkische Musik und die Literatur und Filme von Türkisch-Deutschen entdeckt. Die Familienserie „Türkisch für Anfänger" im Fernsehprogramm der ARD und der Erfolg der Filme von Fatih Akin schildern einen generelleren Trend: ein steigendes Interesse an türkischer Kultur in Deutschland.

Kinowerbung

In deutschen Kinos gibt es vor dem Hauptfilm nicht nur Werbung für das Filmprogramm durch Trailer sondern auch Werbung für kommerzielle Produkte oder Geschäfte. Obwohl die Werbung für alkoholische Getränke und Tabakwaren im Fernsehen verboten ist, darf solche Werbung laut § 11 Absatz 5 Jugendschutzgesetz ab 18 Uhr im Kino vorgeführt werden. Werbung für lokale Geschäfte wird auch im Kino gezeigt.[5]

Auf einer Webseite eines Kinowerbung-Unternehmens werden potentielle Kunden folgendermaßen angelockt:[6]

- Kino bietet heute mehr denn je Spaß und Faszination.

- Durch hohen Komfort, Gastronomie, Promotion und Events wird das Medium Kino zur Freizeit- und Erlebniswelt.

- Die Kinowerbung wird als Vorfilm empfunden, sie gilt als Ereignis und gehört zu jedem Kinobesuch.

---

2   „Türkische Muslime glauben nicht an deutschen Islam" (12. Oktober 2006; Quelle: http://www.abendblatt.de/daten/2006/10/12/623485.html)

3   Melih Serter „Deutschland, fremde Heimat: So leben Türken in Deutschland" 29.09.2005; (Quelle: http://www.wdr.de/themen/politik/europaeische_union/tuerkei_beitrittsverhandlungen/integration/index.jhtml)

4   Christina Sticht „Ich will von Rassen, Nationalitäten und Grenzen nichts wissen!" Mai 2004, Aktualisierung Oktober 2006 (Quelle: http://www.goethe.de/ges/soz/dos/jug/sjs/de1922213.htm)

5   Quelle: http://de.wikipedia.org/wiki/Kinowerbung

6   Quelle: http://www.diekinomakler.de

- Das Interesse und die Aufmerksamkeit, insbesondere für Kinospots aus der regionalen Werbung, ist außergewöhnlich hoch.
- Bis zu 94% der Besucher erinnern sich an Ihre Werbebotschaft.
- Eine Altersstruktur zwischen 14 und 45 Jahren sowie ein hohes Einkommensniveau sind wichtige Merkmale von Kinobesuchern.
- Kinobesucher sind freizeitorientiert, konsumfreudig und unternehmungslustig.
- Durch Kinowerbung entstehen wirkungsvolle Kontakte zu Ihren Kunden.

Außerdem wird Kinowerbung „ nicht übersehen, nicht überhört, überblättert oder gar abgeschaltet. Im Kino kann man nicht ‚zappen‘" (*channel surf*).[7]

Zur Vorbereitung

I. Wortschatz

King of Kebab

der Döner (Döner kebab): *Türkish speciality made of meat from a vertical spit, often lamb or turkey, that is sliced off, customarily served in pita-style bread with vegetables and a yogurt sauce*

die Hoden: *testicles*

der Imbiss: *snack bar*

die Kuttelsuppe: *soup made from tripe or chitlings (animal small intestines)*

die Lahmacun. *Turkish pizza (the [c] is pronounced like English [j])*

der Pansen: *first stomach (biol.)*

scharf: *spicy, hot*

das Schutzgeld: *protection money*

Die Werbespots

das Blut: *blood*

das Drehbuch: *script, screenplay*

einen Film drehen [drehte, hat gedreht]: *to shoot or film a movie*

entdecken [entdeckte, hat entdeckt]: *to discover*

der/die Filmproduzent/in: *film producer*

der Knochen: *bone*

die Leinwand: *movie screen*

der Spezialeffekt: *special effect*

die Werbekampagne: *advertising or publicity campaign*

der Werbespot/der Spot: *commercial*

die Werbung: *advertising*

der Zahn/die Zähne: *tooth/teeth*

Familienleben

das Erbe: *inheritance*

der Enkel/die Enkelin: *grandson/granddaughter*

enterben [enterbte, hat enterbt]: *to disown, to disinherit*

die Konkurrenz: *competition*

die Schande: *scandal, disgrace*

die Sippe: *kin, clan, tribe*

verbieten [verbot, hat verboten]: *to forbid, ban, prohibit*

verstoßen [verstößt, verstieß, hat verstoßen]: *to disown, throw or cast out*

die Verwandtschaft: *relations, kinsfolk*

---

7   Quelle: http://www.kinowerbung.com

das Baby

auf jemanden aufpassen [passte auf, hat aufgepasst]: *to take care of or watch someone*

das Geräusch: *sound, noise*

der Gestank: *stench, odor*

die Hebamme: *midwife*

der Hechelkurs: *preparatory class for pregnant women (from 'hecheln' to pant); also* der Gebhortsvorbereitungskurs

der Kinderwagen: *stroller, baby carriage or buggy*

schwanger: *pregnant*

schwängern: *to make pregnant*

verhüten [verhütete, hat verhütet]: *lit. to prevent, use contraception*

die Wehen: *contractions, labor pains*

die Windel: *diaper*

Sonstiges

sich aufregen [regte sich auf, hat sich aufgeregt]: *to get excited or worked up*

die Ausrede: *excuse*

sich denken [dachte sich, hat sich gedacht]: *to imagine*

die Erleuchtung: *enlightenment*

sich über etwas freuen [freute sich, hat sich gefreut]: *to be happy about something*

der Gefallen: *favor*

der Irre: *lunatic, moron*

labern [laberte, hat gelabert]: *to babble, blabber, ramble*

der Liebeskummer: *heartsickness*

im Stich lassen [lässt, ließ, hat gelassen]: *to let someone down or fail someone; to abandon*

die Tussi: *bimbo*

sich umbringen [brachte sich um, hat sich umgebracht]: *to commit suicide*

verlassen: [verlässt, verließ, hat verlassen]: *to abandon*

sich auf etwas oder jemanden verlassen [verließ sich, hat sich verlassen]: *to rely on something or someone*

verzeihen [verzieh, hat verziehen]: *to forgive*

sich auf etwas vorbereiten [bereitete sich vor, hat sich vorbereitet]: *to prepare for something*

jemandem Vorwürfe machen [machte, hat gemacht]: *to accuse someone of something, reproach*

Umgangssprache

Freunde
  Digger, Alter, Kumpel, Jungs
Beschimpfungen
  Pussy, Spacko, Schwachmat, Arschloch
Ausrufe
  Mann! Wow! Respekt! Boah!

Adjektive
  geil, cool, super, bescheuert
Substantive
  Kohle (*Geld*), die Kids, die Eier (*testicles, balls*), der Junkie, der Poser, das Board (das Skateboard), die Fresse (*face, mouth*), der Killer

II. Wortschatzübung

Setzen Sie das passende Wort in die Lücken ein.

1. Liebeskummer/ Lahmacun/ schwanger/ Stich/ Drehbuch

   a. Wenn eine Frau ein Baby erwartet, ist sie _____.

   b. Türkische Pizza nennt man _____.

   c. Das Paar hat Schluss gemacht und nun hat er großen _____.

   d. Ibo hat ein _____ für den ersten deutschen Kung-Fu-Film geschrieben.

   e. Ibos Mutter will nicht, dass Ibo seine Freundin im _____ lässt.

2. Schutzgeld/ verlassen/ verhüten/ verstößt/ Blut

   a. Titzi braucht jemanden, auf den sie sich _____ kann.

   b. Mehmet _____ seinen Sohn, weil er seine deutsche Freundin geschwängert hat.

   c. Nadine sagt, Titzi kann alles außer _____, deswegen wurde sie schwanger.

   d. Die Gangster verlangen _____ von Onkel Ahmet aber er will es nicht zahlen.

   e. In Ibos Werbespots gibt es immer viel _____ denn die Leute „sterben für Döner".

3. vorbereiten/ Produzent/ Gestank/ enterbt/ Kinderwagen

   a. Kirianis hat seinen Sohn _____, weil er Vegetarier geworden ist.

   b. Titzi und Nadine müssen sich auf die Aufnahmeprüfung _____.

   c. Titzi kauft einen schicken _____ für das Baby aber Ibo will ihn nicht schieben.

   d. Beim Windelnwechseln ist der _____ manchmal sehr stark.

   e. Zuerst mag der _____ Ibos Ideen für den ersten deutschen Kung-Fu-Film nicht.

4. Kuttelsuppe/ Hechelkurs/ Leinwand/ Imbiss/ Enkelin

   a. Die Tochter seines Sohnes wäre die _____.

   b. Schwangere Frauen machen oft einen _____, um sich auf die Geburt vorzubereiten.

   c. Im Kino sieht man einen Film auf der _____.

   d. Die _____ schmeckt dem Gangster nicht.

   e. Kirianis ist wütend, weil sein Sohn einen arabischen _____ eröffnet.

III. Ideen sammeln/ Brainstorming

1. Wie stellen Sie sich Ihre Zukunft vor? Wollen Sie heiraten? Eine Karriere? Kinder bekommen? Ab welchem Alter ist man Ihrer Meinung nach heiratsfähig? Mit welchem Alter ist man Ihrer Meinung nach noch zu jung zum Heiraten? Mit welchem Alter ist man durchschnittlich bereit oder reif, Vater oder Mutter zu werden? Welche besonderen Schwierigkeiten haben junge Eltern? Wie alt waren Ihre Eltern, als Sie auf die Welt kamen? Können Sie sich vorstellen, mit 21 ein Kind zu bekommen? Was müssten Sie alles aufgeben, wenn Sie das Kind behielten: Studium, Job, Wohnung…? Wie würden Ihre Eltern darauf reagieren?

2. In diesem Film ist der Vater einer der Hauptfiguren enttäuscht, weil die deutsche Freundin seines Sohnes schwanger wird. Die Beziehung stört ihn erst, nachdem sie schwanger wird. Der Vater will nicht, dass sein Sohn ein Kind mit einer „Ungläubigen" hat. Außerdem wird das Kind seiner Meinung nach „Deutsch" sein und Deutsch sprechen statt Türkisch. Wie ist es in Ihrer Familie? Inwiefern spielt der Glaube eine Rolle in Ihren Beziehungen? Würden Sie nur mit jemandem Ihres Glaubens eine romantische Beziehung eingehen? Wären Ihre Eltern enttäuscht, wenn Sie einen Andersgläubigen heiraten würden?

IV. Internet-Übungen

(available online through the Focus website: http://www.pullins.com/)

V. Milling-Aktivität

Unterhalten Sie sich mit anderen Studenten im Klassenzimmer und notieren Sie ihre Antworten.

1. Was ist dein Lieblingsessen oder dein Lieblingsgericht?
2. Hast du schon türkisches oder griechisches Essen probiert? Hat es dir geschmeckt?
3. Bist du Vegetarier/in?
4. Bist du Kino- oder Filmliebhaber?
5. Wann warst du zum letzten Mal im Kino? Welchen Film hast du gesehen?
6. Siehst du gerne Action-Filme? Hast du einen Kung-Fu-Film gesehen?
7. Hast du Shakespeares *Romeo und Julia* gelesen oder eine Verfilmung davon gesehen?
8. Hast du jüngere Geschwister, auf die du jetzt aufpasst oder früher aufgepasst hast?
9. Wann hast du zum letzten Mal eine Windel gewechselt?
10. Auf wen kannst du dich immer verlassen?

Erklär's mir: adjective formation

In German, adjectives can be derived or formed from nouns, verbs, adverbs or even other adjectives by adding suffixes. Some common suffixes used in creating adjectives are: *-bar, -haft, -ig, -isch, -lich, -los, mäßig* and *-sam*. Examples of adjective formation (*Bildung*) include:

> essen (verb) + -bar → essbar (*edible*)
> Sage (noun) + -haft → sagenhaft (*legendary, phenomenal*)
> Glaube (noun) + ig → gläubig (adjective) + un (prefix) → ungläubig (*faithless, unbelieving*)
> Neid (noun) + isch → neidisch (*envious, jealous*)
> Punkt (noun) + lich → pünktlich (*punctual*)
> Sprache (noun) + los → sprachlos (*speechless*)

Fahrplan (noun) + mäßig → fahrplanmäßig (*scheduled, according to the schedule*)
wirken (verb) + sam → wirksam (*effective*)

Achten Sie im Film u. a. auf folgende Adjektive, die durch Zufügung oben erwähnter Suffixe gebildet werden.

-bar	wunderbar
-haft	ernsthaft
-ig	witzig, tussig, geizig, lebendig, dickbäuchig, fettnasig, schnurrbärtig, billig, ungläubig, willig, zufällig, übrig, ewig, vernünftig, günstig, zuverlässig, knackig
-isch	türkisch, arabisch, griechisch, neidisch, barbarisch, physisch
-lich	neulich, endlich, nämlich, tödlich, freundlich, ehrlich, heimlich, natürlich, wirklich, ziemlich, pünktlich, möglich, herzlich, schließlich, fröhlich
-los	gottlos, arbeitslos
-mäßig	Bruce Lee-mäßig, Jackie Chan-mäßig

VI. Die Handlung voraussagen

Denken Sie noch einmal an die Übungen, die Sie zum Thema *Kebab Connection* gemacht haben. Wovon handelt der Film Ihrer Meinung nach? Welche Erwartungen haben Sie an den Film?

1. In welches Filmgenre würden Sie *Kebab Connection* einordnen? (z. B. Liebesfilm, Kinderfilm, Komödie, Thriller, Horrorfilm, Action, Drama, Historienfilm, Science Fiction oder Western)

2. Welche Zielgruppe wird dieser Film ansprechen, z. B. Kinder, Jugendliche/ Teenager, Frauen, Männer, Studenten, Sportler usw.?

3. Wie und wo wird die Geschichte anfangen?

4. An welchen dieser Drehorte werden keine Filmaufnahmen gemacht? In einem Krankenhaus, in einem Taxi, auf einer Bühne, in einem Kino, in einer Mensa, in einem türkischen Imbiss, in einem griechischem Restaurant, auf dem Land, in einer Kirche, bei einer Hochzeit, in der Türkei oder in Hamburg?

5. Schauen Sie sich das Standfoto auf der ersten Seite dieses Kapitels an. Was passiert in dieser Szene? Wird sie gegen Anfang, Mitte oder Ende des Films geschehen?

6. Wird der Film ein Happy-End oder eher ein trauriges Ende haben? Begründen Sie Ihre Antwort.

Zum Inhalt

I. Richtig oder falsch?

Geben Sie an, ob die Aussagen richtig oder falsch sind und verbessern Sie die Falschen.

1. Zuerst freut sich Onkel Ahmet nicht über Ibos Werbespot.
2. Als Ibo dem Produzenten seine Idee vom Kung-Fu-Film erzählt, zerbricht Ibo ein Fenster.
3. Mit einem Glückskeks erzählt Titzi Ibo, dass sie schwanger ist.
4. Ibos Vater Mehmet freut sich, Großvater zu werden.
5. Lefty und Ibo entscheiden sich, einander zu adoptieren.
6. Titzis Mutter und Vater sind noch verheiratet.
7. Ibo nimmt versehentlich einen Kinderwagen mit einem Baby drin mit.
8. Valid rettet der Italienerin das Leben.
9. Kirianis will, dass sein Sohn Ibo überzeugt, einen Werbespot für sein Restaurant zu drehen.
10. Der Filmproduzent sieht im Kino Ibos Werbespot.
11. Nadines Bruder Charlie ist vor ein paar Jahren gestorben.
12. Ibo kommt pünktlich zu seiner Verabredung mit Titzi im Restaurant.
13. Valid versucht, ein Foto von Ibo beim Windelnwechseln zu machen.
14. Nadine besteht die Aufnahmeprüfung nicht.
15. Ibo lässt sich von Jackie Chan beraten.
16. Ibo geht allein in einen Geburtsvorbereitungskurs.
17. Ayla lädt Titzi zur Geburtstagsfeier ihres Onkels ein.
18. Die drei Gangster mögen die Kuttelsuppe nicht mehr und machen den Imbiss kaputt.
19. Ibo betrinkt sich und blamiert sich (*embarasses himself*) vor Titzi und seiner Familie.
20. Titzi und Ibo heiraten, nachdem Titzi das Kind — einen Jungen — zur Welt bringt.

II. Fragen zum Inhalt

Kapitel 1: King of Kebab

1. Warum sagt Onkel Ahmet zu Ibo: „Nenn mich nie wieder „Onkel". Du hast keinen Onkel mehr! Du bist ein Onkelloser! Ich will mein Geld wieder!"?

Kapitel 2: Erste Erfolge

2. Warum heißt dieses Kapitel „Erste Erfolge"? Wessen erste Erfolge sind damit gemeint?

Kapitel 3: Neuigkeiten

3. Warum will Titzi, dass Ibo seinen Glückskeks aufmacht?

4. Ibo wird von seinem Vater verstoßen. Im Park begegnet er Titzi, die mit einer Freundin Szenen aus *Romeo und Julia* übt. Warum wird Titzi böse auf ihn? Was sagt er, das falsch war?

Kapitel 4: Entscheidungen

5. Freuen sich Lefty und Valid, dass Titzi schwanger ist?

6. Wie reagiert Titzis Mutter, als sie von Titzis Schwangerschaft hört?

Kapitel 5: Kinderwagen

7. Ibo versucht, den Kinderwagen vor Valid zu verstecken. Was behauptet Ibo, gerade zu recherchieren?

8. Warum ist Titzi in dieser Szene wieder wütend auf Ibo?

9. Warum geht Titzi zu Ibos Eltern?

Kapitel 6: Väter und Söhne

10. Wer besucht Ibo in seiner Werkstatt, als er an seinem nächsten Werbespot arbeitet?

11. Kirianis braucht Leftys Hilfe. Warum will Lefty seinem Vater nicht helfen?

Kapitel 7: Liebeskummer

12. Wie reagiert das Publikum auf den Werbespot für die Taverna Bouzouki?

13. Wie reagiert es auf den Werbespot für King of Kebab?

14. Wem sagt Titzi: „Du gibst keinen Obduktionsbericht (*autopsy report*) ab."?

Kapitel 8: Titzi wartet

15. Wo wartet Titzi auf Ibo?

16. Warum verspätet er sich?

17. Glaubt Titzi seine Geschichte?

Kapitel 9: Die Erleuchtung

18. Beim Windelnwechseln rät Valid Ibo, sich „den krassesten Gestank der Welt" mal 7 vorzustellen. An welche Sportart soll Ibo denken, damit er nicht in Panik gerät?

19. Warum will Ayla, dass Titzi und Ibo sich wieder vertragen? Womit will sie €5 pro Stunde verdienen?

20. Welchen Rat gibt Bruce Lee Ibo? Macht er das?

21. Sagt Ibo im Geburtsvorbereitungskurs die Wahrheit über Titzi?

22. Wem begegnet Titzi beim Einkaufen?

Kapitel 10: Die Einladung

23. Worüber streiten sich Onkel Ahmet und sein Neffe Özgür?

24. Ibo kommt in den Laden rein. Sein Onkel will mit ihm über den letzten Spot reden. Was will Ibo, bevor sie reden? Bekommt er das?

25. Wohin geht Ibo, nachdem die Gangster alles im Laden seines Onkels kaputt gemacht haben?

26. Was trinkt er beim Griechen, und was passiert, als er endlich losgehen will?

Kapitel 11: Entscheidende Ereignisse

27. Wo wacht Ibo am nächsten Morgen auf?

28. Was baut Ibo für Titzi?

29. Wo findet Ibo die Trauringe für Titzi und für sich?

30. Wer fährt Titzi nach ihrer Prüfung ins Krankenhaus?

31. Aus welchem Theaterstück sagt Ibo für Titzi einige Strophen auswendig auf?

Kapitel 12: Feierlichkeiten

32. Wer kommt unerwartet und unerwünscht zur Hochzeitsfeier: die drei Gangster, Kirianis und Stella oder der Filmproduzent?

33. Das letzte Wort im Film hat das Baby. Was sagt es?

III. Aussagen zuordnen

Lesen Sie die folgenden Aussagen und geben Sie an, von wem die Äußerung stammt: von Ibo (8), von Titzi (4), von Ibos Vater Mehmet (2), von Onkel Ahmet (2), von Ibos Mutter Hatice (1), von dem Griechen (1), von Lefty (1) oder von Valid (1). Die Aussagen stehen in der gleichen Reihenfolge, wie sie im Film vorkommen.

1. _____*Ibo*_____ Ich meine, es gibt jede Menge Filme: Actionfilme, Pornofilme, aber Kung-Fu-Filme, das ist die Königsdisziplin, Mann!

2. _*der Grieche*_ Auf einmal kommen diese dickbäuchigen, fettnasigen, schnurrbärtigen Barbaren! Und jetzt fressen alle nur noch diese billigen, mit Hundefleisch vollgestopften Weißbrot-Handtaschen!

3. _____*Ibo*_____ Du wirst Opa. Du wirst Oma. Und du wirst Tante Ayla.

4. _____*Mehmet*_____ Ein deutsches Kind! Es wird nie „Baba" sagen! Du wirst ein „Papi" sein!

5. _____*Titzi*_____ Wow! Das war die richtige Antwort! Toll, du Türke! Ich bin nicht Jahre weiter als du, sondern Lichtjahre! Ich leb in einer anderen Galaxie!

6. _____*Lefty*_____ Ich bin sauer auf dich! Du machst Propaganda für Fleisch!

7. _____*Ibo*_____ Ok, wenn du in den nächsten 5 Sekunden kein Wort sagst, dann heißt das du verzeihst mir, ja? 1... 2...3...5.

8. _____*Titzi*_____ Nein, ich möchte nicht herein. Und ich sag's Ihnen auch gleich, weil ich nicht rein möchte. Weil Sie mich gar nicht wollen! Weder in der Wohnung noch in der Familie!

9. _Ebo's Mutter_ Sie ist alleine! Sie kriegt ein Baby! In meiner Familie lässt ein Mann seine Frau nicht im Stich, wenn sie schwanger ist.

10. _Ebo's Onkel_ Will der Grieche spionieren? Ist er neidisch auf meine Werbekampagne?

11. _Ebo_ Titzi wartet! Titzi wartet! Titzi wartet!

12. _Titzi_ Werd ein guter Vater. Lern es, zeig es, oder lass uns in Frieden!

13. _Ebo_ Kann ich bei euch duschen? So ungefähr zwei Wochen lang?

14. _Valid_ Ja, es kommt! Es kommt! Es sind Drillinge! Es sind Drillinge!

15. _Ebo's Onkel_ Ich hasse Geburtstage! Alle schlagen sich umsonst den Bauch voll und dann fragen sie, wie der Laden läuft!

16. _Ebo_ Wir sind hier gerade in einem echt wichtigen Gespräch! Und wir wollen überhaupt nicht gestört werden, ok? Also, esst eure Suppe, und ansonsten haltet ihr einfach mal die Luft an!

17. _Ebo_ Ich werde nie so weit sein! Niemals! Ich bin Julius Caesar!

18. _Titzi_ Nein! Ich will nicht ein, zwei Jahre warten! Ich will jetzt lernen. Ich will jetzt spielen.

19. _Mehmet_ Mit Rauchen zeigt man keinen Respekt. Also, rauch! Rauch! Gib mir auch eine!

20. _Ebo_ Oh Augensterne... Ihr leuchtet mir am Himmel, dass die Vögel sängen und dächten, es sei gar nicht Nacht. Ach, seht, wie sie ihre Wange auf die Hand stützt! Ach, dass ich Handschuh wär auf dieser Hand...

IV. Standfotos beschreiben

1. Zum Bild: Geben Sie eine ausführliche Beschreibung dieser Fotos.
2. Zum Inhalt: Was passiert in diesen Szenen?

A. Brechende Knochen, literweise, eimerweise Blut, fliegende Zähne! (Kapitel 1: King of Kebab)

B. Valid fängt das Baby (Kapitel 4: Entscheidungen)

C. Kinderwagen à la Ibo (Kapitel 4: Entscheidungen)

D. Die drei Gangster (Kapitel 12: Feierlichkeiten)

Zur Diskussion

I. Interview mit einem Partner

1. Wie war dein erster Eindruck von dem Film?
2. Wie fandest du den Film insgesamt?
3. Was hat dir an dem Film besonders gefallen?
4. Was hat dir nicht besonders gefallen?
5. Was hast du im Film nicht erwartet?
6. Welche Szene hat dir am besten gefallen?
7. Wie fandest du das Ende? Hast du erwartet, dass der Film so endet?
8. Welche Figur im Film hat dir am besten gefallen? Warum?
9. Welche Figur hat dir nicht so gut gefallen? Warum nicht?
10. Was hast du von diesem Film gelernt?

II. Meinungsaustausch

1. Titzi muss Ibo sagen, dass sie schwanger ist. Wie macht sie das? Wie findest du ihre Art, es ihm zu sagen? Wie reagiert Ibo auf diese Nachricht?
2. Ibo sagt zu Titzi, als er erfährt, dass sie schwanger ist: „Du bist eine Frau, Mann! Ihr Frauen seid uns Männern Jahre voraus." Was meint er damit? Stimmst du dem zu? Später sagt Titzi: „Ich bin nicht Jahre weiter als du, sondern Lichtjahre! Ich leb in einer anderen Galaxie!" Warum sagt sie das?
3. Wie findest du Ibos Kinospots für King of Kebab? Wähle fünf Adjektive, die die Spots am besten beschreiben. Inwiefern zeigt der 2. Spot Ibos Liebeskummer? Wie reagiert Titzi darauf?

4. Welche dieser Szenen fandest du am lustigsten und warum?

   - Der Kiffer im Auto, der mit seinem Airbag diskutiert und dessen Hand in der Autotür eingeklemmt wird
   - Der Kinderwagen rollt die Treppen hinunter; das Baby fliegt aus dem Kinderwagen
   - Ibo erklärt Titzi, warum er sich verspätet hat („Titzi wartet! Titzi wartet! Titzi wartet!)
   - Ibo beim Windelnwechseln: Alarmstufe braun!
   - Ibo begegnet Bruce Lee und wird erleuchtet
   - Im Hechelkurs gebärt Valid Drillinge
   - Ibo betrinkt sich und kracht durchs Fenster
   - Titzi braucht ein Taxi: „Du, Krankenwagen, wenn du mich nicht fährst!"

5. Bei ihrer Aufnahmeprüfung für die Schauspielerschule sagt einer der Prüfer, dass Titzi ihr Baby nicht mit in die Schule bringen kann, weil die Schule schlechte Erfahrungen mit jungen Müttern habe. Viele seien überfordert, und am Ende leide das Studium. Kannst du dir vorstellen, ein Baby mit in die Uni zu bringen? Kennst du Frauen, die das in Titzis Alter geschafft haben: ein Kind erziehen und an der Uni mit Erfolg studieren?

6. Sowohl Ibo als auch Lefty werden von ihren Vätern verstoßen. Was haben sie getan, dass sie enterbt wurden? Haben ihre Väter das Recht, das zu machen oder haben sie bloß kein Verständnis für ihre Söhne?

7. Ibo will für ein paar Tage bei Lefty wohnen. Lefty zögert nur ganz kurz, bevor er sagt: „Hey, mein Haus ist dein Haus!" Wie lange wohnt Ibo in der Tat bei Lefty? Was machen die zwei bei ihm zu Hause?

8. Wie fühlt sich Ibo, wenn Titzi ihn auffordert, den Kinderwagen zu schieben? In welchem Stil baut er seinen eigenen Kinderwagen? Warum macht er das?

9. Statt sofort nach der Mutter des „geklauten" Babys zu suchen, versucht Ibo das Baby zu beruhigen. Was macht er, und warum funktioniert das zunächst nicht?

10. Wie reagiert die Italienerin, nachdem sie Ibo mit ihrem Baby findet? Wie reagiert sie auf Valid, nachdem er ihrem Baby das Leben gerettet hat? Verlieben sie sich auf den ersten Blick?

11. Titzi muss sich daran erinnern, dass sie wütend auf Mehmet und Hatice Secmez ist. Warum ist es ihr wohl nicht gelungen, im Gespräch mit Mehmet, Hatice und Ayla ihren Ärger zu zeigen?

12. Kirianis hat auch einen Spot für sein griechisches Restaurant, die Taverna Bouzouki. Der Spot wirbt mit den Werbesprüchen: „Frisches, gesundes, leckeres, günstiges Essen! Griechisches Essen, gutes Essen! Essen gut, alles gut!" Gefällt dem Publikum sein Werbespot?

13. Um Nadine zu helfen, sich in die Rolle der Julia hineinzudenken, fragt sie Titzi: „Hast du denn schon mal was verloren, was dir wirklich wichtig war?" Wie würde Titzi auf diese Frage antworten? Was hat sie verloren? Kann man nur ein guter Schauspieler oder eine gute Schauspielerin sein, wenn man etwas Wichtiges verloren hat?

14. Titzi sagt, dass Ibo Angst hat, Vater zu sein. Hat er tatsächlich Angst? Wovor fürchtet er sich, und warum will er nicht zugeben, dass er Angst hat?

15. Wie versucht Ibo, ein guter Vater zu werden? Wodurch zeigt er, dass er vielleicht doch nicht reif genugist, Vater zu werden?

III. Standfotos diskutieren

Auf diesen Standfotos sehen Sie Ibo mit anderen Figuren. Diskutieren Sie, wie Ibo sich in jeder der hier dargestellten Szenen fühlt. Wählen Sie für jede Szene ein passendes Adjektiv, das Ibos innere Gefühle am besten beschreibt. Wie fühlen sich die anderen Figuren?

A. „Du wirst Vater." (Kapitel 6: Väter und Söhne)

B. „Alarmstufe braun!" (Kapitel 9: Die Erleuchtung)

C. „Also rauch! Gib mir auch eine!" (Kapitel 11: Entscheidende Ereignisse)

D. Zu dritt (Kapitel 12: Feierlichkeiten)

Zur Analyse, Interpretation und Reflexion

I. Motive

Inhaltsmotive

Viele Motive werden in diesem Film thematisiert. Erklären Sie, inwiefern folgende Motive in der Handlung eine Rolle spielen. Welche weiteren Motive gehören auch dazu? Welche Motive werden durch jede der Hauptfiguren besonders verkörpert? Welche sind Ihrer Meinung nach Zentralmotive und welche Randmotive?

- Zusammenprall (*clash*) verschiedener Kulturen
- Ausländer sein
- Türken/ türkische Kultur in Deutschland
- Identität
- Türken und Griechen
- die Vaterrolle /Kindererziehung
- Väter und Söhne
- Generationskonflikt
- Geschlechterkonflikt
- lebensverändernde Entscheidungen
- Liebeskummer

- Versöhnung
- Erfolg im Leben, im Beruf
- Prioritäten
- Erleuchtung
- Träume
- das Leben als Theaterstück/ die Welt als Bühne / die Wirklichkeit imitiert Kunst
- Humor
- Kung-Fu-Filme, Kung-Fu-Ikone
- Werbung
- Familienfeste

Stereotype und Klischees

Inwiefern werden folgende Gruppen, Orte oder Ereignisse klischeehaft charakterisiert?

- Türken
- Griechen
- Vegetarier/innen
- Dönerbuden
- griechische Restaurants
- Männer
- Väter

- Frauen
- Mütter
- Ex-Ehemänner/Ex-Ehefrauen
- Taxifahrer
- schwangere Frauen
- die Geburt

Zusammenprall der Kulturen

Dieser Film wird auf dem DVD-Deckblatt als eine „Culture-Clash-Komödie" bezeichnet. Inwiefern prallen folgende Kulturen zusammen? Können Sie an weitere „Kulturen" bzw. Gegensätzlichkeiten oder Dichotomien denken, die einander gegenübergestellt werden?

- Deutsche & Türken
- Türken & Griechen
- Männer & Frauen
- Freundinnen und Freunde

- Väter & Söhne
- Vegetarier & Nichtvegetarier
- Restaurant- bzw. Imbissinhaber und Kunden

Was wissen Sie über die mit einander verwobene (*interwoven*) Geschichte Griechenlands und der Türkei? Warum haben die zwei Kulturen erst vor kurzem die ersten Schritte zur Versöhnung unternommen?

Filmtechnik und Filmklassiker[8]

In seiner Kritik bespricht Holger Lodahl einige Aspekte der Filmtechnik in *Kebab Connection*:

> „Kebab Connection ist ein Film, dem man die Liebe zum Kino anmerkt. Viele Szenen sprühen vor Ideen-Reichtum und Filmzitaten – etwa wenn in den Kampfszenen an *Matrix* im Allgemeinen und den Bruce-Lee-Filmen im Besonderen erinnert wird, oder sich endlich auch einmal ein deutscher Film daran wagt, eine der berühmtesten Szenen der Filmgeschichte, nämlich die Treppen-Szene von *Panzerkreuzer Potemkin*, zu zitieren. Das wird die Filmfans freuen, und das macht einen großen Teil des Unterhaltungswertes des Films aus. Gut geklaut ist besser als schlecht selbst gemacht – oder hochachtungsvoll zitiert, darüber kann man streiten. Auf jeden Fall gelingt es dem Produktionsteam, eine ganz besondere Stimmung zu erzeugen, in der schon mal Phantasie und Wirklichkeit verschwimmen und die Kreativität und Konfusion der Hauptfigur Ibo nachvollziehbar bleiben.
>
> Aber nicht nur daher zieht *Kebab Connection* seinen Reiz. Das ‚Gagpolishing‘, für das Jan Berger verantwortlich war, wird das Kinopublikum sicher amüsieren. Viele Handlungen werden mit Musik und Geräuschen aufpoliert und lassen die Szenen zuweilen sogar comic-haft erscheinen. Erzählungen und Rückblenden werden mit Split-Screen dargestellt, Bewegungen mit Tönen verstärkt. Auf diesen Ebenen ist der Film rasant, einfallsreich und witzig."[9]

Stimmen Sie der Aussage zu: Gut geklaut ist besser als schlecht selbst gemacht? Erkennen Sie Szenen, die von anderen Filmen „geklaut" oder nachgeahmt wurden oder sonstige Ähnlichkeiten mit anderen Filmen? Kennen Sie den amerikanischen Film *Matrix* (1999) oder den russischen Film *Panzerkreuzer Potemkin* (1925) (engl. Titel: *Battleship Potemkin*)? Andere neuere Filme, die diese berühmte Treppen-Szene referenzieren oder parodieren, sind: *The Untouchables* (1987), *The Simpsons: Treehouse of Horror XI, #12.1* (2000), *Good Bye, Lenin!* (2003) und *Joshua* (2007).[10] Inwiefern finden Sie diesen Film „comic-haft"? In welchen Szenen wird der Split-Screen angewendet?

---

8   Siehe auch das Interview mit Anno Saul am Ende dieses Kapitels (Lektüre 2).

9   Quelle: http://www.kino-zeit.de/filme/artikel/2709_kebab-connection.html

10   Quelle: http://www.imdb.com/title/tt0015648/

II. Standfotos interpretieren

Auf drei dieser Standfotos sehen Sie Ibo. Welche Motive beziehen sich auf diese Fotos? Stellen Sie bei Ibo im Verlauf der Handlung eine Entwicklung fest?

A. „Bäm!" Angefahren (Kapitel 8: Titzi wartet)

B. Ibo im Spiegel (Kapitel 9: Die Erleuchtung)

C. „Ouzo! Ouzo! Ouzo! Ouzo!" (Kapitel 11: Die Erleuchtung)

D. Die Hochzeit (Kapitel 12: Feierlichkeiten)

III. Schreibanlässe

1. Den Film fortsetzen: Wie könnte es weiter gehen? Werden Ibo und Titzi zusammen bleiben? Wird Ibo den ersten deutschen Kung-Fu-Film drehen? Wird Titzi Schauspielerin?

2. Vorgeschichte ergänzen: Was geschah mit Ibo am Tag, bevor die Geschichte beginnt?

3. Fehlende Teile ergänzen: Beschreiben Sie, was mit Ibo und Titzi zwischen der Geburt ihrer Tochter und der Hochzeit passiert ist.

4. Szene umschreiben: Wählen Sie eine Szene aus dem Film und schreiben Sie sie um.

5. Perspektive ändern: Wählen Sie eine Szene aus dem Film und schreiben Sie sie aus einer anderen Perspektive um.

6. Ein anderes Ende: Schreiben Sie ein neues Ende für den Film.

7. Stellen Sie sich vor, dass Sie, ein bekannter Regisseur / eine bekannte Regisseurin, eine Neuverfilmung von diesem Film machen. Was würden Sie anders machen?

IV. Zur Reflexion, zur Diskussion, zum Schreiben

1. Diese Komödie behandelt auch ernsthafte Themen. Nennen Sie einige Themen in diesem Film, die eher in Dramen vorkommen. Inwieweit können Sie sich diesen Film auch als Drama vorstellen?

2. Ibo ist Regisseur, Titzi Schauspielerin. Inwiefern übertragen sie ihre beruflichen Hoffnungen in ihr privates Leben? Benimmt sich Ibo in ihrer Beziehung wie ein Regisseur und Titzi wie eine lernwillige Schauspielerin? Oder sehen Sie die Sache umgekehrt? Erklärt Titzi Ibo die Motivation und Hintergründe für seine Gefühle in vielen „Szenen" in ihrer Geschichte?

3. Ibos Vater ist sehr enttäuscht von Ibo, als er erfährt, dass Titzi schwanger ist. Ibo hat er „seit Geburt" gesagt: „Du kannst mit eine deutsche Mädchen ausgehen. Du kannst mit eine deutsche Mädchen einschlafen. Du kannst sogar mit eine deutsche Mädchen aufwachen! Aber du darfst sie niemals, niemals, niemals…(Ibo) schwängern." Inwiefern klingt sein Rat heuchlerisch (*hypocritical*)? Glauben Sie, dass seine Meinung stellvertretend für die anderer türkischer Väter in Deutschland ist? Warum sagt er ausdrücklich, dass Ibo mit einem „ungläubigen" deutschen Mädchen kein Kind haben soll?

4. Welche Parallele gibt es zwischen der Handlung und den Motiven im Film und in Shakespeares *Romeo und Julia*?

5. Titzi wirft Ibo vor, dass er viele Ausreden hat, warum er das Baby nicht will. Sie sagt ihm: „Dein Vater ist eine Ausrede. Wenn er dir verbieten würde, Filme zu machen, würdest du dann auf ihn hören? Du schiebst ihn vor, Ibo. Und wenn es nicht dein Vater ist, dann ist es das Kino." Später im Krankenhaus sagt Ibo: „Wirklich. Es war der Ouzo." Hat Titzi Recht? Sind das alles Ausreden?

6. Einen störrischen (*stubborn*) Menschen nennt man manchmal „einen Esel" oder „Sohn eines Esels". Auf Türkisch kann Esel ein Kosename (*term of* endearment) sein. „Esik seni" (wörtlich ‚du bist ein Esel') wird von einem Elternteil ganz liebevoll gesagt. Im Film sagt Mehmet viermal „Sohn eines Esels". Das erste Mal sagt er das, als er Ibo verstößt, weil er Titzi schwängert.

    Mehmet: Und was machst du, Sohn eines Esels? Hm? Du machst es trotzdem! Mein Herz! Welche Schande! Raus! Verschwinde aus meinem Haus! Raus!

    Das zweite Mal ist Mehmet mit Titzi. Er begegnet ihr auf der Straße und hilft ihr mit ihren Einkäufen. Titzi liest ihm einen Brief vor.

    Titzi: Ich hab heute ˊn Brief von ihm bekommen. „Hiermit bestätigen wir Herrn Ibrahim Secmez die erfolgreiche Teilnahme an unserem Vorbereitungskurs für schwangere Frauen."

    Mehmet: Sohn eines Esels!

    Das dritte Mal besucht Mehmet Ibo (siehe auch Frage 12 unten).

    Ibo: Baba, das ergibt doch gar keinen Sinn!

    Mehmet: So redest du nicht mit deinem Vater! Der nicht mehr dein Vater ist! Esolu esek! (*Sohn eines Esels!*)

    Ibo: Die spinnen, die Türken!

Das vierte Mal warten Ibo und Mehmet im Flur des Krankenhauses.

> Ibo: Was macht eigentlich einen guten Vater aus?

> Mehmet: Frag dein Kind, nicht deinen Vater. Sohn eines Esels!

Inwiefern ist es als Schimpfwort bzw. als Kosename gemeint?

7. Schauspieler Güven Kıraç (Mehmet) ist Türkisch-Muttersprachler, der laut mehreren Quellen zu den Dreharbeiten kein Deutsch konnte. Um Mehmet spielen zu können, musste er seine Sprechrolle auf deutsch lernen. Sein Deutsch ist — mit oder ohne Absicht — fehlerhaft. Normalerweise wird die Muttersprache in der Privatsphäre — also, zu Hause — gesprochen. Darum erwartet man, dass Mehmet und Hatice unter einander oder mit ihren Kindern Türkisch sprechen. Mit wenigen Ausnahmen wird im Film nur Deutsch gesprochen. Warum spricht Mehmet nicht Türkisch mit seiner Frau und seinem Sohn? Warum hat der Regisseur sich für Deutsch entschieden, anstatt Untertitel zu benutzen?

8. Obwohl Titzi ihre Aufnahmeprüfung für die Schauspielschule bestanden hat, ist es klar, dass die Prüfer sich Sorgen um Titzis Studienerfolg machen. Wenn Titzi ihnen widerspricht und sagt, dass sie nicht warten will, sagt die Prüferin: „Hören Sie auf, so renitent zu sein, junge Frau! Sie sind begabt, ja. Aber bei Ihrem Bauch traut man sich ja nicht mal zu klatschen aus Angst, man könne die Wehen einleiten." Wird Titzi aufgrund ihrer Schwangerschaft diskriminiert oder benachteiligt? Sollte Titzi wegen der Schwangerschaft anders behandelt werden?

9. Wie werden Ausländer im Film charakterisiert? Welche Figuren fühlen sich als Ausländer? In einer Szene erklärt Ibo der Mutter des Babys, das er unabsichtlich gestohlen hat: „Mann, doch nicht beim Trinken stören! Keine Ahnung von Babys, diese Ausländer!" Ausgerechnet er sagt das! Inwiefern ist dieser Satz witzig? Wäre der Kommentar ebenso lustig, wenn ihn seine Mutter oder Titzi geäußert hätten?

10. Wie werden Deutsche charakterisiert? Im Presseheft zum Film erklärt ein Produzent: „Wir wollten anfangs eine blonde Titzi, um den optischen Kontrast zwischen der deutschen und der türkischen Lebenswelt deutlicher herauszukehren."[11] Finden Sie, dass die Rolle von Titzi gut gecastet ist? Warum?

11. „Türke" wird ein paar Mal pejorativ verwendet. Als Titzi wütend auf Ibo wird, sagt sie: „Wow! Das war die richtige Antwort! Toll, du Türke!" Es ist, als ob sie ihn beleidigen will, aber an kein besseres oder passenderes Wort denken kann. Völlig durcheinander wegen des Besuchs seines Vaters sagt Ibo: „Die spinnen, die Türken!" Ist Ibo denn kein Türke? Spinnt er auch? Inwiefern sind beide Äußerungen lustig? Inwiefern ist diese Art Humor kennzeichnend für diesen Film, die sogenannte „Culture-Clash-Komödie"?

---

11 Quelle http://www.timebandits-films.de/pressehefte/presseheft_kebab.pdf, S. 9

12. Ibo und Lefty werden von ihren Vätern verstoßen. Beide Väter wollen ihre Söhne um etwas bitten und gehen deswegen zu ihnen. In beiden Szenen fassen Ibo und Lefty ihre Situation zusammen. Wer benimmt sich vernünftiger: die Söhne oder die Väter? Wer hat Recht?

Ibo und Mehmet

Ibo: Baba!

Mehmet: Nenn mich nicht „Baba"!

Ibo: Willst du einen Tee?

Mehmet: Nein!

Ibo: Dann willst du was essen?

Mehmet: Nein! Warum lässt du deine schwangere Frau im Stich? Schäm dich!

Ibo: Du hast mich wegen Titzi verstoßen.

Mehmet: Dich schon, aber nicht meinen Enkel!

Ibo: Augenblick. Du wirfst mich raus, enterbst mich, bist nicht mehr mein Vater, weil ich 'n Kind mit einer Deutschen kriege.

Mehmet: Ja!

Ibo: Ich streite mich deswegen mit Titzi, und jetzt machst du mir Vorwürfe, dass ich sie im Stich lasse?

Mehmet: Ja.

Ibo: Baba, das ergibt doch gar keinen Sinn!

Mehmet: So redest du nicht mit deinem Vater! Der nicht mehr dein Vater ist! Esolu esek! (*Sohn eines Esels!*)

Ibo: Die spinnen, die Türken!

Lefty und Kirianis

Lefty: Was fällt dir eigentlich ein, hm? Du enterbst mich, weil ich Vegetarier geworden bin und 'ne Falafelbude aufgemacht hab, und dann kommst du in meinen Laden, in den du nie einen Fuß gesetzt hast, nur um deine Scheiß-Habgier zu befriedigen! Raus! Verschwinde!

Kirianis: Sei doch mal vernünftig, mein Sohn!

Lefty: Raus!

Kirianis: Denk doch mal an meine Zukunft!

Lefty: Raus!

13. Die Rolle des Vaters wird aus verschiedenen Perspektiven geschildert. Ibo weiß nicht, was es heißt, ein guter Vater zu sein. Sein Vater rät ihm, sein eigenes Kind zu fragen. Mehmet verstößt seinen Sohn, das Enkelkind aber nicht. Ibo will den Kinderwagen nicht schieben und dabei sein Image verderben. Mehmet kennt sich mit Kinderwagen gut aus. Titzis Mutter glaubt, alle Männer seien unzuverlässig wie ihr Ex-Mann, und Türken schieben grundsätzlich keine Kinderwagen. Kirianis enterbt seinen Sohn, weil er Vegetarier ist. Lefty freut sich für den werdenden Vater

Ibo, weil Gott ihn „auserwählt hat, Teil eines Wunders zu werden!" Valid wird zum Ersatzvater des Babys, dessen Leben er gerettet hat. Welche dieser Beispiele spiegeln einen Generations-, Geschlechter- oder einen interkulturellen Konflikt wider? Welche sind vielleicht eher Klischees oder können nicht anders erklärt werden?

14. Inwiefern werden die Probleme zwischen folgenden Figuren bis zum Filmschluss gelöst?

    - Ibo und sein Vater
    - Lefty und sein Vater
    - der Grieche und der Türke
    - Ibo und Titzi
    - Titzi und Mehmet
    - Ibo und der Produzent

15. Wählen Sie eins der folgenden Sprichwörter und erklären Sie, inwiefern es sich auf die Motive des Films bezieht.

    Gangster: Angst und Schrecken sind schlechte Köche.

    Ibo: Dein Glück ist auch mein Glück.

    Lefty: Mein Haus ist dein Haus!

    Bruce Lee: Jeder Schritt auf steilem Pfad verkleinert den Berg. Der Schritt auf den Gipfel bringt den Berg zum Verschwinden.

    Türkischer Mann: Härte und Strenge machen den Mann!

    Özgür: Wo gut gekocht wird, wird auch wieder mehr gegessen.

Lektüre 1

Interview mit Denis Moschitto
Aus dem Presseheft zum Film *Kebab Connection*[12]
Timebandits Filmverleih (http://www.timebandits-films.de)

Sie sind bisher mit einigen kleinen, aber sehr prägnanten Nebenrollen im Kino aufgefallen. Wie schmeckt es Ihnen, nun der Leading Man zu sein?

Man hat eine andere Verantwortung, plötzlich steht man im Mittelpunkt und muss den ganzen Film tragen. Unter so einer Verantwortung stand ich früher nicht, ich hatte immer das Glück, schöne Nebenrollen spielen zu können, die auffällig und dadurch sehr dankbar waren. Dass ich jetzt plötzlich im Mittelpunkt stehe, hat mich schon ein wenig nervös gemacht.

---

12   Quelle: http://www.timebandits-films.de/pressehefte/presseheft_kebab.pdf

In KEBAB CONNECTION dürfen Sie eine Figur verkörpern, die mit Ihren eigenen Wurzeln zu tun hat. Können solche Rollen nicht auch zur Last werden?

Ich bin mir gar nicht sicher, ob das wirklich meine Wurzeln sind. Ich bin halb türkisch, halb italienisch, in Deutschland geboren und groß geworden, ich habe wirklich gemischte Wurzeln. Im Moment empfinde ich es als sehr positiv, dass mir solche Rollen angeboten werden. Und wenn ich schaue, was ich bisher alles gespielt habe, so waren das sehr unterschiedliche Rollen, ich habe auch sehr viele Deutsche spielen dürfen.

Der Film spielt im türkisch-griechisch-deutschen Milieu. Sehen Sie Parallelen zu ihrer eigenen Lebenswelt?

Ich kenne das alles durch die Familie meiner Mutter. Ich stehe zwar nicht mit beiden Beinen drin, aber es ist mir nicht fremd. Natürlich sind die Charaktere im Film etwas überzeichnet, aber auch bei jeder Karikatur ist was Wahres dran. Das ist nicht komplett aus der Luft gegriffen. Es sind Figuren aus der Realität, Figuren, die ich so oder so ähnlich kenne.

Charakterisieren Sie kurz Ihre Figur.

Ibo ist ein unheimlich kreativer, motivierter junger Mann, der erst kürzlich erwachsen geworden ist und merkt, wie viele Möglichkeiten ihm offen stehen. Er möchte voll durchstarten, Filme machen, hat tolle Ideen. Plötzlich steht ihm seine Freundin im Weg, mit dem Baby. Und das ausgerechnet ihm, der sich bisher stets vor jeder Verantwortung drücken konnte. Er hat Freude am Leben und plötzlich kommt diese wahnsinnige Last[13] auf ihn zu. Das ist sein Hauptkonflikt.

Auch ein Lernprozess, denn er findet ja schließlich eine Lösung, mit der es sich gut weiter leben lässt.

Natürlich, im Laufe des Films muss er lernen, dass doch beides geht und dass es zum Erwachsen-Werden dazu gehört, dass man den jugendlichen Leichtsinn nicht einfach so mitnehmen kann.

Es gibt viele Stunt-Sequenzen in dem Film. Wie sind Sie mit der Kung Fu-Ebene zurechtgekommen, haben Sie einen Draht zu Kampfsport?

Ich habe selbst zehn Jahre Kung Fu gemacht.

Deshalb haben Sie wohl die Rolle auch bekommen...

Nein, das war Zufall. Es gab ein groß angelegtes Casting. Als sich herausstellte, dass ich die Rolle bekommen sollte, habe ich, nachdem ich einige Jahre Pause gemacht hatte, in Hamburg mit einem Kung Fu-Trainer noch mal einige Stunden geübt. Dann war ich relativ fit dafür. Im Drehbuch stand ursprünglich gar nicht so viel Kung Fu für Ibo drin. Man hatte das vorsichtshalber klein gehalten, weil man ja nicht wusste, wer kommt und ob man das dem Hauptdarsteller zumuten kann. Bei mir war das einfach Glück.

Kennen Sie die Bruce-Lee-Filme?

Da kommt man als 12-, 13-Jähriger nicht drum herum, ich selbst hatte sogar eine richtige Bruce-Lee-Phase.

---

13   burden

Sie arbeiten derzeit sehr viel. Haben Sie ein Limit, wie viele Filme Sie pro Jahr drehen?

Eigentlich nicht, aber ich versuche, das eine oder andere Drehbuch auch abzulehnen. Denn zwei Kinofilme hintereinander in so kurzer Zeit – ich möchte nicht, dass die Leute sich an mir satt sehen. Es geht mir oft genug selber so, dass ich bestimmte Schauspieler nicht mehr sehen kann, weil einfach zu viel von ihnen in die Kinos gekommen ist. Und das versuche ich natürlich irgendwie zu vermeiden.

Nora Tschirner hat behauptet, die Chemie zwischen Ihnen und ihr hätte gestimmt. Können Sie das bestätigen?

Als sie ins Gespräch kam, war ich für die Rolle schon besetzt. Wir haben uns ein paar Schauspielerinnen angeschaut und Anno Saul war wahnsinnig begeistert von Nora. Ich war am Anfang ein bisschen skeptisch – Moderatorin und so. Aber das ist vielleicht nur ein dummes Vorurteil, weil es mit Jessica Schwarz zum Beispiel vor Jahren ja auch sehr gut geklappt hat. Und dann war ich hellauf begeistert, das erste Casting mit ihr hat super funktioniert, wir haben uns auf Anhieb gut verstanden und Nora ist einfach eine klasse Schauspielerin.

Kannten Sie Anno Saul vor Beginn der Dreharbeiten bereits?

Ja, aber ich hatte noch nie mit ihm gearbeitet. Wir haben uns oft gesehen, weil wir gemeinsame Freunde haben. Ich mochte ihn sehr gerne, deshalb hatte ich auch keine Bedenken, als wir zu drehen anfingen. Dabei spielt der Film im türkischen Milieu und er ist ein deutscher Regisseur – da hätte einiges schief gehen können. Aber er hat es ganz toll gemacht, er ist einer, der sehr genau hinschaut. Was auf der anderen Seite auch sehr anstrengend werden kann...

Ihr Film-Vater Mehmet spielt einen großartigen Part, und das, obwohl er ja kein Wort Deutsch spricht.

Mittlerweile natürlich schon ein bisschen. Eigentlich war es geplant, dass er seine Rolle auf Türkisch absolviert, und das sollte dann untertitelt werden. Kurz vor Beginn der Dreharbeiten hat man sich entschieden, es doch auf Deutsch zu machen. Güven kam aus der Türkei, und das erste, was er hörte, war, er soll alles auf Deutsch machen. Sie hatten für ihn jemanden, mit dem er lernen konnte, aber er hatte trotzdem Angst. Er hat es dann aber sehr gut hinbekommen und man merkt in keinem Moment, dass das nur ein auswendig gelernter Text ist.

Ein Wort zu Sibel Kekilli.

Sie spielt eine zickige Italienerin und verprügelt mich ordentlich. Ich hätte mir mehr Szenen mit ihr gewünscht, weil sie wirklich eine sehr gute Schauspielerin ist. Sie hat hier gezeigt, dass sie nicht nur einmal erscheinen und dann wieder von der Bildfläche verschwinden wird.

---

1. Wie fühlt sich Moschitto, das erste Mal den Hauptdarsteller zu spielen?
2. Inwiefern ist er nicht sicher, ob die Figur, die er verkörpert, mit seinen Wurzeln zu tun hat?

3. Spielt er in Filmen nur Türken?

4. Inwiefern sind die Charaktere im Film „nicht komplett aus der Luft gegriffen" worden?

5. Bei der Charakterisierung seiner Figur erklärt Moschitto, dass eine „wahnsinnige Last" plötzlich auf Ibo zugekommen sei. Fallen Ihnen konkrete Beispiele aus dem Film ein, wo dieser Konflikt deutlich ist oder wo er mit dieser Last nicht klar kommt?

6. Warum freut sich Moschitto über die Kung-Fu-Szenen im Drehbuch und im Film?

7. Warum lehnt er Drehbücher ab? Warum versucht er zu vermeiden, in zwei Filmen kurz hintereinander zu spielen?

8. Warum war er am Anfang skeptisch, dass Nora Tschirner die andere Hauptrolle spielen sollte?

9. Inwiefern hätte seiner Meinung nach in Bezug auf den Regisseur Anno Saul „einiges schief gehen können"?

10. War Moschitto begeistert, mit Sibel Kekilli arbeiten zu können? Wie fanden Sie ihre Leistung im Film?

11. Was würden Sie Moschitto über seine Filme oder sein Leben fragen?

12. Wenn *Kebab Connection* ein Hollywood-Film wäre, wen würden Sie sich für die Hauptrollen von Ibo und Nora vorstellen? Inwiefern müsste sich die Geschichte ändern? In welcher amerikanischen Stadt könnte eine Geschichte über aufeinander prallende Kulturen stattfinden? Welche Kulturen?

13. Kennen Sie an Hollywood-Filme, die von einem ähnlichen Thema handeln?

14. Kennen Sie andere deutsche Komödien?

15. Welche Figur in *Kebab Connection* fanden Sie am lustigsten und warum?

 **Lektüre 2**

„Wo ist Fred? „
Interview mit Anno Saul (Regie)[14]
von Roland Meier (11. 11. 2006)
OutNow: die andere Seite des Films (http://outnow.ch/)

Für die deutsche Komödie *Wo ist Fred?* wurden OutNow.CH Interviews mit dem Hauptdarsteller *Jürgen Vogel* und Posterboy *Til Schweiger* angeboten. Meist sind aber Gespräche mit den Regisseuren um einiges spannender als mit deutschen Schauspielern. In ganz gruseliger Erinnerung blieb zum Beispiel Benno Fürmann mit seinen Plattitüden zu *Joyeux Noël*. Da war doch ein Gespräch mit *Anno Saul* (der anscheinend wirklich so heißt, aber dazu gleich mehr...) viel verlockender. Seinen Filmen merkt man

---

14   Quelle: http://outnow.ch/specials/2006/WoIstFred/Interview-Saul/

die Liebe zum Medium Film an. Er scheint die gleichen Lieblingsfilme zu haben wie unsere Redaktion. Dass die Drehbücher nicht immer superoriginell sind, ist weniger sein Problem. Saul macht jeweils das Beste draus. Bei unserem Anruf nach Deutschland war der Regisseur gerade in einer Kneipe. Sieben Minuten später hat er sich in einer ruhigeren Ecke platziert und das Interview nahm seinen Lauf.

OutNow.CH (ON): Woher kommt eigentlich der Name Anno? Für Schweizer Ohren klingt der ein bisschen fremd.

Anno Saul (AS): Auch für deutsche Ohren. Es gibt einige Leute, die mich gefragt haben, wie ich eigentlich richtig heiße; das ist doch wohl ein Künstlername. Es ist aber ein katholischer Name. Anno, der Erzbischof von Köln, soll ein ziemlich blutrünstiger Typ gewesen sein im Jahre Elfhundert und ein paar Zerquetschte. Meine Eltern wohnten da in der Nähe und fanden das einen coolen Namen und haben ihn mir gegeben. Ich war noch nicht richtig bei der Entscheidungsfindung dabei.

ON: In deinen Worten: worum geht's bei *Wo ist Fred*?

AS: Es ist eine Komödie um einen Mann, der sich zu einem Behinderten[15] macht und sich für kurze Zeit einen Vorteil zu verschaffen versucht, und für diese moralische Missetat[16] derartig abgestraft[17] wird, dass er begreift, wie es ist, als Behinderter durch die Gegend zu laufen. Es ist die klassische Dramaturgie, wobei jemand in eine Rolle schlüpft und daraus eine Zeit lang nicht mehr rauskommt und so darüber etwas erfährt, wie die Gesellschaft auf die Rolle, in die er geschlüpft ist, reagiert. Dadurch lernt er etwas über Empathie und Einfühlungsvermögen. Es ist ein bisschen wie bei *Tootsie*.

ON: Gibt es neben *Tootsie* noch andere filmische Vorbilder für diesen Film?

AS: Es gibt scheinbar eine Stelle, die scheint wie *Mrs. Doubtfire* zu sein, darauf werde ich in jedem Interview angesprochen. Ich habe aber *Mrs. Doubtfire* nie gesehen. Für mich war aber von der Atmosphäre her *There's something about Mary* ein Vorbild. Ich wollte einfach nicht die typisch deutsche Komödie machen, wo man zu Beginn ein bisschen schmunzelt und am Schluss ist alles Herz-Schmerz und man lacht gar nicht mehr. Das finde ich langweilig. Ich wollte einen Film machen, bei dem natürlich auch Emotionalität und eine Botschaft mit drin ist, wo man aber die ganze Zeit über lacht. Eine richtige Komödie halt, wo man volle Möhre lachen kann. Und dafür ist *There's something about Mary* ein gutes Beispiel.

ON: Nachdem *Kebab Connection* die erste deutsche Culture-Clash-Komödie war, nun also der erste deutsche Behinderten-Film?

AS: Das weiß ich nicht genau. Es ist vielleicht eine der ersten Komödien, die mit diesem Thema umgeht. Dafür brauchte es seine Zeit. Vor zwei Jahren war *Alles auf Zucker* gewissermaßen die erste „jüdische Komödie" und auch dafür brauchte es Zeit, damit man mit sowas in Deutschland nicht dauernd missverstanden wurde. Das war hier ähnlich. Behinderte und Komödie ist erstmal eine Kombination, wo

---

15   disabled person

16   misdeed, misdoing

17   to be punished, taught a lesson

jeder sagt, es gehe nicht. Weil man für so einen Film aber auch viele geistig[18] oder körperlich behinderte Komparsen[19] und Kleindarsteller braucht, haben wir das Drehbuch ebendiesen gezeigt. Die fanden es lustig und irre wichtig, dass man darüber auch vor einem breiten Publikum spricht. Sie wollen eben nicht ständig mit Samthandschuhen[20] angefasst werden.

ON: Wie haben die nun auf den fertigen Film reagiert?

AS: Wir haben Vorstellungen voller Rollifahrer[21] gemacht, und die haben geschrien vor Lachen. Die sind aus dem Kino gerollt und waren völlig begeistert.

ON: Das Drehbuch wurde von Amerikanern geschrieben und dann von *Bora Dagtekin* eingedeutscht. Wann kamst du an Bord?

AS: Das stimmt. Die Amerikaner haben sich eben wegen der Behindertenproblematik nicht getraut und das Script ist dann ein bisschen rumgegammelt.[22] Bis es *Matthias Emcke* gefunden und zur Produktion nach Deutschland gebracht hat. Bora hat es aber mehr als nur eingedeutscht. Der hat ein starkes Gagpolishing gemacht und auch in die Dramaturgie eingegriffen. Ich kam relativ spät dazu. Es sollte zuerst ein anderer Regisseur den Film machen, der dann aber wegen eines anderen Films abgesprungen ist. Ich hatte gerade *Kebab Connection* im Kino und das hat den Produzenten gefallen und die haben *Til Schweiger* eine DVD davon geschickt.

ON: Auch *Kebab Connection* machte mit *Fatih Akin* als Drehbuchautor schon länger die Runde. Wirst du nun zum Verfilmer der eingesammelten Ideen?

AS: Naja. Also mal ganz ehrlich: ein Drehbuch von *Fatih Akin* drehen zu dürfen... Es gibt wirklich schlimmere Schicksalsschläge im Leben.

ON: Kein Bock[23] auf eigene Stoffe?

AS: Ich sags jetzt mal ganz blöde, und es klingt vielleicht auch ein bisschen arrogant, aber ich habe im Moment so viele Anfragen, dass ich gar nicht zum Schreiben komme. Ich bin mit Leib und Seele Regisseur, und ich mache auch keine Stoffe, die mir nicht total gut gefallen. Insofern habe ich da kein Problem damit.

ON: *Wo ist Fred?* steckt voller kleiner Hints für Filmbuffs. Ist es Zufall, dass Fred und seine Kumpels Bowling spielen und bei Fred zu Hause ein Poster von *The Big Lebowski* hängt?

AS: Natürlich nicht. *Kebab Connection* war schon mit Kinozitaten vollgespickt.[24] Ich finde es ganz wichtig, dass Filme verschiedene Ebenen haben. Es muss eine Ebene geben, wo man ins Kino gehen kann, und sich amüsiert ohne Langeweile. Eine 1:1 Ebene, auf der man etwas vom Film hat. Das reicht aber noch nicht. Man muss auch noch eine Ebene einbauen für Leute, die noch einen anderen Zugang zu Dingen haben, weil sie sich für was anderes interessieren und so weiteres

---

18   mentally

19   extras (der Komparse)

20   velvet gloves; ‚Jemanden mit Samthandschuhen anfassen' bedeutet jemanden sehr vorsichtig behandeln. Auf Englisch gibt es die Redewendung: ‚to treat someone with kid gloves'.

21   people in wheel chairs (Rollstuhlfahrer)

22   hung around, mucked about

23   keine Lust

24   peppered with, chock full of

entdecken können und damit Spass haben. Weil ich selber Cineast[25] bin, lege ich dann immer so Spuren für Cineasten, die dann augenzwinkernd noch auf einer anderen Ebene funktionieren.

ON: Du hast es mit dem *Kebab Connection*-Spot „Zwei Handvoll Döner" gezeigt. Deutschland wäre reif für den ersten Kung-Fu-Film. Kommt der schon bald?

AS: Ich weiß es nicht. Mir hat es wahnsinnigen Spaß gemacht, diese Szenen zu drehen. Es gibt aber auch sehr viel Arbeit. Und genau zur Zeit von *Kebab Connection* haben aber ein paar Leute mit *Kill Bill Vol.1* und *House of the Flying Daggers* den Hammer so hoch gehängt,[26] dass das erreichte Niveau mittlerweile immens ist.

ON: Was stehen denn sonst für Projekte an?

AS: Ein parapsychologischer Thriller von Akif Pirincci,[27] der „Die Damalstür" heißt. Es geht um einen Mann, der im Leben alles verloren hat. Auch seine Tochter, die im Pool ertrunken ist, als er nicht aufgepasst hat. Dieser Mann bekommt die Möglichkeit in seinem Leben nochmals zurückzugehen, und kriegt eine zweite Chance.

1. Wie sind Anno Sauls Eltern auf den Namen „Anno" gekommen?
2. Mit welchem amerikanischen Film vergleicht er seinen Film „Wo ist Fred?"
3. Inwiefern war für ihn der Film *There's something about Mary* ein Vorbild?
4. Welcher Film wird die erste „Culture-Clash-Komödie" genannt? Die erste jüdische Komödie? Der erste Behinderten-Film?
5. Warum wollen Behinderte wohl nicht ständig mit Samthandschuhen angefasst werden?
6. Wie reagierten die Behinderten auf den Film?
7. Von wem wurde das Drehbuch geschrieben? Was passierte danach mit dem Drehbuch?
8. Saul kam ziemlich spät dazu, bei diesem Film die Regie zu führen. Warum wurde er schließlich für die Regie gewählt?
9. Hat Saul sich gefreut, ein Drehbuch von Fatih Akin drehen zu dürfen? Was wissen Sie über Fatih Akin? Inwiefern wäre es für Saul eine Ehre, mit Akin zu arbeiten?
10. Warum schreibt Saul nicht seine eigenen Drehbücher?
11. Erklären Sie die Ebenen, die Saul beschreibt.
12. Warum ist ihm diese zweite oder weitere Ebene sehr wichtig?
13. Inwiefern sind sowohl *Wo ist Fred?* als auch *Kebab Connection* gute Filme für Kinoliebhaber?
14. Woran liegt es, dass es nun schwieriger wäre, einen Kung-Fu-Film zu drehen?

---

25 Kinoliebhaber
26 to set the bar high
27 ein deutsch-türkischer Schriftsteller, der in der Türkei geboren und in Deutschland aufgewachsen ist.

15. Zu Beginn des Interviews schreibt der Journalist, dass man seinen Filmen „die Liebe zum Medium Film" anmerkt. Denken Sie an einige Bespiele, wo Ihnen in *Kebab Connection* diese Liebe zum Medium Film deutlich wurde.

16. Haben Sie mit Anno Saul und der Redaktion der OutNow.CH Webseite einige Lieblingsfilme gemeinsam?

17. Was würden Sie Saul über seine Filme oder sein Leben fragen?

18. Was fanden Sie an diesem Interview am interessantesten?

Die Blindgänger

BR Deutschland 2004

Regie: Bernd Sahling

Drehbuch: Helmut Dziuba, Bernd Sahling

Darsteller: Ricarda Ramünke (Marie), Maria Rother (Inga), Dominique Horwitz
   (Herr Karl) und Oleg Rabcuk (Herbert)

FSK: ohne Altersbeschränkung

Länge: 82 Min.

Bernd Sahling hat über einen Zeitraum von 18 Jahren die blinde Tochter von
Freunden begleitet. Aus den Aufnahmen sind drei Dokumentarfilme entstanden.
Die Blindgänger ist Sahlings Spielfilmdebüt. Über 300 Kinder wurden von der Crew
gecastet. Bei den Castings wurden die stark sehbehinderten Darsteller Ricarda
Ramünke, Maria Rother und Oleg Rabcuk entdeckt. Ricarda Ramünke stammt aus
Niedersachsen. Zur Drehzeit war sie in einem Internat in Marburg. Sie beschreibt
sich als musikalisch und sportlich. Für ihre Rolle musste die aus Frankfurt/Oder
stamende Maria Rother Saxophon lernen. Oleg Rabcuk wurde in einem Wohnheim
für Spätaussiedler in Halle entdeckt.[1]

---

1   Quellen: http://www.aerztezeitung.de/docs/2004/12/03/221a2701.asp; http://www.kinderfilm-gmbh.de/produktionen/
freies_wort_suhl.html;   http://www.mdr.de/kultur/film/1204989.html;   http://www.hoerfilm.de/Texte/03%20-%20
Aktuelles.htm; http://filmernst.myty.de/media/files/Materialien/Die%20Blindgaenger.pdf

Auszeichnungen (Auswahl)

Deutscher Filmpreis (2004): *Bester Kinder- und Jugendfilm in Gold*
Internationale Filmfestspiele Berlin (2004): *Lobende Erwähnung des Deutschen Kinderhilfswerks*

Zusammenfassung des Films

Marie lebt im Internat für blinde und sehbehinderte Kinder und ist selten ohne ihre beste Freundin, Inga. Musik spielt eine große Rolle im Leben der beiden Mädchen. Marie spielt Klavier und Gitarre und singt. Inga hat immer ihr Saxophon dabei. Auf dem Schulgelände lernt Marie Herbert kennen, einen Bajan spielenden Spätaussiedler aus Kasachstan. Mit der Hoffnung auf ein besseres Leben ist er mit seinem Vater nach Deutschland gekommen. In Deutschland fühlt er sich aber nicht wohl. Er will zurück in seine Heimat zu seiner Mutter. Der Lkw-Fahrer verlangt 500 €, um Herbert nach Kasachstan mitzunehmen. Marie versteckt Herbert auf dem Dachboden des Internats. Sie will ihm helfen, das Geld zu beschaffen. Als Straßenmusikanten gelingt es dem Trio auch tatsächlich, Geld zu verdienen. Leider wird dann aber die ganze Summe gestohlen.

Figuren

Marie ist 13 Jahre alt. Bei einem Autounfall sind ihre Eltern ums Leben gekommen und Marie ist mit 7 Jahren blind geworden. Sie ist ein sensibles und schüchternes Mädchen. Sie fühlt sich wohl auf dem Schulgelände, traut sich aber nicht, das Internat zu verlassen.

Inga ist Maries beste Freundin. Sie ist auch 13, aber viel selbstsicherer als Marie. Ihre Haarfarbe wechselt mit jedem neuen Freund. Sie traut den „Guckis" nicht, aber langweilt sich im Internat. Nur durch ihr Saxophon kann sie dem Internatsalltag entfliehen.

Herr Karl, Betreuer im Internat, ist der einzige „Gucki," dem Marie und Inga vertrauen. Karli ist sympathisch, tolerant, und hilfsbereit. Doch verwöhnt er die Schüler nicht. Schließlich sollen sie lernen, selbstständig zu werden. Er hat ständig seine Videokamera dabei.

Frau Kersten ist eine strenge, eher ungeduldige Lehrerin, die die Mädchen beim „Abgucken" erwischt.

Daniel ist Ingas derzeitiger Freund. Er spielt Schlagzeug beim Videowettbewerb.

Onkel Leo ist ein Hausmeister, der sich sehr für Fußballspiele im Fernsehen interessiert und sich etwas weniger um die Schüler kümmert.

Herbert ist Russlanddeutscher aus Kasachstan. Er benötigt 500 Euro, um in seine Heimat zurück zu kehren. Obwohl er fehlerhaftes Deutsch spricht, verstehen sich Herbert und Marie sehr gut.

Kultureller und historischer Hintergrund

Spätaussiedler

In diesem Film wird Herbert Fenkse „Spätaussiedler" und „Russlanddeutscher" genannt. Er kam mit seinem Vater aus Kasachstan nach Deutschland, um ein neues Leben zu beginnen. Wer sind überhaupt Spätaussiedler? Spätaussiedler sind Personen, deren Vorfahren aus Deutschland kamen und vor dem 18. Jahrhundert Gebiete jenseits der Ostgrenze Deutschlands besiedelt haben. Einige, aber nicht alle, beherrschen die deutsche Sprache noch und haben die alten deutschen Sitten und Traditionen beibehalten. Aufgrund des deutschen Staatsangehörigkeitsrechtes (*citizenship laws*) dürfen sie nach Deutschland zurückkehren. Es fällt ihnen aber nicht leicht, sich in

Deutschland einzuleben. Manche haben schlechte Sprachkenntnisse, fürchten sich vor Ausländerfeindlichkeit (*xenophobia*), müssen gegen Stereotype kämpfen und kommen mit der modernen deutschen Kultur und Lebensweise nicht zurecht. Viele finden trotz hohen Bildungsniveaus keine Arbeit. Dennoch bleiben sie wegen Familie, der Berufs- und Ausbildungschancen und der Lebensqualität in Deutschland.[2]

Blinde und sehbehinderte Menschen

In Deutschland leben ca. 164.000 Blinde und fast 2 Millionen Sehbehinderte, und jedes Jahr werden ca. 10.000 mehr Menschen blind. In den USA gibt es ca. 10 Millionen Menschen, die entweder blind oder sehbehindert sind. Etwa 5.5 Millionen ältere Leute und 55.000 Kinder sind nach der amerikanischen gesetzlichen Definition blind. Um sich zu orientieren, benutzen viele blinde Menschen einen Blindenstock (oder einen weißen Stock). Ein Blindenführhund hilft vielen Blinden, sich in ihrer Umgebung zurecht zu finden. Die Blindenschrift oder Brailleschrift, die 1825 von dem 16-jährigen Louis Braille erfunden wurde, ermöglicht Blinden, Texte zu lesen und zu schreiben. Seit 1899 gibt es die Blindenschreibmaschine. Heutzutage können blinde Menschen Braille-Drucker und Scanner für den Computer benutzen.[3]

Zur Vorbereitung

I. Wortschatz

Substantive

der Autoklauer: *someone who steals cars*
das Bajan: *bayan, Russian chromatic accordion*
der Blinde: *blind person*
die Blindenschrift: *braille*
der Blindenstock/der weiße Stock: *white cane*
der Blutflecken: *blood spot or stain*
der Dachboden: *attic*
der Gesang: *singing, song, melody*
die „Guckis": *word used by Marie and Inga for people who can see*
das Internat: *boarding school*
die Kelle: *ladle*
der Lastkraftwagen (Lkw): *truck, semi*
der Mülleimer: *garbage or trash can*
das Polizeirevier: *police station*

der Preis: *prize*
die Punktschriftmaschine: *Braille typewriter*
das Quartier: *accommodation*
der Scheinwerfer: *spotlight on a stage (also headlight or floodlights)*
das Schulgelände: *school grounds*
der Schulhof: *school yard, playground*
die Schülerband: *a band whose members are all students (pupils)*
die Siebkelle: *ladle used for straining*
der Spätaussiedler: *immigrants returning from former German settlements, usually in Eastern Europe*
der Unfall: *accident*
der Wettbewerb: *contest*

---

2   Quellen: Hier geblieben. Zuwanderung und Integration in Niedersachsen 1945 bis heute. Eds. Hoffmann, Peter und Marianne Winkler. Niedersächsische Landeszentrale für politische Bildung. Hannover. 2003. Wir in Erfurt: Mit einander leben, von einander lernen. Netzwerk für Integration für Spätaussiedler, Migranten und Bürger der Landeshauptstadt Erfurt. 2003.

3   Quellen: http://de.wikipedia.org/wiki/Blindheit, http://www.afb.org/ (American Foundation for the Blind)

Verben

abgucken [guckte ab, hat abgeguckt]: *to copy (from someone else)*

abschreiben [schrieb ab, hat abgeschrieben]: *to copy or transcribe, plagiarize*

entlassen [entlässt, entließ, hat entlassen]: *to release, fire, lay off*

erwischen [erwischte, hat erwischt]: *to catch*

färben [färbte, hat gefärbt]: *to color, dye*

hupen [hupte, gehupt]: *to honk a horn*

klauen [klaute, hat geklaut]: *to steal, swipe, rip off (coll.)*

lauschen [lauschte, hat gelauscht]: *to listen, to eavesdrop*

sich etwas merken [merkte sich, hat sich gemerkt]: *to pay attention to or make a mental note of something*

proben [probte, hat geprobt]: *to practice, rehearse*

sich schminken [schminkte sich, hat sich geschminkt]: *to put on makeup or face paint*

sperren [sperrte, hat gesperrt]: *to block, barricade*

spüren [spürte, hat gespürt]: *to sense, feel, perceive*

summen [summte, hat gesummt]: *to hum*

sich verkleiden [verkleidete sich, hat sich verkleidet]: *to masquerade, disguise, dress up*

sich verlaufen [verläuft sich, verlief sich, hat sich verlaufen]: *to get lost, lose one's way while walking*

vermisst melden [meldete, hat gemeldet]: *to report missing*

verstecken [versteckte, hat versteckt]: *to hide*

zögern [zögerte, hat gezögert]: *to hesitate*

Adjektive/Adverbien

blind und taub: *blind and deaf*

behindert: *disabled, handicapped*

diesig: *hazy, misty*

mutig: *brave, bold*

sehbehindert: *visually impaired*

streng: *strict*

unscharf: *fuzzy, blurred*

wütend: *angry, furious*

II. Wortschatzübung

Finden Sie Wörter aus dem Wortschatz, die zu diesen drei Themen passen.

1. Blindheit

    a. _____   f. _____

    b. _____   g. _____

    c. _____   h. _____

    d. _____   i. _____

    e. _____   j. _____

2. Musik

    a. _____   d _____

    b. _____   e. _____

    c. _____

3. Verben mit einer negativen Konnotation

    a. _____   d _____

    b. _____   e. _____

    c. _____

III. Ideen sammeln/ Brainstorming

1. Stellen Sie sich vor, Sie haben eine körperliche Behinderung, z. B. Sie sind blind oder taub, querschnittsgelähmt (*quadriplegic*), oder amputiert. Inwiefern wäre Ihr Alltag jetzt anders, z. B. im Hinblick auf Studium, Unterkunft (d.h., wo Sie wohnen), Arbeitsplatz, Freizeitaktivitäten, Hobbies oder auf persönliche Beziehungen? Was würde sich ändern müssen und wie?

2. Marie und Inga, die zwei Hauptfiguren in diesem Film, leben in einem Internat für blinde und sehbehinderte Kinder. Wie stellen Sie sich das Leben der Schüler in solch einem Internat vor? Welche Erwartungen haben Sie an die Betreuer und Lehrer? Wie stellen Sie sich den allgemeinen Tagesablauf, die Fächer und das Freizeitangebot vor?

IV. Internet-Übungen

(available online through the Focus website: http://www.pullins.com/)

V. Milling-Aktivität

Unterhalten Sie sich mit anderen Studenten im Klassenzimmer und notieren Sie ihre Antworten.

1. Beschreibe deinen Lieblingsplatz, einen Platz, an dem du dich wohl fühlst und wo du dich entspannen kannst.

2. Bist du je beim Abgucken von einem Nachbarn/einer Nachbarin erwischt worden, als du Schüler/in warst?

3. Kennst du persönlich einen Blinden oder eine Blinde?

4. Kennst du jemanden, der in einem Internat ist oder war?

5. Wer war dein Lieblingslehrer oder deine Lieblingslehrerin, als du in der Schule warst? Welches Fach hat er oder sie unterrichtet?

6. Hast du als Kind an einem Wettbewerb teilgenommen? Hast du gewonnen? Was war der Preis?

7. Erinnerst du dich an ein Geheimnis, das du als Schüler/in für dich behalten wolltest?

8. Bist du musikalisch? Kannst du singen oder ein Instrument spielen?

9. Was würdest du machen, wenn du dringend $500 brauchtest? Wer würde dir helfen, das Geld zu beschaffen?

10. Hast du ein Lieblingslied aus der Kindheit, das deine Eltern dir häufig vorgesungen haben?

Erklär's mir: adjectival nouns

Adjectives are often used as nouns in German, especially when they refer to people. These *adjectival nouns*, like any other noun, are capitalized and can be preceded by a determiner. But like adjectives, they take endings. Common examples are: der/die Angestellte, der/die Bekannte, der/die Deutsche, der/die 20-Jährige, die Jugendlichen, die Verwandten, das Beste, nichts Neues, viel Wichtiges, alles Gute, alles Mögliche.

Beachten Sie die Adjektivendungen für *Blinde* in den Dialogen aus dem Film.

A.
Inga: Meine Eltern haben gefragt, wann du mitkommst. Du gehörst schon fast zur Familie.
Marie: Fast.
Inga: Dann geh doch wenigstens mal raus.
Marie: Klar, in die Disco und in die Stadt.
Inga: Ist doch `was.
Marie: Mhm. Die Musik geht los, alle grapschen. ´Eh, wenn du ein Junge bist, willst du mal mit **einer Blinden** tanzen?

B.
Marie: Warum hat Mike eigentlich Schluss gemacht?
Inga: Keine Ahnung. Guckis sind eben so.
Marie: Ich habe dir immer gesagt. Such dir **einen Blinden**.

C.
Herbert: Die suchen mich.
Marie: Die suchen **keinen Blinden**.

VI. Die Handlung voraussagen

Denken Sie noch einmal an die Übungen, die Sie zum Thema *Die Blindgänger* gemacht haben. Wovon handelt der Film Ihrer Meinung nach? Welche Erwartungen haben Sie an den Film?

1. In welches Filmgenre würden Sie *Die Blindgänger* einordnen? (z. B. Liebesfilm, Kinderfilm, Komödie, Thriller, Horrorfilm, Action, Drama, Historienfilm, Science Fiction oder Western)

2. Welche Zielgruppe wird dieser Film ansprechen, z. B. Kinder, Jugendliche/ Teenager, Frauen, Männer, Uni-Studenten, Sportler, usw.?

3. Wie und wo wird die Geschichte anfangen?

4. An welchen dieser Drehorte werden keine Filmaufnahmen gemacht? In einem Speisesaal, in einem Musikraum, in einem Schlafzimmer, auf dem Schulgelände, in einem Gefängnis, auf einem Dachboden, auf einem Autobahnparkplatz, in einer Bäckerei, in einem Fernsehraum, in der Innenstadt, in einem Auto oder in einem Schuhladen.

5. Schauen Sie sich das Standfoto auf der ersten Seite dieses Kapitels an. Was passiert in dieser Szene? Wird sie gegen Anfang, Mitte oder Ende des Films geschehen?

6. Wird der Film ein Happy-End oder eher ein trauriges Ende haben? Begründen Sie Ihre Antwort.

Zum Inhalt

I. Richtig oder falsch?

Geben Sie an, ob die Aussagen richtig oder falsch sind und verbessern Sie die Falschen.

1. Marie lernt noch, mit dem weißen Stock fertig zu werden.
2. Beim Musikunterricht liest Inga von Maries Blatt und wird erwischt.
3. Beim Fernsehen ärgern sich die Schüler, wenn das Fernsehbild unscharf wird und flackert.
4. Der Preis für die beste Schülerband ist € 1000.
5. Maries Haare sind dunkelgelb, so wie sandige Erde.
6. Marie und Inga spielen bei der Bloody Brains Probe vor.
7. Marie lässt die Kelle in die Suppe fallen.
8. Marie lernt Herbert auf dem Schulgelände kennen, als er von der Polizei gesucht wird.
9. Herbert ist Spätaussiedler aus Afghanistan.
10. Herbert spielt Gitarre.
11. Marie versteckt Herbert im Keller des Internats.
12. Weil sie Herbert ihre Bettdecke geliehen hat, schläft Marie bei Inga im Bett.
13. Marie folgt Herbert zum Autobahnparkplatz und wird beinahe von einem Lkw überfahren.
14. Herbert gibt vor, blind zu sein, damit er nicht von der Polizei erwischt wird.
15. Marie, Inga, Herbert und Daniel treten als „die Blindgänger" in der Stadt auf.
16. Sie verkleiden sich als Pantomimen.
17. Herr Karls Vater kommt zu Besuch.
18. Onkel Leo macht im Musikraum die Videoaufnahme von den Musikern.
19. Herbert Fenkse wird von der Polizei zu seinem Vater zurückgeschickt.
20. „Die Blindgänger" gewinnen den zweiten Preis und damit € 500.

II. Fragen zum Inhalt

Kapitel 1: Marie und Inga

1. Am Anfang des Films sehen wir, wie Marie mit ihrem weißen Stock über den Schulhof geht. Offensichlich kennt sie den Weg auswendig. Nennen Sie ein paar Bespiele, die als Beweis dafür gelten.

2. Im Speisesaal tauscht Inga die normale Suppenkelle mit einer Siebkelle um, und Daniel bekommt keine Brühe, nur Nudeln. Warum macht sie das?

Kapitel 2: Marie traut sich nicht in die Disco

3. Wir lernen Herrn Karl zum ersten Mal kennen, als er Marie und Inga mit seiner Videokamera im Gang vor den Klassenzimmern filmt. Warum macht er das? Was war Ihr erster Eindruck von Herrn Karl?

Kapitel 3: Marie färbt Inga die Haare

4. Warum wechselt Inga häufig die Haarfarbe? Welche Farbe hat sie sich diesmal ausgesucht?

Kapitel 4: Schülerband sucht Musiker

5. Die Band „Die Bloody Brains" suchen Musiker für einen Videowettbewerb. Herr Karl fährt die Mädchen in eine nahegelegene Plattensiedlung, wo sie bei der Bloody Brains Probe vorspielen. Sind die Bandmitglieder begeistert von Inga und Marie?

6. Ein Junge (Herbert) sagt: „Achtung, Mülleimer!" Was macht Marie daraufhin?

Kapitel 5: Es ist immer dunkel

7. Marie sitzt auf ihrem Bett und betrachtet ein altes Foto von ihrer Familie. Auf dem Bild sehen wir Marie an ihrem ersten Schultag (mit ihrer Schultüte) und ihre Eltern. Wie fühlt sich Marie in diesem Moment?

8. Marie möchte nach draußen gehen und „Luft schnappen." Will sie, dass Herr Karl mitkommt?

Kapitel 6: Herbert, der Autoklauer

9. Während Marie auf ihrem Lieblingsplatz sitzt, hört sie viele laute Geräusche: Bremsen, das laute Hupen eines Wagens, den Aufprall bei einem Unfall. Sie hält sich die Ohren zu. Was macht der Junge, nachdem er über die Mauer geklettert ist?

10. Marie duscht sich im Waschraum, während Inga versucht, die Blutflecken aus dem Schal zu waschen. Woher weiß Inga, dass der Schal noch nicht sauber ist?

11. Am nächsten Tag spielen die Kinder auf dem Schulhof. Marie spürt etwas und geht zum Tor. Sie lässt den Stock an den Stäben entlang gleiten. Der Junge steht auf der anderen Seite des Tores. Freut sich Marie, ihn wiederzusehen? Warum sind Sie dieser Ansicht?

12. Marie bringt Herbert auf den Dachboden. Sie tastet seine Sachen ab und fragt, warum er seinen ganzen Haushalt mitschleppt. Was hat er denn bei sich?

Kapitel 7: Geheimnisse

13. Herr Karl kommt ins Zimmer der beiden Mädchen, um sie zu wecken. Marie liegt bei Inga im Bett. Auf die Frage, wo sich die andere Decke befindet, antwortet Inga: „Die trocknet." Wo ist die zweite Decke tatsächlich?

14. Was macht Marie im Speisesaal, nachdem sie mit dem Frühstück fertig ist?

15. Bevor Marie Herbert das Essen bringt, geht sie in ihr Zimmer zurück. Wie sieht sie danach aus? Was trägt sie? Wie sehen ihre Haare nun aus? Warum macht sie das?

16. Marie folgt Herbert zum Autobahnparkplatz. Sie hört das Hupen von dem Lkw, geht aber nicht aus dem Weg. Was macht sie stattdessen?

Kapitel 8: Geld für Herbert

17. Warum braucht Herbert € 500?

Kapitel 9: Die Polizei sucht Herbert

18. Auf dem Dachboden lernt Herbert, mit einem weißen Stock zu gehen. Warum muss er das lernen? Was haben Marie und Inga vor?

19. Vor der Schule filmt Herr Karl ein Kind, das gerade übt, mit dem weißen Stock zu gehen. Herr Karl hört die Musik vom Dachboden. Wen sieht er am Fenster?

Kapitel 10: Straßenmusik

20. Inga, Marie und Herbert spielen zuerst auf einer Fußgängerbrücke über einer Schnellstraße. Ist das ein guter Platz zum Spielen? Warum?

21. Die drei gehen zurück zur Schule. Wie ist das Wetter, und wie fühlen sich Marie, Inga und Herbert? Was ist mit dem Geld passiert?

Kapitel 11: Der Fernsehpreis

22. Beim Fernsehen kommt Inga auf die Idee, an dem Videowettbewerb teilzunehmen. Daniel sagt: „Vergiss es, Inga. Du wirst ein Tonband schicken." Was meint er damit?

23. Marie fragt Herbert auf dem Dachboden, ob sie ihn „ansehen dürfte." Wie kann sie ihn ansehen?

Kapitel 12: Marie, kannst du fliegen?

24. Herrn Karl ist es nicht aufgefallen, dass Marie nicht in ihrem Bett schläft. Warum nicht?

25. Im Flur sagt Herr Karl zu Marie: „Marie, kannst du fliegen?" Warum sagt er das?

Kapitel 13: Verbotener Videodreh am Wochenende

26. Die Mädchen sagen Herrn Karl, dass Marie mit Inga nach Hause geht. Sie steigen in den Bus, steigen aber an der ersten Haltestelle wieder aus. Zusammen mit Daniel gehen sie zurück zur Schule. Auf dem Weg verlaufen sie sich. Wie finden sie den Weg wieder?

27. Inga versucht Onkel Leo zu überzeugen, ihr den Schlüssel zum Musikraum zu geben und den Alarm abzuschalten. Macht er freiwillig mit?

Kapitel 14: Ärger mit der Polizei

28. Wo findet die Polizei die vier Musiker? Was machen sie in dem Moment, als die Polizeibeamten das Zimmer betreten?

Kapitel 15: Ein Video braucht Gesang!

29. Was fehlt dem Video für den Wettbewerb?

Kapitel 16: Der erste Preis

30. Natürlich sind alle aufgeregt, als „Die Blindgänger" den ersten Preis gewinnen. Sogar Onkel Leo verfolgt den Wettbewerb im Fernsehen. Herbert sieht es auch im Fernsehen, sieht aber nicht glücklich aus. Warum nicht?

Kapitel 17: Abschied von Herbert

31. Herbert fragt, ob er Marie ansehen darf. Wie macht er das?

32. Wer hat Marie das Lied „Sonne mi guun" immer vorgesungen?

33. Was reicht Marie Herbert, bevor er im Lkw wegfährt?

III. Aussagen zuordnen

Lesen Sie die Aussagen und geben Sie an, von wem die Äußerung stammt: von Marie (4), von Inga (3), von Herbert (3), von Herrn Karl (2), von der Lehrerin (2) oder von einem Polizisten (1). Die Aussagen stehen in der gleichen Reihenfolge, wie sie im Film vorkommen.

1. _____ Marie und Inga, bitte verlasst den Raum. Eure Arbeiten werden mit 6 bewertet.

2. _____ Übrigens, der weiße Stock hindert blaue Flecken. Ich sehe, ihr kommt klar.

3. _____ Vielleicht sollte ich meine auch rot färben.

4. _____ Es ist immer dunkel.

5. _____ Scheißautoklauer.

6. _____ Ich brauche Quartier.

7. _____ Na ja, dann machen wir Musik. Auf der Straße. Die Blindgänger. Ist doch 'was, huh?

8. _____ Ich will nach Hause, Maria. Verstehst du?

9. _____ Warst du immer blind?

10. _____ Ich muss runter. Neun ist der Laden dicht, sagt Leo immer.

11. _____ Ein bisschen Glück und dein Gucki kann nach Hause.

12. _____ Was machst du denn hier, Mama?

13. _____ So, Onkel Leo. Ich habe Klartext geredet. Was wir machen wollen ist illegal aber das soll eine Überraschung sein für die ganze Schule. Und jetzt hängt alles von dir ab, Onkel Leo.

14. _____ Drei Tafeln Schokolade kosten 1 Euro 30 Cent. Wie viel kosten 5 Tafeln?

15. _____ Du musst die Augen zumachen.

IV. Standfotos beschreiben

1. Zum Bild: Geben Sie eine ausführliche Beschreibung dieser Fotos, so als würden Sie einem Blinden das Bild genau erklären.

2. Zum Inhalt: Was passiert in diesen Szenen? Wohin gehen sie? Wie fühlen sie sich in diesem Moment?

A. Das Mädchen im Spiegel (Kapitel 3: Marie färbt Inga die Haare)

B. „Die Blindgänger" (Kapitel 10: Straßenmusik)

C. Auf dem Weg nach Hause (Kapitel 10: Straßenmusik)

Zur Diskussion

I. Interview mit einem Partner

1. Wie war dein erster Eindruck von dem Film?

2. Wie fandest du den Film insgesamt?

3. Was hat dir an dem Film besonders gefallen?

4. Was hat dir nicht besonders gefallen?

5. Was hast du im Film nicht erwartet?

6. Was war deine Lieblingsszene?

7. Wie fandest du das Ende? Hast du erwartet, dass der Film so endet?

8. Welche Figur im Film hat dir am besten gefallen und warum?

9. Welche Figur hat dir nicht so gut gefallen und warum?

10. Was hast du von diesem Film gelernt?

II. Meinungsaustausch

1. Inwiefern verhalten sich Marie und Inga wie andere sehende 13-Jährige Mädchen? Inwiefern sind sich Marie und Inga ähnlich? Wie unterscheiden sie sich von einander?

2. Inga wirft Marie vor*, dass sie das Internat zu selten verlässt. *(to accuse someone of something)* Inga meint, dass Marie mit ihr nach Hause kommen soll oder „wenigstens mal raus" gehen soll. Was meinst du dazu?

3. Wir erfahren nur wenig über Herrn Karl. Wie findest du ihn?

4. Im Waschraum reden Marie und Inga über Herrn Karl, während Marie Inga die Haare färbt. Marie: „Er ist doch ein Lieber, unser Karli. Warum der noch keine Frau hat?" Inga: „Der hat doch uns — im Ernst. Vielleicht ist er hässlich." Marie: „Glaub' ich nicht." Warum glaubt Marie wohl nicht, dass er hässlich ist?

5. Im Computerraum hören sich Marie und Inga Anzeigen an, die gescannt und vorgelesen werden. Dadurch erfahren sie, dass eine Schülerband Musiker für einen Videowettbewerb sucht. Also spielen sie kurze Zeit danach bei der Bloody Brains Probe vor. Wie findest du diese Idee von den Mädchen? Wie reagiert Inga nach dem Probespiel?

6. Marie scheint manchmal von lauten Geräuschen überwältigt* zu sein. *(overwhelmed)* Instinktiv hält sie sich die Ohren zu. Warum stört der Lärm von Autos sie besonders?

7. Marie scheint sich für den jungen „Autoklauer" zu interessieren, anstatt Angst vor ihm zu haben. Sie hofft sogar, dass er zurückkommt. Warum?

8. Herbert ist ein Spätaussiedler aus Kasachstan, der mit seinem Vater nach Deutschland gekommen ist. Seine Mutter und sein Pferd sind noch in Kasachstan. Er will nach Hause. Was würdest du an seiner Stelle tun?

9. Was für eine Beziehung haben Marie und Herbert? Ist sie in ihn verliebt? Sind die Gefühle beiderseitig?

10. Was macht Marie, was du überraschend oder unerwartet findest?

11. Herr Karl benimmt sich ziemlich merkwürdig, als seine Mutter aus dem Bus aussteigt. Auch auf Maries Frage, wie es seiner Mutter gehe, sagte er bloß: „Danke der Nachfrage." Wie erklärst du sein Verhalten in Bezug auf seine Mutter? Schämt er sich für sie? Blamiert* sie ihn? *(to embarrass)* Was passiert?

12. Das Video haben sie ohne Gesang gedreht. Herr Karl sagt zu Marie, dass sie noch einen Text dranhängen müssen. Marie meint, dass sie doch einen Text hat, aber außer ihr versteht ihn keiner. Die Wörter in dem Lied, das Marie für den Wettbewerb singt, sind erfunden, d.h., sie sind in keinem Wörterbuch zu finden. Sie bedeuten nichts. Aber offensichtlich hat das Lied eine besondere Bedeutung für Marie. Warum?

13. Nachdem Marie Herbert den weißen Stock gegeben hat, fragt er sie: „Findest du den Weg zurück?" Marie antwortet: „Ich schon." Was meint sie damit?

III. Standfotos diskutieren

Auf diesen Standfotos sehen Sie Marie mit anderen Figuren. Diskutieren Sie, wie Marie sich in jeder Szene fühlt, die hier dargestellt wird. Wählen Sie für jede Szene ein passendes Adjektiv, das Maries innere Gefühle am besten beschreibt.

A. Marie mit Inga (Kapitel 3: Marie färbt Inga die Haare)

B. Marie mit Herrn Karl (Kapitel 5: Es ist immer dunkel)

C. Marie mit Herbert (Kapitel 11: Der Fernsehpreis)

Zur Analyse, Interpretation und Reflexion

I. Motive

Inhaltsmotive

Viele Motive werden in diesem Film thematisiert. Erklären Sie, inwiefern folgende Motive in der Handlung eine Rolle spielen. Welche weiteren Motive gehören auch dazu? Welche Motive werden durch jede der Hauptfiguren besonders verkörpert? Welche sind Ihrer Meinung nach Zentralmotive und welche Randmotive?

- Behinderung
- Schicksal
- Vertrauen
- Heimweh
- Selbstsicherheit
- Liebe / Freundschaft
- Treue
- Toleranz

- Selbstsicherheit
- Selbstständigkeit/ Unabhängigkeit
- Dem Jugendalter entwachsen (*coming-of-age*)
- Einsamkeit
- Außenseiter/ Außenstehende
- Heimreise/ Heimfahrt

Geräusche, Gerüche, Gefühle

Als Blinde haben Inga und Marie ausgeprägte Sinne und Empfindungen. Beispiele sind:

- Maries Gewissheit über ihre Umgebung auf dem Schulgelände
- Marie und Ingas Fähigkeit, die hohen Absätze des Mädchens (bei der Bloody Brains Probe) zu erkennen
- Maries Meinung zu Herberts Alter auf Grund seiner Hände

- Ingas Fähigkeit zu erkennen, ob der Schal sauber ist
- Maries Wahrnehmung, dass Herbert an der anderen Seite des Tores steht

Fallen Ihnen weitere Beispiele ein, wo Blinde, entweder in diesem Film oder in der Wirklichkeit, verfeinerte, verstärkte oder präzisere Sinne haben?

Die Filmmusik

Musik ist ein wesentlicher Bestandteil dieses Films. Das ist natürlich, denn das Internat der Mädchen hat Musikunterricht als Schwerpunkt. Aber auch in der Filmmusik gibt es deutliche Leitmotive, die sich auf jede Figur beziehen. Maries Motive sind Klaviermusik und Gesang, bei Inga ist es das Saxophon und bei Herbert das Akkordeon. Bei aufregenden Situationen kommt häufig die Gitarre vor.

Wählen Sie ein Kapitel oder ein paar Szenen aus dem Film und beschreiben Sie die begleitende Filmmusik. Wie wirkt die Musik auf das ausgewählte Kapitel bzw. die Szenen? Passt sie zur Handlung?

Helligkeit und Dunkelheit

Auch in der Beleuchtung können wir bestimmte Muster erkennen. Im Internat, wo es gemütlich ist und wo die Schüler sich wohl fühlen, herrscht eine helle und warme Beleuchtung. Außerhalb des Schulgeländes fühlen sie sich eher unsicher und unbequem. In diesen Szenen spüren wir die Dunkelheit und die Kälte.

Andere Lichtquellen sind:

- die Taschenlampe von der Polizei
- das Leuchten des Fernsehbilds
- die Scheinwerfer im Musikraum
- das Kerzenlicht in der Kapelle (wo Leo eingesperrt ist)

Fallen Ihnen weitere Beispiele von Lichtquellen im Film ein? Wählen Sie ein Kapitel oder einige Szenen aus dem Film und beschreiben Sie die Beleuchtung. Beachten Sie sie besonders im Szenenwechsel. Welche Wirkung hat die Beleuchtung auf das Kapitel bzw. auf die Szenen?

II. Standfotos interpretieren

Auf diesen Standfotos sehen Sie Marie allein. Welche Motive beziehen sich auf diese Fotos? Stellen Sie bei Marie im Verlauf der Handlung eine Entwicklung fest?

A. Der Lieblingsplatz (Kapitel 1: Marie und Inga)

B. Der Lkw (Kapitel 7: Geheimnisse)

C. „Sonne mi guun" (Kapitel 16: Der erste Preis)

III. Schreibanlässe

1. Den Film fortsetzen: Dieser Film hat ein offenes Ende. Wie könnte es weiter gehen? Werden Marie und Herbert sich wiedersehen?

2. Vorgeschichte ergänzen: Was geschah mit Herbert am Tag, bevor die Geschichte beginnt?

3. Fehlende Teile ergänzen: Was ist mit Herrn Karl und seiner Mutter passiert, während „Die Blindgänger" ihr Musikvideo gefilmt haben?

4. Szene umschreiben: Wählen Sie eine Szene aus dem Film und schreiben Sie sie um.

5. Perspektive ändern: Wählen Sie eine Szene aus dem Film und schreiben Sie sie aus einer anderen Perspektive um.

6. Ein anderes Ende: Schreiben Sie ein neues Ende für den Film.

7. Stellen Sie sich vor, dass Sie, ein bekannter Regisseur / eine bekannte Regisseurin, eine Neuverfilmung von diesem Film machen. Was würden Sie anders machen?

IV. Zur Reflexion, zur Diskussion, zum Schreiben

1. Herbert ist Spätaussiedler aus Kasachstan. Warum haben sich der Regisseur und der Drehbuchautor für solch eine Figur im Film entschieden? Was hat diese Figur speziell zum Film beigetragen?

2. Marie, Inga und die anderen Schüler an diesem Internat sind blind oder sehbehindert. Inwiefern wäre der Film oder die Handlung anders, wenn sie nicht blind wären? Wären die Motive und Ziele des Films auch anders?

3. Welche Rolle spielen Erwachsene in diesem Film? Denken Sie an andere Kinderfilme oder Jugendbücher. Wie werden Erwachsene dargestellt? Vergleichen Sie diesen Film mit einem anderen Kinderfilm.

4. Ist dieser Film Ihrer Meinung nach ein sogenannter „Coming-of-age" Film? Warum bzw. warum nicht? Vergleichen Sie diesen Film mit einem anderen sogenannten Erwachsenwerden Film. Welche Ähnlichkeiten oder Unterschiede gibt es?

5. Welche Rolle spielt die Blindheit in diesem Film? Hätte der Regisseur diesen Film mit sehenden Kindern machen können? Inwiefern wäre der Film anders gewesen?

6. Dieser Film spielt zum großen Teil in einem Internat in Deutschland. Inwiefern wäre dieser Film anders (oder gleich) gewesen, wenn er in den USA oder in einem anderen Land gespielt hätte.

7. Was hat dieser Film bei Ihnen bewirkt? Was haben Sie durch diesen Film über die deutsche Kultur gelernt? Haben Sie auch etwas über Ihre eigene Kultur oder über sich selbst gelernt? Haben Sie sich irgendwie anders gefühlt, nachdem Sie diesen Film gesehen haben? Wissen Sie noch, was Sie gleich nach dem Ansehen empfunden haben?

8. Versuchen Sie, an einem sicheren Ort einige Minuten mit geschlossenen Augen herumzugehen oder zu Hause etwas Alltägliches (wie z. B. Zähne putzen, sich anziehen, Geschirr spülen, u.s.w) zu erledigen. Wie fühlen Sie sich dabei? Beschreiben Sie, was Sie empfinden.

9. Im Internat sehen die Schüler in ihrer Freizeit fern. Probieren Sie das selbst aus. Hören Sie eine Fernsehsendung mit geschlossenen Augen an. Beschreiben Sie, was Sie „sehen."

10. Es gibt viele Redewendungen, bei denen es um Blinde oder um Blindheit geht. Zum Beispiel, **blind sein wie ein Maulwurf** (schlecht oder nichts sehen), **jemandem blind vertrauen** (sich auf jemanden absolut verlassen können), **Liebe macht blind** (wer verliebt ist, verliert den Blick für die Realität), **mit Blindheit geschlagen sein** (selber nicht erkennen, was für andere offensichtlich ist). Kennen Sie noch andere Redewendungen auf Deutsch oder Englisch? Macht die Liebe Ihrer Meinung nach tatsächlich blind? Gilt dieser Gedanke z. B. für Marie im Film?

11. Wählen Sie eins der zwei Zitate[4] und erklären Sie, ob Sie diesem zustimmen oder nicht.

    a. *Die Liebe ist einäugig, aber Hass gänzlich blind.* (Berthold Auerbach, deutscher Schriftsteller, 28.02.1812 - 08.02.1882)

    b. *Liebe macht nicht blind. Der Liebende sieht nur weit mehr als da ist.* (Oliver Hassencamp, deutscher Schriftsteller, 10.05.1921 - 31.05.1988)

Lektüre 1

Beim Sprechen kommen etliche Wörter vor, die sich aufs Sehen beziehen. Müssen Sehende in dem Umgang mit Blinden auf ihre Wortwahl achten? Lesen Sie den Auszug aus der Broschüre *Nicht so, sondern so: Kleiner Ratgeber für den Umgang mit blinden Menschen.*[5]

Wo ist „da", wo ist „dort"?

Sagen Sie niemals „Dort ist ein Sessel" oder „Auf dem Tisch dort hinten" oder „Dort vorne ist ein Fahrrad an die Mauer gelehnt", indem Sie in die betreffende Richtung weisen. Solche Angaben haben ihren Wert nur für Sehende, jedoch nicht für blinde Mitmenschen.

Sagen Sie lieber: „Vor Ihnen steht ein Sessel", „Ein kleiner Tisch befindet sich einen Meter hinter Ihnen" oder „Ungefähr 10 Meter vor Ihnen links lehnt ein Fahrrad an der Mauer." Bei Tisch können Sie beispielsweise sagen: „Ihr Glas steht links vor Ihnen" und „Ein Aschenbecher steht neben Ihrer rechten Hand." Sie können den fraglichen Gegenstand auch leicht berühren, sodass der blinde Mensch ihn nach dem Klang finden kann. Wenn Sie ihm ein Glas Wasser in die Hand geben, sagen Sie ihm aber auch, wo er es hinstellen kann, z. B.: „Links neben Ihrem Sessel steht ein kleiner Tisch."

---

4   Quelle: http://zitate.nct/zitate/blind/zitate.html

5   Hermann van Dyck. Herausgegeben vom Deutschen Blinden- und Sehbehindertenverband e. V. 2004. (www.dbsv.org, Deutscher Blinden- und Sehbehindertenverband e.V. Rungestraße 19 10179 Berlin)

Keine Tabus

Im Gespräch mit einem blinden Menschen wagen es viele Leute nicht, Wörter wie „sehen", „betrachten" oder „blind" zu gebrauchen. Sie sagen dann: „Mein Onkel ist auch...äh, äh...so", oder „Meine Großmutter hatte das auch." Wenn sie irrtümlich doch das Wort „sehen" gebrauchen, kann es geschehen, dass sie die Fassung verlieren, und beginnen, sich zu entschuldigen: „Oh! Entschuldigen Sie... ich hatte nicht daran gedacht" usw.

Und das, während blinde Menschen selbst oft über ihre eigene Behinderung zu Späßen bereit sind. Das Wort „blind" gebrauchen und hören sie wie jedes andere Wort. Das Wort „sehen" oder ähnliche Wörter wenden sie im Gespräch an, um ihre besondere Art von sehen zu erklären: riechen, tasten und berühren. „Ich habe dieses Buch gelesen" (in Blindenschrift oder als Hörbuch). „Ich habe einen hübschen Gegenstand gesehen" (gefühlt, getastet), „Ja, ich habe dieses Theaterstück gesehen" (gehört). Sie können deshalb ohne jede Hemmung zu einem blinden Menschen sagen: „Wollen Sie sich das ansehen?", während Sie ihm den Gegenstand in die Hände legen, z. B. eine Flasche, ein Kleidungsstück oder etwas anderes. Gebrauchen Sie ohne Scheu das Wort „blind" oder „Blindheit", wenn es sich im Gespräch so ergibt.

Aber es zeugt von wenig Taktgefühl, wenn man fragt: „Sind Sie blind?...Völlig blind?...

Sie sehen also gar nichts:...Oh, das ist schrecklich!...Sie sind so geboren?...Von einer Krankheit oder einem Unfall her?" usw.

Denken Sie auch immer daran, dass blinde Menschen wohl blind, aber nicht taub sind und dass geflüsterte Bemerkungen wie: „Das scheint mir das Schlimmste zu sein, was es geben kann!" oder: „Ich möchte lieber tot als blind sein" wohl gehört werden. Natürlich bleibt es Ihnen überlassen, wie Sie darüber denken, aber blinde Menschen selbst denken ganz anders darüber.

---

1. Wie kann man einem Blinden am Besten erklären, wo er sich hinsetzen kann, wenn er zu Besuch kommt?

2. Ist es unangenehm für Blinde, wenn jemand das Wort „blind" im Gespräch benutzt?

3. Welche anderen Arten von Sehen gibt es, auf die Blinde sich verlassen?

4. Würde eine Blinde sagen, dass sie einen Film **gesehen** hat?

5. Was soll man einen Blinden auf keinen Fall fragen?

6. Stimmt es, dass Blinde geflüsterte Bemerkungen gar nicht mitbekommen?

 **Lektüre 2**

Ein Spätaussiedler aus Kasachstan[6]

von Daniel Buckmüller
Gespräch mit Sergej, Spätaussiedler (Alter: 23 Jahre) aus Kasachstan.

Die deutschen Wurzeln

Meine Vorfahren[7] sind Ende des 18. Jahrhunderts dem Ruf Katharinas II. gefolgt und haben Deutschland verlassen, um in Russland eine neue Existenz zu gründen. Als nun der Zweite Weltkrieg ausbrach und die Wehrmacht Russland angriff, wurden sie von den Deutschen nach Deutschland umgesiedelt.[8] Dort verbrachten sie jedoch lediglich zwei Jahre, ehe die Rote Armee ihrerseits nach Deutschland einmarschierte und meine Oma, damals ungefähr acht Jahre alt, mitsamt ihrer Familie, nach Kasachstan gebracht wurde. Mein Vater ist in Kasachstan geboren und hat mit meiner Oma noch gelegentlich Deutsch geredet, allerdings ein altes Deutsch, welches sich von jenem Deutsch, dass gesprochen wurde als wir 1993 nach Deutschland kamen, stark unterschied. Meine Mutter stammt aus dem Ural. Sie ist Russin und hat erst in Deutschland angefangen Deutsch zu lernen und tut sich noch heute damit schwer. Meine knapp vier Jahre ältere Schwester und ich haben in Kasachstan nur Russisch gelernt.

Das Leben in Kasachstan

Mein Vater war Schreiner[9] von Beruf und konnte uns damit relativ gut versorgen, wir besaßen ein Haus und zudem ein Auto, was damals keineswegs üblich war. Auf Grund der vielen Kulturen und Nationalitäten, die in Kasachstan zusammenleben, gab es nie Probleme wegen unserer Herkunft, sie spielte eigentlich bis zur Ausreise nach Deutschland nie eine große Rolle. Bereits 1988 wanderte meine Oma nach Deutschland aus. Bei uns war es dann 1993 soweit, als es plötzlich in Kasachstan hieß, dass für Spätaussiedler eine Frist[10] gesetzt worden sei für die Einreise nach Deutschland. An der Entscheidung nach Deutschland zu gehen war ich nicht beteiligt, ich war ja auch erst elf und das Ganze ging eher schleichend an mir vorbei. Da meine Oma immer von Deutschland schwärmte[11] wenn sie uns besuchen kam oder wir mit ihr telefonierten, und wir das Erzählte mit unserem Leben in Kasachstan verglichen, fiel die Entscheidung für Deutschland nicht sehr schwer. Natürlich spielten für meine Eltern auch die besseren Zukunftsaussichten für uns Kinder in Deutschland eine entscheidende Rolle. Die

---

6 Quelle: http://www.uni-tuebingen.de/uni/goi/Projekt06/sergej.htm; Ein Studierendenprojekt des Proseminars „Die Russen sind da! Migration aus der Sowjetunion nach Deutschland seit 1945" am Institut für Osteuropäische Geschichte und Landeskunde der Universität Tübingen abgehalten von Jan Plamper im Wintersemester 2005-2006.
7 ancestors
8 relocated, resettled
9 carpenter (Tischler)
10 period of time
11 To gush or rave

Ausreisegenehmigung[12] zu bekommen war auch kein großes Problem und so brachen wir 1993 auf in ein neues Leben in Deutschland.

Angekommen in Deutschland

Zuerst wurden wir zusammen mit anderen Spätaussiedlern in ein Auffanglager[13] nach Raststatt gebracht. Dort lebten wir drei Wochen. Was mir zuerst auffiel, war die Sauberkeit und wir waren fasziniert vom Essen, vor allem von den verschiedenen Obstsorten, die man uns hier anbot, eine Auswahl die es so in Kasachstan für uns nicht gegeben hatte. Das Thema Sauberkeit fällt mir ein, da in Kasachstan nicht einmal alle Straßen in den Städten geteert waren, wohingegen in Deutschland alles ordentlich und gepflegt wirkte. Nach drei Wochen durften wir dann endlich von Raststatt aus nach Reutlingen-Sickenhausen weiterreisen, in die Nähe einiger Verwandter. Dort gab es ein Wohnheim für Spätaussiedler, welches aus zwei Wohnblöcken bestand. Wir mussten uns mit einem älteren Ehepaar und einer jungen Familie mit einem Kind eine drei Zimmer Wohnung teilen, insgesamt waren wir neun Leute in dieser Wohnung. Meine Familie teilte sich zu viert ein Zimmer, in dem zwei Stockbetten standen. Natürlich hat man dann immer versucht draußen zu sein und auf Grund der Sprache waren wir Spätaussiedler zumeist unter uns. Probleme mit anderen Deutschen gab es nur am Anfang, da wurde man schon gelegentlich schief angeschaut, die Probleme nahmen aber ab als man sich besser verständigen konnte. Schon bald habe ich dann das Fußballspielen in Sickenhausen angefangen, da viele Jungs aus dem Auffanglager im Fußballverein waren. Anfangs bildeten wir dort unsere eigene Clique, aber als ich mit der Sprache besser zurecht gekommen bin, begann sich mein Freundeskreis zu wandeln und der Kontakt zu andern Spätaussiedlern nahm ab, während jener zu den Deutschen zunahm. Zudem führte ich noch gut ein Jahr Briefkontakt zu einem Freund in Kasachstan, aber das hat sich dann irgendwie verlaufen. Heimweh hatte ich nur anfangs ein wenig, aber auch das hat sich recht schnell gelegt.

Das Geld war natürlich immer knapp, aber es hat gereicht. Mein Vater war die ersten beiden Jahre arbeitslos und wir lebten von Sozialhilfe und dem Kindergeld für meine Schwester und mich. Klamotten und Schuhe haben wir zumeist vom Roten Kreuz bekommen. Man sah natürlich, dass diese schon abgetragen waren und dies machte die Integration nicht gerade leichter. Nach zwei Jahren bekam mein Vater einen Job bei einer Abrissfirma und wir stellten einen Antrag auf eine Sozialwohnung. Ein weiteres Jahr verging, bis wir eine Wohnung in Mittelstadt angeboten bekamen und das Wohnheim in Sickenhausen verlassen konnten. Meine Mutter fand eine Anstellung in der Kantine einer ansässigen Firma und ich lernte durch den Fußball schnell neue Leute kennen. Verglichen mit dem, was ich so von Verwandten mütterlicherseits aus dem Ural (väterlicherseits sind alle nach Deutschland gekommen) beziehungsweise von Bekannten aus Kasachstan hörte, ging es uns wirklich gut.

Viele meiner Freunde aus Kasachstan sind mittlerweile verheiratet und mitunter sogar schon wieder geschieden. Einige sind zudem schon Eltern und nicht wenige sind in meinem Alter schon Alkoholiker. In Kasachstan ist es normal, dass man spätestens mit 20 Jahren verheiratet ist. Ist dem nicht so, passt man irgendwie nicht dazu, auch das erste Kind kommt, verglichen mit Deutschland, gewöhnlich viel früher.

---

12   Genehmigung- authorization

13   reception camp

Heimatbesuche?

1997 waren wir einmal für drei Wochen bei der Schwester meiner Mutter zu Besuch. Sie wohnt im Ural und obwohl wir erst vier Jahre in Deutschland lebten, waren die Zustände dort für uns schon unvorstellbar dreckig geworden. Noch immer waren die meisten Straßen nicht geteert und alles wirkte alt und heruntergekommen. So gab es beispielsweise keine Toilette, sondern draußen im Garten ein Klohäuschen, ein Plumpsklo, auf dass man sich nicht zu setzen gewagt hätte. Bei jedem Wetter musste man also hinausgehen, wenn man mal musste. Auch eine Besonderheit war der Waschtag, dieser fand jeden Samstag statt und war die einzige Gelegenheit sich zu waschen. Auch das Essen fiel eher spartanisch aus und Obst gab es zum Beispiel gar nicht.

Bei diesem Besuch wurde mir klar, wie gut es einem in Deutschland geht. Hier wird die ganze Zeit gejammert, aber wenn man sich nicht allzu dumm anstellt, kann man hier ein tolles Leben führen. Hier gibt es ein Sozialsystem, welches einen absichert und eigentlich muss niemand auf der Straße leben oder Hunger leiden. Das Problem ist, dass man in Deutschland den Luxus, in dem man lebt, nicht mehr wahrnimmt, da er schon immer gegeben war. Hat man jedoch den Vergleich mit anderen Staaten, wird einem dies erst wieder ins Bewusstsein gerufen.

Schule

In Kasachstan besuchte ich bereits die siebte Klasse, die vorherrschende Fremdsprache war Deutsch, aber viel genutzt hat es mir bei meiner Ausreise nach Deutschland nicht, da wir lediglich einfache Sätze bilden konnten oder eben bis zehn zählen. Bevor ich in Deutschland auf die Schule konnte bekam ich zusammen mit meiner Schwester und verschiedenen anderen jugendlichen Einwanderern Förderunterricht.[14] Dieser dauert acht Monate und vermittelte ein Basiswissen der deutschen Sprache, aber um sie wirklich zu beherrschen reichte es nicht aus. Meine Eltern hingegen besuchten Sprachkurse, wobei sich vor allem meine Mutter sehr schwer tat. Eingeschult wurde ich dann in die fünfte Klasse in eine Hauptschule, da ich in Kasachstan noch keinen Englischunterricht hatte und dies hier erforderlich war. Die Schule hier ist viel lockerer als dies in Kasachstan der Fall war. Da ich in Kasachstan schon in der siebten Klasse war, tat ich mich insbesondere in Mathematik sehr leicht, was auch damit zusammenhängt, dass wir in Kasachstan keine Taschenrechner hatten und somit alles im Kopf rechnen mussten, während hier alles in den Taschenrechner oder den Computer eingegeben wird. Da ich auch auf Grund meines Freundeskreises, welcher sich mittlerweile hauptsächlich aus Deutschen zusammensetzte, keine großen Probleme mit der Sprache mehr hatte, vergingen die Jahre auf der Hauptschule ziemlich schnell und ohne große Probleme. Als es nun darum ging eine Berufswahl zu treffen wollte ich zunächst eine Schreinerlehre beginnen, aber auf sanften Druck meiner Mutter und wegen meinem guten Abschluss, habe ich mich dann doch dazu entschieden die Realschule[15] nachzuholen. Dafür besuchte ich zwei Jahre die Wirtschaftsschule, in dieser Zeit verdiente ich schon etwas Geld als Aushilfsfahrer für einen Autoverleih. Da ich so schon Kontakt zu dieser Firma hatte, fand ich nach meinem Realschulabschluss

---

14   remedial education

15   Siehe http://de.wikipedia.org/wiki/Deutsches_Bildungssystem für eine Erklärung des deutschen Bildungssytems

dort eine Ausbildung zum Bürokaufmann.[16] Nach meiner Ausbildung wurde ich von einem anderen Automobilvermieter übernommen, wo ich noch heute als Bürokaufmann arbeite.

Deutscher oder Russe?

Also, ich fühle mich eher als Deutscher, denn als Russe. Keineswegs würde ich jemals meine Herkunft verleugnen,[17] vielleicht ist Stolz nicht ganz der richtige Ausdruck, aber ich bin froh über meine Herkunft und darüber zwei Sprachen zu sprechen. Auf jeden Fall werde ich versuchen meinen Kindern noch etwas von der russischen Sprache weiter zu geben, wobei mir die Sprache immer mehr abhanden kommt. Nur noch selten rede ich Russisch und hin und wieder entfallen mir schon die Worte und ich muss sie irgendwie umschreiben, verstehen tu ich natürlich noch alles und das Lesen geht auch noch ganz gut, aber mit dem Schreiben müsste ich mich erst wieder genauer beschäftigen. Russisch rede ich nur noch mit meinen Eltern, mit meiner Schwester normalerweise immer Deutsch. Es ist schade, dass ich mittlerweile solche Probleme mit der russischen Sprache habe, was sicherlich damit zusammenhängt, dass ich kaum noch Kontakt zu anderen Spätaussiedlern habe. Den Kontrast zu mir sieht man in den Ballungszentren russischer Spätaussiedler. In Haidach zum Beispiel, einem Ortsteil von Pforzheim, lebt ein Cousin von mir. Ich schätze ungefähr 90% der Menschen, die dort leben, sind russischer Herkunft. Es gibt russische Geschäfte, russische Bars, russische Cafés usw. Man kann dort leben ohne Deutschkenntnisse, was dazu führt, dass viele Spätaussiedler große Schwierigkeiten beim Erlernen der deutschen Sprache haben. Andererseits macht es das Leben für ältere Menschen viel einfacher, denn sie genießen das Altvertraute und würden sich ansonsten in Deutschland wohl nur schwer zurechtfinden.

Gedanken darüber, nach Kasachstan zurückzukehren, habe ich mir nie gemacht. Ich fühle mich wohl in Deutschland und habe alles, was ich zum Leben brauche. Seit eineinhalb Jahren wohne ich nun schon mit meiner Freundin zusammen in einer eigenen Wohnung. Ich bin mir sicher, dass es die richtige Entscheidung meiner Eltern war nach Deutschland auszusiedeln.

1. Wie alt war Sergejs Großmutter, als sie nach Kasachstan gebracht wurde?
2. Beschreiben Sie die Sprachkenntnisse von Sergej, seinem Vater, seiner Mutter, und seiner Schwester.
3. Wie alt war Sergej, als seine Familie sich entschied, nach Deutschland einzureisen?
4. Was war eine der wichtigsten Gründe, warum seine Eltern auswandern wollten?
5. Nennen Sie zwei Dinge, die Sergej sofort auffielen, als die Familie in Deutschland ankam.

---

16   apprenticeship as an office administrator

17   to disown

6. Wie viele Familien wohnten in der Wohnung in dem Wohnheim für Spätaussiedler, wo Sergej und seine Familie Unterkunft fanden? Wie viel Platz hatte Sergejs 4-köpfige Familie?

7. Am Anfang waren Sergejs Freunde meistens andere Spätaussiedler. Wie und wann änderte sich das?

8. Warum hatte die Familie die ersten zwei Jahre wenig Geld?

9. Was machen junge Leute in Kasachstan generell früher als in Deutschland?

10. Nach seinem Besuch im Ural weiß Sergej sein Leben in Deutschland zu schätzen. Was hat man z. B. in Deutschland, was man nicht unbedingt wahrnimmt?

11. Warum fiel Sergej Mathematik in Deutschland relativ leicht?

12. Wer wollte, dass Sergej den Realschulabschluss macht?

13. Mit wem spricht Sergej nur Russisch? Welche Schwierigkeiten hat er jetzt, Russisch zu sprechen?

14. Warum findet Sergej es einerseits praktisch und andererseits problematisch, dass es in manchen russischen Siedlungen nur russische Geschäfte, usw. gibt, und dass nur Russisch gesprochen wird?

15. Würde Sergej nach Kasachstan zurückkehren?

16. Trafen Sergejs Eltern seiner Meinung nach die richtige Entscheidung, nach Deutschland einzuwandern?

17. Inwiefern ist Sergejs Situation anders als oder ähnlich wie Herberts in dem Film *Die Blindgänger*?

Die fetten Jahre sind vorbei

BR Deutschland/Österreich 2004
Regie: Hans Weingartner
Drehbuch: Katharina Held & Hans Weingartner
Darsteller: Daniel Brühl (Jan), Julia Jentsch (Jule), Stipe Erceg (Peter) und
Burghart Klaußner (Hardenberg)
FSK: ab 12 Jahren
Länge: 126 Minuten

Regisseur Hans Weingartner, der 2001 sein Studium an der Kölner Kunsthochschule für Medien abschloss, gewann mit seinem Filmdebüt „Das weiße Rauschen", den Max Ophüls Preis 2001. Dieser Film, in dem Daniel Brühl die Hauptrolle spielt, handelt von einem jungen Mann, der an Schizophrenie leidet. *Die fetten Jahre sind vorbei* ist Weingartners zweiter Spielfilm und nach elf Jahren der erste deutsche Film, der zu den Filmfestspielen in Cannes eingeladen wurde.[1] Der Film wurde mit zwei digitalen Videokameras gedreht. Wichtig war dem Regisseur „…alles aus der Hand zu filmen, um so die notwendige Dynamik der Geschichte beizubehalten — sie handelt ja schließlich von jungen Menschen, die die Welt verändern wollen."[2]

---

1   Quelle: www.filmportal.de (Suchbegriff: Hans Weingartner)
2   Quelle: Arte.tv (http://www.arte.tv/de/DVD-News/954542.html)

Auszeichnungen (Auswahl)

Deutscher Filmpreis (2005):
  Bester Spielfilm in Silber
  Beste darstellerische Leistung—Männliche Nebenrolle (Burghart Klaußner)
Bayrischer Filmpreis (2005): *Darstellernachwuchspreis* (Julia Jentsch)
Verband der Deutschen Kritiker (2005):
  Bester Spielfilm
  Beste Darstellerin (Julia Jentsch)
Filmfest München (2004):
  Förderpreis Deutscher Film Regie (Hans Weingärtner)
  Schauspiel männlich (Stipe Erceg)
  Sonderpreis der Jury (Hans Weingärtner und Katharina Held für das Drehbuch)
Cannes Film Festival (2004): *Nominierung Goldene Palme*

Zusammenfassung des Films

„Der Mitteleuropäer guckt durchschnittlich vier Stunden Glotze am Tag. Da bleibt nicht mehr viel Zeit für revolutionäre Gedanken.", sagt Jan. Aber Jan, Peter und Jule sind nicht der Durchschnitt. Sie glotzen nicht und beschäftigen sich ständig mit revolutionären Gedanken. Die drei Idealisten stellen sich eine utopische Welt vor, in der es keine Reichen und Armen gibt, wo keiner ausgebeutet oder unterdrückt wird und wo man wild und frei leben kann. Als die „Erziehungsberechtigten" brechen Jan und Peter in Villen ein. Statt Sachen zu stehlen verrücken sie Möbel und Wertgegenstände und hinterlassen eine Botschaft, z. B. „Sie haben zu viel Geld" oder „Die fetten Jahre sind vorbei", damit die Villenbesitzer sich in ihren privaten Hochsicherheitszonen nicht so sicher fühlen und damit sie das gruselige Gefühl haben, beobachtet zu werden. Dann geht alles schief. Aus den Erziehungsberechtigten werden unversehens Entführer, die sich nicht an einem Möbelstück, sondern an einem Menschen vergehen. Außerdem wird die Beziehung zwischen den Freunden kompliziert. Werden aus den Freunden Feinde?

Figuren

Jan ist der Theoretiker und Planer der Gruppe, der gerne am Rand sitzt und andere beobachtet. Er ist enttäuscht von seiner Generation, die lieber vor dem Fernseher sitzt statt die Welt zu verbessern. Er ist stets bereit, Schwächere zu verteidigen und will Jule helfen, das Unrecht in ihrem eigenen Leben zu erkennen und zu bekämpfen.

Peter und Jan kennen sich aus der Schulzeit. Sie teilen eine Wohnung, einen VW-Kleinbus und später auch Peters Freundin Jule.

Jule hat Ärger — mit ihrem Vermieter, dem sie Geld schuldet, mit ihrem Chef und ihren Kunden, vor denen sie keinen Respekt hat und manchmal auch mit ihrem Freund, dessen Witze und Mangel an Verständnis für ihre finanzielle Lage ihr langsam auf die Nerven gehen.

Hardenberg erwartet keine Fremden in seiner Villa, als er berufshalber seinen Urlaub vorzeitig abbrechen muss. Er ist nicht darauf vorbereitet, gefesselt aus seiner Villa in eine Kleine Hütte in den Bergen entführt zu werden. Vor 30 Jahren wäre Hardenberg ironischerweise auf der Seite der Entführer gewesen. Der ehemalige 68er muss sich nun mit seiner Vergangenheit auseinandersetzen und seine Entscheidungen und jetzige luxuriöse Lebensweise seinen Entführern gegenüber rechtfertigen.

Kultureller und historischer Hintergrund

Die 68er-Studentenbewegung

In den 60er Jahren gab es internationale politische Studentenbewegungen. „Die deutsche Studentenbewegung ist eng mit der deutschen Geschichte vor und nach dem zweiten Weltkrieg verbunden. Obwohl es Parallelen zu den Bewegungen anderer Länder gibt, bezog sie sich auf die deutsche Situation. Dies betrifft insbesondere die Kritik an der Verarbeitung der nationalsozialistischen deutschen Vergangenheit, die einen maßgeblichen Anteil an Entstehung, Verbreitung und Zielrichtung der deutschen Studentenbewegung hatte. In den USA spielte hingegen der Antifaschismus und die Kritik am Kapitalismus keine, die antirassistische Bürgerrechtsbewegung hingegen eine sehr wichtige Rolle."[3]

Der Sozialistische Deutsche Studentenbund (SDS), ein politischer Studentenverband, spielte eine bedeutende Rolle in der Studentenbewegung. Gegen Ende der 60er Jahre wurden die Demonstrationen unruhiger und gewalttätiger. 1968 wurde der Studentenvertreter Rudi Dutschke, der 1961 kurz vor dem Mauerbau aus der DDR geflohen war, bei einem Attentat[4] verletzt. Er starb 1979 an schweren Hirnverletzungen — Spätfolgen des Attentats. Die Studentenbewegung wurde 1969 nach der Ermordung des Studenten Benno Ohnesorg aufgelöst. Ein bekanntes Mitglied an der Studentenbewegung war Joschka Fischer, später Vizekanzler und Außenminister im Kabinett von Bundeskanzler Gerhard Schröder (1998–2005). Die Anfänge der politischen Partei Die Grünen, deren Mitglied Joschka Fischer war, reichen bis in die 60er Jahre zurück.[5]

Der Kampf der Studenten „gegen die ‚verkrusteten Autoritätsstrukturen' in Schule, Universität, Elternhaus und Gesellschaft" hatte großen Einfluss auf die deutsche Alltagskultur: „Wohngemeinschaften, freiere Kinder- und Sexualerziehung sowie nicht-eheliche Beziehungen erscheinen heute als selbstverständlich."[6] Justus Hardenberg, eine Figur im Film, erinnert sich an die Studentenbewegung, als er im Vorstand vom SDS war und mit Rudi Dutschke gut befreundet war. Er sagt: „'68 war eine wilde Zeit, ich sah 'n bisschen anders aus, hatte so 'n Lockenkopf, abgewetzte Lederjacke, Schlaghosen, immer so 'ne Mütze, ein richtiger Revoluzzer.... Na ja, das war ja nicht nur eine politische Bewegung, es sollte ja auch Spaß sein. Freie Liebe, na ja…". Die Hauptfiguren Peter, Jan und Jule, die in einer Zeit ohne Jugendbewegung aufwachsen werden, sehnen sich nach Revolution und der Chance, die Welt zu verbessern.

---

3   Quelle: http://de.wikipedia.org/wiki/Deutsche_Studentenbewegung_der_1960er_Jahre

4   assassination attempt

5   Quelle: http://www.planet-wissen.de (Suchbegriff: Entstehung der Grünen)

6   Quelle: http://www.dhm.de/lemo/html/DasGeteilteDeutschland/KontinuitaetUndWandel/UnruhigeJahre/neuesImWesten.html

 **Zur Vorbereitung**

I. Wortschatz

ein
ohne Rückendeckung
Verbündete

die Demonstration

die Herstellung: *manufacture, production*
der Kapitalismus: *capitalism*

die Turnschuhe: *athletic shoes*

die Schulden: *debts*

die Kaution: *security deposit*
renovieren: *to renovate, refurbish, redecorate, fix up*
TÜV (Technischer Überwachungsverein): *inspection authority for quality control and safety*

die Versicherung; Autoversicherung: *insurance; car insurance*

die Erziehungsberechtigten (*guardians*)

those entitled to educate
Spießermoral → Spießer

abhauen [haute ab, ist abgehauen]: *to leave, take off, piss off (coll.)*
die Alarmanlage: *alarm device or system*
der Anstand: *decency*
die Ausbeutung: *exploitation* *Ausbeutungsbetriebung* *ex sweatshops*
das Bekennerschreiben: *letter/note claiming responsibility*
beobachten [beobachtete, hat beobachtet]: *to observe*
die Ehrlichkeit: *honesty*
einbrechen [bricht ein, brach ein, ist eingebrochen]: *break into, burglarize*
die Gerechtigkeit: *justice, equity*
die Glotze: *TV set (coll.)*
heftig: *intense, violent*
kiffen [kiffte, hat gekifft]: *to get high, smoke pot (coll.)*
klauen [klaute, hat geklaut]: *to steal, swipe, rip off (coll.)*

kleinbürgerlich: *petty (petit) bourgeois, lower-middle class; also narrow-minded*
sie ihnen fielen Empathie
die Möbel: *furniture*
die Moral: *moral, ethics*
der Nachahmungstäter: *copycat criminal*
pennen [pennte, hat gepennt]: *to sleep, to crash (coll.)*
plakatieren [plakatierte, hat plakatiert]: *to put up posters, ads or notices, placard*
das Prinzip: *principle*
riskant: *risky*
die Spießermoral: *bourgeois morals or mentality*
subversiv: *subversive* *untermeniert das System*
sich trauen [traute sich, hat sich getraut]: *to dare*
die Villa: *mansion*
der Wertgegenstand: *object of value*
unmoralisch: *immoral*
das Unrecht: *wrong, injustice*
die Unterdrückung: *oppression*
verstellen [verstellte, hat verstellt]: *to rearrange*
Vermögensverteiligung

die Entführung (*kidnapping, abduction*)

der Anspruch: *claim, entitlement*
der Beobachter/die Beobachterin: *observer*
der Bildschirm: *screen, monitor*
die Bullen: *cops (coll.)*
das Fernsehprogramm: *TV program, TV broadcasting*
der Fernsehsatellit: *TV satellite*
die Hütte: *cabin, cottage, shack*
der Sündenbock: *scapegoat*

der Teilnehmer/die Teilnehmerin: *participant*
die Verantwortung: *responsibility*
sich vergehen an [verging sich, hat sich vergangen]: *to commit an offense against*
sich verknallen [verknallte sich, hat sich verknallt]: *to fall in love, fall head over heels (coll.)*
sich verlieben [verliebte sich, hat sich verliebt]: *to fall in love*

II. Wortschatzübungen

Beantworten Sie die Fragen oder vervollständigen Sie die Antworten mit einem passenden Wort aus der Liste.

1. verstellen/ Glotze/ Kaution/ brechen ein/ pennt/ renovieren/ Versicherung/ Unrecht/ Hütte/ Villa

   a. Warum hat Jule große Schulden?

   Sie hat einen Autounfall verursacht. Da sie drei Monate ihre _____ nicht bezahlt hat, muss sie für den demolierten Mercedes bezahlen.

   b. Warum muss Jule ihre Wohnung renovieren?

   Wenn sie die Wohnung nicht renoviert—sie muss die Wände tapezieren—dann bekommt sie ihre _____ nicht zurück, und sie braucht das Geld.   *"Tapetenwechsel"*

   c. Was machen „die Erziehungsberechtigten"?

   Sie _____ in Villen _____. Sie sind aber keine „normalen" Einbrecher. Sie stehlen nichts. Stattdessen _____ sie alle Möbel und Wertgegenstände.

   d. Warum machen sie das?

   Sie halten es für _____, dass manche Menschen so viel Geld haben und wertvolle Gegenstände besitzen, während andere ausgebeutet und unterdrückt werden.

   e. Warum gibt es keine Jugendbewegung mehr? Was machen junge Menschen in ihrer Freizeit?

   „Der Mitteleuropäer guckt durchschnittlich vier Stunden _____ am Tag. Vier Stunden! Da bleibt nicht mehr viel Zeit für revolutionäre Gedanken."

   f. Warum entführen sie Hardenberg und wohin bringen sie ihn?

   Hardenberg ist nach Hause gekommen, während Jan und Jule noch in seiner _____ waren. Sie wussten nicht, was sie mit ihm machen sollten, denn sie wollten nicht von der Polizei erwischt werden. Sie bringen ihn zu einer kleinen _____ in den Bergen.

   g. Woher kennen sich Peter, Jan und Jule?

   Peter und Jan kennen sich seit fünfzehn Jahren. Weil Jule ihre Wohnung aufgeben musste, _____ sie entweder bei einer Freundin oder bei ihrem Freund Peter und seinem Mitbewohner Jan. Während Peter in Barcelona ist, hilft Jan ihr die Wohnung zu _____, damit sie die Kaution zurück bekommt.

III. Ideen sammeln/ Brainstorming

1. Haben Sie ein Auto? Ist Ihr Auto versichert? Kennen Sie jemanden, dessen Auto nicht versichert ist? Stellen Sie sich vor, dass Sie mit Ihrem nicht versicherten Auto einen Unfall verursachen. Der andere Wagen—ein Luxuswagen im Wert von über €100.000—hat einen Totalschaden. Niemand wurde schwer verletzt. Sind Sie als nicht versicherter Fahrer für den Schaden des anderen Autos verantwortlich? Nun stellen Sie sich vor, dass der andere Autofahrer sehr reich ist und seine Autos aus der Portokasse (*petty cash*) bezahlen kann. Er könnte sich ein neues Auto leisten oder einfach eins seiner vielen anderen Autos fahren. Ändert sich Ihre Meinung? Soll der wohlhabende Autofahrer Ihnen die Schulden erlassen (*to forgive your debts*)? Wie lange würden Sie brauchen, um eine Gesamtsumme von €100.000 (ohne Zinsen) zurück zu zahlen? Inwiefern wäre Ihr Leben anders, wenn Sie €100.000 schuldeten? Worauf müssten Sie verzichten? Könnten Sie sich noch ein Studium leisten? Was würden Sie tun? An wen würden Sie sich wenden?

2. In diesem Film haben die sozialkritischen Hauptfiguren ihre eigene Art, gegen die Grundregel des „Systems" zu protestieren. Sie sind der Meinung, dass die Reichen das Leben der Armen erträglicher machen, der Dritten Welt die Schulden erlassen und ihre anderen sozialen Pflichten erkennen sollten. Dagegen wird argumentiert: Man kann nichts dafür, wo man geboren ist, dass man sich mehr als andere leisten kann, dass man zur richtigen Zeit die richtigen Ideen hat oder dass man seine Chancen nutzt, während andere die gleichen Chancen haben, aber nicht wahrnehmen. Was meinen Sie dazu? Haben Reiche ihr Vermögen verdient? Haben alle die gleiche Chance, erfolgreich und wohlhabend zu werden? Es gibt in den meisten Ländern eine ungleiche Vermögungsverteilung. In Bezug auf den gesamten Reichtum der Welt würde eine Person 99 % besitzen, während sich die anderen neun Personen den restlichen Prozent teilten. Laut neuer Studien besitzen zwei Prozent der Bevölkerung 50 % des Reichtums in der Welt. Ist das Ihrer Meinung nach gerecht oder ungerecht? Soll man versuchen, etwas dagegen zu tun, oder macht es keinen Sinn, gegen ein System zu kämpfen, das sich sowieso nie ändern wird?

IV. Internet-Übungen

(available online through the Focus website: http://www.pullins.com/)

V. Milling-Aktivität

Unterhalten Sie sich mit anderen Studenten im Klassenzimmer und notieren Sie ihre Antworten.

1. Hast du Mitbewohner?
2. Wirst du von deinen Eltern beim Studium finanziell unterstützt?
3. Hast du Schulden?
4. Bist du Kellner/Kellnerin, oder hast du als Kellner/in gearbeitet?
5. Kennst du jemanden, in dessen Haus oder Wohnung eingebrochen worden ist?
6. Hast du eine Lieblingsfernsehsendung?
7. Wie viele Stunden am Tag siehst du im Durchschnitt fern?
8. Interessierst du dich für Politik?

9. Hast du je gegen etwas protestiert oder an einer Demonstration teilgenommen?
10. Glaubst du, dass man arm, aber glücklich sein kann?

Erklär's mir: making suggestions using *lassen*

The German verb *lassen* has several meanings. Among the most familiar are 'to allow, let or permit' or 'to leave'. A common use of *lassen* is in making suggestions (e.g. *Lass uns ins Restaurant gehen.*). This construction is an example of an imperative that includes the speaker. In English, the phrase *lass uns* is expressed as 'let's'. Similar to the modal auxiliaries, the finite (conjugated) verb *lassen* is combined with another verb in its infinitive form that comes at the end of the sentence or clause. In the film, the *lass uns*-construction is used nearly exclusively by Jule.

Jule
> **Lass uns** mal bitte da vorfahren, da vorne links abbiegen, ok, dann zeig ich dir mal was!
> **Lass uns** runter zum See, vielleicht kommen wir da rein!
> Jan, **lass uns** reingehen, bitte.
> Hey, Jan, komm. Bitte, **lass uns** noch irgendwas Heftigeres machen.
> Hey, Mann, **lass uns** die Couch in 'n Pool schmeißen.
> Jan, Scheiße, **lass uns** abhauen, schnell!
> Nee, Jan. Jan, **lass uns** wieder abhauen, ja? Ich hab 'n Scheißgefühl!
> Komm, **lass uns** gehen.
> Komm, **lass uns** abhauen, **lass uns** abhauen, echt. Ich rede mit Peter. Wo ist er denn?
> Na komm, dann **lass uns** abhauen!
> Komm, **lass uns** reingehen. Kalt!

Peter
> Ach, Quatsch, Mann, komm rein, **lass uns** was trinken.

Other occurrences of *lassen* include the following:

Jule: Hey, **lass** ihn los! Das ist 'ne angemeldete Demo!
Betrunkener: Hey, **lasst** mich… **lasst** mich in Ruhe!
Jan: Der ist doch total fertig. **Lasst** ihn in Ruhe!
Jule: Nee, komm, bitte, **lass** mich!
Jan: Wenn wir uns in der Sache nicht einig sind, dann können wir's gleich bleiben **lassen**.
Jan: **Lass** dich nicht von der Angst treiben..
Hardenberg: Haut doch einfach ab, wir können doch die Polizei aus dem Spiel **lassen**!
Jule: **Lass** ihn doch!
Peter: Zweitens, wir hauen ab und **lassen** ihn hier plus Essen für eine Woche.
Hardenberg: Es war eine unendliche Sauerei, ich musste noch die Handwerker kommen **lassen**.
Jule: Nee, **lass** mal.

VI. Die Handlung voraussagen

Denken Sie noch einmal an die Übungen, die Sie zum Thema *Die fetten Jahre sind vorbei* gemacht haben. Wovon handelt der Film Ihrer Meinung nach? Welche Erwartungen haben Sie an den Film?

1. In welches Filmgenre würden Sie *Die fetten Jahre sind vorbei* einordnen? (z. B. Liebesfilm, Kinderfilm, Komödie, Thriller, Horrorfilm, Action, Drama, Historienfilm, Science Fiction oder Western)

2. Welche Zielgruppe wird dieser Film ansprechen, z. B. Kinder, Jugendliche/ Teenager, Frauen, Männer, Studenten, Sportler usw.?

3. Wie und wo wird die Geschichte anfangen?

4. An welchen dieser Drehorte werden keine Filmaufnahmen gemacht? In einer Villa, in einer Straßenbahn, bei einer Demonstration, in einem Kleinbus, in einem Flugzeug, in den Bergen, in einem Restaurant, in einer Hütte, in einer Kneipe oder in einer Telefonzelle?

5. Schauen Sie sich das Standfoto auf der ersten Seite dieses Kapitels an. Was passiert in dieser Szene? Wird sie gegen Anfang, Mitte oder Ende des Films geschehen?

6. Wird der Film ein Happy-End oder eher ein trauriges Ende haben? Begründen Sie Ihre Antwort.

 ## Zum Inhalt

I. Richtig oder falsch?

Geben Sie an, ob die Aussagen richtig oder falsch sind und verbessern Sie die Falschen.

1. Peter protestiert bei einer Anti-Sweatshop[7]-Demonstration.

2. Jan gibt einem Betrunkenen in der Straßenbahn seinen Fahrschein.

3. Jan schmeißt die von Peter geklaute Armbanduhr aus dem Fenster des Kleinbusses.

4. Jule hat fast 10.000 Euro Schulden, weil sie mit ihrem nicht versicherten Auto einen Unfall verursacht hat.

5. Jule wird gekündigt, weil sie bei der Arbeit in der Küche geraucht hat.

6. Peter erklärt Jule, dass er und Jan nicht plakatieren, sondern in Villen einbrechen.

7. Jule will sich unbedingt in Hardenbergs Villa umschauen.

8. Jan und Jule schmeißen ein Sofa in den Pool.

9. Jan verliert sein Handy in Hardenbergs Villa.

10. Hardenberg erwischt Jan und Peter, die sich spontan entschließen, ihn zu entführen.

11. Hardenberg lügt in Bezug auf sein Einkommen: Statt € 3,4 Mio. sagt er, er verdiene € 100.000 im Jahr.

---

7   Sweatshop = Ausbeutungsbetrieb

12. Peter erklärt Jan und Jule seine Idee, die Fernsehsatelliten für ganz Europa lahm zu legen.

13. Als junger Mann war Hardenberg auch Rebell.

14. Aus einer Telefonzelle ruft Hardenberg seine Frau, seinen Chef und die Putzfrau an.

15. Peter und Jule sind überrascht, als Jan ihnen die Pistole zeigt.

16. Hardenberg merkt, dass Jan und Jule in einer Beziehung sind.

17. Peter betrinkt sich mit den Einheimischen in einer Kneipe. Danach kehrt er zur Hütte zurück.

18. Die drei bringen Hardenberg nach Hause, wo er ihnen verspricht, keine Strafanzeige zu erstatten.

19. Peter will alles aufgeben, aber Jan und Jule überreden ihn, das nicht zu machen.

20. Schließlich werden Jan, Jule und Peter von der Polizei erwischt.

II. Fragen zum Inhalt

Kapitel 1: Die fetten Jahre...

1. Als die Familie aus dem Urlaub nach Hause kommt, sind die Erziehungsberechtigten bereits da. Wo findet die Tochter die Meißner-Soldaten ihrer Mutter und der Sohn die Stereoanlage?

Kapitel 2: Demo

2. Gegen welches vermutlich in Sweatshops hergestellte Produkt protestieren Jule und die anderen?

Kapitel 3: In der Straßenbahn

3. Wie reagiert Jan auf die Fahrscheinkontrolleure, die den Betrunkenen nach seinem Fahrschein fragen?

Kapitel 4: Eine treue Seele

4. Was macht Jan, als er in die Wohnung kommt? Warum ärgert er sich?

Kapitel 5: Normale Einbrecher?

5. Warum wird Jan so wütend auf Peter, dass er ihm vorwirft, den Zweck der Erziehungsberechtigten nicht zu begreifen?

6. Warum ärgert sich Jule bei der Arbeit über ihre Kundinnen? Was wollen sie und warum?

Kapitel 6: Wände plakatieren

7. Was macht Jule, als sie nach dem Dienst durchs Parkhaus geht?

Kapitel 7: Renovierung

   8.   Warum kann Jule nicht mit Peter nach Barcelona?

Kapitel 8: Scheiß Moral

   9.   Warum hat Jule große Schulden?

  10.   Wie reagiert Jan, als er von ihren Schulden erfährt?

Kapitel 9: Chancen bei Frauen

  11.   Warum sagt Jule, dass Jan einen „Riesenerfolg bei Frauen" haben müsse? Was kann er so toll?

Kapitel 10: Tapetenwechsel

  12.   Was machen Jan und Jule mit der Wohnung anstatt die Wände zu tapezieren?

Kapitel 11: Rauchen am Arbeitsplatz

  13.   Warum wird Jule von ihrem Chef gekündigt?

  14.   Wen verteidigt* Jule bei der Arbeit? (*verteidigen = *to defend*)

Kapitel 12: Revolutionäre Gedanken

  15.   Wo befinden sich Jan und Jule, wenn sie das Rebellieren und revolutionäre Gedanken besprechen?

Kapitel 13: Die Erziehungsberechtigten

  16.   Glaubt Jule Jan zunächst, als er ihr erklärt, wie er und Peter in die Villen einbrechen und die Möbel verrücken?

Kapitel 14: Günstige Gelegenheit

  17.   Nach wessen Villa sucht Jule?

  18.   Jule meint, dass die Familie im Urlaub ist, und sie will reingehen. Warum ist Jan gegen ihre Idee?

  19.   Jan schaut nach, ob die Villa auf der Liste der Häuser steht, deren Alarmsysteme von Peters Firma installiert worden sind. Steht Hardenbergs Villa tatsächlich auf der Liste?

Kapitel 15: „Sie haben zu viel Geld"

  20.   Was macht Jule mit den Wein- und Sektflaschen, die sie im Weinkühlschrank findet?

  21.   Was findet Jule im Pool, das aus Jans Tasche rutscht?

Kapitel 16: Peter ist zurück

  22.   Wovon handelt der Zeitungsartikel, den Peter Jan vorliest?

  23.   Was schenkt Peter Jule?

  24.   Warum muss Jule dringend mit Jan reden?

Kapitel 17: Heimkehr

25. Warum brechen Jan und Jule erneut in Hardenbergs Villa ein?

26. Finden sie das, was sie suchen?

Kapitel 18: Böse Überraschung

27. Erkennt Hardenberg Jule?

28. Warum sagt Jan, „ich pack das nicht" Peter anzurufen? Warum muss Jule es tun?

29. Auf wen bezieht sich der Titel dieses Kapitels?

Kapitel 19: Die Berghütte

30. Gefällt Jule die Idee, Hardenberg mitzunehmen?

31. Wem gehört die Hütte, in der sie sich verstecken?

Kapitel 20: Drei Möglichkeiten

32. Als eine Möglichkeit schlägt Peter vor, dass sie Hardenberg töten. Meint er das im Ernst? Wie reagiert Jule auf diese Möglichkeit?

33. Warum kritisieren die drei Hardenbergs Lebensweise?

Kapitel 21: Hardenbergs Geschichte

34. Warum zeigt Jan Peter und Jule eine Seekarte? Was hat er vor?

35. Sind Jan, Jule und Peter überrascht, als sie herausfinden, dass Hardenberg vor 30 Jahren auch revolutionäre Gedanken hatte?

Kapitel 22: Die Lösung?

36. Jan sagt zu Peter: „Für die Bullen sieht die sehr echt aus." Was meint er? Was sieht echt aus?

Kapitel 23: Das Telefonat

37. Peter sucht den Autoschlüssel in Jans Jackentasche. Was findet er in der Tasche zusammen mit dem Autoschlüssel?

Kapitel 24: Karriere

38. Was muss Hardenberg zum ersten Mal seit langem selber waschen?

Kapitel 25: Arm aber glücklich

39. Wem erzählt Jule, dass sie sich immer als Beobachterin und nicht als Teilnehmerin gefühlt hat?

40. Jan und Jule fahren ins Dorf, um Lebensmittel zu besorgen. Was machen sie auf dem Weg?

Kapitel 26: Freundschaft

41. Warum wird Peter plötzlich böse auf Jan und Jule?

42. Wo tröstet sich Peter?

Kapitel 27: Heimkehr

43.   Was gibt Hardenberg Jule, bevor er in sein Haus geht?

44.   Sind die drei noch da, als die Polizei die Wohnung stürmt?

Kapitel 28: ...sind vorbei

45.   Mit wessen Yacht segeln die drei am Ende des Films davon?

III. Aussagen zuordnen

Lesen Sie die folgenden Aussagen und geben Sie an, von wem die Äußerung stammt: von Jan (6), von Jule (6), von Peter (4) oder von Hardenberg (4). Die Aussagen stehen in der gleichen Reihenfolge, wie sie im Film vorkommen.

1.   _____ Mann, Jule, ich kenne Jan seit 15 Jahren. Vielleicht ist er ein wenig unberechenbar, aber dafür 'ne richtig treue Seele! Und er hat Rückgrat, das haben nicht viele, ok?

2.   _____ Was hat 'n das mit Moral zu tun? Wenn die denken, dass wir normale Einbrecher sind, dann ist alles für 'n Arsch! Wenn wir uns in der Sache nicht einig sind, dann können wir's gleich bleiben lassen.

3.   _____ Ist doch nicht schlimm. Jeder hat Schulden, ich hab auch Schulden...was denn für 'ne Dimension? 1.000 Euro, 10.000 Euro? Mehr? 20.000? 30.000?

4.   _____ Ja, also konkret... irgendwie wollte ich... das hört sich total bescheuert an. Irgendwie wollte ich einfach nur wild und frei leben.

5.   _____ Kiffen erstickt die revolutionäre Energie der Jugend!

6.   _____ Das Rebellieren ist schwieriger geworden. Früher brauchtest du nur zu kiffen und lange Haare zu haben, und das Establishment war automatisch gegen dich. Und was früher subversiv war, kannst du heute im Laden kaufen.

7.   _____ Ihr geht plakatieren. Oder nicht? Wie? Wie, was macht ihr denn dann?

8.   _____ Einbrecher sind ja gewohnt. Nee, die sollen richtig Schiss kriegen! Wenn die dann am Bankschalter stehen, flüstert 'ne leise Stimme: „Sie haben zu viel Geld, Sie haben zu viel Geld."

9.   _____ Jan, ich muss da rein, ich will sehen, wie das Arschloch haust, bitte!

10.   _____ Hey, Mann, lass uns die Couch in 'n Pool schmeißen. Ist doch 'ne geile Idee. Komm, bitte. Na los!

11.   _____ Jan, ich muss mit dir reden! Ich glaub, ich hab mein Handy in der Villa verloren, gestern.

12.   _____ Ihr glaubt, ihr seid was Besseres, was? Aber ihr seid auch nicht besser als Terroristen, arbeitet nach denselben Methoden: Angst und Schrecken verbreiten.

13. _____ Realistisch gesehen haben wir drei Möglichkeiten. Erstens, wir machen ′ne Entführung daraus und fordern Lösegeld. Dann hat sich die ganze Scheiße wenigstens gelohnt und wir haben ein wenig Geld für unser neues Leben, weil ins alte… können wir eh nicht zurück.

14. _____ Wir leben in einer Demokratie, ich muss mich nicht dafür rechtfertigen, dass ich Dinge besitze, für die ich zahle.

15. _____ Falsch. Wir leben in einer Diktatur des Kapitals. Alles, was du besitzt, hast du gestohlen!

16. _____ Ich gebe ja zu, dass manches richtig ist von dem, was du sagst, aber ich bin der falsche Sündenbock, ich habe vielleicht nach den Spielregeln gespielt, aber ich habe sie nicht erfunden.

17. _____ Es kommt nicht darauf an, wer die Pistole erfunden hat, sondern wer den Abzug zieht.

18. _____ Na ja, das war ja nicht nur eine politische Bewegung, es sollte ja auch Spaß sein. Freie Liebe, na ja… wem sag ich das?

19. _____ Wir haben Scheiße gebaut. Hardenberg zu entführen, war moralisch unter aller Sau. Und wir haben es nicht getan, um die Welt zu retten, sondern nur unseren eigenen Arsch.

20. _____ Was mich wirklich kränkt, ist nicht, dass du mit Jule geschlafen hast, sondern dass du mich ständig für einen Idioten hältst. Wenn ich ′ne Rolex klaue, heißt das nicht, dass ich nicht an unser Ding glaube. Ich glaub daran, Mann. Wir drei, verdammt noch mal. Das ist wichtiger als ′ne Spießermoral.

IV. Standfotos beschreiben

1. Zum Bild: Geben Sie eine ausführliche Beschreibung dieser Fotos.
2. Zum Inhalt: Was passiert in diesen Szenen?

A. Stop Sweatshops (Kapitel 2: Demo)   B. Jedes Herz (Kapitel 10: Tapetenwechsel)

C. Glückshormone (Kapitel 16: Peter ist zurück)

D. Die Kneipe (Kapitel 26: Freundschaft)

Zur Diskussion

I. Interview mit einem Partner

1. Wie war dein erster Eindruck von dem Film?
2. Wie fandest du den Film insgesamt?
3. Was hat dir an dem Film besonders gefallen?
4. Was hat dir nicht besonders gefallen?
5. Was hast du im Film nicht erwartet?
6. Welche Szene hat dir am besten gefallen?
7. Wie fandest du das Ende? Hast du erwartet, dass der Film so endet?
8. Welche Figur im Film hat dir am besten gefallen? Warum?
9. Welche Figur hat dir nicht so gut gefallen? Warum nicht?
10. Was hast du von diesem Film gelernt?

II. Meinungsaustausch

1. Was haben Peter, Jan und Jule gemeinsam? Verstehen sie sich gut? Warum sind Jule und Peter scheinbar auseinander gegangen? Sind Jan und Jule ein besseres Paar? Warum?
2. Jan und Jule verlieben sich, während Peter in Barcelona ist. Warum sagen sie Peter nicht sofort, was passiert ist? Was hättest du an ihrer Stelle getan?
3. Wie erfährt Peter von der Liebesbeziehung zwischen Jan und Jule? Wie reagiert er darauf? Bist du überrascht von seiner Reaktion?
4. Was für eine Arbeit hat Jule? Warum wird sie gefeuert? Was machen Jan und Peter, um Geld zu verdienen? Warum erfahren wir relativ wenig über die Hauptfiguren, z. B. über ihre Vergangenheit oder ihre Familie? Im Gegensatz dazu erfahren wir einige Details über Hardenbergs Vergangenheit, seine Beziehung zu seiner Frau,

was er im Jahr verdient, was er besitzt und wie seine Köchin und Putzfrau heißen. Macht der Regisseur das mit Absicht? Warum?

5. Warum schreiben Jan und Jule „Jedes Herz ist eine revolutionäre Zelle!" an die Wand in Jules Wohnung. Was meinen sie damit?

6. Peter lässt Jule denken, dass er und Jan nachts plakatieren gehen. Warum belügt Peter seine Freundin? Die Wahrheit erfährt sie erst von Jan, der diese Seite seines Lebens mit ihr teilen will. Wie reagiert Jule, als sie die ganze Geschichte hört?

7. Jule ist sehr aufgeregt, als sie Hardenbergs Villa finden. Sie will sofort rein, doch Jan hält sie davon ab, da es viel zu riskant sei, spontan reinzugehen. Nachdem Jan sicher ist, dass er das Alarmsystem knacken kann, brechen sie in die Villa ein. Beschreibe, was sie in der Villa machen. Was machen Jan und Jule anders als es Peter und Jan sonst tun?

8. Kann diese Tat — der Einbruch in Hardenbergs Villa — als Wendepunkt in der Beziehung zwischen Jan und Jule betrachtet werden? Wie verläuft ihre Beziehung danach? Hat Peter tatsächlich keine Ahnung von ihrer Beziehung, oder will er die Wahrheit bloß nicht erkennen?

9. In zwei Szenen sucht jemand nach etwas und findet auf der Suche etwas Überraschendes. Jan sucht in Peters Tasche nach einem Feuerzeug und findet die Rolex-Armbanduhr, die Peter aus einer Villa gestohlen hat. Später in der Hütte sucht Peter nach dem Autoschlüssel und findet das Foto von Jule, das Jan in ihrer Wohnung aufgenommen hat. Beschreibe, warum Jan von Peter enttäuscht ist und wie sich Peter fühlt, als er das Foto von Jule sieht.

10. Beschreibe die Atmosphäre in der Hütte.

11. Es gibt zwei Versionen dieses Films. In der deutschen Fassung endet der Film mit den Dreien an Bord einer Yacht irgendwo am Mittelmeer. Die andere Fassung, die u. a. in den USA und Großbritannien erschien, endet mit der Parallelmontage zwischen dem Polizeiangriff und dem Hotelzimmer, wo Jan, Jule und Peter von dem spanisch sprechenden Zimmermädchen geweckt werden. Wie findest du dieses alternative Ende?

12. Es gibt Internetgerüchte, dass ein Hollywood-Remake von diesem Film schon geplant wird. Wie stellst du dir diese Neuverfilmung vor? Wer würde die Rollen von Jan, Jule, Peter und Hardenberg besetzen? Inwiefern wäre ein Hollywood-Remake dieses Films anders als das Original? Welche Version würde dir wahrscheinlich besser gefallen und warum? Kennst du andere Hollywood-Neuverfilmungen ausländischer Filme?[8]

---

8 .Einige Beispiele sind: *No Reservations* (USA 2007)/ *Bella Martha* (Deutschland 2001), *The Italian Job* (USA 2003)/ *The Italian Job* (UK 1969), *Vanilla Sky* (USA 2001)/ *Abre Los Ojos* (Spanien 1997), *The Vanishing* (1993 USA)/ *Spoorlos* (1988 Die Niederlände) und *Three Men and a Baby* (USA 1987)/ *Trois hommes et un couffin* (Frankreich 1985). Auch geplant ist eine Hollywood-Neuverfilmung von *Das Leben der Anderen*. Die Rechte wurden dafür bereits 2007 von Harvey Weinsteins „Weinstein Company" gesichert.

III. Standfotos diskutieren

Auf diesen Standfotos sehen Sie Hardenberg allein. Diskutieren Sie, wie er sich in jeder der hier dargestellten Szenen fühlt. Wählen Sie für jede Szene ein passendes Adjektiv, das seine inneren Gefühle am besten beschreibt.

A. Gefesselt (Kapitel 18: Böse Überraschung)

B. In der Küche (Kapitel 26: Freundschaft)

C. Zu Hause (Kapitel 27: Heimkehr)

D. Der Angriff (Kapitel 27: Heimkehr)

Zur Analyse, Interpretation und Reflexion

I. Motive

Inhaltsmotive

Viele Motive werden in diesem Film thematisiert. Erklären Sie, inwiefern folgende Motive in der Handlung eine Rolle spielen. Welche weiteren Motive gehören auch dazu? Welche Motive werden durch jede der Hauptfiguren besonders verkörpert? Welche sind Ihrer Meinung nach Zentralmotive und welche Randmotive?

- Freundschaft
- Vertrauen
- Liebe
- Eifersucht
- Selbstbewusstsein, Selbstständigkeit
- Versöhnung (*reconciliation*)
- Veränderung
- Freiheit

- Gleichheit
- Gerechtigkeit
- Rebellion/ Aufstand
- Sozialpolitik
- Sozialkritik
- Aktivismus
- Kapitalismus
- Materialismus

Symbole und Gegenstände

Erklären Sie, was folgende Gegenstände symbolisieren könnten. Welche anderen bedeutungsvollen Symbole fallen Ihnen ein?

- die Villa
- die Alarmanlagen und die Sicherheitskamera
- das Bekennerschreiben
- die Fahrscheinkontrolleure
- die Rolex
- das Gourmet-Restaurant
- der rote Lack (*paint*) für die Wände
- der Handabdruck
- das Gras
- das Foto von Jule
- der VW-Kleinbus
- die Polizei (die Bullen)
- das Negligé

- das Handy
- die Berghütte
- die Seekarte
- die Gaspistole
- die Telefonzelle
- der Autoschlüssel
- die Kneipe
- der Brief von Hardenberg
- der Anzug (den Hardenberg im Polizeiwagen trägt)
- das Zimmermädchen
- die weißen Bettlaken im Hotel
- die Yacht

Wohngemeinschaften

Eine Wohngemeinschaft (WG) bezeichnet das „freiwillige Zusammenleben mehrerer unabhängiger Personen in einer Wohnung. Allgemeine Räume wie Bad, Küche, evtl. Wohnzimmer werden dabei gemeinsam genutzt."[9] Für viele Studenten ist das Zusammenleben die Norm. In England hat man *flatmates*, in den USA *roommates*. Das Konzept einer derartigen Wohnform geht zurück auf die Kommunen der 60er Jahre. Hardenberg wohnte z. B. als Student mit seiner Frau und anderen in einer WG. Als „arm aber glücklich" beschreibt er diese einfachere Zeit in seinem Leben. Als Jule aus ihrer eigenen Wohnung ausziehen muss, sagt ihr Peter: „Komm, jetzt ziehst du erst mal zu mir. Wird bestimmt ´ne witzige WG, oder?" Inwiefern wird das Alltagsleben in der Berghütte schnell zu einer Art Wohngemeinschaft?

Musik[10]

Musik hat eine deutliche Präsenz im Film. Lediglich in ein paar Szenen wird die Musik als Originalton eingesetzt. Jan und Jule hören Musik, während sie ihre Wohnung

---

9   Quelle: http://de.wikipedia.org/wiki/Wohngemeinschaft

10   Viele dieser Ideen zum Thema Musik stammen aus dem bpb-Filmheft von Ingrid Arnold (S. 14).

tapezieren, und in der Disko gibt es auch Musik. Eine wichtigere Rolle spielt die Musik allerdings als Soundtrack. Die energetische Rockmusik, die man hört, nachdem Jan und Peter bzw. Jan und Jule in eine Villa einbrechen, spiegelt den Zustand der Hochstimmung der Hauptfiguren wider. Hingegen gibt es gegen Ende des Films melancholischeren Folk, z. B. das Lied „Hallelujah" von Jeff Buckley.[11] Beschreiben Sie Ihren Eindruck der Filmmusik. Gefällt Ihnen die Musik? Inwiefern fungieren die verschiedenen Musikrichtungen (z. B. Rockmusik oder Folk) als Brücke zwischen zwei Generationen?

II. Standfotos interpretieren

Auf diesen Standfotos sehen Sie jeweils zwei der Hauptfiguren. Auf dem letzten Bild sind alle drei zu sehen. Welche Motive beziehen sich auf diese Fotos? Stellen Sie bei den Figuren im Verlauf der Handlung eine Entwicklung fest?

A. Peter & Jule (Kapitel 19: Die Berghütte)

B. Jan & Jule (Kapitel 21: Hardenbergs Geschichte)

C. Peter, Jan & Jule (Kapitel 27: Heimkehr)

---

11   Das Lied „Hallelujah" wurde 1984 von Leonard Cohen geschrieben und aufgenommen. Übrigens ist der Coverversion von Jeff Buckley (*Grace* 1994) nicht auf dem CD-Soundtrack zum Film. Stattdessen gibt es eine Version des Lieds von Lucky Jim. Hören Sie beide Versionen auf www.amazon.de (Suchbegriffe: Die fetten Jahre Audio CD; Jeff Buckley *Grace*) oder auf YouTube.com.

III. Schreibanlässe

1. Den Film fortsetzen: Dieser Film hat ein ziemlich offenes Ende. Wie könnte es weitergehen? Werden Jan, Jule und Peter bei ihrem Versuch, den Fernsehsatelliten für ganz Europa außer Betrieb zu setzen, erfolgreich sein? Werden sie verhaftet? Was wird mit Hardenberg passieren?

2. Vorgeschichte ergänzen: Was geschah mit Hardenberg am Tag, bevor die Geschichte beginnt?

3. Fehlende Teile ergänzen: Was ist mit Peter passiert, während er in Barcelona war?

4. Szene umschreiben: Wählen Sie eine Szene aus dem Film und schreiben Sie sie um.

5. Perspektive ändern: Wählen Sie eine Szene aus dem Film und schreiben Sie sie aus einer anderen Perspektive um.

6. Ein anderes Ende: Schreiben Sie ein neues Ende für den Film.

7. Stellen Sie sich vor, dass Sie, ein bekannter Regisseur / eine bekannte Regisseurin, eine Neuverfilmung von diesem Film machen. Was würden Sie anders machen?

IV. Zur Reflexion, zur Diskussion, zum Schreiben

1. Jan ist mit seinen Ideen und Plänen der Theoretiker der Gruppe. Jule glaubt fest daran, dass der Reichtum ungerecht verteilt wird und nimmt an Demonstrationen gegen die Ausbeutung der Arbeiter teil. Peter äußert sich relativ wenig und hält sich nicht für gebildet. Trotzdem ist es Peter, der Jan und Jule zu Hilfe kommt, und es ist Peter, der den Vorschlag macht, Hardenberg zu entführen. Inwiefern spielt jeder von ihnen eine wichtige, wenn auch verschiedene, Rolle in der Gruppe?

2. Erklären Sie, inwiefern diese Dreierkonstruktion wichtig für die Handlung ist.

3. Wovon handelt dieser Film in erster Linie: von Liebe oder von Freundschaft? Begründen Sie Ihre Antwort.

4. Jule und Jan haben beide zu Beginn des Films Ärger: Jan mit den Fahrscheinkontrolleuren und dann später mit Peter wegen der gestohlenen Armbanduhr, Jule erstens wegen des Mahnschreibens vom Anwalt des Hauseigentümers und der Nachricht, dass sie die Reise nach Barcelona wegen der Renovierung absagen muss, zweitens mit den neureichen Frauen im Restaurant, deren Getränk in den falschen Gläsern serviert wird und drittens mit ihrem Chef, der sie beim Rauchen in der Küche erwischt. Außerdem verteidigen Jan und Jule einen Mitmenschen (Jan den Penner in der Straßenbahn und Jule den Koch im Restaurant). Fungieren diese Szenen als eine Art Vorahnung, dass etwas zwischen den beiden passieren wird?

5. Vermittelt der Film eine politische Botschaft? Welchem gesellschaftskritischen Zweck dient er? Was will der Regisseur mit dem Film erreichen? Ist es ihm gelungen?

6. Wie finden Sie die Ziele und Methoden der Erziehungsberechtigten? Was machen Jan und Peter im Namen der Gerechtigkeit? Jule fragt Jan, warum er und Peter die Villen nicht ausräumen und alles den Armen geben. Jan behauptet, dass sie

keine einfachen Einbrecher seien. Fallen Ihnen andere Möglichkeiten ein, wie die Erziehungsberechtigten größere Aufmerksamkeit auf sich ziehen könnten?

7. Welche Rolle spielen Drogen im Film? Wie benehmen sich die Figuren, wenn sie kiffen oder Alkohol trinken? Jan redet mit Jule über körpereigene Drogen und wie man sie sich zu Nutze machen kann (siehe Dialog unten). Inwiefern wirken körpereigene Drogen auf die Hauptfiguren? Meint Jan im Ernst, dass die Glückshormone die „härteren" Drogen sind, oder scherzt er nur? Rutschen Jan und Jule tatsächlich wegen körpereigener Drogen in die Beschaffungskriminalität ab? Wie ist es mit Peter? Was treibt ihn an?

> Jan: Aber körpereigene Drogen sind eigentlich auch nicht schlecht, sind viel geiler.
>
> Jule: Adrenalin, oder was?
>
> Jan: Ja, zum Beispiel. Da gibt's tausend Sachen, Endorphine…
>
> Jule: Ja, oder Glückshormone, wenn du so richtig verknallt bist!
>
> Jan: Ja gut, das sind aber schon die härteren Drogen. Da muss man richtig aufpassen.
>
> Jule: Dass man nicht in die Beschaffungskriminalität* abrutscht. (*drug-related crimes*)
>
> Jan: Angst ist eine geile Droge.
>
> Jule: Hm?
>
> Jan: Lass dich nicht von der Angst treiben, du musst sie als Motor verwenden. Das kannst du trainieren. Du musst dich in so 'ne Situation reinversetzen, wo du richtig Schiss hast. Dann hast du erst mal nur Panik. Aber nach 'ner Zeit setzen dann die Selbstschutzfunktionen vom Körper ein und dann traust du dich immer mehr. Und irgendwann wächst du richtig über dich hinaus und traust du dich irgendwann alles!

8. In der Berghütte diskutieren sie die politischen und gesellschaftlichen Grundregeln des Finanzsystems der Welt und inwiefern einige Menschen durch das System reich werden und der Rest arm gehalten wird, um ihn zu kontrollieren. Hardenberg behauptet, dass das große Ganze sich nie ändern wird. Auf Jans Frage „Warum nicht?" antwortet Hardenberg: „Weil es in der Natur der Menschen liegt, besser sein zu wollen als der andere. Weil in jeder Gruppe nach kürzester Zeit sich ein Anführer bildet. Und weil die meisten Menschen nur glücklich sind, wenn sie ständig was Neues kaufen können, zum Beispiel." Was meinen Sie dazu?

9. Inwiefern ändert sich Hardenberg während seiner Entführung? Wie fühlt er sich als Gefangener, zunächst am Anfang, als er gerade entführt wird, nachdem er mit der Putzfrau und seiner Frau in der Telefonzelle telefoniert und dann etwas später, als die Beziehungen zwischen Jan, Jule und Peter auseinander zu gehen drohen?

10. Trotz des Vertrauens und der Freundschaft, die zumindest äußerlich zwischen Hardenberg und dem Trio entstehen, informiert Hardenberg die Polizei, die die Wohnung am nächsten Morgen stürmt. Warum macht er das, obwohl er ihnen sagt, sie sollen sich „keine Sorgen wegen den Bullen" machen? Auf dem Zettel, den Jan, Jule und Peter in der alten Wohnung aufhängen, steht: „Manche Menschen

ändern sich nie". Wen meinen sie damit? Warum hinterlassen sie diese Botschaft? Hardenberg nahm an der 68er-Studentenbewegung teil. Hat er sich tatsächlich geändert oder nicht?

11. Inwiefern sind Jan, Jule und Peters gesellschaftskritische Ziele anders als die der 68er-Studentenbewegung? Inwiefern ähneln sie sich?

12. Lesen Sie folgende Auszüge aus dem Buch zum Film. Finden Sie, dass der Regisseur diese Dialoge in den Film hätte einbeziehen sollen? Ändert sich Ihre Meinung über Jan, Jule und Peter oder Hardenberg durch diese Gespräche?

   a. Peter schüttelt ungläubig den Kopf… „Ihr glaubt doch nicht allen Ernstes, dass Hardenberg uns nicht auffliegen lässt?[12] Spätestens morgen stehen bei uns die Bullen vor der Tür… Wir haben kein Zuhause mehr. Ich glaube, dass er es ehrlich gemeint hat, sagte Jule. Jan dachte genauso. Ich auch, sagte Peter. Aber morgen, da hat ihn sein altes Leben wieder, und dann ist „Heute" gaaanz weit weg. Einer wie der ändert sich nicht…. Gestern hat er uns vielleicht alle noch ganz lieb gehabt, okay, aber morgen früh sieht er das Sofa in seinem Pool und denkt sich: Hey—die haben mich entführt, verdammte Scheiße! Dass kann ich mir nicht gefallen lassen. Die sind 'ne echte GEFAHR![13]

   b. Jetzt warte doch mal, sagte Hardenberg. Das waren keine Terroristen. Das waren… —Wo ist der Unterschied? Ritas Erregung strahlte aus dem Telefon wie eine Heizlampe. Hardenbergs Ohr wurde ganz warm davon. –Die wollten das eigentlich gar nicht, sagte Hardenberg zögerlich. –Was soll das heißen: „Die wollten das nicht"? Du meinst, die sind nach Tirol gefahren und haben da plötzlich gemerkt, dass du gefesselt im Kofferraum liegst? –Es war kein Kofferraum, sagte Hardenberg. Die hatten einen Camping… —Das ist doch vollkommen gleichgültig! Hardenberg stand vor der Terrassentür und blickte in den Garten hinaus. –Wir waren auch mal so… —Justus! Er konnte sie atmen hören. Hast du jemals in deinem Leben einen Menschen entführt? Ihn gefesselt, geknebelt und mit dem Tode gedroht? –Na ja, ganz so war's nicht, sagte Hardenberg. Das sind keine Profis. Die sind einfach in Panik geraten und wussten sich nicht anders zu helfen. –Wenn du nichts unternimmst, insistierte Rita, dann entführen die in einer Woche den nächsten. Willst du das verantworten? –Ich weiß es nicht, gab Hardenberg zu…. Der Angriff erfolgte im Morgengrauen…Hardenberg verfolgte das Szenario aus dem Fond einer gepanzerten Limousine…Es geht los…Hardenberg dachte an die drei Tage auf der Alm: an Jule und ihren verzweifelten Willen, an Jan, den Eiferer, und an Peter, mit dem er Mau-Mau gespielt und sich maßlos bekifft und betrunken hatte. Er dachte an die gemeinsamen Essen, an den Blick auf die Berge und den See, an die Situation in der Telefonzelle. Woran er komischerweise nicht dachte, war: der Knebel, die Fesseln, die Pinkelflasche, der Durst, die Angst.[14]

---

12 jemanden auffliegen lassen = to blow the whistle on someone; to blow someone's cover

13 Quelle: Rai, Edgar. *Die fetten Jahre sind vorbei. Nach dem Film von Hans Weingartner.* Berlin: Aufbau Taschenbuch Verlag. 2004. S. 207.

14 Quelle: Rai, Edgar. *Die fetten Jahre sind vorbei. Nach dem Film von Hans Weingartner.* Berlin: Aufbau Taschenbuch Verlag. 2004. S. 209-10.

13. Wählen Sie eine der folgenden Aussagen und erklären Sie, inwiefern sie sich auf die Motive des Films bezieht.

> Jan: Irgendwie müssen wir das Ganze anders anpacken. Wir müssen es mal auf 'ne neue Stufe heben.
>
> Jule: Ich hab Scheiße gebaut und jetzt muss ich dafür gerade stehen.
>
> Jan: Das Rebellieren ist schwieriger geworden.
>
> Hardenberg: Ich kann nichts dafür, dass ich nicht in Südostasien geboren bin.
>
> Jan: Die Leute haben einfach keinen Bock mehr auf euer Scheiß-System.
>
> Jan: Das ist die Matrix. Du siehst sie und kannst nicht in ihr leben. Ich auch nicht.
>
> Hardenberg: Ich hab gedacht, mit dem Geld kommt die Freiheit. Das Gegenteil ist der Fall.
>
> Peter: Hör auf zu jammern. Drei Millionen Jahresgehalt sind Schmerzensgeld genug, oder?
>
> Peter: Ich dachte, wir sind Freunde, Mann. Ich hab dir vertraut, verstehst du das?
>
> Jule: Hardenberg zu entführen, war moralisch unter aller Sau.[15] Und wir haben es nicht getan, um die Welt zu retten, sondern nur unseren eigenen Arsch.
>
> Jan: Mann, ich kann keine Ansprüche stellen,[16] wenn ich selber das größte Arschloch bin. Es ist vorbei.
>
> Jule: Die besten Ideen überleben.
>
> Zettel an der Wand: Manche Menschen ändern sich nie.

Lektüre 1

Interview: Prekäre Superhelden—Wenn Armut Breitensport wird
Ox-Fanzine Ausgabe # 68[17]
von Olli Willms
http://www.ox-fanzine.de/

Dass meine eigene Lage „prekär" war und ist, war mir schon seit längerem klar. Im Laufe der Zeit wurde meine Stelle ausgelagert an einen Subunternehmer und ich friste seitdem ein Dasein als eine Art Scheinselbstständiger, der zu einem Hungerlohn[18] knechten darf. Hinzu kommen dann so Nettigkeiten wie Handelskammerbeiträge und Krankenkassenbeiträge,[19] die umgerechnet zwischen 25 bis 30 Prozent liegen. Da bekommt das Gejaule derjenigen, die über 14 Prozent jammern, einen ganz anderen

---

15 beneath contempt
16 make demands
17 Ox-Fanzine #68, 07.12.2006, S. 34.
18 starvation wages
19 chamber of commerce fees or payments; health insurance fees or payments

Klang. Da heißt es für mich, jeden Monat mit spitzem Bleistift zu rechnen, damit die Kohle[20] reicht. Seit drei Monaten habe ich den TÜV für meine alte Karre überzogen und zum Zahnarzt zu gehen überlegt man sich auch dreimal. Mittlerweile greift diese Massenarmut auf immer größere Teile der Gesellschaft über und betrifft fast alle Schichten bis hin zu Akademikern. Langsam beginnen sich die Betroffenen aber zu organisieren. Insbesondere eine Gruppe von Superhelden hat sich auf die Fahnen geschrieben,[21] der Problematik eine größere Öffentlichkeit zu verschaffen, indem sie Aktionen ähnlich denen im Film „Die fetten Jahre sind vorbei" durchführen. So wurden zum Beispiel das Büffet eines Hamburger Nobelrestaurants gestürmt oder ein Delikatessenmarkt leer geräumt. Trotz einiger Probleme wegen der Verfolgung durch Polizei und Verfassungsschutz, ist es mir gelungen, mit den Superhelden Spidermum und Superflex Kontakt aufzunehmen und ihnen einige Fragen zu stellen.

Wofür treten die Superhelden mit ihren Aktionen ein und wann und warum seid ihr das erste Mal in Erscheinung getreten?

Spidermum: Die Idee der Superhelden ist im Zusammenhang mit dem Euromayday in Mailand entstanden. Dort wurden unterschiedliche Superhelden mit unterschiedlichen Charakteren entwickelt, die alle eins gemeinsam haben: Sie wehren sich gegen die Prekarisierung ihrer eigenen Arbeits- und Lebensverhältnisse. Aus den Figuren ist dort ein Sammelalbum entstanden und am 1. Mai konnten alle auf unterschiedlichen Paradewagen die Bilder bekommen. Außerdem gab es auch ein Videoprojekt, in dem Leute auf der Straße interviewt wurden. Die Eingangsfrage lautete: „Bist du ein Superheld?"

Superflex: Die Idee war, dass eigentlich jeder von uns im Alltag ein Superheld ist und jede Menge Heldenkräfte entwickelt, um sich durchzuschlagen, indem er zum Beispiel auf der Arbeit Büromaterial, Müllbeutel und Klopapier mitnimmt, um den miesen Lohn aufzustocken,[22] oder im Hallenbad über die Absperrung springt, weil Ticketpreise ständig steigen—das hat uns fasziniert.

SM: Für den diesjährigen Aufruf zur Euromayday-Parade in Hamburg sind diese Figuren in einer Art Psychotest aufgegriffen worden, in dem man herausfinden konnte, welcher Superhelden-Typ man selbst ist. Uns hat das noch nicht so ganz gereicht: wir wollten die Superhelden SantaGuevara, Operaistorix, Superflex und Spidermum ins wirkliche Leben holen.

SF: Die Superhelden gibt es also schon länger, aber in Hamburg sind sie dieses Jahr vor dem 1. Mai zum ersten Mal in Erscheinung getreten. Letztes Jahr, genau am 1. Mai, gab es eine ähnliche Aktion in Hamburg-Blankenese auf dem Süllberg, dort hatten bunt gekleidete Aktivisten mit dem Slogan „Die fetten Jahre sind vorbei" das Büffet eines Nobelrestaurants geplündert.

Was war zuerst da, der Film oder ihr? Hat euch der Film inspiriert?

SF: Der Film hat uns auf jeden Fall inspiriert und uns in unserer Meinung bestärkt, dass es mehr an Rebellion braucht, um den Alltag zu ändern. Meine Lieblingsszene

---

20 Geld (coll.)

21 sich etwas auf die Fahne schreiben=to take something up as a cause

22 to supplement

im Film ist die, in der die Frau, nachdem sie von ihrem Chef entlassen worden ist, in der Tiefgarage den Schlüssel zückt und mit Genugtuung[23] an der Seite der Nobelkarosse entlang schrammt. Wir haben uns sehr gefreut, dass sich der Regisseur Hans Weingartner begeistert zu unserer Aktion geäußert hat: Er freue sich, dass die Figuren seines Films in die Realität schlüpfen, so oder so ähnlich...

Seid ihr selber von Prekarisierung[24] betroffen?

SM: Es gibt kaum jemand der es nicht ist ... Viele von uns schlagen sich mit Mini-Jobs durch. Das mag mal ein toller Job sein, mal ein weniger toller Job. Das Problem ist die Ungewissheit darüber, ob am Monatsende das Geld für die nächste Miete reicht. Oder was ist, wenn man krank wird oder die Zähne plötzlich neu müssen? Ich selber habe eine Zeit lang im Einzelhandel[25] gearbeitet, Klamotten verkauft. Das war mir auf lange Sicht zu krass—von morgens bis abends und fast jeden Samstag im Laden stehen; über die Hälfte meines damaligen Lohns ist für die Miete in einer sehr kleinen abgeranzten[26] Wohnung drauf gegangen. Jetzt jobbe ich einfach mal hier mal da, es gibt sowieso überall nur befristete[27] Verträge.

SF: Einige von uns stehen kurz vor dem Studienabschluss, was anschließend kommt, ist total unklar, die Karriere als Dauerpraktikant ist wohl kaum die Lösung ... In einer Boomtown wie Hamburg begegnet einem auf der einen Seite Reichtum ohne Ende: 12.000 Vermögens- und über 1.000 Einkommensmillionäre, neun Milliardäre ... und auf der anderen Seite sind die meisten von Prekarisierung betroffen. Hamburg heißt für mich, für uns, heißt für Zigtausende: schlechte Arbeitsbedingungen. Was boomt, ist die Armut. Die Unsicherheit. 200.000 Menschen leben hier in Armut, 100.000 Menschen ohne Papiere, 100.000 Menschen ohne Krankenversicherung, 50.000 Kinder wachsen in Armut auf.

Habt ihr auch eigene Lösungsvorschläge?

SF: Wir haben keine Patentrezepte, keine perfekten Lösungen, die wir uns locker aus dem Ärmel schütteln, wir möchten einfach durch unsere Aktionen mit anderen ins Gespräch kommen. Wir denken, dass sich Möglichkeiten aus den Kämpfen heraus entwickeln.

SM: Wir glauben daran, dass es einfach mehr Rebellion braucht, um Dinge zu verändern. Damit meinen wir nicht nur solche Aktionen wie die, die wir gemacht haben, sondern kollektive Verweigerungen. Wir brauchen Massenstreiks, wie zum Beispiel die Streiks in Frankreich gegen das CPE, wir brauchen Straßenblockaden,

---

23   gratification, satisfaction

24   "Precarity is a condition of existence without predictability or security, affecting material or psychological welfare. The term has been specifically applied to either intermittent work or, more generally, a confluence of intermittent work and precarious existence. It refers to the widespread condition of temporary, flexible, contingent, casual, intermittent work in postindustrial societies, brought about by the neoliberal labor market reforms that have strengthened the right to manage and the bargaining power of employers since the late 1970s. Precarity is a general term to describe how large parts of the population are being subjected to flexible exploitation or *flexploitation* (low pay, high blackmailability, intermittent income, etc.), and existential precariousness (high risk of social exclusion because of low incomes, welfare cuts, high cost of living, etc.) The condition of precarity is said to affect all of service sector labor in a narrow sense, and the whole of society in a wider sense, but particularly youth, women, and immigrants." (Quelle: http://en.wikipedia.org/wiki/Precarity)

25   retail industry

26   shabby, run-down

27   temporary

Demonstrationen, Besetzungen; vor allem brauchen wir Regelverletzungen! Es gibt einige realpolitische Forderungen, und darauf spielst du sicherlich eigentlich an, die wir unterstützen: wie zum Beispiel die Forderung nach einem bedingungslosen Grundeinkommen oder das Recht auf Legalisierung und „freedom of movement": Jeder sollte da leben können, wo er möchte. Wir fordern globale soziale Rechte!

Wie wirkt sich die Medienpräsenz auf eure Aktionen aus?

SM: Na ja, keine Ahnung, wie soll man das messen? Auf alle Fälle waren wir über die große Resonanz in den Medien und auch in sämtlichen Internetforen sehr überrascht. Gerade im Internet wurde heiß diskutiert. Erst vor wenigen Wochen gab es noch mal einen längeren Artikel in der „Zeit" über Armut in Hamburg und da gab es eine erneute Bezugnahme auf die Aktion. Das freut uns natürlich, das Thema stirbt nicht aus, solange es Prekarisierung gibt.

Wie wird eure Aktion von der linken Szene beziehungsweise den Betroffenen aufgenommen?

SF: Die Unterscheidung in Linke und Betroffene funktioniert nicht: wir sind alle betroffen! Wir machen keine Stellvertreter-Politik[28] für andere, sondern wir machen gemeinsam Sachen. Es geht hier weniger um Ideologie als mehr um Alltagspraxis. Wir nehmen die Grenzen gar nicht so wahr, viele erkennen sich in den Superhelden wieder, es gibt eine unsichtbare Alltagspraxis, sich gegen Prekarisierung zur Wehr zu setzen. Allein in Hamburg gab es letztes Jahr 200.000 Schwarzfahrer,[29] die man ertappt hat. Man kann sich also vorstellen, wie viele Leute sich wirklich das Recht nehmen, einfach umsonst mit der Bahn zu fahren, weil die Tickets viel zu teuer sind. Andere nutzen ihre Reisegepäckversicherung zur Refinanzierung ihres Urlaubs...

SM: Jede Menge Menschen ohne Papiere nehmen sich täglich einfach das Recht hier auf einen Aufenthalt, das ist noch mal ein ganz anderes Kaliber. Das sind alles unsichtbare Superheldenkräfte und es wäre wichtig, diese zu kollektivieren und sichtbar zu machen!

Wie wirkt sich die Verfolgung durch den Staat auf euer Leben aus? Die treiben ja teilweise einen enormen Aufwand, um euch dingfest[30] zu machen.

SM: Die Verfolgung ist genauso aufwendig wie erfolglos. Schlaflose Nächte bereiten uns andere Sorgen, zum Beispiel um die unsichere Zukunft.

SF: Die Aktion war ein kollektives, sehr schönes Erlebnis und alle möglichen Folgen werden kollektiv getragen. Wenn ich alleine in der U-Bahn schwarzfahre, habe ich häufig sehr viel mehr Schiss!

Werden weitere Aktionen folgen?

SM: Natürlich haben wir noch jede Menge Ideen für neue Aktionen, aber es geht uns nicht darum, immer mehr oder immer radikalere Aktionen zu planen, sondern wir hoffen, dass unsere Aktionsformen und Inhalte von anderen aufgegriffen werden und letztlich so etwas wie eine Bewegung der Prekären entsteht—das ist unsere Perspektive.

---

28 politics by proxy

29 fare dodgers; people who use public transportation without buying a ticket

30 jemanden dingfest machen=to arrest someone

Ihr habt die Band SUPERPUNK mit „Wir haben keinen Hass auf die Reichen, wir wollen ihnen nur ein bisschen gleichen" zitiert. Was hören Superhelden denn sonst noch so?

SM: Gitte Haenning: „Ich will alles, ich will alles / Und zwar sofort / Eh der letzte Traum in mir zu Staub verdorrt / Ich will leben / Will mich geben / So wie ich bin / Und was mich kaputt macht / Nehm ich nicht mehr hin. / Jetzt leb ich jeden Tag aus / Jetzt trink ich jedes Glas leer ..." tralala. Und David Bowie: „Heroes".

SF: Dann auf alle Fälle: THE SMITHS: „Oh, shoplifters of the world unite and take over". Und auch der neue Song „Wer wird Millionär" über Prekarisierung von Britta: „Wer lebt prima und wer eher prekär? Wer geht putzen und wer wird Millionär?", wird da gefragt, ein schönes Leben mit „Champagner, Tanz und Kokain" gefordert, um wenig später aber die bange Frage zu stellen: „Ist das noch Bohème oder schon die Unterschicht?"

- Anhören unter: flittchen.de/britta/leben.html
- Weitere Informationen unter: nadir.org/nadir/kampagnen/euromayday-hh/de/2006/04/452.shtml

---

1. Kennen Sie Menschen, die ein prekäres Leben führen, die also keine Kranken- oder Autoversicherung haben, befristete oder Teilzeitjobs haben oder nicht genug Geld verdienen, um ihre Miete zu bezahlen, Lebensmittel zu kaufen oder mal zum Zahnarzt zu gehen?

2. Inwiefern ist der Autor davon betroffen? Was kann er sich manchmal nicht leisten?

3. Kennen Sie auch das Gefühl, nicht zu wissen, ob das Geld bis zum Monatsende reicht?

4. Die Aktivisten setzen „Superheld sein" und „Heldenkräfte haben" mit dem Mitnehmen von Büromaterial oder Klopapier von der Arbeit, damit, den Eintritt fürs Hallenbad nicht zu bezahlen oder dem Schwarzfahren gleich. Was meinen Sie dazu? Hat man das Recht, sich Sachen zu nehmen, wenn sie einem zu teuer sind? Ist das Diebstahl oder—wie die Superhelden meinen—einfach Rebellion?

5. Wie hat Hans Weingartner auf die Aktion in Hamburg-Blankenese auf dem Süllberg reagiert, wo bunt gekleidete Aktivisten mit dem Slogan „Die fetten Jahre sind vorbei" das Büffet eines Nobelrestaurants geplündert hatten?

6. Wie finden die Aktivisten den Film?

7. Was war Spidermums Problem mit dem Job im Einzelhandel?

8. Beschreiben Sie die Probleme der Kluft zwischen Arm und Reich in Hamburg.

9. Haben die Aktivisten konkrete Lösungen, oder was wollen sie durch ihre Aktionen erreichen?

10. Erklären Sie, was mit folgender Aussage von Superflex gemeint ist: „Es geht hier weniger um Ideologie als mehr um Alltagspraxis."

11. Geben Sie ein paar Beispiele von den sogenannten „unsichtbaren Superheldenkräften", die für viele Menschen zum Alltag geworden sind.

12. Machen sie sich Sorgen festgenommen zu werden?

13. Inwiefern hat Superflex eine der Aktionen als ein „sehr schönes Erlebnis" empfunden?

14. Haben Sie bereits von den Bands gehört, die die Superhelden erwähnen?

15. Laut ihrer Website ist das „Ox ein Fanzine für Punkrock, Rock'n Roll, Hardcore und andere gute Musik—Hauptsache Gitarren, was nicht heißen soll, dass andere Musik völlig außen vor bleiben muss."[31] Warum erscheint dieses Interview in dieser Zeitschrift?

16. Der Journalist kann sich mit den Aktivisten identifizieren und führt auch ein prekäres Leben. Beeinflussen seine Einstellung und Erfahrungen das Interview bzw. seine Interviewfragen?

17. Im Stern-Magazin erscheint ein anderes Interview mit denselben Aktivisten. In seinen Interviewfragen provoziert der Journalist, indem er sie Diebe und Räuber nennt, sie fragt, ob das vielleicht ein „spätpubertäres Spielchen, bevor man endgültig erwachsen wird?" sei und sagt ihnen: „alles, was Sie tun, gab es schon mal. Ihre Aktionen sind Kopie, sind Zitat".[32] Wie haben die Aktivisten auf solche Fragen wahrscheinlich geantwortet?

18. Ihr Fazit: Helden oder Diebe? Rebellion oder Diebstahl? Harmlos oder gefährlich? Gerecht oder unwürdig? Mündig oder kindisch?

19. Was würden Sie die zwei Aktivisten fragen?

20. Was fanden Sie an diesem Interview am interessantesten?

 **Lektüre 2**

Das Interview mit Hans Weingartner[33]
von Roland Meier (01.12.2004)
OutNow: die andere Seite des Films (http://outnow.ch/)

Der Vorarlberger *Hans Weingarnter* scheint gerne mit *Daniel Brühl* zusammenzuarbeiten. Nach *Das weiße Rauschen* ist *Die fetten Jahre sind vorbei* schon die zweite Arbeit mit dem deutschen Shooting Star. OutNow.CH traf den etwas müden Regisseur zum Gespräch in einer Küche in Zürich. Man sprach über die Sexyness der Rebellion, die Berge und das Filmfestival von Cannes, wo sein Film als erster deutscher nach elf Jahren im Wettbewerb gezeigt wurde.

OutNow.CH (ON): Was waren deine Beweggründe für den Film *Die fetten Jahre sind vorbei*?

Hans Weingartner (HW): Mir ging es darum, das Thema Jugend und Rebellion aufzugreifen und zu zeigen, dass die natürliche Dynamik, die aus dem

---

31 Auf der Ox-Fanzin-Website gibt es folgende englische Bechreibung: „Ox-Fanzine is a bi-monthly print magazine out of Germany covering punk, hardcore, garage, rock'n'roll, alternative, independent, psychobilly and other good music."

32 Arno Luik „Wir suchen Orte des Reichtums heim. Aber uns geht es nicht ums Klauen". Stern 25/2006: 72-76.

33 Quelle: http://outnow.ch/specials/2004/fettenjahresindvorbei/

Generationenkonflikt entsteht, wichtig ist. Das Ganze sollte aber mit Ironie behandelt werden. Wir haben versucht, auch viel Humor reinzukriegen. Insofern ist es ein Film mit politischen Themen, aber ich würde es nicht als politischen Film bezeichnen. Bei mir selber war es so, dass ich immer Teil einer Jugendbewegung sein wollte, aber nie eine gefunden habe. Die Protagonisten in dem Film haben eigentlich dasselbe Problem, nur dass sie im Gegensatz zu mir, sich nicht in eine Subkultur zurückziehen, oder Drogen nehmen oder Filme machen *(er grinst)*, sondern einfach eine Jugendbewegung starten. Der zentrale Satz für mich im Film ist, obwohl es viele zentrale Sätze gibt, „wild und frei leben". Den Traum zu verwirklichen und darum zu kämpfen, wild und frei zu leben, halte ich für sehr wichtig. Es gibt viele Menschen wie Hardenberg *(eine Figur aus Die fetten Jahre)*, die sich Schritt für Schritt an die Konsumgesellschaft angepasst haben und diesen Traum vielleicht noch in sich tragen, aber der ist vollkommen verschüttet. Wir leben einerseits in einer Überflussgesellschaft,[34] andererseits sind fünf von zehn verkauften Medikamenten Psychopharmaka. Also kann irgendetwas nicht stimmen.

ON: Kanntest du das Lied von Tocotronic „Ich möchte Teil einer Jugendbewegung sein" schon vor dem Film?

HW: Ich kenn das Lied. Das ist schon uralt, zehn, fünfzehn Jahre. Ich finde Tocotronic sehr schön, aber es ist dann doch im Endeffekt eher ein Klagelied. Wir wollten mit dem Film einen Schritt weitergehen als nur zu klagen. Wir wollten Alternativen aufzeigen. Wir wollten zeigen, he Leute, zu rebellieren kann auch tierisch Spaß machen. Das ist jetzt „sexy", um es in moderner Sprache zu sagen. Leben ist für mich Bewegung. Wenn man sich bewegt, macht man sich auch angreifbar. Man lebt dafür halt. Durch Bewegung entsteht Reibung.[35] Es entsteht Energie, die die Gesellschaft antreibt, und die dich als Mensch ausmacht. Lass sie dir nicht nehmen! Viele Menschen spüren diesen revolutionären Impetus und ersticken ihn aber mit Drogen. Gerade in der Schweiz und in Voralberg ist es ein großes Problem, das Drogenproblem. Wenn du Heroin nimmst, dann ist alles easy. Fernsehen ist aber auch eine Droge, die in diese Richtung geht. Du musst dir mal überlegen, im Alter von vier, fünf Jahren bis 18 schaust du vier Stunden Fernsehen am Tag im Durchschnitt. Ein Gehirn, das dadurch nicht komplett geröstet wird, das gibt's doch nicht.

ON: Steht einer deiner früheren Filme *Widerstand gegen die Staatsgewalt* in Zusammenhang mit *Die fetten Jahre* oder ist das eine ganz andere Baustelle?

HW: Da ging es um exzessive Polizeigewalt und den Gebrauch von Schusswaffen in Österreich. Das ist ein gesellschaftskritischer Film. Insofern hat er schon was mit den fetten Jahren zu tun. Das Wort Widerstand passt ja auch zu dem, was die Erziehungsberechtigten machen.

ON: Ich habe mir *Das weiße Rauschen* auf DVD angeguckt. Auch deine Interviews beim Zusatzmaterial.

HW: Das find ich super, wie viele Leute in der Schweiz den Film gesehen haben.

---

34   affluent society
35   friction

ON: Du hast im Interview gesagt, dass du bis zum *Weißen Rauschen* alles Scheiße gefunden hast, was du gedreht hast. Du fandest erst dann heraus, wie du Filme machen möchtest. Bist du jetzt noch einen Schritt weiter gekommen mit *Die fetten Jahre sind vorbei*? Gibt es da einen Fortschritt?

HW: Übrigens, den einzigen Film, den ich nicht Scheiße fand, war einer, den ich mit 14 gemacht habe. Als ich und eine Frau in den Badehosen mit dem Fahrrad ins Baggerloch gefahren sind. Das haben wir uns direkt wieder angeschaut, immer wieder angeschaut, 100 Mal hintereinander und das war für mich der Traum des Filmemachens. Deswegen habe ich eigentlich angefangen. Dann habe ich mich aber so hineindrängen lassen in eine Professionalismus, „Du musst 16mm drehen! Du musst ausleuchten! Film ist Kunst! Und du brauchst ein riesiges Team, sonst bist du auch nicht professionell!". Die ganze Scheiße kriegt man auf der Filmschule auch eingetrichtert. In Köln dann zum Glück nicht. Aber in Wien war das so. Da war ich auch ein halbes Jahr. Pff und Tschüss. Dann kam *Dogma* und ich dachte, die Jungs machen das, was wir an der Filmschule auch machen sollten, verdammt noch mal. Dann hatte ich zu wenig Geld für meinen Abschlussfilm über Schizophrenie. Dann habe mir gedacht, das drehen wir jetzt genauso wie früher im Baggerloch: Ein kleines Team. Wir drehen und schauen uns das immer gleich an.

ON: Also ist es immer noch das siebenköpfige Team, wie beim *Weißen Rauschen*?

HW: Achtköpfig dieses Mal. Das heißt im Hintergrund, bei der Postproduktion, sind es schon mehr Menschen. Dieses habe ich mit bewahrt. Was ich diesmal besser machen wollte und was mir gelungen ist, ist dass der Ton besser verständlich ist. Was natürlich eine klitzekleine Einschränkung in der Freiheit ist, da man nicht überall hin schwenken kann, wenn zwei Leute reden. Aber das hat sich ausbezahlt. Im *Weißen Rauschen* war es schon teilweise anstrengend, zwei Stunden dieses „Was hat der jetzt gesagt?". Das war das eine. Das andere war, dass ich dieses Mal versuchen wollte, Geschichten zu erzählen, einen Plot zu haben. Mit Plantings und Pay-offs und Turning Points und so. Das gibt es ja schon seit Aristoteles. Das haben ja nicht die Amis[36] erfunden. Das ist Bullshit. Wir haben deshalb sechs Monate nur an dem Treatment geschrieben, nur an der Geschichte gearbeitet. Die Bildqualität war auch besser, weil wir eine bessere Kamera verwendet haben, die alle Vorteile des Digital Video bot, aber eine bessere Qualität als diese ganz kleinen Consumer Cameras. Vor allem deswegen, weil wir halt soviel nachts gedreht haben und wir diese Lichtstärke gebraucht haben. Auch wegen der Naturaufnahmen. Sowas kannst du sonst komplett vergessen.

ON: Die Naturaufnahmen sind ein gutes Stichwort. Wieso gehen die Figuren in *Die fetten Jahre sind vorbei* in die Alpen?

HW: Weil ich die Berge liebe, muss ich zugeben. Seit 14 Jahren will ich in den Bergen drehen. So nehmen sie Hardenberg halt auf eine Hütte. Zweitens kenne ich diese psychologische-emotionale Dichte und Nähe, die in so einer Hütte entsteht, weil ich jedes Jahr im Februar auf einer Hütte Skitouren mit vielen Leuten zusammen mache. Drittens öffnet diese Situation eine Freiheit, einen weiten Blick außerhalb der Hütte, der die Möglichkeit bietet, über dein Leben nachzudenken, zu

36 Amerikaner

philosophieren und über Gott und die Welt zu sprechen. Ich erklär dir das jetzt rational, aber die Entscheidung, wenn man sie trifft beim Schreiben, ist nicht rational. Das macht man, ohne zu denken.

ON: Ebenso sind die Figuren in *Die fetten Jahren* wie im *Weißen Rauschen* am Ende wieder in Spanien. Ist das ein Zufall?

HW: Nein. Das war einfach so ein Steckenpferd. Wenn es im Süden endet, dann in Spanien, genau wie beim *Weißen Rauschen*, und genau am selben Ort im Baskenland in der Nähe von Bilbao. Ich kannte diese Lokalität, diese romantische kleine Hafenstadt. Ich mochte diese klare Luft da unten, und dass es eine funktionierende, naturbelassene dörfliche Gemeinschaft ist, die nicht vom Tourismus zerstört ist. Deswegen.

ON: Am Anfang von *Die fetten Jahre sind vorbei* sieht man *Daniel Brühl* mit diesem Beatmungsgerät, das später aber nicht mehr vorkommt. Wie kam es dazu?

HW: Das sind so kleine Spinnereien, die man sich erlaubt, wenn man jung ist. Das ist mein Sauerstoffgerät. Ich hab Gehirnforschung studiert und weiß, wie wichtig Sauerstoff[37] ist fürs Gehirn. Ein Drittel des Sauerstoffgehalts im Blut wird vom Gehirn verbraucht. Ich hab es mir damals gekauft fürs Drehbuch schreiben. Aber ich verwende es ehrlich gesagt kaum noch. Es ist eigentlich total bescheuert. Wenn du einen 30-minütigen Spaziergang machst, hast du denselben Effekt. *(Er lacht)*. Ich komme halt auch irgendwie aus einer medizinischen Ecke und das ist so ein Spleen[38] von mir. Im Film hat es dann den Effekt, dass man denkt, der Typ ist schon ein bisschen schräg drauf. Das macht ihn als Figur unverwechselbar und gibt ihm ein bisschen ein Profil.

ON: Hast du Vorbilder in filmischer Hinsicht?

HW: Nicht so konkret. Ich such mir überall ein bisschen zusammen, was mir gefällt. Zum Beispiel bei John Cassavetes, die Art sich auf Schauspielerarbeit zu konzentrieren und Filme über die Schauspieler zu erzählen. Jede Emotion muss vom Schauspieler kommen. Nicht die Kamera, nicht die Musik, nicht der Schnitt sondern der Schauspieler erzählt die Emotion. Das liebe ich einfach. Die Leute honorieren das, weil sie spüren, dass sie ehrlich behandelt werden, dass sie in nichts reingewürgt werden. Ich hätte jetzt nichts dagegen, einmal einen Musikclip in einem Film zu machen, wie es bei *Gegen die Wand* oft ist, oder auch jetzt mit Jeff Buckley. Das ist was anderes. Bei Hollywood ist es ja so, dass du permanent diese Musik hörst. Jede Figur im Film hat ihr eigenes Thema. Freude hat immer gleich eine Musik und Trauer hat eine Musik. Das hasse ich. Ansonsten mag ich die Radikalität des österreichischen Kinos. Barbara Albert finde ich großartig. *Nordrand* ist der beste Film der letzten zwanzig Jahre. Dieser Realismus ist einfach unglaublich, dieses österreichische Cinema Verité sozusagen. *Festen* war auch ein sehr wichtiger Film für mich. Lars von Triers Handkamera. Diese Art Zeitsprünge zu machen. In einer Szene einfach einen Jump-Cut zu machen und das ist drei Sekunden später.

ON: Gibt es einen Austausch zwischen Regisseuren, die digital drehen, oder wird das immer mehr zur Normalität?

---

37   oxygen

38   quirk, eccentricity

HW: Wir schauen wohl gegenseitig unsere Filme an. Ich denke z. B., dass die von *Muxmäuschenstill* sich schon ein paar Mal *Das weiße Rauschen* angeschaut haben. Und ich wiederum habe mir *Festen* angeschaut. In Berlin leben viele Regisseure. Ich habe Kontakt mit Alain Gsponer zum Beispiel, ein Schweizer Regisseur, und mit Sebastian Schipper treffe ich mich manchmal. Ich würde mir wünschen, dass es einen engeren Kontakt gäbe. Die österreichische Filmszene ist viel enger vernetzt, aber sie ist halt auch kleiner.

ON: *Die fetten Jahre sind vorbei* war auch der erste deutsche Film nach elf Jahren, der in Cannes im Wettbewerb lief. Was war das für ein Gefühl?

HW: Das war irgendwie total surreal. Ich habe diesen Film gemacht als Fingerübung. Es war ein kleiner schmutziger Film. Ich dachte, der komme mit acht Kopien ins Kino und wird dann schnell mal im Fernsehen gezeigt werden. Aber dass er so eine Dimension annimmt, hat mich total überrascht. Kein Mensch will so einen Film sehen. Bei politischen Aktivisten werden sie alle davon rennen. Dass er jetzt so erfolgreich ist, kommt total überraschend für mich. Cannes war eine große Freude. Ich war schon stolz darauf, muss ich zugeben. Aber es hat mich auch geängstigt. Was kommt da jetzt auf mich zu? Jetzt kriegst du noch mehr Öffentlichkeit. Es ist noch schwierig. Als Regisseur möchtest du eigentlich Künstler sein und in Ruhe arbeiten, unbeeinflusst von außen. Andererseits stehst du dann so im Rampenlicht und fühlst dich beobachtet. Das macht dich manchmal schon ganz schön fertig. Beim *Weißen Rauschen* kam es total unverhofft. Nach diesem Erfolg vom *Weißen Rauschen* bin ich wirklich in eine große Krise gestürzt. Das klingt jetzt absurd. Aber so ist das eben im Leben. Es ist nichts so, wie man es erwartet. Dieses Mal ist es nicht mehr so schlimm. Cannes war natürlich für den Film auch ein Riesensprungbrett. Er kommt jetzt in 43 Ländern ins Kino. Was gerade bei so einem Film, in dem es um was geht, wo man vielleicht sogar politisch etwas erreichen will. Da ist es natürlich toll, wenn er in so vielen Ländern läuft und so viele Leute den Film dann sehen. Mit den Reichen und Schönen von Cannes, hatten wir nicht soviel zu tun. Wir sind da hin und haben unsere Botschaft hinterlassen, und haben ihren Champagner gesoffen und ihre Lachsbrötchen gefressen und sind dann wieder abgehauen. Das war wie, wenn du an eine Schickimicki-Party gehst und drei Flaschen Wein klaust und haust wieder ab. Und du gehst dann dahin feiern, wo die Leute sind, die die richtige Musik hören.

ON: Was steht als nächstes an? Kann man da schon was sagen?

HW: Leider habe ich noch kein konkretes Projekt. Ich schreibe an einem Film, der leicht in der Zukunft spielt, auf Cinemascope gedreht werden soll und der nur über Bilder erzählt. Ich mache jetzt noch einen DV-Film. Dann war das sozusagen meine Dogma-Trilogie. Dann möchte ich was anderes probieren. Dann möchte ich einen Film auch über Bilder erzählen, eine rein fiktionale Geschichte erzählen. Einfach weil ich neugierig bin. Ich war als Kind schon so. Ich musste über jeden Zaun klettern und in jeden See springen, um das einfach zu machen. Ich habe jetzt auch zwei Projekte in Amerika, wo ich vielleicht Regie mache. Natürlich im Independent Bereich und nicht in einem Major Studio. Aber das ist alles noch in der Schwebe.

ON: Zum Schluss habe ich noch ein paar Stichworte, die ich dir gebe. Du sollst mir dann das sagen, was dir als erstes dazu in den Sinn kommt.

HW: Ok.

ON: *Digital Video*

HW: Kassette rein und los geht's!

ON: *Österreich*

HW: Land der Berge und ... Land des Abgrunds.[39]

ON: *Die Schweiz*

HW: Noch höhere Berge *(er überlegt lange)* und Steuerparadies ... für Michael Schuhmacher. Nein Scheiße. Sommerjob fällt mir noch ein zur Schweiz.

ON: *Pressearbeit*

HW: Anstrengend... aber auch lehrreich.

ON: *Daniel Brühl*

HW: Schauspielgott

ON: Besten Dank und viel Erfolg mit dem Film.

HW: Alle sagen immer, das wird so ein Hit. Ich weiß nicht. Da gucken Millionen von Menschen den *Schuh des Manitu* und *Sieben Zwerge* und *Der Untergang*. Wieso sollten die denn den Film sehen? Die gehen sicher nicht in unseren Film. Aber es geht auch eine Million in *Bowling for Columbine*.

1. In welchem Land ist Weingartner aufgewachsen?
2. Was hat er studiert, bevor er sich für eine Karriere als Regisseur entschieden hat?
3. Inwiefern könnte er als exzentrischer Mensch bezeichnet werden?
4. Wie unterscheidet sich sein Werk von dem anderer Regisseure?
5. Inwiefern bezeichnet Weingartner *Die fetten Jahre sind vorbei* nicht als politischen Film?
6. In was für eine Subkultur hat sich Weingartner als Jugendlicher zurückgezogen, als er keine Jugendbewegung gefunden hat?
7. Warum hat ihm das Studium an der Filmschule in Wien nicht gefallen?
8. Was hat er in *Die fetten Jahre sind vorbei* besser als in *Das weiße Rauschen* machen können?
9. Warum hat sich Weingartner für die Dreharbeiten in den Bergen entschieden? Wie passt das zur Handlung?
10. Was oder wen findet Weingartner am wichtigsten in Bezug auf Emotionen?
11. Warum ärgert sich Weingartner über die Musik in Hollywoodfilmen?
12. Warum hat Weingartner nicht erwartet, dass *Die fetten Jahre* besonders erfolgreich wird?

---

39 abyss

13. Weingartner sagt, er sei nach dem Erfolg von *Das weiße Rauschen* in eine große Krise gestürzt. Warum?

14. Inwiefern ist es ironisch, dass ein kapitalismuskritischer Film bei den Internationalen Filmfestspielen in Cannes gefeiert wird?

15. In welchem Zusammenhang erwähnt Weingartner den Film *Bowling for Columbine*?

16. Weingartners nächster Film war *Free Rainer: Dein Fernseher lügt*, der im November 2007 ins Kino kam. Wovon könnte dieser Film dem Titel zufolge handeln? Ist er wohl auch ein gesellschaftskritischer Film?

17. Was hat Sie an diesem Interview überrascht?

18. Was fanden Sie am interessantesten und warum?

19. Was würden Sie Weingartner gerne fragen?

20. Welchen Schauspieler in diesem Film würden Sie gerne interviewen? Welche Fragen würden Sie stellen?

Personenregister:
Regisseure, Drehbuchautoren und Darsteller

Regisseure

Fatih Akin (*Solino, Im Juli*)
Christian Carion (*Merry Christmas*)
Florian Henckel von Donnersmarck (*Das Leben der Anderen*)
Dani Levy (*Alles auf Zucker*)
Bernd Sahling (*Die Blindgänger*)
Anno Saul (*Kebab Connection*)
Hannes Stöhr (*Berlin is in Germany*)
Robert Thalheim (*Am Ende kommen Touristen*)
Margarethe von Trotta (*Rosenstraße*)
Hans Weingartner (*Die fetten Jahre sind vorbei*)
Sönke Wortmann (*Das Wunder von Bern*)

Drehbuchautoren

Fatih Akin (*Im Juli, Kebab Connection*)
Jan Berger (*Kebab Connection*)
Christian Carion (*Merry Christmas*)
Helmut Dziuba (*Die Blindgänger*)
Holger Franke (*Alles auf Zucker*)
Rochus Hahn (*Das Wunder von Bern*)
Katharina Held (*Die fetten Jahre sind vorbei*)
Florian Henckel von Donnersmarck (*Das Leben der Anderen*)
Pamela Katz (*Rosenstraße*)
Dani Levy (*Alles auf Zucker*)
Bernd Sahling (*Die Blindgänger*)
Anno Saul (*Kebab Connection*)
Hannes Stöhr (*Berlin is in Germany*)
Robert Thalheim (*Am Ende kommen Touristen*)
Ruth Toma (*Solino, Kebab Connection*)
Margarethe von Trotta (*Rosenstraße*)
Hans Weingartner (*Die fetten Jahre sind vorbei*)
Sönke Wortmann (*Das Wunder von Bern*)

Darsteller

Cem Akin (*Im Juli*)
Fatih Akin (*Im Juli*)
Antonella Attili (*Solino*)
Hans-Uwe Bauer (*Das Leben der Anderen*)
Robin Becker (*Berlin is in Germany*)
Moritz Bleibtreu (*Solino, Im Juli*)
Sebastian Blomberg (*Alles auf Zucker*)
Dany Boon (*Merry Christmas*)
Adam Bousdoukos (*Kebab Connection*)
Matthias Brenner (*Das Leben der Anderen*)
Daniel Brühl (*Merry Christmas, Die fetten Jahre sind vorbei*)
Guillaume Canet (*Merry Christmas*)
Jan Decleir (*Rosenstraße*)

Hannelore Elsner (*Alles auf Zucker*)
Stipe Erceg (*Die fetten Jahre sind vorbei*)
Paul Faßnacht (*Kebab Connection*)
Alexander Fehling (*Am Ende kommen Touristen*)
Martin Feifel (*Rosenstraße*)
Alex Ferns (*Merry Christmas*)
Anja Franke (*Alles auf Zucker*)
Peter Franke (*Das Wunder von Bern*)
Benno Fürmann (*Merry Christmas*)
Johanna Gastdorf (*Das Wunder von Bern*)
Martina Gedeck (*Das Leben der Anderen*)
Sascha Göpel (*Das Wunder von Bern*)
Lucas Gregorowicz (*Das Wunder von Bern*)
Steffan Groth (*Alles auf Zucker*)
Knut Hartwig (*Das Wunder von Bern*)
Rolf Hoppe (*Alles auf Zucker*)
Dominique Horwitz (*Die Blindgänger*)
Henry Hübchen (*Alles auf Zucker*)
Charly Hübner (*Das Leben der Anderen*)
Julia Jager (*Berlin is in Germany*)
Tom Jahn (*Berlin is in Germany*)
Julia Jentsch (*Die fetten Jahre sind vorbei*)
Branka Katić (*Im Juli*)
Sibel Kekilli (*Kebab Connection*)
Güven Kiraç (*Kebab Connection*)
Louis Klamroth (*Das Wunder von Bern*)
Burghart Klaußner (*Die fetten Jahre sind vorbei*)
Volkmar Kleinert (*Das Leben der Anderen*)
Herbert Knaup (*Das Leben der Anderen*)
Sebastian Koch (*Das Leben der Anderen*)
Diane Krüger (*Merry Christmas*)
Mehmet Kurtuluş (*Im Juli*)
Jutta Lampe (*Rosenstraße*)
Mirko Lang (*Das Wunder von Bern*)
Hermann Lause (*Solino*)
Bernard Le Coq (*Merry Christmas*)
Gary Lewis (*Merry Christmas*)
Svea Lohde (*Rosenstraße*)
Peter Lohmeyer (*Das Wunder von Bern*)
Robert Lohr (*Berlin is in Germany*)
Edita Malovcic (*Berlin is in Germany*)
Adnan Maral (*Kebab Connection*)
Oscar Martìnez (*Berlin is in Germany*)
Hasan Ali Mete (*Kebab Connection*)
Barnaby Metschurat (*Solino*)
Denis Moschitto (*Kebab Connection*)
Ulrich Mühe (*Das Leben der Anderen*)
Jochen Nickel (*Im Juli*)

Andrea Paula Paul (*Kebab Connection*)
Christiane Paul (*Im Juli*)
Valentin Platareanu (*Berlin is in Germany*)
Oleg Rabcuk (*Die Blindgänger*)
Ricarda Ramünke (*Die Blindgänger*)
Thekla Reuten (*Rosenstraße*)
Ian Richardson (*Merry Christmas*)
Katja Riemann (*Rosenstraße*)
Steven Robertson (*Merry Christmas*)
Piotr Rogucki (*Am Ende kommen Touristen*)
Ryszard Ronczewski (*Am Ende kommen Touristen*)
Maria Rother (*Die Blindgänger*)
Udo Samel (*Alles auf Zucker*)
Gigi Savoia (*Solino*)
Doris Schade (*Rosenstraße*)
Vincent Schiavelli (*Solino*)
Thomas Schmauser (*Merry Christmas*)
Maria Schrader (*Rosenstraße*)
Jörg Schüttauf (*Berlin is in Germany*)

Rainer Sellien (*Am Ende kommen Touristen*)
Lena Stolze (*Rosenstraße, Am Ende kommen Touristen*)
Golda Tenca (*Alles auf Zucker*)
Thomas Thieme (*Das Leben der Anderen*)
Nora Tschirner (*Kebab Connection*)
Ulrich Tukur (*Das Leben der Anderen*)
Elena Uhlig (*Alles auf Zucker*)
Birol Ünel (*Im Juli*)
Idil Üner (*Im Juli*)
Fedja van Huêt (*Rosenstraße*)
Tatjana Velimirov (*Kebab Connection*)
Jürgen Vogel (*Rosenstraße*)
Jutta Wachoviak (*Rosenstraße*)
Katharina Wackernagel (*Das Wunder von Bern*)
Frank Witter (*Merry Christmas*)
Birthe Wolter (*Das Wunder von Bern*)
Barbara Wysocka (*Am Ende kommen Touristen*)
Fahri Ögün Yardim (*Kebab Connection*)
Patrycia Ziołkowska (*Solino*)

Glossar

A

abbezahlen *v.* [bezahlte ab, hat abbezahlt]: *pay off, repay*

Abenteuer *n.* (-s, -): *adventure*

abergläubisch *adj.*: *superstitious*

abgucken *v.* [guckte ab, hat abgeguckt]: *to copy (from someone else)*

Abhängigkeit *f.* (-en): *dependancy*

abhauen *v.* [haute ab, ist abgehauen]: *to leave, take off, piss off (coll.)*

abhören *v.* [hörte ab, hat abgehört]: *to eavesdrop, listen in*

ablehnen *v.* [lehnte ab, hat abgelehnt]: *to deny*

Ablenkungsmanöver *n.* (-s, -): *distraction manuever*

abschieben *v.* [schob ab, hat abgeschoben]: *to deport*

Abschied *m.* (-(e)s, -e): *farewell, goodbye*

abschreiben *v.* [schrieb ab, hat abgeschrieben]: *to copy or transcribe*

abschwören *v.* [schwor ab, hat abgeschworen]: *to renounce*

abtransportieren *v.* [transportierte ab, hat abtransportiert]: *to remove, cart away, evacuate*

Adelsfamilie *f.* (-n): *nobility, noble family*

Akte *f.* (-n): *file*

Alarmanlage *f.* (-n): *alarm device or system*

Albtraum *m.* (-(e)s,-¨e): *nightmare*

anfreunden *v.refl.* [freundete sich an, hat sich angefreundet]: *to make friends*

Angebot *n.* (-(e)s, -e): *offer, proposal*

Angriff *m.* (-(e)s, -e): *attack*

Anhörung *f.* (-en): *hearing*

anlügen *v.* [log an, hat angelogen]: *to lie to*

Anmeldegebühr *f.* (-en): *registration fee*

anmelden *v.refl.* [meldete sich an, hat sich angemeldet]: *to enroll, sign up for or register*

Anpassung *f.* (-en): *assimiliation, conformance, adaptation*

Anspruch *m.* (-(e)s,-¨e): *claim, entitlement*

Anstand *m.* (-(e)s,): *decency*

anwerben *v.* (jemanden) [wirbt an, warb an, hat angeworben]: *to recruit someone*

Anzahlung *f.* (-en): *deposit, down payment*

anzünden *v.* [zündete an, hat angezündet]: *to light*

arbeitslos *adj.*: *unemployed, out of work*

Arbeitsvertrag *m.* (-(e)s,-¨e): *work contract, labor agreement*

Arier *m.*(-s,-); Arierin *f.* (-innen) *Aryan; person of non-Jewish Caucasian descent according to Nazi ideology*

Aufgabe *f.* (-n): *assignment or task; mission or duty*

aufpassen *v.* (auf jemanden) [passte auf, hat aufgepasst]: *to take care of or watch someone*

aufregen *v.refl.* [regte sich auf, hat sich aufgeregt]: *to get excited or worked up*

Ausbeutung *f.* (-en): *exploitation*

Ausbildung *f.* (-en): *education, schooling*

Auseinandersetzung *f.* (-en): *conflict, discussion about or examination of an issue*

auskennen *v.refl.* [kannte sich aus, hat sich ausgekannt]: *to be well informed or know one's way around*

Ausländer *m.* (-s, -): *foreigner*

Ausländerfeindlichkeit *f.* (-en): *xenophobia, hatred of foreigners*

Ausnahme *f.* (-n): *exception*

Ausrede *f.* (-n): *excuse*

Ausreise *f.* (-n): *departure, exit*

Ausreisegenehmigung *f.* (-en): *travel permit*

ausreisen *v.* [reiste aus, ist ausgereist]: *to leave*

Außenseiter *m.*(-s, -): *outsider*

auswandern *v.* [wanderte aus, ist ausgewandert]: *to emigrate, leave a country*

auswendig lernen *v.* [lernte, hat gelernt]: *to memorize, learn by heart*

auswirken *v.refl.* (auf etwas) [wirkte sich aus, hat sich ausgewirkt]: *to have an effect or an impact on something*

Autoklauer *m.* (-s, -): *someone who steals cars*

Autoversicherung *f.* (-en): *car insurance*

B

Bankrott *m.* (-(e)s, -e): *bankruptcy*

Banküberfall *m.* (-(e)s,-¨e): *bank hold-up, bank robbery*

barbarisch *adj.*: *barbaric*

Bargeld *n.* ((e)s, er): *cash*

Baustelle *f.* (-n): *construction site*

Bajan *n.* (-, -s): *bayan, Russian chromatic accordion*

beantragen *v.* [beantragte, hat beantragt]: *to request, apply*

beeindruckt *adj.*: *impressed*

beerdigen *v.* [beerdigte, hat beerdigt]: *to bury*

Beerdigung *f.* (-en): *burial, funeral*

Befehl *m.* (-(e)s,-e): *order, command*

beeilen *v.refl.* [beeilte sich, hat sich beeilt]: *to hurry, rush*

Begegnung *f.* (-en): *encounter*

begraben *v.* [begrub, hat begraben]: *to bury*

begrapschen *v.* [begrapschte, hat begrapscht]: *to fondle*

Beharrlichkeit *f.* (no pl.): *persistance, perseverance*

behindert *adj.*: *disabled, handicapped*

Bekennerschreiben *n.* (-s, -): *letter/note claiming responsibility*

beklagen *v.refl.* (über etwas) [beklagte sich, hat sich beklagt]: *to complain*

beklauen *v.* [beklaute, hat beklaut]: *to rip off, steal (coll.)*

bekommen *v.* [bekam, hat bekommen]: *to receive*

belästigen *v.* [belästigte, hat belästigt]: *to bother, annoy, harass*

belaufen *v.refl.* [belief sich, hat sich belaufen]: *to amount to*

beleidigen *v.* [beleidigte, hat beleidigt]: *to insult or offend*

belügen *v.* [belog, hat belogen]: *to lie to*

benachrichtigen *v.* [benachrichtigte, hat benachrichtigt]: *to inform, notify*

beobachten *v.* [beobachtete, hat beobachtet]: *to observe*

Beobachter *m.* (-s, -); Beobachterin *f.* (-innen): *observer*

Berg *m.* (-(e)s, -e): *mountain*

Bergbau *m.* (-(e)s, -e/ten): *mining*

beruhigen *v.* [beruhigte, hat beruhigt]: *to calm*

beschäftigen *v.refl.* (mit etwas) [beschäftigte sich, hat sich beschäftigt]: *to be busy or occupied with something*

bescheuert *adj.*: *crazy, nuts, stupid (coll.)*

beschweren *v.refl.* (über etwas oder jemanden) [beschwerte sich, hat sich beschwert]: *to complain*

besetzt *adj.*: *occupied*

Besitz *m.* (-es, -): *ownership, possession*

besitzen *v.* [besaß, hat besessen]: *to own*

besorgen *v.refl.* [besorgte sich etwas, hat sich etwas besorgt]: *to get or secure oneself something*

bespitzeln *v.* [bespitzelte, hat bespitzelt]: *to spy on*

besprechen *v.* [besprach, hat besprochen]: *to discuss*

besprühen *v.* [besprühte, hat besprüht]: *to spray*

bestrafen *v.* [bestrafte, hat bestraft]: *to punish, fine, victimize*

Bestrafung *f.* (-en): *punishment*

besuchen *v.* [besuchte, hat besucht]: *to visit*

betreuen *v.* [betreute, hat betreut]: *to oversee, supervise, take care of*

betroffen *adj.*: *concerned, affected, shocked*

betrügen *v.* [betrog, hat betrogen]: *to betray, cheat, defraud*

beunruhigen *v.* [beunruhigte, hat beunruhigt]: *to trouble, concern or worry*

Bewährung *f.* (-en): *probation*

Bewährungshelfer *m.* (-s, -); Bewährungshelferin *f.* (-innen): *probation officer*

bewegen *v.refl.* [bewegte sich, hat sich bewegt]: *to move*

Bewegungskrieg *m.* (-(e)s, -e): *mobile warfare*

beweisen *v.* [bewies, hat bewiesen]: *to prove, verify, substantiate*

bezahlen *v.* [bezahlte, hat bezahlt]: *to pay*

Bildschirm *v.* (-(e)s, -e): *screen, monitor*

Billard *n.* (-s, -e): *billiards, pool*

bitten *v.* (um etwas) [bat, hat gebeten]: *to ask or beg for something*

blind *adj.*: *blind*

Blindenschrift *f.*: *braille*

Blindenstock *m.*: *white cane* (auch „der weiße Stock")

blind und taub *adj.*: *blind and deaf*

Blut *n.* (-(e)s, -): *blood*

Blutgruppe *f.* (-n): *blood type*

Blutflecken *m.* (-s, -): *blood spot or stain*

bombardieren *v.* [bombardierte, hat bombardiert]: *to bomb*

BRD (Bundesrepublik Deutschland) *f.*: *Federal Republic of Germany, the former West Germany, present-day Germany*

Brücke *f.* (-n): *bridge*

Buchhalter *m.* (-s. -); Buchhalterin *f.* (-innen): *accountant, bookkeeper*

Bullen *pl.*: *cops (coll.)*

Bundestrainer *m.* (-s,-): *coach of a national team*

D

Dach *n.* (-(e)s, -̈er): *roof*

Dachboden *m.* (-s, -): *attic*

DDR (Deutsche Demokratische Republik) *f.*: *German Democratic Republic, the former East Germany*

decken *v.* [deckte, hat gedeckt]: *to cover, back*

Delikt *n.* (-(e)s, -e): *crime, offense*

demütigend *adj.*: *humiliating, mortifying*

Demütigung *f.* (-en): *humiliation*

denken *v.refl.* [dachte sich, hat sich gedacht]: *to imagine*

Deserteur *m.* (-s, -e): *deserter*

desertieren *v.* [desertierte, hat desertiert]: *to desert*

Diebstahl *m.* (-(e)s, -̈e): *theft, burglary*

diesig *adj.*: *hazy, misty*

Dolmetscher *m.* (-s, -); Dolmetscherin *f.* (-innen): *interpreter*

Döner (Döner kebab) *m.*: *Turkish speciality made of meat from a vertical spit, often lamb or turkey, that is sliced off, customarily served in pita-style bread with vegetables and a yogurt sauce*

doof *adj.*: *dumb, foolish (coll.)*

Drehbuch *n.* (-(e)s, -̈er): *script, screenplay*

drehen *v.* [drehte, hat gedreht]: *to turn, rotate, revolve; to shoot (a film)*

Dreieinigkeit *f.* (no pl.): *trinity*

Dunkelkammer *f.* (-n): *dark room*

durchdrehen *v.* [drehte durch, ist durchgedreht]: *to panic, go crazy, lose control*

Durchsuchungsbefehl *m.* (-(e)s, -e): *search warrant*

E

eckig *adj.*: *angular, cornered*

Ehebruch *m.* (-(e)s, -̈e): *adultery*

ehemalig *adj.*: *former*

Ehrenwort *n.* (-(e)s, -̈er): *word of honor*

ehrlich: *honestly*

Ehrlichkeit *f.* (no pl.): *honesty*

Eifersucht *f.* (no pl.): *jealousy*

eifersüchtig *adj.*: *jealous*

einberufen *v.* [berief ein, hat einberufen]: *to draft*

einbrechen *v.* [bricht ein, brach ein, ist eingebrochen]: *break into, burglarize*

Eindruck *m.* (-(e)s, -̈e): *effect, impression*

eingemauert *adj.*: *walled in*

einheimisch *adj.*: *local, native*

Einheit *f.* (-en): *unit*

einmischen *v.refl.* [mischte sich ein, hat sich eingemischt]: *intervene, interfere*

einreisen *v.* [reiste ein, ist eingereist]: *to enter*

Einsamkeit *f.* (-en): *loneliness, solitude*

einsperren *v.* [sperrte ein, hat eingesperrt]: *to imprison, lock up, confine*

Einzelbildschaltung *f.* (-en): *frame to frame*

Einzelzimmer *n.* (-s, -): *room with a single (twin) bed*

einziehen *v.* [zog ein, hat eingezogen]: *to draft*

Eisdiele *f.* (-n): *ice cream parlor*

Eklipse *f.* (-n): *eclipse*

endlich *adj.: finally*

Endspiel *n.* (-(e)s, -e): *final game or match*

Engel *m.* (-s, -): *angel*

Engländer *m.* (-s, -) Engländerin *f.* (-innen): *Englishman; Englishwoman*

Enkel *m.* (-s, -) Enkelin *f.* (-innen): *grandson;granddaughter*

Entbehrung *f.* (-en): *deprivation*

entdecken *v.* [entdeckte, hat entdeckt]: *to discover*

Entdeckungsreise *f.* (-n): *expedition*

enterben *v.* [enterbte, hat enterbt]: *to disown*

Entfremdung *f.* (-en): *alienation*

Entführung *f.* (-en): *kidnapping, abduction*

entlassen *v.* [entlässt, entließ, hat entlassen]: *to release, fire, lay off*

Entschädigung *f.* (.en): *compensation (paid to POWs by the German government for the time they spent imprisoned)*

Entscheidungsspiel *n.* (-e)s, -e): *decisive game or match*

Entschlossenheit *f.* (-en): *determination*

Enttäuschung *f.* (-en): *disappointment, let down*

Erbe *n.* (s, no pl.): *inheritance*

erben *v.* [erbte, hat geerbt]: *to inherit*

Erbschaft *f.* (-en): *inheritance*

Erde *f.* (-n): *earth*

Erfolg *m.* (-(e)s, -e): *success, achievement*

erhängen *v.refl.* [erhängte sich, hat sich erhängt]: *to hang oneself*

erkennen *v.* [erkannt, hat erkannt]: *to recognize*

erledigen *v.* (etwas) [erledigte, hat erledigt]: *to deal with or take care of something*

Erleuchtung *f.* (-en): *enlightenment*

ernähren *v.* [ernährte, hat ernährt]: *to feed, support*

ernsthaft *adj.: serious, earnest*

Eröffnungsspiel *n.* (-(e)s, -e): *opening game or match*

erpressen *v.* [erpresste, hat erpresst]: *to blackmail*

Erpressung *f.* (-en): *blackmail*

Ersatzbank *f.* (-"e): *bench for reserve or second-string players*

erschießen *v.* [erschoss, hat erschossen]: *to shoot dead*

Erwachsenwerden *n.* (-s, no pl.): *coming of age*

erwischen *v.* [erwischte, hat erwischt]: *to catch*

Erziehung *f.* (-en): *upbringing*

erziehungsberechtigt *adj.: having legal authority to care for a minor*

ewig *adj.: forever, eternal*

F

Fahnenflucht *f.* (no pl.): *desertion*

Fähre *f.* (-n): *ferry*

fälschen *v.* [fälschte, hat gefälscht]: *to forge or falsify* (gefälscht—Adj.: *counterfeit, forged*)

färben *v.* [färbte, hat gefärbt]: *to color, dye*

Feind *m.* (-(e)s, -e): *enemy*

Feindesnähe *f.* (no pl.): *in the vicinity of the enemy*

Feindschaft *f.* (-en): *hostility, antagonism, ill-will*

Fernsehprogramm *n.* (-(e)s, -e): *TV program, TV broadcasting*

Fernsehsatellit *m.* (-en, -en): *TV satellite*

fett *adj.: cool, phat (coll.)*

Feuer *n.* (-s, -): *fire*

das Feuer einstellen *v.* [stellte ein, hat eingestellt]: *to cease fire*

Filmproduzent *m.* (-en, -en); Filmproduzentin *f.* (-innen): *film producer*

fleischig *adj.: pertaining to meat in the context of Jewish dietary laws*

fliehen *v.* [floh, ist geflohen]: *to flee, escape*

Flitterwochen (pl.): *honeymoon*

Flüchtling *m.* (-s, -e): *refugee, displaced person*

Flügel *m.* (-s, -): *grand piano*

Franzose *m.* (-n, -n); Französin *f.* (-innen): *Frenchman, Frenchwoman*

Freiheit *f.* (-en): *freedom*

Freitod *m.* (-(e)s, -e): *suicide*

freiwillig *adj.: voluntarily*

Fremdenfeindlichkeit *f.* (-en): *xenophobia, hatred of foreigners*

freuen *v.refl.* (über etwas) [freute sich, hat sich gefreut]: *to be happy about something*

Frieden *m.* (-s, -): *peace*

frisch verheiratet *adj.: just married*

Friseur *m.* (-s, -e); Friseurin *f.* (-innen): *barber, hair stylist*

Front *f.* (en): *front, front line (military) or front (meteorology)*

G

Gedächtnis *n.* (-sses, -sse): *memory*

Gedenkstätte *f.* (-n): *memorial*

Gedenkstein *m.* (-(e)s, -e): *memorial stone*

Gefallen *m.* (-s, -): *favor*

gefallen *adj.: fallen (as in a fallen soldier)*

Gefangenschaft *f.* (-en): *imprisonment, captivity*

Gefängnis *n.* (-sses, -sse) *prison, jail*

Gegenwart *f.* (no pl.): *present (time)*

Geheime Staatspolizei *f.* (die Gestapo): *official secret police of Nazi Germany*

Geheimnis *n.* (-sses, -sse): *secret, mystery*

gehorchen *v.* [gehorchte, hat gehorcht]: *to obey*

Geige *f.* (-n): *violin*

Geiger *m.* (-s, -); Geigerin *f.* (-innen): *violinist*

geizig *adj.: stingy, miserly, cheap*

gelingen *v.* [gelang, ist gelungen]: *to succeed, work*

gemein *adj.: mean, cruel*

Gemeinde *f.*(-n): *congregation*

gemeinsam *adj.: in common, mutual*

General *m.* (-s, -"e): *general*

Genosse *m.* (-n, -n); Genossin *f.* (-innen): *comrade, associate, fellow*

Geräusch *n.* (-(e)s, -e): *sound, noise*

Gerechtigkeit *f.* (no pl.): *justice, equity*

Gerichtsvollzieher *m.* (-s, -): *repossessor*

Geruchskonserve *f.* (-n): *preservation of an odor in a tin can*

Gesang *m.* (-(e)s, -"e): *singing, song, melody*

Geschichte *f.* (-n): *history; saga or story*

Geschlechterkonflikt *m.* (-(e)s, -e): *gender conflict*

Geschlechterrolle *f.* (-n): *gender role*

geschmacklos *adj.: in bad taste, distasteful, tacky*

Gestank *m.* (-(e)s, no pl.): *stench, odor*

Gewalt *f.* (-en): *violence*

Gipfeltreffen *n.* (-s, -): *summit meeting*

Gleichheit *f.* (-en): *equality, sameness*

Glück *n.* (-(e)s, -e): *luck, happiness*

Globalisierung *f.* (-en): *globalization*

Geduld *f.* (no pl.): *patience*

Glotze *f.* (-n): *tv set (coll.)*

Goi *m.* (-s, Gojim) (Nichtjuden): *non-Jews*

gottlos *adj.*: *godless, ungodly, unholy*

Graben *m.* (-s, -̈): *trench, ditch*

graben *v.* [grub, hat gegraben]: *to dig*

Grässlichkeit *f.* (-en): *atrocity, heinousness*

Grenze *f.* (-n): *border*

Grenzfluss *m.* (-es, -̈e): *river marking a border*

Grippe *f.* (-n): *influenza*

großzügig *adj.*: *generous*

günstig *adj.*: *low priced, convenient, favorable*

H

Haarspange *f.* (-n): *barrette*

Haft *f.* (no pl.): *arrest, confinement*

Häftling *m.* (-s, -e): *detainee, prisoner, inmate*

Häftlingsnummer f. (-n): *number assigned to prisoners of the concentration camps*

halten *v.refl.* (an etwas) [hielt sich, hat sich gehalten]: *to stick with something*

hammer *adj.*: *cool, over the top (coll.)*

Handy *n.* (-s, -s): *cell phone, mobile phone*

Hauptquartier *n.* (-s, -e): *headquarters*

Hauptsturmführer *m.* (-s, -): *Nazi rank of the Schutzstaffel (SS) or "protective squadron"*

Hebamme *f.* (-n): *midwife*

Hechelkurs *m.* (-es, -e): *preparatory class for pregnant women (from 'hecheln' to pant)*

heftig *adj.*: *intense, violent*

Heimat *f.* (-en): *home, country, homeland*

Heimfahrt *f.* (-en): *journey home*

Heimkehr *f.* (no pl.): *return home, homecoming*

heimlich *adj.*: *secretive, covert*

Heimreise *f.* (-n): *journey home*

Heimweh *n.* (-(e)s, no pl.): *homesickness*

Held *m.* (-en, -en); Heldin *f.* (-innen): *hero, heroine*

Hemmung *f.* (-en): *inhibition*

Herstellung *f.* (-en): *manufacture, production*

Herzinfarkt *m.* (-(e)s, -e): *heart attack*

Hilflosigkeit *f.* (no pl.): *helplessness*

Hinderungsgrund *m.* (-(e)s, -̈): *obstacle*

Hintergrund *m.* (-(e)s, -̈): *background, history; setting*

Hochstapler *m.* (-s, -): *imposter, fraud*

Hochverrat *m.* (no pl.): *high treason*

Hoden *pl.*: *testicles*

Hoffnung *f.* (-en): *hope, aspiration*

Hoffnungslosigkeit *f.* (no pl.): *despair, hopelessness*

Hölle *f.* (-n): *hell, netherworld*

hupen *v.* [hupte, gehupt]: *to honk a horn*

Hütte *f.* (-n): *cabin, cottage, shack*

I

Identität *f.* (-en): *identity*

Imbiss *m.* (-es, -e): *snack, snack bar*

Internat *n.* (-(e)s, -e): *boarding school*

irre *adj.*: *lunatic, crazy*

J

Jahrestag *m.* (-(e)s, -e): *anniversary*

Jubiläum *m.* (-s, -äen): *anniversary, jubilee*

Judaismus *m.* (-, no pl.): *Judaism*

Jude *m.* (-n, -n); Jüdin *f.* (-innen): *Jew, Jewish man/woman*

jüdisch *adj.*: *Jewish*

Jugendherberge *f.* (-n): *youth hostel*

Justizvollzugsanstalt *f.* (-en): *penitentiary, correctional facility*

K

Kampfbereitschaft *f.* (no pl.): *willingness or readiness to fight*

kämpfen *v.* [kämpfte, hat gekämpft]: *to fight*

Kaninchen *n.* (-s, -), Karnickel *n.* (-s, -): *rabbit*

Kapitalismus *m.* (-, -men): *capitalism*

kariert *adj.*: *checkered*

Karre *f.* (-n): *car, jalopy (junker, heap, clunker) (coll.)*

Kaution *f.* (-en): *security deposit*

Keks *m.* (-es, -e): *cookie, biscuit*

Kelle *f.* (-n): *ladle*

kiffen *v.* [kiffte, hat gekifft]: *to get high, smoke pot (coll.)*

Kindererziehung *f.* (-en): *child rearing*

Kinderwagen *m.* (-s, -): *stroller, baby carriage or buggy*

kitschig *adj.*: *kitschy, corny, tacky*

Klamotten *pl.*: *clothes (coll.)*

klauen *v.* [klaute, hat geklaut]: *to steal, swipe, rip off (coll.)*

kleinbürgerlich *adj.*: *petty (petit) bourgeois, lower-middle class; also narrow-minded*

Klo *n.* (-s, -s): *toilet (short for W.C., water closet)*

knackig *adj.*: *firm*

Knarre *f.* (-n): *gun, weapon (coll.)*

Knast *m.* (-s, -e): *slammer (coll.)*

Knasti *m.* (-s, -s): *prisoner, inmate (coll.)*

Knete: *f.* (no pl.): *money, bread; lit. dough or clay (coll.)*

Knochen *m.* (-s, -): *bone*

Koffer *m.* (-s, -): *suitcase*

Kofferraum *m.* (-(e)s, -̈e) *trunk of a car*

Kohle *f.* (-en): *money; lit. coal (coll.)*

Kollektivschuld *f.* (no pl.): *collective guilt*

Koma *n.* (-s, -s/-ata): *coma*

Konkurrenz *f.* (-en) : *competition*

konservieren *v.* [konservierte, hat konserviert]: *to conserve or preserve*

koscher *adj.*: *kosher (relating to Jewish dietary laws)*

Kraft *f.* (-̈e): *power, strength, energy*

krass *adj.*: *crass, blatant, glaring; great, cool (coll.)*

krepieren *v.* [krepierte, ist krepiert]: *to die, to croak (slang)*

Kriegsheimkehrer *m.* (-s, -): *soldier returning home from war*

kümmern *v.refl.* (um etwas oder jemanden) [kümmerte, hat sich gekümmert]: *to take care of or tend to something or someone*

Kumpel *m.* (-s, -): *buddy, pal*

Künstler *m.* (-s, -); Künstlerin *f.* (-innen): *artist*

Kuttelsuppe *f.* (-n): *soup made from tripe or chitlings (animal small intestines)*

L

labern *v.* [laberte, hat gelabert]: *to babble, blabber, ramble*

Lack *m.* (-(e)s, -e): *paint, varnish*

Lager *n.* (-s, -): *camp*

Lahmacun *f.*: *Turkish pizza*

Lastkraftwagen (Lkw) *m.* (-s, -): *truck, semi*

Lasur *f.* (-en): *glaze; translucent or transparent ink*

Laune *f.* (-n): *mood*

lauschen *v.* [lauschte, hat gelauscht]: *to listen, to eavesdrop*

lebendig *adj.*: *alive, living; lively, animated*

Leiche *f.* (-n): *corpse*

Leinwand *f.* (-ˇe): *movie screen*

Legende *f.* (-n): *legend, myth*

Lesbe *f.* (-n): *lesbian*

Leutnant *m.* (-s, -s): *lieutenant*

leiden *v.* [litt, hat gelitten]: *to suffer*

Leidenschaft *f.* (-n): *passion*

leisten *v.refl.* (etwas) [leistete sich, hat sich geleistet]: *to afford something*

Liebeserklärung *f.* (-en): *declaration of love*

Liebeskummer *m.* (-s, no pl.): *heartsickness*

Liegestütz *m.* (-es, -e): *push up*

linientreu *adv.*: *true to party lines*

locken *v.* [lockte, hat gelockt]: *to attract, entice*

locker *adj.*: *relaxed, laid back*

Lohn *m.* (-(e)s, -ˇe): *wage, pay*

Lügner *m.* (-s, -): *liar*

M

Machtlosigkeit *f.* (no pl.): *powerlessness*

mager *adj.*: *gaunt, thin*

Mahnmal *n.* (-(e)s, -e): *memorial, monument*

Maskottchen *n.* (-s, -): *mascot, diminutive form of* die Maskotte

Maschinenschlosser: *machinist, engine fitter*

Maseltow: *mazel tov (congratulations, lit. good luck)*

Maßnahme *f.* (-n): *method, action, procedure*

Mauer *f.* (-n): *wall; the Berlin Wall*

Mauerfall *m.*: *fall of the Berlin Wall*

freiwillig melden *v.refl.* [meldete sich, hat sich gemeldet]: *to enlist*

Meinungsfreiheit *f.* (no pl.): *freedom of opinion*

Menschheit *f.* (-en): *humanity, humankind*

Menschlichkeit *f.* (-en): *humanity, humaneness*

merken *v.refl.* (etwas) [merkte sich, hat sich gemerkt]: *to pay attention to or make a mental note of something*

Miete *f.* (-n): *rent*

milchig *adj.*: *pertaining to dairy products in the context of Jewish dietary laws*

Mischehe *f.* (-n): *mixed marriage, intermarriage between Jews and non-Jews (by Nazi law)*

Mischpoche *f.* (no pl.): *family*

Misstrauen *n.* (-s, no pl.): *distrust, mistrust, suspiciousness*

Mitgefühl *n.* (-(e)s, no pl.): *compassion, sympathy*

Mitglied *n.* (-(e)s, -er): *member*

Möbel *pl.*: *furniture*

Mond *m.* (-(e)s, -e): *moon*

Moral *f.* (-en): *morals, ethics*

Mord *m.* (-(e)s, -e): *murder*

Moschee *f.* (-n): *mosque*

Mülleimer *m.* (-s, -): *garbage or trash can*

münden *v.* (in) [mündete, hat/ist gemündet]: *to empty into, flow into*

Mut *m.* (-(e)s, no pl.): *courage, bravery*

mutig *adj.*: *brave, bold*

N

Nachahmungstäter *m.* (-s, -): *copycat criminal*

nämlich *adv.*: *namely; that is to say*

Nationalidentität *f.* (-en): *national identity*

Nationalsozialist *m.* (-en, -en): *National Socialist (Nazi)*

Nationalspieler *m.* (-s, -): *player on a national team*

neidisch *adj.*: *envious*

neulich *adv.*: *recently*

Niemandsland *n.* (-(e)s, no pl.): *no man's land*

nützlich *adj.*: *useful*

O

Oberleutnant *m.* (-s, -s): *lieutenant, first lieutenant*

Objektiv *n.* (-s, -e): *lens (as in a camera)*

orthodox *adj.*: *orthodox (conforming to a religious doctrine, such as Orthodox Judaism)*

Ossi *m.* (-s, -s); Ossi *f.* (-, -s): *term for someone from the former East Germany*

Ostalgiker *m.* (-s, -): *someone who misses the former DDR or objects/products from the former East*

P

pädagogisch *adj.*: *pedagogic*

Pansen *m.* (-s, -): *first stomach (biol.)*

Panzer *m.* (-s, -): *tank (military)*

Partitur *f.* (-en): *music score*

Pass (Reisepass) *m.* (-es, -ˇe): *passport*

Pech *n.* (-(e)s, -e): *bad luck, misfortune*

pennen *v.* [pennte, hat gepennt]: *to sleep, to crash (coll.)*

Penner *m.* (-s, -): *bum (coll.)*

Personalausweis *m.* (-es, -e): *identification card*

Pflicht *f.* (-en): *duty, obligation, responsibility*

plakatieren *v.* [plakatierte, hat plakatiert]: *to put up posters, ads or notices, placard*

Planet *m.* (-en, -en) (Akk., Dat. Gen. -en): *planet*

Platte (Schallplatte) *f.* (-n): *record, record album*

Polizeirevier *n.* (-s, -e): *police station*

Preis *m.* (-es, -e): *prize*
Priorität *f.* (-en): *priority*
Prinzip *n.* (-s, -ien): *principle*
proben *v.* [probte, hat geprobt]: *to practice, rehearse*
Protokoll *n.* (-s, -e): *transcript, minutes, protocol*
prügeln *v.refl.* [prügelte sich, hat sich geprügelt]: *to get into a fight*
Publikum *n.* (-s, no pl.): *audience, public*
Punktschriftmaschine *f.* (-n): *Braille typewriter*

Q

quadratisch *adj.*: *square*
Qual *f.* (-en): *torture, agony*
Quartier *n.* (-s, -e): *accommodation*

R

Rabbiner *m.* (-s, -): *rabbi*
raffen *v.* [raffte, hat gerafft]: *to understand, to „get" something (coll.)*
rappen *v.* [rappte, hat gerappt]: *to rap (coll.)*
Rauschgift *n.* (-(e)s, -e): *drug*
Redakteur *m.* (-s, -e); Redakteurin *f.* (-innen): *editor*
Referendar *m.* (-s, -e); Referendarin *f.* (-innen): *student teacher*
Regel *f.* (-n): *rule* (eine Regel befolgen/verletzen: *to follow/ violate a rule*)
Reichssicherheitshauptamt *n.* (-(e)s, -̈er): *Reich security main office, subordinate organization of the SS*
Reichtum *m.* (-s, -̈er): *wealth*
Reisepass (Pass) *m.* (-es, -̈e): *passport*
Reiseziel *n.* (-(e)s, -e): *destination*
renovieren *v.*: *to renovate, refurbish, redecorate, fix up*
reparieren *v.* [reparierte, hat repariert]: *to repair, mend*
Republikflucht *f.* (-en): *flight from the republic (GDR)*
Residenzpflicht *f.* (-en): *residency restriction (placed on refugees)*
retten *v.* [rettete, hat gerettet]: *to save, rescue*
riskant *adj.*: *risky*
rocken *v.* [rockte, hat gerockt]: *to rock (coll.)*
ruhig *adj.*: *calm, quiet, still*
Russe *m.* (-n, -n); Russin *f.* (-innen): *Russian*

S

Sabbat *m.*: *Sabbath (the seventh day of the Jewish week for rest and/or worship)*
Sammellager *n.* (-s, -): *detention camp, temporary holding for Jews before deportation*
Sänger *m.* (-s, -); Sängerin *f.* (-innen): *singer*
Sanitäter *m.* (-s, -): *medic (mil.), paramedic*
Sarg *m.* (-(e)s, -̈e): *coffin, casket*
Schacht *m.* (-(e)s, -̈e): *mine shaft*
Schalom/Shalom: *Hebrew word for peace, used as a greeting or farewell*
schämen *v.refl.* (für) [schämte sich, hat sich geschämt]: *to be ashamed*
Schande *f.* (no pl.): *scandal, disgrace*
scharf *adj.*: *spicy, hot; sharp*

scheiden lassen *v.refl.* [lässt, ließ sich scheiden, hat sich scheiden lassen]: *to divorce*
Scheinwerfer *m.* (-s, -): *spotlight on a stage (also headlight or floodlights)*
Schicksal *n.* (-(e)s, -e): *fate, destiny*
Schiene *f.* (-n): *train track*
schießen *v.* [schoss, hat geschossen]: *to shoot*
Schiwa/Schiwe *f.*: *shiva (seven-day period of mourning with detailed instructions about conduct)*
Schlachtfeld *n.* (-(e)s, -er): *battlefield*
schlagen *v.* [schlägt, schlug, hat geschlagen]: *to hit*
schlau *adj.*: *clever, sly, sneaky*
schließlich *adv.*: *finally, eventually, at last*
schmelzen *v.* [schmilzt, schmolz, hat/ist geschmolzen]: *to melt*
schminken *v.refl.* [schminkte sich, hat sich geschminkt]: *to put on makeup or face paint*
schmuggeln *v.* [schmuggelte, hat geschmuggelt]: *to smuggle*
Schotte *m.* (-(e)s, -n); Schottin (-innen): *Scotsman; Scotswoman*
Schraube *f.* (-n): *screw* (geschraubt: *screwed on (i.e., cleats on the bottom of the soccer shoes)*
Schriftbild *n.* (-(e)s, -er): *typeface*
Schriftsteller *m.* (-s, -): *writer, author*
schüchtern *adj.*: *shy*
Schuld *f.* (-en): *guilt, fault*
schulden [schuldete, hat geschuldet]: *to owe*
Schulden *pl.*: *debts*
schuldig *adj.*: *guilty*
Schülerband *f.* (-s): *a band whose members are all students (pupils)*
Schulgelände *n.* (-s, -): *school grounds*
Schulhof *m.* (-(e)s, -̈e): *school yard, playground*
schützen *v.* [schützte, hat geschützt]: *to protect, shelter*
das Schutzgeld: *protection money*
Schützengraben *m.* (-s, -̈): *trench*
schwanger *adj.*: *pregnant*
schwängern *v.* [schwängerte, hat geschwängert]: *to make pregnant, impregnate*
Schwarzarbeit *f.* (-en): *illegal employment*
schweigen *v.* [schwieg, hat geschwiegen]: *to be silent*
Schwein *n.* (-(e)s, -e): *pig*
Schweinefleisch *n.*: *pork*
Schweißer *m.* (-s, -): *welder*
schwul *adj.*: *gay (coll.)*
sehbehindert *adj.*: *visually impaired*
Selbstbewusstsein *n.* (-s, no pl.): *self-awareness*
Selbstentdeckung *f.* (-en): *self-discovery*
Selbstfindung *f.* (-en) *self-discovery*
Selbstmitleid *n.* (-(e)s, no pl.): *self pity*
Selbstmord *m.* (-(e)s, -e): *suicide*
Selbstmörder *m.* (-s, -): *someone who commits suicide*
Selbstsicherheit *f.* (no pl.): *self assurance, self-assuredness*
Selbstständigkeit *f.* (no pl.): *autonomy, independence*
Selbstzweifel *n.* (-s, -): *self doubt*
Selektion *f.* (-en) : *screening; selection (in the concentration camps)*

Siebkelle *f.* (-n): *ladle used for straining*

Sippe *f.* (-n): *kin, clan, tribe*

sitzen lassen *v.* [lässt sitzen, ließ sitzen, hat sitzen gelassen]: *to abandon*

Solidarität *f.* (no pl.): *solidarity*

Soldat *m.* (-en, -en); Soldatin (-innen): *soldier*

Sonderfall *m.* (-(e)s, -¨e): *special or particular case, exception*

Sonne *f.* (-n): *sun*

Sonnensystem *n,* (-s, -e): *solar system*

Spätaussiedler *m.* (-s, -): *immigrants returning from former German settlements, usually in Eastern Europe*

Spätheimkehrer *m.* (-s, -): *soldier returning home from a POW camp after many years*

Spatz *m.* (-es/-en, -en): *sparrow*

sperren *v.* [sperrte, hat gesperrt]: *to block, barricade*

Spezialeffekt *m.* (-(e)s, -e): *special effect*

spielen *v.* (um Geld) [spielte, hat gespielt]: *to gamble*

Spielverderber *m.* (-s, -): *spoil sport, stick in the mud (fig.)*

Spießermoral *f.* (-en): *bourgeois morals or mentality*

spinnen *v.* [spann, hat gesponnen]: *to be crazy or nuts (coll.)*

Spitzel *m.* (-s, -): *snitch, spy*

Sportjournalist *m.* (-en, -en); Sportjournalistin *f.* (-innen) *sports reporter*

springen *v.* [sprang, gesprungen]: *to jump*

spüren *v.* [spürte, hat gespürt]: *to sense, feel, perceive*

Staatseigentum *n.* (-s, no pl.): *government property*

Stahlwerk *n.* (-(e)s, -e): *steel works, steel mill*

Startgeld *n.* (-(e)s, -er): *entry fee (for sports)*

stellen *v.refl.* [stellte sich, hat sich gestellt]: *to turn oneself in, surrender*

Stellungskrieg *m.* (-(e)s, -e): *static warfare*

im Stich lassen [lässt, ließ, hat gelassen]: *to let someone down or fail someone; to abandon*

Stimmung *f.* (-en): *mood*

Stipendium *n.* (-s, -ien): *scholarship, stipend*

Stollen *pl.*: *cleats*

Straftat *f.* (-en): *felony, criminal offense*

Strand *m.* (-(e)s, -¨e): *beach*

streichen *v.* [strich, hat gestrichen]: *to delete, cancel; to paint (as in a wall or a house), smear*

streiten *v.* [stritt, hat gestritten]: *to fight, quarrel*

Streit *m.* (-(e)s, -e): *argument, conflict*

streng *adj.*: *strict*

Stubenarrest *m.* (-(e)s, -e): *to be confined to one's room (Hausarrest haben= to be grounded)*

subversiv *adj.*: *subversive*

summen *v.* [summte, hat gesummt]: *to hum*

Sündenbock *m.* (-(e)s, -¨e): *scapegoat*

Synagoge *f.* (-n): *synagogue*

T

Taschenträger *m.* (-s, -): *person who carries someone's bag*

tätowieren *v.* [tätowierte, hat tätowiert]: *to tattoo*

Taxiführerschein *m.* (-(e)s, -e): *taxi driver's license*

Teilnehmer *m.* (-s, -); Teilnehmerin *f.* (-innen): *participant*

Telefonzelle *f.* (-n): *telephone booth*

Testament *n.* (-(e)s, -e): *last will and testament*

Teufel *m.* (-s, -): *devil*

Theke *f.* (-n): *counter (e.g. at a bar)*

Thora *f.*: *Torah (Jewish sacred teaching, literature and law in the Old Testament and Talmud)*

Todesfall *m.* (-(e)s, -¨e): *a case or event of death*

Todesstrafe *f.* (no pl.): *death penalty*

tödlich *adj.*: *fatal, lethal, deadly*

Totschlag *m.* (-(e)s, -¨e): *manslaughter*

Tötung *f.* (-en): *killing*

trampen *v.* [trampte, ist getrampt]: *to hitchhike*

Tramper *m.* (-s, -): *hitchhiker*

trauen *v.refl.* [traute sich, hat sich getraut]: *to dare*

Traum *m.* (-(e)s, -¨e): *dream*

trauern [trauerte, hat getrauert]: *to mourn, grieve*

Trauer *f.* (no pl.): *mourning*

trennen *v.refl.* [trennte sich, hat sich getrennt]: *to separate*

Trennung *f.* (-en): *separation*

Treppenhaus *n.* (-es, -¨er): *stairway, staircase*

Treue *f.* (no pl.): *loyalty, faithfulness*

Tugend *f.* (-en): *virtue, goodness*

Turnier *n.* (-(e)s, -e): *tournament*

Turnschuhe *pl.*: *athletic shoes*

Türschwelle *f.* (-n): *threshhold*

Tussi *f.* (-s): *bimbo*

TÜV (Technischer Überwachungsverein) *m.*: *inspection authority for quality control and safety*

U

überfallen *v.* [überfiel, hat überfallen]: *to attack, ambush*

überleben *v.* [überlebte, hat überlebt]: *to survive*

Überlebenskampf *m.* (-(e)s, -¨e): *struggle for survival*

überlegen *v.* [überlegte, hat überlegt]. *to think about, ponder, deliberate*

Übernachtungsmöglichkeit *f.* (-en): *accommodation, place to stay overnight*

überqueren *v.* [überquerte, hat überquert]: *to cross*

überwachen *v.* [überwachte, hat überwacht]: *monitor, keep under surveillance*

überzeugen *v.* [überzeugte, hat überzeugt]: *to convince, persuade*

übrig *adj.*: *remaining, left over*

umbenennen *v.* [benannte um, hat unbenannt]: *to rename*

umbringen *v.* [brachte um, hat umgebracht]: *to kill*

umbringen *v.refl.* [brachte sich um, hat sich umgebracht]: *to commit suicide*

Umweg *m.* (-(e)s, -e): *detour*

Unfall *m.* (-(e)s, -¨e): *accident*

ungehorsam *adj.*: *insubordinate*

ungläubig *adj.*: *unbelieving, faithless*

unmoralisch *adj.*: *immoral*

Unrecht *n.* (-(e)s, no pl.): *wrong, injustice*

Unregelmäßigkeit *f.* (-en): *irregularity*

unscharf *adj.*: *fuzzy, blurred*

unschuldig *adj.*: *innocent*

Unterdrückung *f.* (-en): *oppression*

Unternehmen *n.* (-s, -): *business venture, company*
unüberwindbar *adj.*: *insurmountable*
unzuverlässig *adj.*: *unreliable, untrustworthy, undependable*

V

verabreden *v.refl.* [verabredete sich, hat sich verabredet]: *to make an appointment or date*
verabschieden *v.refl.* [verabschiedete sich, hat sich verabschiedet]: *to say goodbye, take one's leave*
Verabschiedung *f.* (-en): *leave-taking; dismissal, discharge*
Veränderung *f.* (-en): *change, transformation, modification*
Verantwortung *f.* (-en): *responsibility*
verbieten *v.* [verbot, hat verboten]: *to forbid, ban, prohibit*
Verbrechen *n.* (-s, -): *crime*
verbringen *v.* [verbrachte, hat verbracht]: *to spend (time)*
verbrüdern *v.refl.* [verbrüderte sich, hat sich verbrüdert]: *to fraternize, to show camraderie with an enemy*
Verbrüderung *f.* (-en): *fraternization*
verdenken *v.* [verdachte, hat verdacht]: *to blame, criticize, hold against*
verfolgen *v.* [verfolgte, hat verfolgt]: *to follow, pursue, persecute*
Vergangenheit *f.* (-en): *past, background*
Vergangenheitsbewältigung *f.* (-en): *coming to terms with the past*
vergehen *v.* [verging, ist vergangen]: *to elapse, pass by, go by; to die or decay*
in Vergessenheit geraten [gerät, geriet, ist geraten]: *to be forgotten, fall into oblivion*
vergewaltigen *v.* [vergewaltigte, hat vergewaltigt]: *to rape, assault*
Vergleich *m.* (-es, -e): *comparison*
verhaften *v* [verhaftete, hat verhaftet]: *to arrest, detain*
verhalten *v.refl.* [verhielt sich, hat sich verhalten]: *to behave, act*
verheiratet *adj.*: *married*
verhören *v.* [verhörte, hat verhört]: *to interrogate*
verhungern *v.* [verhungerte, ist verhungert]: *to starve to death, die of starvation*
verhüten *v.* [verhütete, hat verhütet]: *lit. to prevent, use contraception*
verkaufen *v.* [verkaufte, hat verkauft]: *to sell*
verkaufen *v.refl.* [verkaufte sich, hat sich verkauft]: *to sell oneself*
verkehrt: *backward, inverted*
verkleiden *v.refl.* [verkleidete sich, hat sich verkleidet]: *to masquerade, disguise, dress up*
verknallen *v.refl.* [verknallte sich, hat sich verknallt]: *to fall in love, fall head over heels (coll.)*
verlängern *v.* [verlängerte, hat verlängern]: *to lengthen, extend*
verlassen *v.* [verlässt, verließ, hat verlassen]: *to leave, abandon*
verlassen *v.refl.* (auf etwas oder jemanden) [verließ sich, hat sich verlassen]: *to rely on something or someone*
verlaufen *v.refl.* [verläuft sich, verlief sich, hat sich verlaufen]: *to get lost, lose one's way while walking*
verlesen *v.* [verlas, hat verlesen]: *to read out, call out*

verlieben *v.refl.* [verliebte sich, hat sich verliebt]: *to fall in love*
Verlust *m.* (-(e)s, -e): *loss*
vermisst melden *v.* [meldete, hat gemeldet]: *to report missing*
Vermögen *n.* (-s, -): *assets*
Vernichtungslager *n.* (-s, -): *extermination camp, where Jews and other victims were killed*
vernünftig *adj.*: *reasonable, rational, sensible, level-headed*
verpassen [verpasste, hat verpasst]: *to miss, be late for*
versammeln *v.refl.* [versammelten sich, hat sich versammelt]: *to convene, gather, congregate*
verschwinden *v.* [verschwand, ist verschwunden]: *to disappear*
verschwörerisch *adj.*: *conspiratorial*
versetzen *v.* [versetzte, hat versetzt]: *to shift, transfer, relocate, displace*
versöhnen *v. refl.* (mit jemandem) [versöhnte sich, hat sich versöhnt]: *to reconcile with someone*
Versöhnung *f.* (-en): *reconciliation*
versprechen *v.* [verspricht, versprach, hat versprochen]: *to promise*
Versuchung *f.* (-en): *temptation*
Verrat *m.* (-(e)s, no pl.): *treason, betrayal*
verraten *v.* [verrät, verriet, hat verraten]: *to betray, reveal*
Verräter *m.* (-s, -): *traitor, betrayer*
verrückt *adj.*: *crazy*
Versicherung *f.* (-en): *insurance*
verstärken *v.* [verstärkte, hat verstärkt]: *to strengthen, reinforce*
Verstärkung *f.* (-en): *reinforcement*
Versteck *n.* (-(e)s, -e): *hiding place*
verstecken *v.* [versteckte, hat versteckt]: *to hide, conceal*
verstecken *v.refl.* [versteckte sich, hat sich versteckt]: *to hide*
verstellen *v.* [verstellte, hat verstellt]: *to rearrange*
verstoßen *v.* [verstößt, verstieß, hat verstoßen]: *to disown, throw or cast out*
vertun *v.refl.* [vertat sich, hat sich vertan]: *to confuse, make a mistake*
Vertrauen *n.* (-s, no pl.): *trust, confidence, reliance*
vertrauen *v.* [vertraute, hat vertraut]: *to trust, rely, have confidence*
vertreiben *v.* [vertrieb, hat vertrieben]: *to banish, cast out, drive away, oust*
verurteilen *v.* [verurteilte, hat verurteilt]: *to sentence, convict*
Verwandtschaft *f.* (-en): *relations, kinsfolk*
verwanzen *v.* (etwas) [verwanzte, hat verwanzt]: *to bug something (i.e., an apartment)*
Verwertbarkeit *f.* (-en): *usability, usefulness*
verzeihen *v.* [verzieh, hat verziehen]: *to forgive*
Verzeihung *f.* (-en): *forgiveness, pardon*
verzichten *v.* [verzichtete, hat verzichtet]: *to do without, abstain from*
Villa *f.* (Villen): *mansion*
Virus *m.* (-, en): *virus*
vorbereiten *v.refl.* (auf etwas) [bereitete sich vor, hat sich vorbereitet]: *to prepare for something*
vorbestraft *adj.*: *previously convicted*
Vorgänger *m.* (-s, -): *predecessor*
vorstellen *v.refl.* (etwas) [stellte sich vor, hat sich vorgestellt]: *to imagine*

Vortragsreise *f.* (-n): *lecture tour*
jemandem Vorwürfe machen [machte, hat gemacht]: *to accuse someone of something, reproach*

W

Waffenstillstand *m.* (-(e)s, no pl.): *cease fire*
Wahrheit *f.* (-en): *truth*
Wehen *pl.*: *contractions, labor pains*
weiblich *adj.*: *female, feminine*
Weltanschauung *f.* (-en): *philosophy of life, world outlook*
Wende *f.* (-n): *turn, turning point; fall of the Berlin Wall, reunification of East and West Germany*
Werbekampagne *f.* (-n): *advertising or publicity campaign*
Werbespot (Spot) *m.* (-s, -s): *commercial*
Werbung *f.* (-en): *advertising*
Wertgegenstand *m.* (-(e)s, -¨e): *object of value*
Wettbewerb *m.* (-(e)s, -e): *contest*
Wiederaufbau *m.* (-s, -e): *rebuilding*
Wiedervereinigung *f.* (-en): *reunification*
Widerstand *m.* (-(e)s, -¨e): *resistance*
widerstehen *v.* [widerstand, hat widerstanden]: *to resist, withstand*
widmen *v.* [widmete, hat gewidmet]: *dedicate*
Windel *f.* (-n): *diaper*
Wirkung *f.* (-en): *effect, impact*
Wirtschaft *f.* (-en): *economy; pub or bar*
witzig *adj.*: *funny, humorous*
Wohlfahrtsamt *n.* (-(e)s, -¨er) *center for social welfare and benefits*
Wunder *n.* (-s, -): *miracle*
wundern *v.refl.* (über etwas) [wunderte sich, hat sich gewundert]: *to be amazed about or marvel at something*

wünschen *v.refl.* (etwas) [wünschte sich, hat sich gewünscht]: *to wish for something*
wütend *adj.*: *angry, furious*

Z

Zahn *m.* (-(e)s, -¨e): *tooth*
Zauber *m.* (-s, -): *magic, spell*
Zeche *f.* (-n): *coal mine*
Zeitzeuge *m.* (-s, -n): *contemporary witness or survivor of a time period or historical event*
Ziegel *m.* (-s, -): *clay tile*
ziemlich *adv.*: *rather, quite*
Zivilcourage *f.* (-en): *courage of one's convictions*
Zivildienst *m.* (-(e)s, no pl.): *alternative civilian service for conscientious objectors*
Zivilisation *f.* (-en): *civilization*
zocken *v.* [zockte, hat gezockt]: *to gamble (ugs.)*
zögern *v.* [zögerte, hat gezögert]: *to hesitate*
Zonie *m.*: *derogatory term for someone from the former East Germany (coll.)*
Zufall *m.* (-s, -¨e): *coincidence, chance, accident*
zufällig *adj.*: *coincidental, accidental, random*
Zusammenarbeit *f.* (-en): *cooperation, collaboration*
Zusammenprall *m.* (-(e)s, no pl.) *(clash)*
zurückkehren *v.* [kehrte zurück, ist zurückgekehrt]: *to return, to migrate back*
zuverlässig *adj.*: *dependable*
zurückkehren *v.* [kehrte zurück, ist zurückgekehrt]: *to return, remigrate*
Zwangsarbeiter *m.* (s,): *forced laborer*

Erklär's mir - Themen

Film-Ressourcen

Filmhefte und Begleitmaterial

1. Die Bundeszentrale für politische Bildung veröffentlicht u. a. kostenlose Arbeitsmaterialien, Themenblätter und Filmhefte im .pdf-Format. http://www.bpb.de/publikationen/filmhefte
2. Kinofenster bietet eine Datenbank mit Links zu filmpädagogischen Begleitmaterialien an. http://www.kinofenster.de/materialundfortbildung/filmhefte
3. Das Institut für Kino und Filmkultur fördert die Filmbildung sowie das „Wissen über die Filmsprache, Kenntnisse von den Zusammenhängen zwischen Filmproduktion und Entstehungszeit, Wissen um die Filmgeschichte und die nationale Tradition von Bildern". Filmhefte stehen als .pdf-Dateien zum Download zur Verfügung. http://www.film-kultur.de

Nützliche Webseiten

1. Die Internet Movie Database ist eine Datenbank über Filme, Fernsehserien und Videospiele sowie Schauspieler und Regisseure. http://www.imdb.com/
2. filmportal.de informiert Nutzer und Nutzerinnen Informationen zu allen deutschen Kinofilmen. http://www.filmportal.de
3. filmz.de bietet Infos und Links u. a. von Interviews, Artikeln und Kommentaren zu Filmen, die seit November 2000 erschienen sind. http://www.filmz.de/

FSK

Die Freiwillige Selbstkontrolle der Filmwirtschaft (FSK) prüft Filme, die in Deutschland zur öffentlichen Vorführung vorgesehen sind. Ausführliche Beschreibungen der Alterseinstufungen befinden sich auf der Webseite. Die FSK-Freigaben lauten:

    freigegeben ohne Altersbeschränkung
    freigegeben ab 6 Jahren
    freigegeben ab 12 Jahren
    freigegeben 16 Jahren
    keine Jugendfreigabe

http://www.fsk.de

Weiterführende Literatur

1. *Film: Ratgeber für Lehrer*. Jens Hildebrand. Aulis Verlag Deubner, 2006.
2. *Geschichte des deutschen Films*. Herausgegeben von W. Jacobsen, A. Kaes und H. Prinzler. Metzler Verlag, 2004.
3. *Film verstehen: Kunst, Technik, Sprache, Geschichte und Theorie des Films und der Medien*. James Monaco. Rowohlt Verlag, 2000. (aus dem Englischen)
4. *Film und neue Medien: Lexikon der Fachbegriffe*. James Monaco. Rowohlt Verlag, 2000. (aus dem Englischen)

Deutsche Filmpreise

Deutscher Filmpreis (http://www.deutscherfilmpreis.de)
Bayerischer Filmpreis (http://www.bayern.de)
Preise des Verbandes der Deutschen Filmkritik (http://www.vdfk.de)
Verleihung der Goldenen Kamera (http://www.goldene-kamera.de)
Gilde deutscher Filmkunsttheater (http://www.agkino.de)

Deutsche und österreichische Filmfestspiele (Auswahl)

Internationale Filmfestspiele Berlin (Berlinale) (http://www.berlinale.de)
Internationales Filmfestival Mannheim-Heidelberg (http://www.mannheim-filmfestival.com/de/Homepage)
Vienna International Film Festival (Viennale) (http://www.viennale.at)

Credits

Chapter 1:   "Gestern war Weihnachten", with kind permission from Karl-Josef Durwen
        "Ein Film über Menschen", with kind permission from Aspekte/ZDF 2005
        Michael Jürgs, *Der kleine Frieden im großen Krieg. Westfront 1914: Als Deutsche, Franzosen und Briten gemeinsam Weihnachten feierten.* © 2003 C. Bertelsmann Verlag, München in der Verlagsgruppe Random House GmbH.

Chapter 2:   "Einleitung Topographie des Terrors", with kind permission from the Stiftung Topographie des Terrors
        "Rosenstraße", with kind permission from Iris Weiss

Chapter 3:   Fußball-Wortschatz D@YG, with kind permission from Young Germany
        "Als Student in den Jahren um 1950", with kind permission from Helmut Becker-Floris and LeMO: Lebendiges virtuelles Museum Online und Multimediales Internetprojekt des Deutschen Historischen Museums Berlin und des Hauses der Geschichte, Bonn, zur deutschen Geschichte
        "1949-55: Kulturelles Leben und Kinozeit", with kind permission from LeMO: Lebendiges Museum Online und Multimediales Internetprojekt des Deutschen Historischen Museums Berlin und des Hauses der Geschichte, Bonn, zur deutschen Geschichte

Chapter 4:   "Interview mit Fatih Akin vom 16.10.2002", with kind permission from Jakob Buhre
        "Wenn ich hier bin, vermisse ich dort: Erst langsam entdeckt die Altenhilfe die Migranten der ersten Generation", with kind permission from Doris Neu /ZDF Heute

Chapter 5:   "Die Geschichte einer mutigen Ehefrau und Mutter", with kind permission from MDR.DE
        "Gottseidank ist dieser DDR-Irrsinn vorbei", with kind permission from Gerald Praschl

Chapter 6   Excerpt from the Presseheft *Berlin is in Germany*, with kind permission from Piffl Medien

Chapter 7:   "Der Kaftan meines Vaters und ich", with kind permission from *jetzt* Magazin

Chapter 8:   "Zivildienst", with kind permission from Ingrid Becker and the *Badische Zeitung*
        "Zeitzeugengespräch mit Edita Fischer", with kind permission from Christan Echle and the Konrad-Adenauer-Stiftung e.V.
        "Ich bin Zeitzeuge, nicht Richter", with kind permission from Irina Strohecker, Mario Schöneberg and the *Badische Zeitung*

Chapter 9:   Maximilian Popp, "Ja, seid's ihr narrisch?", "Der Papst und ich", "Rumänien macht uns Angst!", "Nächste Ausfahrt Bukarest", "Ballack! Beckenbauer! Very good!" and "Cool in Istanbul" © SPIEGEL Online
        Reise-Checkliste, with kind permission from Jürgen Reschke

Chapter 10:   Excerpt from the Presseheft *Kebab Connection*, with kind permission from Filmwelt Verleihagentur/ Timebandits Filmverleih
        "Wo ist Fred? Interview mit Anno Saul (Regie)" with kind permission from Roland Meier and OutNow

Chapter 11:   Excerpt from "Nicht so, sondern so: Kleiner Ratgeber für den Umgang mit blinden Menschen", with kind permission from Hermann van Dyck and the Deutscher Blinden- und Sehbehindertenverband e. V.
        "Ein Spätaussiedler aus Kasachstan", with kind permission from Daniel Buckmüller

Chapter 12:   "Prekäre Superhelden—Wenn Armut Breitensport wird", with kind permission from Ox-Fanzine
        "Das Interview mit Hans Weingartner", with kind permission from Roland Meier and OutNow
        Excerpt from *Die fetten Jahre sind vorbei. Nach dem Film von Hans Weingartner* © Aufbau Taschenbuch Verlag, Berlin